ŒUVRES
COMPLÈTES
DE MARMONTEL.
TOME XVI.

GRAMMAIRE ET LOGIQUE.

DE L'IMPRIMERIE DE FIRMIN DIDOT,
IMPRIMEUR DU ROI, DE L'INSTITUT ET DE LA MARINE,
RUE JACOB, N° 24.

OEUVRES
COMPLÈTES
DE MARMONTEL,

DE L'ACADÉMIE FRANÇAISE.

NOUVELLE ÉDITION

ORNÉE DE TRENTE-HUIT GRAVURES.

TOME XVI.

A PARIS,

CHEZ VERDIÈRE, LIBRAIRE-ÉDITEUR,

QUAI DES AUGUSTINS, N° 25.

1819.

AVIS

DE L'EDITEUR. (1806.)

« Entre les ouvrages posthumes de Marmontel,
« qui n'ont pas encore paru, sa *Grammaire*
« pourra être consultée par les hommes les plus
« exercés dans l'art d'écrire et de parler; elle a
« le mérite d'une grande clarté, qui résulte tant
« de la manière d'écrire de l'auteur, que de la
« richesse et de l'abondance des exemples par
« lesquels il explique et appuie ses leçons, et
« dont l'ensemble est une sorte d'extrait de nos
« écrivains que les personnes les plus instruites
« retrouvent toujours cités avec un nouveau
« plaisir. »

C'est ainsi que M. Morellet, dans son *Éloge de Marmontel,* annonce la *Grammaire* que nous publions aujourd'hui.

Nous devons avouer que ce ne sont pas des éléments proprement dits que nous offrons ici au public. Marmontel s'adresse à des élèves qui ont déja reçu d'autres instructions ; il ne leur enseigne ni à décliner, ni à conjuguer ; il ne se met point en concurrence avec Restaut et Wailly, et leurs livres pourraient conserver la vogue dont ils jouissent, quand même le sien obtiendrait la réputation dont nous le croyons digne.

Nous avouerons aussi qu'il ne paraît pas s'être proposé de remonter, par des analyses bien rigoureuses, à la théorie générale du langage, et d'indiquer méthodiquement tous les rapports qui existent entre la pensée et le discours ; ses leçons ne dispenseront personne d'étudier celles des Dumarsais, des Duclos, des Beauzée, des Condillac. Ce n'est pas, certes, qu'il n'eût pour la philosophie de la grammaire l'estime que lui doivent tous les bons esprits : il en recueille au contraire et en éclaircit même les résultats les plus applicables à notre langue ; mais son plan ne lui permettait pas d'en développer le système.

Cette *Grammaire* de Marmontel est un livre de littérature ; elle contient les observations d'un écrivain pur et élégant sur l'art de parler et d'écrire en français. Vaugelas, Bouhours, Dangeau, d'Olivet et quelques autres ont publié des observations du même genre ; mais nous osons croire que celles de Marmontel, écrites avec un grand soin, ne paraîtront ni moins exactes ni moins ingénieuses.

On s'est souvent plaint, et avec trop de raison, des exemples insignifiants dont se composent en très-grande partie et nos livres de grammaire et nos dictionnaires. Nous pensons que Marmontel sera, en France, le premier grammairien qui n'aura offert à ses élèves que de véritables modèles; car c'est dans nos meilleurs livres et avec un discernement exquis qu'il choisit les exemples et qu'il les adapte aux préceptes.

Nous avons cru devoir placer deux tables à la suite de cette *Grammaire;* l'une, analytique, donne un aperçu rapide du plan de Marmontel; l'autre, alphabétique, présente une multitude de noms d'écrivains distingués et indique en même temps les nombreux exemples qu'il en a tirés et dont il a enrichi son ouvrage.

Quant aux autres parties du cours d'études de Marmontel, nous ne pouvons en donner une idée plus favorable qu'en citant encore les propres termes de l'écrivain distingué à qui nous devons son éloge.

« Sa *Logique* sera étudiée avec fruit. La forme

« en est nouvelle : on pourra en contester quel-
« ques notions préliminaires sur l'origine des
« idées et l'analyse des sensations ; mais, lors-
« qu'il en vient à l'art de raisonner, il fait l'em-
« ploi le plus heureux des *Topiques de Cicéron*
« et des *Analytiques d'Aristote.* Une élégante
« simplicité, une justesse soutenue, une clarté
« parfaite, et, comme dans sa *Grammaire*, une
« grande richesse et un beau choix d'exemples
« applanissent les difficultés et font oublier la
« sécheresse du sujet.

« L'existence de Dieu, l'immatérialité de l'ame,
« son immortalité, sa liberté, la solution de l'ob-
« jection tirée du mal physique et du mal mo-
« ral, les notions que nous pouvons former de
« la Divinité et de ses attributs, la nature des
« facultés de l'entendement humain, tels sont les
« sujets importants traités dans sa *Métaphysique*,
« qui me semble avoir, ainsi que sa *Morale*, le
« grand mérite de n'être pas un livre fait en co-
« piant d'autres livres, mais l'ouvrage d'un bon
« esprit, qui, dans de longues études et de pro-
« fondes réflexions, ayant assemblé une grande
« quantité d'idées, les dispose avec ordre, et les
« verse avec autant d'abondance que de facilité.

« Dans sa *Morale*, après en avoir lié les prin-
« cipes avec la doctrine de l'existence d'un être
« suprême, il compare celle des païens avec celle
« de l'Évangile, et donne tout l'avantage à celle-
« ci. Il traite ensuite en autant de chapitres de
« toutes les sortes de devoirs, et finit par expli-
« quer et démontrer l'intérêt qu'ont tous les
« hommes, chacun dans leur état, à observer les
« lois de la morale, qui consiste, selon lui, *à
« être bon pour être heureux.*

« Dans tout ce traité on trouve l'abondance
« et la facilité de l'écrivain; et, en le lisant, il
« est impossible de ne pas lui savoir gré d'avoir
« rendu si agréable une instruction si utile. »

LEÇONS
D'UN PÈRE A SES ENFANTS
SUR LA LANGUE FRANÇAISE.

LEÇON PREMIÈRE.

INTRODUCTION.

Instruits comme vous l'avez été, mes enfants, par l'exemple et par l'habitude, à parler votre langue facilement et assez bien, vous croiriez peut-être inutile d'en étudier les principes. Sachez cependant que personne n'est sûr de la parler correctement et purement, à moins d'avoir passé par cette étude élémentaire. Mais n'en soyez point effrayés. La grammaire française n'aura point pour vous les épines des grammaires latine et grecque. Les principales règles vous en ont été comme inspirées dès l'enfance; et les difficultés qu'elle peut avoir occuperont à peine quelques-uns de nos entretiens.

Quant aux finesses, aux élégances, aux singularités qui forment son génie, vos véritables livres classiques seront nos meilleurs écrivains : en vers, Racine, Despréaux, La Fontaine, les belles scènes de Quinault, les belles pièces de Voltaire, sa Henriade, ses poésies fugitives, celles des comédies de Molière qu'il a écrites avec soin, et quelques-uns de nos poëtes modernes, comme Saint-Lambert et Delille : en prose, Pascal, Bossuet, Fénélon, Fléchier, Bourdaloue, Massillon, La Rochefoucault, Pélisson, La Bruyère, Madame de Sévigné, Voltaire encore, Montesquieu, Vauvenargues, d'Alembert, J. J. Rousseau, Buffon, Thomas, Duclos, et ce bon Rollin, dont le style est si sage, si naturel, si pur; voilà votre dernière école de grammaire. N'est-ce pas vous donner, pour nourriture, les mets les plus exquis, les fruits les plus délicieux?

Cependant, comme aucun de ces écrivains n'est irrépréhensible, il faut, en les lisant, savoir distinguer les licences heureuses, les hardiesses de génie, les négligences aimables, d'avec les incorrections qui n'ont ni grâce ni beauté; et ce discernement est difficile et rare.

L'usage n'est plus un arbitre à consulter, si ce n'est dans les livres. En lisant les remarques de Vaugelas sur la langue, et sur ces remarques les notes de Thomas Corneille, de Patru, de Ménage, de Bouhours, etc., on trouve un grand nombre de questions indécises dans ce temps-là. Les exemples dont on s'autorisait alors, étaient

Amyot, Bertaud, Belleau, Desportes, Gombaud, du Bellay, Dupéron, Coëffeteau, Voiture, Balzac, Malherbe, d'Ablancourt, quelquefois Marot et Ronsard lui-même. L'une des grandes autorités, en fait de langage, était ce Chapelain que la Pucelle avait mis si haut avant qu'elle fût publiée, et qu'elle mit si bas lorsqu'elle vit le jour. Ni Pascal, ni P. Corneille n'étaient cités. Boileau, Racine, Bossuet, Bourdaloue, Pélisson, n'étaient pas connus. Tout le beau siècle de Louis XIV a passé sur les écrivains du temps de Vaugelas, et les a presque tous ensevelis dans les bibliothèques. Les écrivains illustres, qui depuis ont fixé la langue en l'immortalisant, n'existaient point, ou n'avaient point acquis le droit de législation que la gloire, le temps, la mort, leur ont donné. Mais ces autorités, qui les a confrontées? Et les décisions de l'usage, depuis Vaugelas et Patru, qui les a recueillies? L'académie française en gardait le dépôt; il n'en reste que des débris; et le travail que, dans ces derniers temps, elle avait fait sur son dictionnaire, travail immense et précieux, vient de périr avec elle dans son naufrage.

Barbarus has segetes! En quò discordia cives
Perduxit miseros! En queis consevimus agros!

Ce sera donc dans les bons livres, et dans la continuité et la pluralité constante des exemples du temps où l'on parlait le mieux, que vous recueillerez les voix en fait de goût et de langage.

Non que je vous conseille de négliger les observations que d'excellents esprits, Vaugelas, Patru, Thomas Corneille, Dumarsais et Girard, ont faites sur la langue. Les notes de d'Olivet sur Racine, et de Voltaire sur Corneille, vous seront très-utiles. L'examen du Cid, par l'académie française, et ses remarques sur Molière, seront encore pour vous de très-bonnes leçons. J'ai conservé ses notes sur les fables de La Fontaine. Que n'ai-je pu retrouver celles qu'elle avait faites sur Boileau, sur Quinault et sur La Bruyère?

Mais je ne veux pas vous dissimuler que cette manière de se former dans l'art de parler et d'écrire est encore incertaine; qu'on ne va jamais d'un pas ferme et délibéré, lorsqu'on va sur la foi d'autrui; que les meilleurs critiques ne sont pas bien d'accord entre eux; et qu'ils ne sont rien moins qu'infaillibles; et qu'en les consultant il est bon d'avoir à soi quelques principes moins variables et plus sûrs que leurs opinions.

C'est donc à ces principes que j'en reviens; et je commence par un point sur lequel roule, comme sur son pivot, tout le mécanisme des langues; savoir, la *proposition*, ou l'énoncé de la pensée. Nous verrons dans la suite l'action de l'esprit et l'expression qui en est l'image, prendre leurs différentes formes. Ici nous les considérons dans leur plus grande simplicité.

GÉNÉRALISATION DES IDÉES.

Penser, ce n'est pas seulement avoir dans l'esprit des idées incohérentes, comme des grains de sable accumulés sans liaison. Cette intelligence passive est celle qui reste aux imbéciles. L'action de l'esprit, la pensée, est l'exercice de cette faculté que la nature a donnée à l'homme, non-seulement de recueillir, mais de comparer ses idées, d'en voir, d'en saisir les rapports; de les généraliser en les simplifiant, pour réunir sous un seul point de vue un plus grand nombre d'objets semblables; de les recomposer ensuite, et de les particulariser.

Les perceptions qui nous viennent des sens sont toutes individuelles. Mais ces perceptions laissent des souvenirs; et ces souvenirs, qu'on appelle idées, se multiplient tellement, que l'esprit se lasse bientôt de se les rappeler distinctement et en détail. Qu'arrive-t-il? Ceux de ces objets qui ont de l'analogie entre eux, s'assimilent dans la mémoire; ils y dépouillent leurs différences; et l'idée commune qui nous en reste, ne retient que ce qu'ils ont de ressemblant.

Entre mille arbres que vous avez vus, il n'y en a pas deux de pareils; et leurs différences étaient marquées dans l'impression que chacun d'eux avait faite sur vos yeux et dans vos esprits. Mais dans les souvenirs qui vous en sont restés, ces différences ont disparu; et de la ressemblance des images qui vous en étaient retracées, ont résulté d'abord les idées spécifiques du chêne, de l'ormeau, du peuplier ; et puis l'idée plus étendue encore de ce genre de plantes, que vous appelez *arbre*. Ainsi s'est formée, dans votre entendement, l'échelle analytique, qui, par degrés, s'élève de l'individu à l'espèce, de l'espèce au genre, et du genre inférieur à un genre plus étendu. C'est-là ce qu'on appelle la progression *ascendante*.

Vous voyez que c'est par faiblesse que l'esprit humain généralise ses idées. Dans l'intelligence suprême rien n'est vague, tout est distinct. La feuille d'arbre avec ses fibres, le grain de sable avec ses angles, l'insecte avec tous ses organes, l'atôme avec ses dimensions ; en un mot, tout l'ouvrage de la création, dans la variété infinie de ses détails, est présent aux yeux du créateur. Mais, pour l'homme, c'est un besoin de simplifier ses idées, à mesure qu'elles se multiplient ; et ces généralisations, dans lesquelles les différences spécifiques et individuelles sont oubliées, et qui réunissent une multitude de souvenirs en un seul point de ressemblance, ne sont qu'une facilité que se donne l'esprit pour soulager sa vue. C'est une position commode qu'il prend pour dominer sur un plus grand nombre d'objets ; et, de cette espèce d'éminence où il s'est placé, sa véritable action consiste à redescendre l'échelle des idées, en restituant à chacune les différences de son objet, ses propriétés distinctives, et en recomposant par la *synthèse* ce que par *l'analyse* il a simplifié.

LA PROPOSITION.

Dans cette action de la pensée, il faut distinguer deux moments, l'attention et la réflexion. L'attention est comme le regard de l'esprit, simultanément fixé sur deux idées, en relation l'une avec l'autre. La réflexion est le témoignage que l'esprit se rend à lui-même du rapport qu'il y aperçoit. Or, ce que la réflexion atteste, la proposition l'énonce. Ainsi la proposition est l'énoncé de la pensée. Elle réunit les idées que l'esprit vient de comparer; elle en affirme la convenance ou la disconvenance; et, lors même qu'elle est négative dans sa formule, elle exprime une perception et une assertion positive.

Voyons à-présent quels sont les termes qui, dans la proposition, répondent aux idées dont elle exprime le rapport.

Je viens de vous dire, mes enfants, qu'il s'agit, dans l'action de la pensée, de revenir du simple au composé; de restituer aux idées les propriétés, les différences dont on les aura dépouillées en les généralisant. Il faut donc pour cela deux termes, dont l'un exprime l'idée générale qu'il s'agit de restreindre, et l'autre, l'idée particulière qu'on y attache et qui la restreint.

Le premier terme, le *sujet*, répond à l'idée

principale; le second terme, l'*attribut*, répond à l'idée accessoire qui modifie l'idée principale. Le premier terme est un *substantif*, ou un mot pris substantivement. Le second est un *adjectif*, ou un mot pris adjectivement.

Le substantif est le nom d'un être conçu comme existant en lui-même, c'est-à-dire comme substance. Noms *propres*, noms *communs* ou *appellatifs*, noms *génériques*, *spécifiques*, *collectifs*, *individuels*, noms des êtres *abstraits*, et qui n'existent qu'en idée, ce sont-là les noms *substantifs*. Ils sont divisés en deux genres, et susceptibles de deux nombres, sans autre différence dans leur déclinaison qu'une *s* ou un *x* final, pour le pluriel, avec deux particules, *a* et *de*, pour les cas obliques, c'est-à-dire pour ce qu'on appelle, dans les langues savantes, le *datif*, le *génitif* et l'*ablatif*. Notez que c'est par l'une de ces deux particules que se distingue dans notre langue le régime *indirect* ou composé, d'avec le régime *direct* ou simple qui répond à l'*accusatif*.

Quant aux deux genres, masculin et féminin, ils sont, comme dans toutes les langues, bizarrement distribués.

L'adjectif est ce qu'on appelle un nom *concret*, en terme de logique. Il réunit l'idée d'une qualité distincte, avec l'idée confuse et vague d'un être auquel appartient cette qualité. Lorsque vous entendez ces mots, *bon, juste, beau, solide, rond*, vous n'avez pas seulement l'idée de *bonté*, de *jus-*

tice, de *beauté*, de *solidité*, de *rondeur*; mais celle encore d'un être dans lequel réside la qualité que ce mot énonce. Cet être, quel est-il? L'adjectif ne vous le dit pas; mais le substantif va vous le dire; et alors, à l'idée confuse et vague d'un être *indéfini* quelconque, va succéder l'idée nette et précise de tel être individuel, ou de tel genre, de telle espèce d'êtres : *Le bon Titus, Aristide le juste, un beau ciel, les corps solides, un corps rond.*

Je vous dirai bientôt comment le substantif et l'adjectif font réciproquement l'office l'un de l'autre. Quant à-présent, voilà les deux termes de la proposition bien distinctement définis. Mais il ne suffit pas que, dans l'expression de la pensée, ils soient joints par apposition; il faut qu'ils soient liés, unis, conçus, comme ne faisant qu'un. Or, pour exprimer cette union, il faut un mot, et ce mot est le *verbe* : les logiciens l'appellent *le lien, copula.*

LE VERBE.

Du verbe donc, et des deux termes qu'il assemble, se forme la *proposition*, tantôt plus simple et plus concise, tantôt plus composée et plus développée; mais toujours réductible à ses trois éléments.

Le mot fait pour lier les deux objets de la pensée, le verbe unique et par essence, est le verbe *esse* des latins, le verbe *être* dans notre langue. Je dis qu'il est le verbe unique, parce que tous les autres verbes ne sont qu'une abréviation pour réunir en un seul mot le verbe *être* et son complément. Au lieu de dire, *il est veillant*, il *est lisant*, on a dit en latin, *vigilat, legit*; et, en français, *il veille, il lit*. Ainsi avec des noms, et quelques particules dont nous parlerons dans la suite, le verbe *être* suffirait seul au besoin de se faire entendre.

L'erreur commune à l'égard des verbes, comme à l'égard des noms, est de croire que ce qu'on appelle le *concret* dérive de l'*abstrait*, comme *bon* de *bonté*, *blanc* de *blancheur*, *amer* d'*amertume*, *agissant* d'*agir*, *vivant* de *vivre*, *voyant* de *voir*. C'est tout le contraire. Le mot primitif n'est-il pas le mot qui, naturellement, a été le premier inventé par le besoin de se faire entendre ? Or, *bon fruit*, *neige blanche*, *liqueur amère*, étaient venus dans la pensée long-temps avant qu'on se fût formé l'idée abstraite de *bonté*, de *blancheur*, d'*amertume*. Le même procédé de l'entendement a eu lieu à l'égard du verbe; la première pensée relative à l'action a été, *moi partant*, *toi venu*, *nous courant*, *nous chassant*; et les sauvages, en se servant de nos *infinitifs*, ne les entendent que dans le sens des *participes*.

Le *participe* a donc été d'abord un adjectif verbal, exprimant l'être en action, ou en situation *inactive* ou *passive* : *Courant, dormant, vivant, poursuivi, menacé*. De là sont dérivés avec le temps, et par un long exercice de la pensée, ces mots abstraits, indéfinis, *courir, dormir, vivre, poursuivre, menacer;* et, en attendant, on a dit : *L'oiseau volant, moi chassant, lui passé, moi tiré, lui tombé, lui plumé, lui rôti, moi mangé.* Ensuite ont été inventées ces conjugaisons étonnantes qui ont fait du verbe l'un des chefs-d'œuvre de l'esprit humain, et ce qu'il y a de plus subtil, de plus profond dans la métaphysique des langues.

Oui, mes enfants, le verbe, construit comme il l'est dans les langues savantes, même dans les langues vulgaires, avec ses *voix*, ses *modes*, ses *temps*, ses *personnes*, ses *nombres*, ses *inflexions* diverses, est un prodige d'industrie et d'intelligence. Il est le ressort, le mobile, et comme l'ame du discours; il y répand la lumière et la vie; il exprime les vues et l'action de l'esprit; il donne à la pensée son ensemble et sa forme; il en détermine le sens; il en assigne les rapports avec une précision et une finesse admirable. Rappelez-vous les tours qu'il donne à l'expression, les inflexions dont il est susceptible, pour imiter les mouvements de l'ame ; les relations qu'il embrasse; les incidents, les circonstances, les accessoires qu'il rassemble autour de lui et à sa suite; et, s'il est permis de le dire, les rameaux qu'il déploie, et dont il entrelace la contexture du discours; rappelez-vous ce double rapport du verbe avec le nom qui le régit et le nom qu'il régit lui-même ; l'enchaînement d'un verbe à l'autre ; et dans leurs relations de *temps*, de *nombre*, de *personnes*, la justesse de leur accord, vous avouerez que les inventions humaines n'ont rien de plus ingénieux.

Il est vrai que dans les langues modernes, et notamment dans la langue française, le mécanisme du verbe est loin d'être aussi simple et aussi régulier que dans les langues grecque et latine. Nos temps manquent d'inflexions, de terminaisons variées. *Amo, amas, amat, lego, legis, legit*, sont en latin trois personnes distinctes à l'œil et à l'oreille. Elles ne le sont pas assez dans j'*aime*, tu *aimes*, il *aime*, je *lis*, tu *lis*, il *lit*. Il a fallu y ajouter à chacune, pour signe distinctif, son pronom personnel.

Nous avons très-peu de temps simples. Il a fallu y suppléer par des temps composés d'un participe et d'un *auxiliaire*, même de deux ou trois auxiliaires l'un sur l'autre. Le latin dit, *fui, fueram, fuero* ; le français dit, *j'ai été, j'avais été, j'aurai été*. Le latin dit, *amavi, amaveram, amavero* ; le français dit, *j'ai aimé, j'avais aimé, j'aurai aimé*. Le latin dit, *cecidi, cecideram, cecidero* ; le français, *je suis tombé, j'étais tombé, je serai tombé*. Le latin dit, *postquàm cœnavero* ; le français, *après que j'aurai eu soupé*. Le latin, *cùm advenero* ; le français, *après que j'aurai été arrivé*. Enfin le latin dit, *cùm mihi persuasero*, et l'on veut que le français dise, *après que je me serai eu persuadé*, quoiqu'on ne parle guère ainsi.

Il est encore vrai que, dans les temps simples de nos verbes, les terminaisons sont bien souvent si rudes, que, même en prose, l'oreille ne peut les souffrir. Que je m'*étonnasse*, que je m'*abaissasse*, que nous nous *mélassions*, que vous *entreprissiez*, que vous *balançassiez*, qu'ils *menaçassent*, qu'ils *revinssent*, qu'ils se *déterminassent*, que nous *recommençassions*, sont des traces de barbarie. Mais, pour peu qu'on soit exercé dans l'art de parler et d'écrire, on évite ces locutions.

ÉNUMÉRATION DES VERBES.

Du reste, les verbes français ont assez la construction et la syntaxe des latins.

Verbe *être*, analogue au verbe *esse*, entre deux noms corrélatifs, et dont l'un est régi par l'autre : *Dieu est juste. L'homme est mortel. Rome était la reine du monde.*

Verbe *être*, joint à un participe, répondant au verbe passif : *L'Italie était soumise. Annibal fut vaincu. Carthage fut détruite.*

Verbe actif à régime simple : *Aimer la gloire. Savoir obéir. Vouloir dominer.*

Verbe actif à deux régimes, l'un direct et l'autre indirect : *Céder la victoire à l'ennemi. Recevoir la loi du vainqueur. Empêcher le vice de naître ; le forcer de rougir*, ou, *à rougir.*

Verbe neutre sans régime : *languir, gémir, désespérer.*

Verbe neutre, avec son régime particulé : *Je dépends d'un père. J'obéis à la loi.*

Verbe tantôt actif à régime simple : *Commander les armées;* tantôt actif à deux régimes : *Commander l'attaque à ses troupes;* tantôt neutre avec le régime particulé : *Commander aux nations;* et tantôt neutre sans régime : *Commander,* indéfiniment.

Verbe actif, s'il régit un nom : *Cessez vos plaintes;* et neutre, s'il régit un verbe, *Cessez de pleurer, de gémir.*

Verbe neutre, avec un nom de chose pour régime, et actif avec un nom de personne : *Insulter au malheur,* et *insulter les malheureux.*

Verbe neutre avec un nom de personne, et actif avec un nom de chose : *Applaudir un ouvrage. Applaudir à l'auteur.*

Verbe neutre qui change de régime : *Commencer à, commencer de, commencer par. Continuer à, continuer de. Continuer à,* sans interruption : *Continuer à écrire. Continuer de,* par intervalles : *Je continue de le voir. Commencer à,* s'il y a du progrès : *Cet enfant commence à parler. Commencer de,* sans accroissement : *Dès que l'orateur commença de parler, on fit silence. Commencer par,* pour marquer seulement antériorité d'action : *Commencer par planter, avant que de bâtir.*

Verbe actif qui change de même de régime selon le sens : *Obliger à*, pour engager, et *obliger de*, pour contraindre.

Verbe actif dans un sens, et neutre dans un autre : *Aimer l'étude. Aimer à s'instruire. Satisfaire quelqu'un. Satisfaire son envie. Satisfaire à ses engagements.*

Verbe réfléchi, susceptible de divers sens et de divers régimes, et tantôt actif, tantôt neutre. Actif à deux régimes : *S'attribuer l'honneur. Se lasser de l'étude.* Avec un seul régime simple : *Se flatter, se vanter*, et changeant de signification selon ses acceptions diverses : *Se passer de ce qu'on n'a pas; se passer des faiblesses. Se passer*, se ternir : *Ces couleurs se passent. Se passer*, s'écouler, se perdre, s'employer : *Les jours se passent. Le temps se passe. Ses nuits se passent dans l'étude.* De même : *S'oublier*, ne plus penser à soi, à ce que l'on est, à ce qu'on a été. *S'oublier*, manquer aux égards que l'on doit à quelqu'un, aux convenances, aux bienséances.

Verbe réfléchi neutre, avec un seul ou deux régimes indirects : *Se nuire, se complaire; se complaire à*, ou, *dans ses pensées.*

Verbe *réciproque*, avec le seul régime simple : *Ils se haïssent, ils se querellent.* Avec les deux régimes, l'un direct et l'autre indirect : *Ils se sont reproché leurs torts. Ils se sont avertis du mal qu'on disait d'eux*; ou, sans aucun régime corrélatif : *Ils se sont expliqués. Ils se sont récon-*

ciliés; mais alors le verbe est réfléchi plutôt que réciproque; car chacun des deux *s'est expliqué*, *s'est réconcilié* lui-même, et n'a point *expliqué*, n'a point *réconcilié* l'autre. C'est en quoi Bouhours s'est trompé, lorsqu'il a confondu le verbe *réciproque* avec le verbe *réfléchi*.

Enfin verbes *impersonnels* : *Il est. Il y a. Il convient. Il semble. Il arrive. Il plaît. Il appartient. Il importe.* Et souvent sous la forme du verbe réfléchi actif : *Il se dit. Il se fait. Il s'agit. Il se passe. Il se trame*, ou du verbe neutre : *Il m'ennuie. Il lui tarde. Il me souvient. Il me fâche. Il me plaît. Il nous manque*, etc.

VERBES AUXILIAIRES.

Vous verrez dans la suite tous ces verbes en fonction. Ici c'est des *auxiliaires*, des *participes*, des *gérondifs* et des *supins* que je veux vous entretenir.

Dans nos verbes, le mode *abstrait*, l'*infinitif*, étant une sorte de nom indéclinable, pour exprimer indéfiniment l'existence en action ou en situation, n'aurait par lui-même aucun *temps*. Mais on est convenu que, sans auxiliaires, il répondrait à un présent indéfini : *Aimer, lire, jouir*, comme en latin, *amare, legere, frui*; et, au moyen des auxiliaires, il s'est donné les autres *temps*.

Les *auxiliaires*, qui nous servent de supplément aux temps des verbes, sont au nombre de cinq : deux habituels, le verbe *être* et le verbe *avoir*; et trois autres qui sont d'un moins fréquent usage; *devoir*, pour le futur indéfini; *aller*, pour le futur prochain; *venir de*, pour le passé immédiat : *Je dois écrire, je vais écrire, je viens d'écrire.*

PARTICIPES.

En latin, le verbe actif n'a que deux participes, le présent et le futur : *Amans, amaturus*; mais vous savez que le déponent en a trois : *Loquens, locutus, locuturus.*

Le verbe actif français semble n'avoir que le participe présent, *aimant, buvant*; mais, comme le déponent latin, il a un participe passé, pris du passif, et qui n'est point passif. Aussi est-ce avec l'auxiliaire *avoir* qu'il se construit, au lieu que le passif ne reçoit jamais que l'auxiliaire *être* : *J'ai* aimé. Je *suis* aimé.

C'est de même par le moyen de ses auxiliaires que notre verbe se procure trois espèces de participes qui lui manquent : *Venant de voir, allant dîner, devant partir*; et en y insérant le verbe *être* pour le passif, on a été au pair, non-seulement du latin, mais du grec, pour le nombre des participes.

Ainsi nous disons à l'actif : *Ayant aimé, venant de lire, allant jouer, devant partir*; et au passif : *Étant attaqués, ayant été surpris, venant d'être battus, allant être enlevés, devant être amenés.*

Vous voyez que l'auxiliaire *être* ne fait, avec le participe, que son office accoutumé ; il exprime la liaison du sujet avec l'attribut, et les unit comme *identiques*. Aussi les fait-il s'accorder, et pour cela le participe se décline : *Troie ayant été saccagée, ses murs étant livrés aux flammes, ses palais et ses temples allant être réduits en cendre, Priam et ses enfants venant d'être égorgés.*

Remarquez que ces participes auxiliaires, *ayant, étant, allant, venant,* restent indéclinables ; et, comme on dit, *ayant été,* quel que soit le nombre et le genre du nom auquel il se rapporte, on dit de même, *ils ont été, elle a été, elles ont été. Été* ne change point.

Ayant n'est pas plus déclinable lorsqu'il est seul, que lorsqu'il n'est qu'auxiliaire. On dit, ces femmes *ayant* envie. Ces enfants *ayant* peur. Ces villes *ayant* du commerce.

Le participe qui se décline, quand le verbe *être* en est l'auxiliaire, est un participe passif, et par conséquent *identique* avec le nominatif de la phrase. Il n'en est pas de même du participe avec l'auxiliaire *avoir :* il est actif ; il a un rapport d'action, mais nulle *identité* avec le nom qui le précède. *Elle est aimée : Elle* et *aimée* ne sont qu'un ; le participe se décline. *Elle a aimé : Elle* et *aimé* sont deux : ce qu'elle a *aimé* n'est pas *elle*-même ; nulle raison de concordance. Ne perdez pas de vue ce principe d'*identité*.

PARTICIPE ACTIF.

Le participe présent actif ou neutre, *aimant*, *lisant*, *courant*, ne se décline que lorsque, seul et sans régime, ne faisant plus fonction de verbe, il n'est que simple adjectif : des feux *dévorants*, une eau *courante*, des eaux *jaillissantes* ;

La bique allant remplir sa *traînante* mamelle. (La Font.)

Ou lorsqu'il est pris substantivement, les *combattants*, les *mourants*, les *vivants*, les *passants*, les *allants* et *venants* ; ce qui n'arrive qu'au masculin.

Cette règle est simple, elle est claire ; vous allez voir qu'elle est presque aussi conforme à l'usage qu'à la raison. Comment n'a-t-elle pas été unanimement reconnue ? Comment sur cet article les grammairiens ne se sont-ils pas entendus, et ont-ils été si peu d'accord avec l'usage et avec eux-mêmes ? Ce participe, nous disent-ils, est indéclinable toutes les fois qu'il est *gérondif* ou *supin*; et ils le font *gérondif* ou *supin* toutes les fois qu'il n'est point décliné. Mais qu'est-ce qu'ils appellent *supin*, ou *gérondif*? Aucun n'a pris la peine de nous l'expliquer nettement. Je vais donc m'expliquer moi-même, et tâcher d'éclaircir le sens confus et vague qu'on a pu donner à ces mots.

GÉRONDIFS.

Pour suppléer aux gérondifs latins, nous avons pris trois de nos particules, dont l'une exprime le rapport de l'action avec sa cause, avec son motif, ou avec quelque circonstance de temps, de lieu, etc. : *Sujet de craindre ; causa timendi. Désir d'apprendre; desiderium discendi. Temps de jouer; tempus ludendi. Lieu d'agir, façon de parler; locus agendi, modus loquendi. De* est là, comme vous voyez, le caractère du génitif; et l'infinitif est le nom que régit cette particule.

Une autre particule, jointe à l'infinitif, exprime le rapport de deux actions, dont l'une est l'objet, l'intention, le but, la fin de l'autre ; et ceci répond au gérondif en *dum*, avec *ad* : *Semer pour recueillir; Serere ad metendum.*

L'autre particule, employée à suppléer au gérondif en *do*, est *en*, analogue de l'*in* latin, et l'un comme l'autre exprimant la coexistence de deux actions dans un sujet commun. Ici ce n'est plus à l'infinitif, c'est au participe présent que s'adapte la particule : *Parler en dormant, chanter en travaillant ; loqui dormiendo, cantare laborando.* Et, comme les Latins supprimaient l'*in* devant cet ablatif, et disaient indifféremment, *dormiendo*, ou *in dormiendo*, nous disons aussi quelquefois : *Le bruit va croissant. Le vent va brisant, renversant. Il revient tout courant. Il va riant, chantant.* L'*en* y est sous-entendu. C'est ce qui a fait confondre ce gérondif avec le participe simple. Il n'en est pas moins vrai que cette particule *en*, exprimée ou sous-entendue, est ce qui constitue le gérondif; et la raison en est sensible.

Le caractère du gérondif en *do* latin, et par conséquent de celui qui dans notre langue y répond, est de s'attacher à un verbe, de s'en saisir, pour ainsi dire, et d'en modifier l'action. Nous exprimons souvent cette adhésion d'un verbe à un autre verbe, par la conjonction *à*: *Passer le temps à boire, à jouer, à rêver*;

La nuit à bien *dormir* et le jour à rien *faire*. (Boileau).

Mais plus communément cet ensemble de deux actions est exprimé par *en* avec le participe; et c'est là notre gérondif:

Te perdre *en* me *vengeant*, ce n'est pas me venger.
Il te peut, *en tombant*, écraser sous sa chûte.
(Corneille).

L'un paîtrit dans un coin l'embonpoint des chanoines;
L'autre broie *en riant* le vermillon des moines.
(Boileau).

Agréable indiscret, qui, conduit par le chant,
Passe de bouche en bouche, et s'accroît *en marchant*.
(Boileau).

Ainsi le gérondif réunit deux actions simultanées, et dont l'une est le mode ou l'accident de l'autre. Au contraire, le participe exprime une action simple et détachée. L'un ne fait qu'une seule image, ou qu'un sens composé avec le verbe auquel il s'attache ; l'autre forme à lui seul une image distincte, souvent même un sens absolu. La différence en est marquée dans ces vers de Boileau :

>....................... Et l'assiette *volant*
>S'en va frapper le mur, et revient *en roulant*.

Car *revient en roulant* n'est qu'une seule image, au lieu que *volant* en est une, *frapper le mur* en est une autre, et le tableau a trois moments.

Mais, sans compter ces délicatesses d'expression, combien de fois la particule *en*, placée avant le participe, ne lui ôterait-elle pas son vrai sens; par exemple, dans ces vers de Racine:

>Et ce vainqueur, *suivant* de près sa renommée,
>Hier avec la nuit arriva dans l'armée.

Si vous ajoutez au participe la particule du gérondif, Achille sera arrivé *en suivant*; au lieu qu'il a suivi, et qu'il est arrivé; ce qui fait deux actions successives et distinctes l'une de l'autre. De même dans ces vers de Delille (*Poëme des Jardins*):

>Ces arbres dont l'orgueil s'élançait dans la nue,
>Frappés dans leur racine, et *balançant* dans l'air
>Leurs superbes sommets ébranlés par le fer,
>Tombent, etc.

Mettez *en balançant*, vous direz une chose absurde, et vous détruirez, par le gérondif, cette belle succession d'images que présente le participe.

Celui-ci peut ne pas tenir au verbe qui le suit, et former un sens absolu; l'autre est inséparable du verbe auquel il s'incorpore. *L'orage* cessant, *on remit à la voile*. *César* régnant, *Caton ne pouvait vivre*. Mais pour le gérondif, nulle division de sens. *L'orage* en cessant *nous rassura*. *Caton*, en apprenant *que César arrivait, résolut de se donner la mort*.

Le participe, à l'égard du verbe, est indifféremment régissant ou régi. Le gérondif ne peut jamais être que régissant, à moins d'une licence, qui est une espèce de gallicisme.

Lorsque vous dites *l'ennemi s'avançant*, vous pouvez ajouter, *nous attaqua*, ou bien *nous l'attaquâmes*. Mais si vous dites *l'ennemi en s'avançant*, il faut ajouter, *nous attaqua*, ou *donna le signal*, ou tel autre verbe dont ce soit le nominatif. C'est si bien là l'invariable construction du gérondif, qu'en y manquant on fait un solécisme, autorisé, il est vrai, par l'exemple des meilleurs écrivains, et reçu comme gallicisme :

> Mes soins en apparence *épargnant* ses douleurs,
> De son fils *en mourant* lui cachèrent les pleurs.
> (RACINE).

En mourant ne tient là ni au nominatif ni au régime direct du verbe. Selon la phrase, c'étaient les soins qui étaient mourants, et, selon le sens, c'était Claude.

> J'ôte le superflu, dit l'autre, *en l'abattant*,
> Le reste profite d'autant. (La Fontaine).

Selon la phrase, c'est le reste qui profite en abattant; selon le sens, c'est moi qui abats, et c'est le reste qui profite.

> Rare et fameux esprit dont la fertile veine
> Ignore *en écrivant* le travail et la peine. (Boileau).

Selon la phrase, c'est la veine qui écrit, et selon le sens, c'est Molière.

> C'est en vain qu'au Parnasse un téméraire auteur...
> Si son astre *en naissant* ne l'a formé poëte. (Boileau).

Est-ce de la naissance de l'astre qu'il s'agit? Non, c'est de celle du poëte. *Si son astre en naissant ne l'a formé* dit donc le contraire de la pensée.

> Ces bords doucement contournés
> Par le fleuve lui-même *en roulant* façonnés. (Delille).

Sont-ce les bords qui roulent? Non; et cependant c'est là ce qu'*en roulant* semblerait dire.

Enfin, l'un de nos grammairiens les plus raffinés, Bouhours lui-même, a dit :

« *En faisant* des remarques sur la langue, il se présente quelquefois des mots à examiner. »

Voilà un gérondif sans antécédent, et suivi d'un impersonnel, gallicisme dont il n'y a point d'exemple avec le participe simple. C'en est assez, je crois, pour vous faire sentir combien l'un diffère de l'autre. Vous allez voir qu'on n'a pas été mieux fondé à croire que le participe présent indéclinable était un supin.

Dans la langue latine, d'où cette idée est prise, les supins sont deux cas détachés d'un nom substantif de la quatrième déclinaison, lequel exprimait l'action d'un verbe, comme nous l'exprimons souvent par l'infinitif, en disant, le *boire*, le *dormir*, le *parler* ; à *parler*, à *dormir*, à *boire*. *Motus*, *luctus*, *gemitus*, *ambitus*, *visus*, et plus anciennement, *actus*, *dictus*, *factus*. Voilà les noms d'où étaient pris les deux supins : l'un en *um* pour servir de régime à un verbe de mouvement, *eo lusum* ; l'autre en *u* pour donner à un adjectif une action à caractériser, dans des locutions assez rares, comme *horrendum dictu*, *mirabile visu*, *inventu difficile*, *optimum factu*, *conciliatu facile*.

Nec visu facilis, nec dictu affabilis ulli. (VIRGILE).
Multa incidunt tristia, horrenda, dura toleratu.
(SÉNÈQUE).

Telle est, mes enfants, vous le savez, la nature des supins dans les langues savantes. Qu'a de commun avec ces noms abstraits le participe de nos verbes ? Pour répondre au supin en *um*, nous avons pris l'infinitif simple, qui lui-même est un nom abstrait indéclinable, et nous avons traduit *eo lusum* par *je vais jouer*. Pour répondre au supin en *u*, nous nous servons du même infinitif, en y ajoutant la particule *à*. Ainsi, en traduisant *horrendum dictu, mirabile visu*, nous disons, *horrible à dire, admirable à voir*. Et cette façon de parler est d'un usage infiniment plus étendu dans notre langue, et plus fréquent que ne l'était le supin en *u* dans celle des Latins. Car nous disons à tout moment, *agréable à voir, bon à connaître, curieux à lire, intéressant à raconter*. Et dans les deux sens, *lent à construire*, en parlant d'un ouvrage; *lent à le construire*, en parlant de l'ouvrier. *Facile à gouverner*, en parlant d'un peuple; *habile à gouverner*, en parlant d'un homme d'état.

Ce sont là nos supins; et je ne puis comprendre pourquoi l'on a donné ce nom à nos participes présents. Je conçois encore moins qu'on ait donné le nom de *gérondifs* à nos participes passés, lorsqu'ils seraient indéclinables, et qu'au lieu du verbe *être*, ils auraient pour auxiliaire le verbe *avoir*. Où est l'office du gérondif et son union avec le verbe, lorsqu'on dit: *les trompettes* ayant donné *le signal, nous marchâmes à l'ennemi?*

PARTICIPE ACTIF.

Revenons à notre principe pour le participe présent, savoir, qu'il est indéclinable toutes les fois qu'en fonction de verbe il en a le régime ou les relations. *Une femme* aimant *ses devoirs, les eaux* jaillissant *du rocher, les éclairs* sillonnant *la nue, les arbres* étendant *leur ombre*. C'est ainsi que vous parlerez, n'en déplaise aux grammairiens.

Ils conviennent qu'au verbe actif le participe féminin est indéclinable; et, quoiqu'on dise une femme *aimante*, ils avouent qu'on ne peut dire une femme *aimante* ses devoirs. Mais ils veulent qu'au pluriel masculin le même participe se décline; et ils en citent quelques exemples : Gens *pesants* l'air. Hommes *craignants* Dieu.

Quoi qu'il en soit de ces phrases faites, et dont le petit nombre serait sans conséquence, c'est sur la généralité de l'usage que la règle doit s'établir. Or, dira-t-on les vents *soulevants* à grand bruit les flots, ou *chassants* au loin les nuages? Les grammairiens ont-ils jamais entendu le son de l'*s* avant la voyelle dans : *chassants au loin*, ou dans : *soulevants à grands bruit?* (1)

Ils veulent que le participe des verbes neutres se décline non-seulement au pluriel masculin, mais au singulier et au pluriel féminin; et je ne dois pas vous dissimuler qu'il y en a des exemples :

>   Et les petits en même temps,
> *Voletants*, et se *culbutants*,
> Délogèrent tous sans trompettes. (La Fontaine).

---

(1) Je lis dans un assez bon écrivain : *De vieux hommes, de vieilles femmes* fondants *en larmes*, éclatants *en reproches*, implorants *justice*. (Tourreil, *harangue d'Eschine*.) Mais c'est à la suite de plusieurs participes passifs qui, étant au pluriel, ont fait donner à ceux-ci le même nombre.

N'est-ce pas à vos yeux un spectacle assez doux,
Que la veuve d'Hector *pleurante* à vos genoux.
(Racine.)

Pleurante après son char, vous voulez qu'on me voie.
(Racine.)

Paraissez, montrez-vous, goûtez la douce joie
De voir vos compagnons *pleurants* à vos genoux.
(Voltaire.)

On dit aussi, *des mains* fumantes *de sang*, *des femmes* éblouissantes *de beauté, une jeunesse* brillante *de fraîcheur, d'enjouement*, etc.

Mais, dans tous ces exemples, le participe est absolu, et fait plutôt l'office d'adjectif que de verbe; car on dirait de même, *plaintive* à vos genoux, *captive* après son char; et tous ces mots indéfinis *de sang, de beauté, de fraîcheur, d'enjouement,* ne sont là que le nom de la manière, comme dans ce vers de Corneille:

Fier *de mes cheveux blancs* et fort *de ma faiblesse*.

Et dans ces vers du *Poëme des Jardins*, où Delille dit du cheval:

Soit que livrant aux vents ses longs crins vagabonds,
Superbe, l'œil en feu, les narines *fumantes*,
Beau d'orgueil et d'amour il vole à ses *amantes*.

Ce n'est donc qu'en sa qualité d'adjectif que le participe des verbes neutres se décline; dès qu'il a le régime ou les rapports du verbe, il ne doit plus se décliner.

Vous direz bien, des feux *volants*, des étoiles

volantes; mais vous ne direz point, des traits *volants* du haut des murs, des flèches-*volantes* de l'une à l'autre armée. Vous direz d'une femme, je l'ai trouvée *languissante, tremblante*; mais vous ne direz point, je l'ai trouvée *jouante, sortante* de son lit, ou *rêvante*, ou *allante* et *venante* dans sa maison, ou *courante* dans ses jardins. Vous direz bien qu'elle est *riante* ; mais vous ne direz point qu'on la voit *riante* à tous propos. Vous direz des femmes *chantantes*, ou *dansantes*; mais vous ne direz point des femmes *chantantes* en chœur, des femmes *dansantes* en rond.

A la faveur de l'élision, *pleurante* à vos genoux, *pleurante* après son char, a pu se concilier l'oreille de Racine; mais, s'il lui avait fallu dire *pleurante* sur le tombeau d'Hector, je présume qu'il aurait dit *pleurant*, comme il a dit :

Et la Crète *fumant* du sang du Minotaure.

Quant au participe actif passé, s'il est indéclinable, je vous en ai dit la raison : c'est que, n'y ayant aucune indentité du sujet avec l'attribut, il n'y a point de concordance. Dans *elle est aimée*, vous ai-je dit, *elle* et *aimée* ne sont qu'un; et dans *elle a aimé*, *elle* et *aimé* sont deux. Cette différence du passif à l'actif est marquée par celle des auxiliaires *être* pour l'un, *avoir* pour l'autre.

Mais si le participe actif a un régime direct, avec lequel il s'identifie; si, par exemple, on dit, *il a aimé la gloire*; alors, me direz-vous, *aimé* et *gloire* ne sont qu'un, car c'est *la gloire* qu'il a *aimée* : le participe et son régime devraient donc s'accorder. Oui, cela devrait être ; et cela est toutes les fois que le régime du participe le précède. Mais, quand le participe précède son régime, il est indéclinable : ainsi l'usage l'a voulu. Nous examinerons bientôt s'il a eu raison de le vouloir. Achevons de déterminer le rapport des auxiliaires avec les participes.

Le participe passif, *aimé*, *connu*, *promis*, *conduit*, etc., est inséparable de l'auxiliaire *être*. Le participe actif passé, quoique le même, à la lettre, que le participe passif, ne reçoit que l'auxiliaire *avoir*. C'est entre l'un et l'autre une différence essentielle.

L'usage a fait, pour les auxiliaires, quelque distinction entre les verbes neutres, mais il n'en a pas fait assez.

VERBES NEUTRES.

Ou le verbe qu'on appelle *neutre* exprime une situation inactive, comme, *veiller*, *dormir*, *reposer*, *exister*; alors, trop analogue au verbe *être* pour se conjuguer avec lui sans une espèce de pléonasme, il a pris, comme lui, l'auxiliaire *avoir*: *Elle a veillé. Ils ont dormi. Nous avons reposé. Le monde a existé.*

Ou il exprime une action dont l'objet est sous-entendu, comme *lire*, *boire*, *chanter*; ou seulement une existence active, comme *vivre*, *germer*, *fleurir*, *mûrir*, etc.; alors il prend encore l'auxiliaire *avoir*, à l'exemple du verbe actif : *Il a vécu. Ils ont fleuri. Nous avons lu. Elle a chanté.*

Ou il exprime quelque accident, quelque impression passivement reçue, quelque situation ressemblante à un état passif; et c'est ici que l'usage n'a pas été bien raisonnable dans l'attribution des deux auxiliaires. En effet, pourquoi dire, *il est allé, il est venu*, lorsqu'on dit, *il a couru, il a volé?* L'un est-il plus passif, ou moins actif que l'autre?

Un grand nombre de verbes neutres reçoivent les deux auxiliaires, mais non pas indistinctement. Par exemple, lorsque *passer*, *monter*, *descendre* sont, dans les vues de l'esprit, relatifs à quelque objet déterminé, quoique sous-entendu, on dit, *il a passé, il a monté, il a descendu*; comme si l'on disait, *il a passé le village, il a monté, descendu la montagne.* Au lieu que, si l'on ne pense qu'à la situation actuelle de celui qui vient d'agir, et à l'effet de son action, l'on dit, *il est passé, il est monté, il est descendu.* C'est dans ce sens passif que Corneille a dit :

Et, *monté* sur le faîte, il aspire à descendre.

Et Racine :

.... Ce héros *expiré*
N'a laissé dans mes bras qu'un corps *défiguré*.

Si *grandir*, *embellir*, *rajeunir*, *vieillir* sont pris

dans le sens d'une action progressive, ils veulent l'auxiliaire *avoir* : *Il a grandi. Elle a fort embelli. Il semble avoir rajeuni. Il a veilli.* Mais, si on y attache l'idée d'un état actuel et passif, il demande l'auxiliaire *être* : *Vous êtes bien grandi ! Comme elle est embellie ! On dirait qu'il est rajeuni. Je sens que je suis bien vieilli.* On dit de même : *Elle a changé, elle est changée. Elle a disparu, elle est disparue.* Dans ces deux mêmes acceptions, on dit : *C'est par leur imprudence qu'ils ont péri.* Et l'on dit : *Ils sont péris dans un naufrage. Il doit être péri dans les flots* (Fénélon).

On dit d'un arbre, *il est tombé*; mais du tonnerre, on dira mieux, je crois, *il a tombé*. A plus forte raison dirais-je d'un escadron : *Il a tombé sur l'ennemi, et l'ennemi est tombé sous ses coups.* Soit dit sans offenser l'usage.

VERBE RÉFLÉCHI.

Le verbe *réfléchi* est celui dont le *sujet* exerce son action sur lui-même, et qui a pour régime le pronom personnel de son nominatif : *Je m'afflige. Tu te consoles. Narcisse se mire dans l'eau. Il s'aime uniquement.*

C'est tantôt en régime simple, tantôt en régime indirect que le pronom est gouverné. Mais, dans l'un et dans l'autre cas, l'usage a voulu que le verbe réfléchi eût pour auxiliaire le verbe *être*, au lieu du verbe *avoir* qu'il aurait comme verbe actif : *Il s'est flatté* ; il *a* flatté *soi. Ils se sont rendus ;* ils *ont* rendu *eux-mêmes.* Et pour le régime indirect. *Il s'est permis* ; il *a* permis *à lui-même. Elle s'est fait un devoir* ; elle *a* fait un devoir *à soi.*

Mais en donnant le verbe *être* pour auxiliaire au verbe réfléchi, soit qu'il eût le pronom pour régime direct ou pour régime oblique, l'usage n'a pas laissé d'y mettre cette différence, qu'avec le pronom régi directement, le participe se déclinerait, et qu'avec le pronom régi indirectement, le participe serait indéclinable ; et la raison en est la même que pour le verbe actif avec l'auxiliaire *avoir*. Car, si le participe régit directement le pronom, ils sont identiques ; et ils ne le sont pas, s'il le régit indirectement. *Il s'est accusé, il* et *accusé* ne sont qu'un. Mais dans *il s'est permis, il* et *permis* sont deux ; il ne s'est pas *permis lui-même.* Cependant on dit *se* dans l'un comme dans l'autre cas ; et cette ressemblance de régime a fait donner le même auxiliaire à tous les deux. Vraisemblablement aussi y a-t-il eu de la complaisance pour l'oreille ; car, dans la règle, il aurait fallu dire, il s'*a* permis, ils s'*ont* permis, ils s'*ont* donné la licence. L'oreille ne l'a pas souffert ; et l'oreille est souvent l'arbitre de l'usage.

Lorsque le verbe réfléchi a pour régime simple et direct le pronom personnel, il ne peut plus rien gouverner qu'indirectement ; et si l'on dit, *ne vous flattez pas qu'il revienne*, c'est par *ellipse* ;

ne vous flattez pas de *l'espérance* (ou en espérant) qu'il revienne.

ELLIPSE.

Il faut vous dire en passant que l'*ellipse* est une abréviation de phrase, par le retranchement de quelques mots sous-entendus.

Racine en a fait une, lorsqu'il a dit :

Ne vous informez pas *ce que* je deviendrai.

Encore une, en disant :

Ne vous souvient-il plus, seigneur, *quel* fut Hector?

Et une encore, lorsqu'il a dit :

Je puis l'instruire au moins, *combien* sa confidence
Entre un sujet et lui doit laisser de distance.

Il n'en est pas moins vrai qu'en prose, il faut dire, ne vous informez pas *de ce que*, et non *ce que* je deviendrai.

Dans Corneille, *il est tard de vouloir m'en dédire*, est une ellipse encore plus hardie, et trop hardie pour faire exemple.

VERBE RÉCIPROQUE.

Le verbe *réciproque* est celui qui exprime la réciprocité de la même action entre deux ou plusieurs sujets, l'exerçant l'un sur l'autre, ou les uns sur les autres. Le pronom personnel en est aussi tantôt le régime direct, tantôt le régime indirect, mais non pas dans le même sens que pour le verbe réfléchi. Lorsqu'on dit que deux hommes *se sont battus*, ou d'un homme qu'*il s'est battu*, on n'entend pas que chacun d'eux individuellement *se soit battu* lui-même. Au reste cette phrase, *il s'est battu*, dans le sens *réciproque*, est la seule de son espèce. Car l'action du verbe réciproque étant au moins double, elle exige un pluriel pour nominatif : *Ils se sont rencontrés. Nous nous sommes cherchés*. Et il est incroyable que Racine ait pu dire des frères ennemis :

L'un ni l'autre ne veut *s'embrasser* le premier.

La différence des deux régimes du verbe réciproque, comme du verbe réfléchi, se fait sentir par l'analyse : *Ils se sont abordés* ; l'un *a* abordé l'autre, et réciproquement. *Ils se sont donné leur parole* ; ils *ont* donné, l'un à l'autre, mutuellement, leur parole. Et vous voyez encore ici l'auxiliaire *avoir* reprendre, dans la phrase analytique, la place que l'auxiliaire *être* a usurpée dans la phrase usuelle ; preuve qu'il y est déplacé.

Quant aux verbes qui, sans avoir le sens du verbe réfléchi, en ont la forme et le régime, comme *se repentir, se taire, s'ennuyer, se douter, s'en aller, se passer, s'apercevoir, se moquer, se rire, se louer, s'imaginer, se souvenir, s'attendre, se pâmer, se mourir*, je n'y connais pour règle que l'usage et l'analogie. Nous aurons lieu d'en parler dans la suite. Reposons-nous ici, car, en vous instruisant, je ne veux ni vous ennuyer, ni lasser votre attention.

LEÇON DEUXIÈME.

Je ne vous ai montré jusqu'ici, mes enfants, dans l'expression de la pensée, que ce qu'il y a de plus simple, un seul *sujet*, un seul *attribut*, un seul *verbe* avec ses régimes. Maintenant il s'agit de voir l'enchaînement, l'enlacement des parties dont la pensée et l'expression se composent, et les articulations, les liens, les petits ressorts qui font du discours un ensemble, et comme un corps organisé.

Je vais imiter l'horloger, qui, pour instruire son élève, démonte à ses yeux une montre, en lui faisant voir, pièce à pièce, la forme, la place et l'emploi de chacune de ses parties.

Vous connaissez déja les pièces principales de la mécanique des langues, le nom substantif, l'adjectif, le verbe simple, le verbe composé, le participe ou l'adjectif *verbal*. Passons à l'examen des pièces secondaires ; et, à commencer par *l'article*, tâchons d'en éclaircir et d'en raisonner la syntaxe.

DE L'ARTICLE.

Vous savez que, dans notre langue, les noms ne se déclinent point. Il a donc fallu suppléer à la diversité des désinences qui distinguent les *cas* dans les langues savantes, en nous donnant des signes, pour marquer dans la nôtre la diversité des régimes. Ces signes, qu'on a mis devant les noms, me semblent un petit chef-d'œuvre d'industrie, par leur délicatesse et leur simplicité. Ce sont, je vous l'ait dit, les particules *à* et *de*, au moyen desquelles notre langue répond aux cas obliques des Latins.

Mais ces particules déclinatives ne sont point *l'article*, et n'en tiennent pas lieu, quoiqu'elles s'incorporent fréquemment avec lui.

Le, *la*, *les*, notre seul article, a, dans la langue, un caractère qui lui est propre. En s'attachant au nom appellatif, soit du genre, soit de l'espèce, il le rend comme individuel et lui donne un sens *défini*. Mais qu'est-ce qu'un sens *défini?* c'est ce que les grammairiens auraient dû expliquer. Ils s'en sont épargné la peine.

Définir un objet, c'est dire en quoi, dans son espèce, il diffère du genre auquel il appartient. *Définir* le froment, c'est dire en quoi il diffère des autres blés. *Définir* le blé, c'est dire en quoi il diffère des autres plantes. *Définir* la plante, c'est dire en quoi elle diffère de l'arbuste et de l'arbre, qui, comme elle, appartiennent au genre végétal. Vous verrez en logique cette règle établie, que la définition doit convenir au *défini* dans toute son étendue, et ne doit convenir qu'à lui. *Omni*, *et soli.*

Qu'est-ce donc qu'un mot pris dans un sens

défini? C'est un mot qui attache l'idée de cette différence spécifique à l'objet qu'il exprime, en la supposant reconnue entre celui qui parle et celui qui l'écoute. Or, dans notre langue, le signe de cette convention tacite, c'est *l'article.* Quand je dis *la plante*, je veux vous faire entendre, et vous entendez en effet, cette espèce de végétal que nous appelons *plante. Le blé*, la plante que nous appelons *blé. Le froment*, le blé que nous appelons *froment*, et dont la différence spécifique est reconnue de vous à moi.

Mais sans l'article, ne pourrait-on pas s'entendre sur le sens *défini* des mots? Oui, par la force de la pensée. Les Latins n'avaient point l'article, et ils s'en passaient. Nous l'avons pris des Grecs, et nous avons bien fait; car, en même temps qu'il donne à l'expression plus de clarté, il y occupe si peu de place, et il est si coulant et si doux à l'oreille, qu'il est peut-être ce qui contribue le plus à rendre notre langue souple et liante, et à faciliter le jeu de ses ressorts, soit dans la prose soit dans les vers.

Notez que l'article donne toujours à son objet le caractère de substance, c'est-à-dire d'un être existant en lui-même, et que par conséquent les mots qui reçoivent l'article sont tous pris substantivement.

Distinguons à-présent les cas où le nom demande l'article, et ceux où il ne le veut pas.

Un être, désigné par le nom qui lui est propre, s'annonce comme *défini*. L'article y serait superflu : *Rome, César, Homère*. De même un nom qui porte quelque signe individuel n'a plus besoin que l'article le spécifie. L'idée en est par elle-même circonscrite et déterminée : *Ce* fleuve, *mon* père, *un* enfant.

Un nom générique ou spécifique, lorsqu'il n'est précédé ou suivi d'aucun signe définitif, ne présente à l'esprit qu'une idée vague et confuse, sans intention d'en marquer les limites ni les rapports : *Age d'homme. Figure d'homme. Mémoire d'homme. Main d'homme.* Ces mots n'ont aucune précision qui fixe les vues de l'esprit.

Mais l'intention de celui qui parle peut être de laisser à l'idée ce vague illimité qui souvent la caractérise ; et alors elle ne demande aucun signe définitif. L'article y serait déplacé. « Il y a *espace, temps, mouvement, nombre, matière,* » a dit Pascal. Il ne fallait là rien de borné.

Le philosophe qui, en abordant sur une plage déserte, y aperçut des figures de géométrie tracées sur le sable, et qui s'écria : *Voici des pas d'homme*, aurait moins bien parlé, s'il eût dit : *Voici les pas d'un homme;* encore moins aurait-il pu dire : *Voici les pas de l'homme.*

Et, lorsque La Fontaine a dit de madame de la Sablière :

Car cet esprit qui, né du firmament,
A *beauté d'homme*, avec *grâce de femme.*

il s'est bien gardé d'ôter à l'idée son étendue indéfinie. Vous sentez que l'article aurait gâté ce vers charmant.

Mais plus souvent il faut à la pensée un sens précis et limité. Si, par exemple, en parlant des devoirs de l'homme, je veux en déterminer l'étendue à l'égard de l'espèce humaine, je ne dirai point, les devoirs *d'homme à homme*, idée vague, et qui confusément ne met en relation que deux individus. Je dirai les devoirs de *l'homme envers l'homme*, et l'article, non-seulement désignera l'espèce entière, mais il indiquera d'autres devoirs que l'idée n'embrasse point; comme les devoirs de *l'homme envers Dieu*, *envers la patrie*, etc.

C'est ainsi que l'article circonscrit et limite l'idée de l'espèce, et la réduit à l'unité d'un objet individuel.

La Fontaine offre mille exemples de cette unité idéale où l'article réduit l'espèce, et il en profite, comme tous les poëtes, pour personnifier ces individus spécifiques : *Le lion* tint conseil, *l'âne* vint à son tour. *Le chêne* un jour dit au *roseau*.

Quand l'enfer eut produit *la goutte* et *l'araignée*.

De cette théorie de l'article il résulte :

1° Qu'il n'y a que les noms génériques ou spécifiques qui le reçoivent; et que les noms individuels, les noms propres étant définis par eux-mêmes, ne l'admettent qu'autant qu'ils sont pris génériquement et comme noms appellatifs : *Les*

Platons, *les Virgiles*; *la Rome* du temps *des Curius* et *des Fabrices* n'était pas *la Rome* du temps *des Lucullus* et *des Crassus*.

L'Alexandre des chats,
L'Attila, le fléau des rats. (La Fontaine.)

De même, lorsque le nom appellatif est sous-entendu devant le nom propre, comme devant les noms de pays, de mers, de montagnes, de fleuves, d'îles, etc. : *L'Italie*, *l'Adriatique*, *les Alpes*, *le Tibre*, *la Sicile*, c'est-à-dire le pays appelé *Italie*, etc.

De même, lorsqu'un adjectif, joint à un nom propre, en fait comme un nom spécifique; encore, alors est-ce avant l'adjectif que l'article doit se placer : *Le sublime Bossuet, le touchant Massillon.*

A ce propos, d'Olivet observe qu'en disant *le riche Lucullus*, on ne fait que le qualifier; au lieu qu'en disant *Lucullus le riche*, on fait entendre qu'il y a d'autres Lucullus, mais qu'il est le seul de ce nom qui soit riche, ce qui n'est pas généralement vrai; car on dit dans le même sens : *Le sage Socrate*, et *Socrate le sage; le juste Aristide*, et *Aristide le juste; nécessité l'ingénieuse*, et *l'ingénieuse nécessité.*

2° Que l'adjectif reçoit l'article lorsqu'il est pris substantivement : *L'honnête* est inséparable *du juste; le juste* est préférable *à l'utile.*

Que *le bon* soit toujours camarade *du beau*;
Dès demain je chercherai femme. (La Fontaine.)
Rien n'est beau que *le vrai. Le vrai* seul est aimable.
(Boileau.)

Le même nom, dans une même phrase, peut être pris comme adjectif et comme substantif.

Un *sot* savant est *sot* plus qu'un *sot* ignorant.
(Molière.)

Les vieux *foux* sont plus *foux* que les jeunes. (La Rochefoucault.)

3° Que, lorsque l'adjectif et le substantif forment ensemble une idée commune et spécifique, l'un des deux, mais un seul, et l'un ou l'autre, au gré de l'usage ou de l'oreille, reçoit l'article : *Les verds gazons, les gazons verds. Les bois sombres, les sombres bois.*

Le même nom qui, dans la phrase négative serait pris indéfiniment et sans article, s'il était seul, *je ne vous fais point de reproches*, reçoit l'article, lorsqu'après lui vient un adjectif, ou quelque autre incident qui le qualifie.

Je ne vous ferai point *des* reproches *frivoles*.
(Racine.)

Ne donnez jamais *des* conseils *qu'il soit dangereux de suivre.*

Mais, si l'adjectif précède le substantif, *de* se met sans article.

Je ne vous ferai point *d'inutiles* reproches.

Ne donnez jamais *d'imprudents* conseils.

Notez que, si l'adjectif est un *participe*, il ne se met jamais avant le substantif. Voilà pourquoi l'on ne dit point, *les fleuris prés*, mais *les prés fleuris*.

Notez encore que, si le nom et l'adjectif sont deux monosyllabes, l'adjectif se met le dernier : *Les bois verds*, non pas, *les verds bois*. Il y a quelques exceptions à cet usage, comme *les vieux temps*, *les hauts lieux*, *les bons vins*, *le bon air*, *les bons mots*. Sur cela, consultez l'usage.

4° Que, lorsque le nom spécifique est pris comme nom propre, il peut se passer de l'article, au moins dans le style naïf :

> Imprudence, babil, et sotte vanité,
>   Et vaine curiosité,
>   Ont ensemble étroit parentage. (LA FONTAINE.)

5° Que le substantif perd l'article, dès qu'il est pris adjectivement :

Le sage est *homme*. Le mensonge est *bassesse*.

La sévérité dans les lois est *humanité* pour le peuple. (VAUVENARGUE.)

C'est la raison pour laquelle on dit : *Je suis homme qui connais mon monde*; au lieu qu'on dirait : *Je suis un homme qui connaît son monde*. Dans le premier cas, *homme* n'est qu'une qualité du sujet; dans le second, il est sujet lui-même : Je suis *l'homme* qui vous répond.

6° Que, lorsque l'un des équivalents de l'article, placé avant le nom, le rend individuel, comme lorsqu'on dit, *ce* temps, *un* temps, *quelque* temps; et de même, lorsqu'un adverbe de quantité précède le nom, l'article n'a plus lieu; *tout* et *nul* l'écartent de même : Car l'universalité n'admet point de signe de restriction : *Tout homme* est misérable lorsqu'il est délaissé. *Aucun, nul homme* n'est infaillible. Mais, comme *tous*, au pluriel, n'exprime qu'une totalité morale, susceptible de restriction, il demande l'article : *Tous* les hommes sont dominés par quelque passion qui décide leur caractère. Cette différence se fait sentir, en ce que l'on peut dire, *les hommes sont tous*, comme on dit, *tous les hommes sont;* au lieu que *tout homme est*, ne peut pas se renverser de même. *L'homme est tout* dirait autre chose.

On dit, *tout l'homme*, pour dire, *tout dans l'homme;* totalité individuelle, quoique sous le nom de l'espèce. *Tout l'homme n'est pas matière, tout l'homme ne meurt pas*, pour dire, *tout dans l'homme n'est pas matière, tout ne meurt pas dans l'homme, tout dans l'homme n'est pas mortel.*

7° Qu'au vocatif, en apostrophe, les noms appellatifs et les noms spécifiques, étant pris comme personnels, ils ne reçoivent point l'article : Adieu. *prairies, arbres, fontaines.*

Fleurs charmantes, par vous la nature est plus belle.
(Delille.)

Vertu digne de Rome, et *sang* digne d'Horace!
(Corneille.)

Plaisante justice, qu'une rivière ou qu'une montagne borne!

Vérité au-deçà des Pyrénées, *erreur* au-delà! (Pasc.)

Cieux, écoutez ma voix; *terre*, prête l'oreille. (Racine.)

Homme, qui que tu sois, si l'orgueil te tente, souviens-toi que ton existence a été un jeu de la nature, que ta vie est un jeu de la fortune, et que tu vas bientôt être le jouet de la mort.

8° Qu'en qualité de nom, et toutes les fois qu'il en fait l'office, l'infinitif du verbe est susceptible de l'article : *Le* lever, *le* coucher du soleil, des étoiles.

Le Financier de La Fontaine se plaignait qu'au marché l'on ne vendît pas *le* dormir, comme *le* manger et *le* boire.

Malherbe avait dit *le* flatter.

Les Italiens ont fait plus d'usage que nous du mode indéfini. Je ne sais pourquoi. Il est pour nous, comme pour eux, un nom abstrait, régissant et régi. Régissant dans ces phrases : *Haïr est un tourment. Aimer est un besoin de l'âme. Flatter son ami, c'est le trahir.*

Aller fatigue un peu, mais *revenir* délasse.

Régi, lorsque vous dites : *Je sais obéir. Je veux lire. Je crois rêver.*

En même temps régissant et régi : *J'ose espérer cette faveur. Il prétend savoir ma pensée.*

Régime encore d'une préposition, après un adjectif : *Sûr de plaire, Content de vivre, Habile à feindre.* Après un adverbe : *Près d'obtenir. Loin de prétendre.* Après un nom : *Facilité d'apprendre. Inclination à nuire. Liberté de penser. Impatience de jouir.*

Pourquoi donc, lorsqu'il ne s'agit que d'y attacher l'article, ou quelque mot définitif, nous interdire la liberté que les Italiens se donnent en disant, *un beau penser, un doux parler, un douloureux et long mourir?*

Ainsi se sont formés nos noms de *souvenir*, de *repentir*, de *rire*, de *sourire*, de *pouvoir*, de *savoir*, et de *penser*, que les poëtes ont gardé pour le synonime de *pensée*.

Si donc, à la faveur de l'analogie, cet usage eût osé s'étendre, la langue en eût été plus riche. On eût dit d'une femme : elle a *le vouloir* absolu, mais *le résister* faible, et le *céder* facile. On aurait dit d'un général d'armée : il avait *le penser* profond, *le préméditer* lent, *le résoudre* hardi, et *l'agir* intrépide. Amyot en traduisant Plutarque a dit :

On demandait à Agésilas pourquoi les gens de bien préféraient une mort honorable à une vie honteuse.

Parce, dit-il, que *le mourir* est commun à la nature, mais que *le bien mourir* est propre aux gens de bien.

9° Que, lorsqu'un substantif est sous-entendu par ellipse, l'adjectif qui le représente, reçoit pour lui l'article : Les beaux vers me ravissent; *les mauvais* me rebutent.

<blockquote>Quelquefois *l'un* se brise où *l'autre* s'est sauvé.
(CORNEILLE.)</blockquote>

10° Que *plus*, comparatif, exprimant un rapport individuel, indiqué par *que* (plus savant *que*) ne reçoit point l'article; mais que *le plus*, superlatif, le demande, parce qu'il exprime un rapport générique ou spécifique : *Les plus grands* hommes. *La plus belle* des fleurs.

Notez que *plus*, comparatif, se joint à un adjectif simple, lequel ne veut jamais d'article, vu que de sa nature il est indéfini, *plus beau*, *plus jeune*, au lieu que *le plus*, superlatif, se rapporte à un nom spécifique, exprimé ou sous-entendu : *la plus belle des fleurs*; la plus belle *fleur* des fleurs. *Le plus sage des hommes*; le plus sage *homme* des hommes. C'est ce que dénote l'article.

Dans notre langue, le caractère du comparatif est *que*; et le caractère du superlatif est *de*, exprimé ou sous-entendu, quel que soit le nombre des objets comparés : *Le plus savant* de *tous*; *le plus savant* des *deux*. Vous l'entendrez mieux dans la suite.

De bons écrivains ont quelquefois supprimé l'article au superlatif, devant *plus* :

Ce qui est *plus* digne (pour le *plus* digne) de louange. (La Bruyère.)

Que le parti *plus* faible obéisse au plus fort. (Corn.)
Chargeant de nos débris les reliques *plus* chères.
(Racine.)
Celui dont la valeur inspira *plus* d'effroi,
Dont le cœur fut *plus* fier, et la main *plus* fatale.
(Voltaire.)

« Si ces libertés, a dit Voltaire, ne sont pas « permises aux poëtes, et sur-tout aux poëtes de « génie, il ne faut pas faire des vers. »
Cependant les exemples en sont rares parmi les bons poëtes. Boileau a dit :

Ce qu'ont d'esprits *plus fins* et la ville et la cour.

mais comment eût-il pu mieux dire?
La Bruyère semble avoir pris exemple de Boileau, en disant :

Une belle femme qui a les qualités d'un homme, est ce qu'il y a au monde d'un commerce *plus* délicieux.

Ne blâmons pas, mais n'imitons pas ces licences.
11° Que, lorsqu'un pronom, une particule, un adverbe, sont pris comme noms substantifs spécifiques, cette acception doit être marquée par

l'article : *le mien, le tien, lequel? Le moi, les si, les mais, le plus, le moins, le comment, les pourquoi.*

Sur le *que si, que non*, tous deux étant ainsi.
(La Fontaine.)

Le mien, le tien, seront toujours des sujets de discorde.

Le moi a deux qualités : il est injuste en soi, en ce qu'il se fait centre de tout ; il est incommode aux autres, en ce qu'il veut les asservir. Car chaque *moi* est l'ennemi et voudrait être le tyran de tous les autres. (Pascal.)

12° Que lorsqu'il y a plusieurs noms régissants ou régis ensemble, chacun devant être spécifié, chacun doit porter son article.

On a prétendu que, si les noms étaient presque synonymes, on pouvait ne pas répéter l'article, comme dans cet exemple : *Il a dû son salut* à la clémence et magnanimité *du vainqueur*. Mais il vaut toujours mieux que l'article soit répété.

De même avec deux adjectifs, à-peu-près synonymes, quoiqu'on puisse dire : *Le vaste et profond* savoir qu'il possède ; *les belles et bonnes* qualités dont il est doué ; rarement doit-on se dispenser de répéter l'article, à moins que les deux mots ne soient, pour ainsi dire, habitués à être unis ensemble : *La belle et jeune* Églé ; *l'humble et timide* innocence. Nous reviendrons sur cette remarque en parlant des prépositions.

13° Enfin, que le nom substantif, pris dans un sens défini, soit générique, soit spécifique, reçoit l'article; et que, pris dans un sens vague et indéfini, il ne le reçoit point.

Ici la difficulté consiste à savoir, quand le sens est défini ou indéfini, et cette distinction est de conséquence; car c'est là-dessus qu'est fondée la fameuse règle de Vaugelas, que *tout nom qui n'a point l'article ne peut avoir après soi un pronom qui se rapporte à ce nom-là.*

L'auteur de la grammaire générale a remarqué que cette règle est susceptible de restrictions, et il en a indiqué quelques-unes. D'Olivet les a réduites à une seule ; et à ces mots, *qui n'a point l'article*, il veut que l'on ajoute, *ou quelque équivalent de l'article.* Il devait dire, *ou quelque équivalent exprimé ou sous-entendu.* Car bien souvent le sens l'exige, quoique l'usage l'ait supprimé, et alors le mot sans article ne laisse pas d'être défini et susceptible de relation. Par exemple, lorsque vous dites : *Si je trouvais occasion de vous servir*, il est évident que c'est l'*occasion*, *une occasion*, *quelque occasion*, que vous voulez dire. *J'attendais réponse. Je l'ai reçue. Elle m'a rassuré;* c'est *une réponse* que j'attendais. *Nous perdions espérance;* c'est dire, l'*espérance*; je puis donc ajouter, *elle nous est rendue.*

D'Olivet, en citant les exemples choisis par l'auteur de la grammaire générale, y reconnaît l'ellipse, et c'est par là qu'il les excepte de la règle de Vaugelas : *Il n'y a point d'injustice qu'il ne commette* ; il n'y a pas *une injustice*. *Il n'y a point d'homme qui ne sache* ; il n'y a pas *un homme*, etc. *Je suis homme qui parle franchement* ; je suis *un homme qui*. *Il parle en homme qui* ; il parle comme *un homme qui*, etc.

Je rétablis de même le mot sous-entendu. Mais j'étends beaucoup plus loin que Lancelot et que d'Olivet l'exception en faveur de l'ellipse.

Dans le langage familier, la volubilité, la négligence qui lui est naturelle, a fait souvent omettre l'article, ou son équivalent : *Donnez-moi parole*, pour, donnez-moi *votre parole. Avez-vous raison de ?* pour, avez-vous *quelque raison de*. Aussi, lorsque le sens est défini par lui-même, comme dans ces exemples, quoique le nom soit sans article, il ne laisse pas de recevoir un adjectif : *Justice complète, grâce entière, pleine paix, fidèle compagnie, ample matière*, etc. ; je puis donc dire : *j'avais hier pleine raison, et je l'ai encore aujourd'hui. J'ai fait compagnie au malade, et je la lui ai faite assidue. Je lui ai rendu justice complète*, ou, *je lui ai fait grâce entière, et telle qu'il pouvait l'attendre. Nous sommes en pleine paix, il s'agit de la conserver. Vous aviez ample matière, et vous l'avez bien mise en œuvre.*

Il n'en est pas de même lorsqu'on dit : *tenir tête, faire face, faire silence, faire place, faire raison, faire grâce* (dans le sens d'*épargner*), *prendre feu, prendre place, prendre haleine, prendre garde; perdre haleine, perdre terre, perdre pied; faire voile; avoir peine*, etc.; car ici les mots ne sont pas dans leur acception naturelle, et l'article exprimé ou sous-entendu ferait un sens faux : *Tenir tête* ne veut pas dire *tenir la tête*; ni *faire face, faire la face*; ni *faire voile, faire la voile*; ni *prendre garde, prendre la garde*, etc. C'est-là que le sens du nom est véritablement indéfini.

Je ne dirais donc pas : *Dès qu'on eut fait voile vers l'Orient, nous la vîmes* enflée *par un vent favorable*. Mais je dirais, *tandis que nous voguions à pleines voiles, à voiles déployées, tout-à-coup le vent tombe, et nous les voyons s'affaisser*.

Observez cependant que tel nom sans article reçoit un adjectif, ou se construit avec le pronom *le, la, les*, qui ne se construit pas de même avec *qui* ou *que* relatif, et, à l'égard de celui-ci, la règle de Vaugelas s'observe avec plus de rigueur.

Nous disons, *être en pleine paix, en bon air, en bonne santé, en parfaite sécurité*; et, comme tous ces noms ont un sens déterminé par *une* ou *un* sous-entendu, nous pouvons dire : en pleine paix; *elle sera durable*. En bon air; *il m'est salutaire*. En bonne santé; *je la dois à l'exercice et à la tempérance*. En parfaite sécurité; *la loi m'en fait jouir*. Mais nous ne dirons point : En pleine paix, *qui promet d'être durable*. En bon air, *que je respire*. En bonne santé, *que je ménage*, etc.

Le qui relatif tient à son antécédent ; il y est comme suspendu ; et, dans cette liaison étroite, l'esprit n'a pas le temps de suppléer l'article ; il veut qu'il y soit énoncé. Car il faut bien que vous sachiez que l'article n'est autre chose qu'une facilité que l'on donne à l'esprit de saisir vite, et, comme d'un coup d'œil, l'acception précise des mots.

L'article, ou l'un des équivalents de l'article, est nécessairement attaché au nominatif du verbe, à moins que ce ne soit un nom propre ; car le nom régissant doit être défini. Si l'acception en était vague, incertaine et confuse, la phrase n'aurait elle-même aucune précision de rapport ni de sens. Ainsi, lorsqu'on dit familièrement, *pauvreté* n'est pas vice, *comparaison* n'est pas raison ; ou lorsqu'on dit, *repos, sûreté, liberté*, honnête *médiocrité, santé* du corps et de l'esprit, sont les plus grands biens de la vie ; l'article, ou quelque suppléant de l'article, est sous-entendu : La *pauvreté* n'est pas un vice. *Une comparaison* n'est pas une raison. *Le repos, la sûreté, la liberté*, etc.

Au régime des verbes, le nom reçoit l'article ou ne le reçoit point, selon qu'il est pris dans un sens défini ou indéfini. *Défini*, comme lorsqu'on dit, au régime direct, *aimer la gloire, dire la vérité, passer les mers*, et au régime indirect, *se livrer à l'étude, se préserver du vice. Indéfini*, comme lorsqu'on dit, au régime simple : *avoir peur, faire peur, avoir soin, prendre soin, faire pitié*, *prendre pitié*; et au régime composé: *imputer à crime*, *prendre à partie*; *tenir à honneur*, *à mépris*, *à injure*; *agir de force*, *user d'adresse*, *payer de maintien*, *d'assurance*.

Le régime des prépositions reçoit aussi l'article, ou ne le reçoit pas, selon qu'il est pris dans un sens défini ou indéfini. Défini: *par la force*, *sans la force*, *contre la force*. Indéfini: *à force*, *de force*, *par force*, *avec force*, *sans force*. Défini: *dans l'abondance*. Indéfini: *en abondance*, *d'abondance*, *avec abondance*. *En pitié*, *par pitié*.

Lorsqu'une énumération est précédée ou terminée par un mot qui réunit, comme en un seul, tous ceux qui la composent, il leur tient lieu d'article :

>Je confesserai *tout*, exils, assassinats,
>Poison même. (RACINE.)
>Moines, femmes, vieillards, *tout* était descendu.
>(LA FONTAINE.)
>Prières, menaces, promesses, *rien* n'a pu l'émouvoir.

Vous sentez qu'à chacun de ces mots, son article est sous-entendu.

Lorsque le substantif est un pluriel, si son article n'est pas exprimé, il est sous-entendu de même.

Si je dis d'un homme, qu'il est *plein de vertu*, qu'il est *consumé de travail*; *travail* et *vertu* sont indéfinis. Mais si je dis, *plein de vertus*, *consumé de travaux*, le nombre définit comme ferait l'article ; et je puis ajouter, *de vertus qui lui ont été transmises, de travaux qui ont honoré sa vie*.

> Je verrai le témoin de ma flamme adultère
> Observer de quel front j'ose aborder son père,
> Le cœur gros *de soupirs qu'*il n'a point écoutés,
> L'œil humide *de pleurs* par l'ingrat *rebutés*. (Racine.)

Le nom vraiment indéfini, je le répète, est celui dont l'objet ne présente rien de terminé dans son idée : Homme *à système*, terre *à blé*, moulin *à vent*, verre *à liqueur*. Et, après un verbe : monter *à cheval*, poser *à terre*, arriver *à bord*. De même après la particule *de* : Vivre *de pain*, sécher *d'ennui*, s'enfler *d'orgueil*, s'enivrer *d'espérance*; un jour *d'été*, un service *d'ami*, l'âge *d'or*, l'âge *de raison*, homme *de travail*, homme *d'art*, temps *de calamités*, jour *de fête*, coup *de main*, clin *d'œil*, trait *de plume*. Voilà les noms réellement soumis à la règle de Vaugelas.

Il ne nous reste plus qu'à voir se dénouer comme d'elles-mêmes les difficultés proposées au sujet de l'article sous-entendu.

Est-ce parler régulièrement que de dire, *je ne suis pas homme qui change aisément de résolution? Elle n'est pas femme qu'on séduise par des louanges ?*

Oui, c'est très-bien parler; car le supplément de l'article, *un* et *une*, est sous-entendu. Le sens est défini.

Êtes-vous mère? oui, je *le* suis. Le sens est indéfini.

Êtes-vous sa mère? oui, je *la* suis. *Sa mère* est défini.

Êtes-vous sa sœur? oui, je *la* suis. La question détermine le sens, et le rend individuel.

Êtes-vous sœur d'un tel? oui, je *le* suis. Car *le* répond à sœur, indéfini dans la demande.

Êtes-vous esclave (au féminin)? oui, je *le* suis. Indéfini.

Êtes-vous son esclave? oui, je *la* suis. (S'il n'y en a qu'une).

Êtes-vous malade (au féminin)? oui, je *le* suis.

Êtes-vous Romains? oui, nous *le* sommes.

Êtes-vous les trois Romains qu'on a choisis pour le combat? oui, nous *les* sommes.

Ainsi, *le* répond à *cela*, lorsque le nom est indéfini, et *le*, *la*, *les*, répond à *celui-là*, à *celle-là*, à *ceux-là*, lorsque le nom est défini. La règle est simple et générale.

Dans ces mots d'Agrippine :

Moi, fille, femme, sœur et mère de vos maîtres.

l'article est-il sous-entendu? non. Car si Agrippine avait dit : moi *la* fille, *la* femme, *la* sœur, *la* mère de vos maîtres, le poëte aurait fait un grossier contre-sens. Elle n'est tout cela que dans un sens collectif et indéfini.

Dans ces vers de Cornélie à César :

Veuve du jeune Crasse, et veuve de Pompée,
Fille de Scipion, et, pour dire encore plus,
Romaine, mon courage est encore au-dessus.

Le mot *romaine* est indéfini ; tous les autres porteraient l'article ; et Cornélie aurait pu dire : Vous voyez en moi *la* veuve de Crassus, *la* veuve de Pompée, *la* fille de Scipion.

La solution du problème tient quelquefois au sens que l'on suppose dans la demande ou dans la réponse.

Êtes-vous femme d'un tel? non, je ne *le* suis pas, s'il est douteux que cet homme ait une femme. Mais, à l'affirmative, il faudrait répondre, je *la* suis. Il n'y a plus de doute ; le sens est défini. Et, quoique la question soit mal posée, il vaut mieux répondre à l'esprit qu'à la lettre.

Êtes-vous mon amie? oui, je *la* suis, est plus affectueux ; car il porte l'idée d'amie unique et par excellence. Mais, à moins de cette intention, le sens du mot est vague ; il faut répondre, je *le* suis.

Votre ami comme je *le* suis. Votre amie comme je *le* suis. Persuadé ou persuadée comme je *le* suis. Avertis comme nous *le* sommes. C'est ainsi que l'on doit parler. *Le* répond à *cela* ; il est neutre, et indéclinable.

De entre deux noms, ou après un adverbe de quantité, laisse communément l'idée indéfinie : Un coup *de* flèche, un trait *de* vertu, un peu de vin, beaucoup *de* temps, plus *de* peine, moins *de* talent, plus *de* bonheur.

Cependant, si la pensée, pour complément, a besoin d'un mot qui spécifie et qui détermine l'idée, on dira : un peu de vin *pur*, un coup de flèche *empoisonnée*, un trait de vertu héroïque, ce qui forme un sens défini, et rend le nom, même sans article, susceptible de relation.

Boileau a dit :

Un lit de plume à grands frais *amassée*.

il aurait dit de même, un coup de flèche *empoisonnée*.

Serait-ce donc mal parler que de dire : *Nessus mourait d'un coup de flèche qui avait été* trempée *dans le sang de l'hydre?* C'est ainsi, je crois, qu'ont bien souvent parlé nos bons écrivains.

Lorsque devant un nom, l'article rencontre la particule déclinative, ils se joignent ensemble et ne font qu'un seul mot : *Au ciel*, pour *à le ciel*. *Du pain*, pour *de le pain*. *Aux champs*, pour *à les champs*. *Des fleurs*, pour *de les fleurs* ; excepté lorsque le nom est féminin singulier, ou que, singulier masculin, il commence par une voyelle. Alors la particule précédera l'article sans s'incorporer avec lui : *De la gloire à l'amour, de l'amour à la gloire*.

Des et *du*, c'est-à-dire la particule *de* jointe à l'article, se met avant le nominatif du verbe ou son régime simple ; mais *de* indéfini ne s'y met point. On dit : *Du* vin pur le fortifiera. *Des* revers le rendront plus sage. *Des* talents précoces mûrissent rarement. *Des* sauvages n'ont point de lois. *Des* courtisans n'ont point *de* caractère. On dit de même : éprouver *des* revers, annoncer *des* talents, adoucir *des* sauvages, etc. ; *de* est alors un signe partitif de l'idée qu'on veut réduire, et l'article la détermine. Mais *de* sans article veut être précédé d'un nom ou d'un adverbe pronominal : *Un* jour *de* printemps, *un* peu *de* pluie, *quantité de* fruits, *nombre d'*hommes. Ici *nombre*, veut dire *un nombre*; *quantité*, *une quantité*.

> Cette fière raison, dont on fait tant de bruit,
> Contre les passions n'est pas un sûr remède,
> *Un peu* de vin la trouble, un enfant la séduit.
> (Déshoulières.)

Nous distinguerons dans la suite les cas particuliers où c'est l'adverbe seul, précédé de l'article, qui fait l'office de nom régissant ou régi, comme dans ces phrases : *Tout ce* qu'il s'est acquis de gloire; *le peu de* forces qui lui est resté, etc.

Quant à-présent, je crois en avoir dit assez pour vous donner une juste idée de l'emploi de l'article. L'usage vous en sera encore mieux expliqué, lorsque nous en serons aux pronoms relatifs. Mais nous commencerons demain par l'analyse des propositions composées, sans l'entremise des pronoms.

LEÇON TROISIÈME.

Dans la proposition simple, vous n'avez vu, mes enfants, qu'un verbe, qu'un sujet, et qu'un attribut; mais chacun des trois peut être composé comme dans ces exemples :

La richesse et le luxe engendrent la mollesse.

Le luxe *engendre et nourrit* l'oisiveté.

Le luxe engendre *la mollesse et le vice.*

De même et dans la même phrase, ils peuvent être composés tous les trois :

La richesse et le luxe engendrent et nourrissent la mollesse et l'oisiveté.

Maintenant voici les deux termes modifiés, chacun par un adjectif.

La simplicité *affectée* est une imposture *délicate.* (La Rochefoucault.)

Les conseils *agréables* sont rarement des conseils *utiles.* (Massillon.)

Les belles actions *cachées* sont les plus *estimables.* (Pascal.)

ADVERBE.

Mais l'adjectif lui-même peut être encore modifié par une idée particulière, ainsi que l'expression du verbe. Et c'est ici que *l'adverbe et la préposition* s'introduisent dans le discours.

La nature *sagement* libérale a distribué ses dons *avec économie;* ou bien la nature libérale *avec économie* a *sagement* distribué ses dons.

Vous remarquez déja qu'*économiquement* eût dit la même chose qu'*avec économie;* et qu'*avec sagesse* eût rendu la même idée que *sagement*.

La préposition, avec son complément, n'est donc que l'équivalent de l'adverbe; et l'adverbe, à lui seul, renferme la préposition avec son complément. Les distinguer ainsi, c'est les définir l'un par l'autre.

L'adverbe est donc un mot indéclinable, qui ajoute une particularité ou au caractère de l'action, ou au mode de l'existence, selon qu'il est joint à un verbe, à un participe, ou à un adjectif. Hâtez-vous *lentement, mortellement* blessé, d'un ton *gravement* fou.

Peu de gens parlent de l'humilité, *humblement*, de la chasteté, *chastement*. (Pascal.)

Le plus grand nombre de nos adverbes sont terminés en *ment*. Mais à la pénultième syllabe, cette terminaison varie : *Lentement, aisément, savamment, décemment*. Or, cette variation a sa raison et sa règle, qu'il est bon de vous expliquer.

Ménage a remarqué que ces adverbes sont composés de l'adjectif féminin, qui leur est analogue, et du mot latin *mens*, à l'ablatif, *mente*. Il rend cela sensible par une foule de phrases latines, où l'on trouve l'adverbe français presque tout formé : *Forti mente, honestá mente, sincerá mente, certá mente*, etc.

Voici donc comment et pourquoi l'adverbe français, ainsi formé, varie à sa pénultième syllabe, selon la désinence de l'adjectif dont il se compose.

Si dans cette composition l'adjectif féminin garde sa finale muette, la pénultième de l'adverbe sera cet *e* muet : *Lente-ment, saine-ment, sûrement, sage-ment, douce-ment, tranquille-ment, pieuse-ment*. Cette règle n'a qu'un très-petit nombre d'exceptions : *Énormé-ment, conformément, commodé-ment, communé-ment, profondément*, ont l'accent à la pénultième.

Si, dans la formation de l'adverbe, l'adjectif est de ceux dont le féminin est en *ée*, l'*e* muet final disparaît, et l'*é* accentué reste avec son accent. Ainsi la pénultième est accentuée dans *posé-ment, sensé-ment, spontané-ment, aveuglément, assuré-ment*.

Si le féminin de l'adjectif est en *ie*, ou en *ue*, l'adverbe retient l'*i* ou l'*u* et l'*e* muet final s'efface. *Poli-ment, uni-ment, infini-ment, absolument, éperdu-ment*.

Si l'adjectif féminin, en *ante*, ou en *ente*, a déposé sa dernière syllabe *te*, l'*n* qui la précède se change en *m*; ainsi au lieu de dire : *décentement, savante-ment*, on dit : *décem-ment, savamment*.

Enfin, si l'adjectif a une *s* finale au masculin, comme *précis, confus, exprès*, l'*e* muet final de *précise, confuse, expresse*, est accentué dans l'adverbe. *Précisé-ment, confusé-ment, expressé-ment.* De cette règle sont exceptés *bassement, grassement, diversement*, et peut-être quelques autres, en petit nombre.

Cette espèce d'adverbes prend quelquefois le régime de l'adjectif dont ils sont formés : *indépendamment de, préférablement à.*

Notez cependant que l'adverbe n'a guère de régime qu'en ellipse; et ce régime sous-entendu est celui de la préposition antécédente : Tous les maux sont depuis long-temps *hors de* la boîte de Pandore; mais l'espérance est encore *dedans*. En Sicile, la fertilité, l'abondance sont *sur la* terre, la ruine et la mort sont *dessous*.

Nous ne sommes jamais chez nous, nous sommes toujours *au-delà*. (Montaigne.)

La préposition, au contraire, veut toujours avoir son régime après elle.

Les plus hautes places sont toujours *au-dessous* des grandes ames. (Massillon.)

Du reste, le même mot est pris souvent à l'absolu, comme adverbe : *depuis, lors, après*, ou comme préposition.

Vous trouverez dans Malherbe, *dessus* mes volontés, *dessous* cette égide, *dedans* la misère, *cependant que*,

> O combien *lors* aura de veuves
> La gent qui porte le turban!

et dans Gombaud :

> On verra *lors* cesser les crimes,
> Et les juges se reposer.

et dans des poëtes moins anciens que Gombaud et Malherbe :

> Rome est *dessous* vos lois par le droit de la guerre.
> (CORNEILLE.)
>
> Va *dedans* les enfers joindre ton Curiace. (CORN.)
>
> Et dit qu'il m'aime encore *alors* qu'il m'assassine.
> (CORNEILLE.)
>
> Peut-on verser des pleurs *alors* qu'on venge un père.
> (CORNEILLE.)
>
> *Cependant que* Félix donne ordre au sacrifice. (CORN.)
>
> Mais l'amour est bien faible *alors* qu'il est timide.
> (VOLTAIRE.)
>
> Tant il en avait mis *dedans* la sépulture. (LA FONT.)
>
> Il rode *alentour* du troupeau. (LA FONTAINE.)
>
> Fait résonner sa queue *alentour* de ses flancs.
> (LA FONTAINE.)
>
> Les précieuses
> Font *dessus* tout les dédaigneuses. (*Idem.*)
>
> *Dès lors que* le dessein fut su de l'alouette. (*Idem.*)
>
> *Cependant que* mon front au Caucase pareil. (*Idem.*)

Rien de tout cela n'est plus permis en prose; mais en vers, *lors* est encore adverbe dans le lan-

gage naïf; et peut-être même la poésie héroïque réclame-t-elle *alors que, cependant que, alentour de*, parce qu'ils ont du nombre.

Les grammairiens ont distingué les adverbes de *temps*, de *lieu*, d'*ordre*, de *quantité*, de *cause*, de *manière*. L'énumération en serait inutile autant qu'ennuyeuse; mais ce qui vous est nécessaire, c'est de bien savoir distinguer l'adverbe d'avec l'adjectif, dont il n'est souvent qu'une espèce de neutre, indéclinable : *même, quelque, juste, ferme, bon, clair, haut, bas, fort, tout*, etc.

L'oreille a été bien souvent trompée à la consonnance de *quelques*, de *quelles que*, et de *quelque*, adverbe indéclinable. Avez-vous *quelque* raison ? *Quelle que* soit la raison qui. *Quelque* bonnes que soient vos raisons. *Quelque* raison, avec l'indicatif, répond à *aliquis*. *Quelque* raison *que*, avec le subjonctif, répond à *quilibet*. *Quelle que* soit la raison, répond à *qualiscunque*. *Quelque* bonnes que soient vos raisons, répond à *quantumvis*; il est adverbe, par conséquent indéclinable, et ne s'emploie qu'avec un adjectif. *Quelque amers* que soient vos regrets, *quelque justes* que soient vos plaintes, *quelque sages* qu'on les suppose, *quelque folles* qu'elles paraissent, *quelque grands torts* qu'on leur attribue.

Quelque devant un substantif est toujours déclinable, à moins que ce ne soit un nom de nombre, avec lequel il soit employé pour *environ* : *Quelque* cent toises, *quelque* mille hommes,

Hors de là, il est adjectif : *Quelques torts* qu'on leur attribue. *Quelques bienfaits* qu'il ait reçus. Si elle a fait *quelques folies.*

La douceur de la gloire est si grande, qu'à *quelque chose* qu'on l'attache, à la mort même, on l'aime. (Pasc.)

Remarquez bien cette différence, de *quelque* adverbe, et de *quelque*, adjectif.

La différence de *même*, adverbe, qui répond à *vel*, à *imò*, et de *même*, adjectif, qui répond à *idem*, ou à *ipse*, n'est pas moins facile à saisir.

Lorsque *même*, sans l'article, peut être mis avant le substantif, c'est un signe qu'il est adverbe; dans cet exemple de Racine :

> Je confesserai tout, exils, assassinats,
> Poison *même*.

Agrippine aurait pu dire, et *même* le poison.

Lorsqu'avant *même*, on peut mettre le pronom personnel *lui, elle, eux, elles, nous, vous*, etc., c'est marque qu'il est adjectif.

Aux yeux d'un censeur bilieux les vertus *mêmes* sont des vices. Il est des hommes à qui les bienfaits *mêmes* sont odieux. Dites les vertus *elles-mêmes, les bienfaits eux-mêmes*, le sens n'en est point altéré. Je ne crois pourtant pas que le pronom y soit nécessaire, comme d'Olivet le prétend.

Autrefois on mettait l'*s* finale à *même* adverbe. Corneille a dit dans Polyeucte :

> Ici, dispensez-moi du récit des blasphêmes
> Qu'ils ont vomis tous deux contre Jupiter *mêmes*.

Voltaire dans ses notes a approuvé cette licence. Racine l'a prise dans Mithridate :

> Jusqu'ici la fortune et la victoire *mêmes*
> Cachaient mes cheveux blancs sous trente diadêmes.

D'Olivet le lui a reproché, et je crois qu'il a eu raison ; car, dans la pensée de Mithridate, ce n'est qu'à la victoire que *même* est relatif.

Du reste, bien souvent la phrase est susceptible des deux sens, comme dans ce vers d'Alzire :

> Je l'ai dit à la terre, au ciel, à Gusman *même*.

car le sens peut être également celui d'*imò*, ou celui d'*ipse*, *même* à Gusman, où à Gusman *lui-même* : et dans ces cas, *même* sans *s*, ou avec une *s* au pluriel, est également bien.

Il est encore aisé de distinguer les cas où d'autres mots sont adjectifs ou sont adverbes, comme dans : frapper *ferme*, tenir *ferme* ; et, se tenir *ferme*, être *ferme*. Comme dans : viser *juste*, chanter *juste*, penser *juste*, raisonner *juste* ; et, avoir l'œil *juste*, la voix *juste*, l'oreille *juste*. Comme dans : passer *vite*, voir *clair*, tenir *bon*, parler *bas*, parler *net*, viser *haut*, tirer *droit*, frapper *fort*, rester *court* ; et dans, un jour *clair*, un *bon* vin, un ton *bas*, un son *net*, un cœur *haut*, un cœur *droit*, un bras *fort*, un *court* espace, un cheval *vite* comme le vent.

Ainsi, même en parlant d'une flèche, vous direz, elle va *droit* à son *but;* et d'une femme, elle est restée *court*, ou de plusieurs, elles sont restées *court*, et sans réponse. Vous direz de même, elle se fait *fort*, elles se font *fort*, comme on dit, elles sont *fort* belles.

Parmi des remarques académiques, je trouve celle-ci : « On dit *à droit, à gauche.* » Il me semble que c'est une erreur de l'oreille, et qu'on doit dire, *à droite,* ellipse d'*à main droite.* Boileau a pourtant dit :

> Les voyageurs sans guide assez souvent s'égarent,
> L'un *à droit*, l'autre à gauche....

mais je tiens pour *à droite.*

A droit aurait un autre sens, le contraire d'*à tort*, l'ellipse d'*à bon droit.* Par une abréviation pareille on dit, *à la légère, à l'étourdie* : synonymes de *légèrement*, d'*étourdiment*, d'*imprudemment* : de même, *à la française, à l'anglaise*, etc.

Bien et *mal* sont le plus souvent adverbes, et alors ils sont sans article, à quoi on les distingue *du bien* et *du mal*, noms abstraits. Si vous faites *bien*, si vous faites *mal*, ont un sens vague et indéfini. Si vous faites *le bien*, si vous faites *le mal*, ont un sens plus déterminé. Les compagnons de Catilina étaient prêts à *bien faire*, et non pas à *faire le bien.*

> Pour *bien faire* il faudrait que vous le prévinssiez.
> (RACINE.)

Tout, répondant à *omninò* est adverbe, et en cette qualité il devrait être indéclinable. Il l'est devant un adverbe : *tout* d'abord, *tout* aussitôt, *tout* simplement. Il l'est devant les prépositions; *Tout* près, *tout* contre, *tout* à travers. Il l'est devant les gérondifs : *Tout* en riant, *tout* en courant, *tout* en pleurant.

Tout est aussi indéclinable avec un adjectif masculin pluriel : Ils sont *tout* étonnés, *tout* interdits, *tout* éperdus. Il l'est encore, ou il peut l'être, à cause de l'élision, avec un adjectif féminin singulier, commençant par une voyelle : *Tout* éblouie, *tout* enchantée; mais à moins de cette occurence d'une voyelle initiale, l'usage veut qu'au singulier comme au pluriel, *tout*, devant un féminin, se décline, et qu'en dépit du sens, il fasse l'office d'adjectif : Elle est *toute* jeune, elle est *toute* confuse; elles sont *toutes* rêveuses, *toutes* languissantes. Ces fleurs sont *toutes* fanées; elles étaient ce matin *toutes* fraîches. L'oreille n'a pu souffrir le son de *tout* masculin, entre deux féminins. Cependant il est permis de dire : Elles sont *tout* autres; et, lorsqu'il n'y a point d'adjectif: Elles sont *tout* esprit, elles sont *tout* yeux, *tout* oreilles; elle est *tout* cœur, *tout* ame; elle est *tout* art.

Vous venez de voir que *quelque*, adverbe, se construit avec le subjonctif, dans le sens de *quamvis* et de *quantumlibet*. *Tout*, dans le même sens, demande l'indicatif. On dit *quelque* sage qu'il *soit*, et on dit, *tout* sage qu'il *est*, par la raison que celui-ci est positif, et que l'autre est suppositif. Le subjonctif est le *mode* du doute.

Dans ce sens-là, *tout* se joint non-seulement à un adjectif, mais à un substantif, quand ce nom signifie une qualité personnelle : *Tout* mon ami qu'il est, *tout* amis que nous sommes. Mais, à l'égard des choses, *tout* n'a cette acception que lorsqu'on les personnifie : Le tigre, *tout* tigre qu'il est, aime et caresse ses petits. Ce chêne, *tout* chêne qu'il était, a été brisé par les vents.

Au reste, si le nom est féminin, *tout* se décline comme devant l'adjectif féminin : *Toute* ma sœur qu'elle est, je ne puis l'excuser. *Toutes* femmes que nous sommes, nous savons garder un secret.

Tout ajoute à l'expression de l'adjectif, du participe, ou de l'adverbe auquel il est joint; mais il y ajoute moins qu'il ne semble : *Tout* fier, *tout* humble, *tout* confus, *tout* brûlant, *tout* glacé, *tout* doucement, *tout* brusquement, n'ont pas l'énergie de *très*-fier, de *très*-humble, de *très*-confus, etc. Vous êtes *tout* triste est moins fort que vous êtes *bien* triste. Elle est *toute* affligée, ne dit pas qu'elle est *fort* affligée. Il est *tout* petit, ne dit pas qu'il est *très*-petit, ni qu'il est *plus* petit qu'on ne l'est à son âge. *Tout* insiste plutôt sur la qualité que sur l'intensité. Elle est *toute* triste, dit seulement que *tout* en elle annonce la tristesse. *Tout* doucement, *tout* brusquement, prononce le caractère de l'action, mais n'en exprime pas le suprême degré, comme *fort* doucement, comme *très*-brusquement.

Il y a nombre d'adverbes qui se fortifient l'un l'autre, quelquefois réciproquement, comme *fort bien*, et *bien fort*; et qui, de même, ajoutent à l'expression de l'adjectif, ou du verbe, et du participe; mais trop fréquemment employés, l'abus qu'on en a fait, les a rendus insignifiants, au point que, dans le monde, lorsqu'on dit, *excessivement, extrêmement, étonnamment, infiniment*, on ne dit presque rien.

Parmi ces adverbes qui ont perdu leur force, distinguons *certes*, qui a conservé la sienne, parce que l'usage l'a négligé. Il serait tombé dans l'oubli, si les poëtes et les orateurs ne l'avaient relevé et conservé dans le haut style :

Certes! c'est un sujet merveilleusement vain et ondoyant que l'homme. (MONTAIGNE.)

Certes! ou les chrétiens ont d'étranges manies,
Ou leurs félicités doivent être infinies. (CORNEILLE.)

Certes! plus je médite, et moins je me figure
Que vous m'osiez compter pour votre créature.
(RACINE.)

L'adverbe de *quantité* répond à ce qu'on appelle les *degrés de comparaison*, au *positif*, au *comparatif*, au *superlatif*.

1° Dans l'hypothèse de la quantité positive, l'expression de l'adverbe de quantité est absolue :

J'ai *bien* vieilli! J'ai *tant* vécu! J'ai *assez* vu le monde. J'ai *peu* connu les hommes. *Combien* ils m'ont trompé!

Les Lacédémoniens ne demandent jamais *combien* sont leurs ennemis, mais où ils sont. (*Paroles d'*Agis.)

Là, comme vous voyez, c'est à l'action ou au nombre que l'adverbe se rapporte. Ici, c'est à la qualité; et au lieu du verbe, c'est l'adjectif : Elle est *bien* belle, dit-on d'une femme; mais elle est *trop* capricieuse. Quel dommage qu'elle soit *si* légère, et *si peu* sensible!

Remarquez qu'avec l'adjectif, *si* a pris la place de *tant*. On disait autrefois, *tant* belle, *tant* aimable, comme on dit, *tant* aimée. Aujourd'hui, *tant* est réservé pour le verbe et le participe. Ni l'adjectif, ni l'adverbe, ni même le participe actif ne le reçoivent plus. On dit, *si* doux, *si* vivement, *si* séduisant. Le participe passif lui-même, s'il a passé dans la classe des adjectifs, veut *si* au lieu de *tant* : *si* vanté, *si* chéri. Je ne connais, parmi les adverbes, que cet exemple : *tant bien que mal*, où l'usage ait conservé *tant. Si* l'avait remplacé dès le temps de Voiture. « Je ne me trouve jamais *si* glorieux que quand je reçois de ses lettres, ni *si* humble que quand je veux y répondre. » Mais, *si*, dans cet exemple, est au comparatif.

Lorsque c'est à un nom que l'adverbe de quantité se joint dans le sens positif, comme il n'exprime qu'une partie de la totalité, il veut avec soi une particule extractive, *de*, si l'adverbe est avant le nom; *en*, si le nom est avant l'adverbe : Donnez-moi *peu de* vin. Je *n'en* bois *guère*. C'*en* est *assez*.

Tant de félicité n'est pas faite pour moi. (Racine.)

Peu d'hommes savent être vieux. (La Rochefoucault.)

Nous n'avons pas *assez de* force pour suivre toute notre raison. (La Rochefoucault.)

Nous n'avons pas *assez de* raison pour employer toute notre force. (Madame de Grignan.)

Ayons *peu d*'amis, mais qu'ils soient bons et sûrs.

Tant et *si* se réunissent pour exprimer ensemble le nombre et la qualité : *Tant* et de *si* belles actions. *Tant* et de *si* éclatants prodiges.

Lorsque le nom est pris dans un sens vague, la particule *de*, qui le précède, ne reçoit point l'article; mais si quelque singularité incidente donne à l'idée un sens déterminé, l'article, avec *de*, prend sa place. Lorsque je dis, il a peu *de bien*, le sens de *bien* est vague et indéterminé; mais si je dis, il lui reste peu *des biens* que son père lui avait laissés, le sens est défini, et demande l'article : *des* biens, pour *de les* biens.

L'adverbe de quantité, joint au verbe, quelquefois le précède; mais plus souvent il l'accompagne : Il a *peu* lu. Il a *tant* écrit.

On parle *peu* quand la vanité ne fait point parler.
(La Rochefoucault.)

Les arbres parlent *peu*, si ce n'est dans mon livre.
(La Fontaine.)

Ah! je l'ai *trop* aimé pour ne pas le haïr. (Racine.)

C'est entre l'auxiliaire et le verbe qu'il se met aux temps composés.

Parmi les adverbes de quantité, *bien* a cette propriété remarquable, qu'il demande après lui l'article avec la particule *de*, à moins que le nom auquel il se rapporte ne soit précédé d'un adjectif; et alors même, si l'adjectif ne fait qu'un mot avec le substantif, *bien*, devant ce mot composé, veut l'article avec la particule. Ce sont trois locutions dont voici les exemples :

Bien, adverbe, devant un substantif : *Bien des* travaux. *Bien des* exploits. *Bien de la* gloire.

Bien, devant un adjectif : *Bien de nobles* travaux. *Bien d'illustres* exploits. *Bien de riches* conquêtes.

Bien, devant un nom composé : *Bien des* beaux-esprits rassemblés. *Bien des petits-maîtres* à peindre. *Bien des* bas-reliefs conservés. *Bien des* bons-mots à recueillir. *Bien des* grands chemins à construire. *Bien des* faux-brillants dans son style.

Heureux si, de son temps, pour de bonnes raisons,
La Macédoine eût eu *des* Petites-Maisons. (Boileau.)

Notez que, devant ces noms composés, *de* reçoit l'article comme le recevrait le nom simple ; et que, dans le cas où le nom simple refuserait l'article, le nom composé le refuse. Ainsi, comme on dirait, un livre plein *d'esprit,* on dit, un livre plein *de bons-mots;* et comme on dirait, un livre plein *de l'esprit de Lucien, ou de Fontenelle,* on dit, un livre plein *des bons-mots de Lucien ou de Fontenelle.*

2° Les objets étant susceptibles de comparaison, soit d'égalité, soit de supériorité, ou d'infériorité, l'un à l'égard de l'autre, il y a des adverbes qui expriment ces rapports ; et, selon que les degrés de comparaison portent sur la qualité, sur le nombre, sur la grandeur ou l'étendue, sur le mode de l'existence, sur la durée ou l'intensité de l'action, il en résulte des rapports différents et multipliés, dans les phrases comparatives.

Rapport d'égalité d'une action avec elle-même, en divers temps : *Je l'aime autant que je l'aimais.* De la même action, en même temps, le sujet n'étant pas le même : *Je l'aime autant que vous l'aimez.* Ou le sujet le même, et l'objet différent : *Il aime autant ses devoirs que ses plaisirs.* Ou le sujet et l'objet différents : *Le mauvais exemple nuit autant à la santé de l'ame que l'air contagieux à la santé du corps.* Enfin, tout étant différent dans la phrase, hormis l'action : *Je vous ai servi aussi-bien qu'un ami véritable servira jamais son ami.*

Le rapport d'égalité, entre deux actions différentes, varie de même dans les combinaisons du temps, du sujet, de l'objet : *Je l'aime autant que je l'estime ; autant que vous le haïssez. L'émulation nous ennoblit et nous élève, autant que la basse envie nous dégrade et nous avilit. Autant la bonne fortune aura enflé l'orgueil d'une ame vaine, autant la mauvaise fortune va l'abattre et l'humilier.*

Il y a rapport d'égalité entre deux noms ainsi qu'entre deux verbes : *Autant d'esprit que de savoir. Autant de vertus que de lumières. Non moins de prudence que de valeur. Plus on lui fait de bien, moins il en est content, et plus il en désire encore. Une leçon est quelquefois d'autant meilleure, qu'elle est plus amère. Autant je plains l'homme dépourvu de talents, autant je méprise l'homme qui néglige les siens, ou qui en fait un mauvais usage. Heureux celui de qui l'on peut dire, autant de jours, autant de bienfaits.*

Même rapport entre deux adjectifs. Mais ici ce n'est plus *autant*, c'est *aussi* qui exprime la comparaison : *Elle est aussi sage que belle. Il est aussi bon qu'il est juste.*

Il est aussi facile de se tromper soi-même, qu'il est difficile de tromper les autres, sans qu'ils s'en aperçoivent. (La Rochefoucault.)

Observez qu'à la négative, ce n'est plus la comparaison simple, mais la comparaison graduelle qu'on exprime par *aussi*, par *autant;* car ils disent la même chose que *plus* ou que *moins* à l'affirmative : *Il n'est pas aussi facile;* il est plus difficile. *Il n'en coûte pas autant;* il en coûte moins.

Rapport d'inégalité du plus au moins entre deux objets. C'est ici le *comparatif* comme on l'entend dans les écoles.

D'abord entre deux verbes : Il médite *plus* qu'il n'écrit. Il imite *plus* qu'il n'invente. De même entre deux noms : *Plus* de sens que d'esprit. *Moins* d'habileté que de ruse.

Nous avons *plus* de force que de volonté. (LA ROCHEFOUCAULT.)

Il y a dans la jalousie *plus* d'amour-propre que d'amour. (LA ROCHEFOUCAULT.)

De même entre deux adjectifs ou entre deux participes : *Plus* brillant que solide. *Plus* loué qu'estimé.

En vieillissant on devient *plus* fou et *plus* sage. (LA ROCHEFOUCAULT.)

L'envie est *plus* irréconciliable que la haine. (LA ROCHEFOUCAULT.)

La faiblesse est *plus* opposée à la vertu que le vice. (LA ROCHEFOUCAULT.)

La santé de l'ame n'est pas *plus* assurée que celle du corps. (LA ROCHEFOUCAULT.)

Il faut de *plus* grandes vertus pour soutenir la bonne fortune, que la mauvaise. (LA ROCHEFOUCAULT.)

Et entre deux adverbes, ou d'un adverbe avec lui-même : L'un aime *plus*, l'autre aime *mieux*. *Moins* sagement qu'heureusement. *Autant* que jamais. *Plus* que jamais.

On ne donne rien *si* libéralement que ses conseils. La Rochefoucault.)

Au physique, mêmes rapports.

Quant à la qualité : L'or est *plus* pesant et *plus* flexible que l'argent. Le son est *moins* rapide que la lumière. La chaleur du soleil entre les tropiques est *plus* vive que vers les pôles.

Quant à la quantité, au nombre, à la durée, à la distance, à la grandeur, à la force, à l'intensité de l'action : L'air contient *plus* d'eau dans le temps sec que dans le temps humide. Avec un bon télescope on découvre mille fois *plus* d'étoiles qu'on n'en voit à l'œil nu. L'arbre *le plus* lent à croître est *le plus* lent à vieillir. Il y a infiniment *plus* loin du soleil aux étoiles que de la terre au soleil. La terre est un million de fois *plus* petite que le soleil. Les corps s'attirent réciproquement, *plus* ou *moins*, en raison de leur masse et de leur distance.

Vous avez vu dans quelques-uns des exemples du comparatif, que lorsque la phrase est négative, *si* et *tant* peuvent se mettre à la place d'*aussi* et d'*autant*. C'est une mollesse d'élocution qui a passé en usage.

Rappelez-vous qu'au positif le sens propre et

habituel de *si* et de *tant* est le sens d'*adeò*. *Si*, devant l'adjectif ou l'adverbe : Le temps est *si* beau! La saison *si* riante! Les vents soufflent *si* doucement! L'homme est *si* vain, qu'il croit que tout est fait pour lui.

La justice et la vérité sont deux pointes *si* subtiles, que nos instruments sont trop émoussés pour y toucher exactement. (Pascal.)

Cela n'est pas *si vrai* est une manière adoucie de dire que cela n'est pas vrai.

Tant, avec le verbe ou le participe : Je l'aimais *tant*! Elle m'avait *tant* promis d'être à moi! Socrate, né avec des vices, fit *tant* et *si* bien, qu'il se rendit le plus sage des hommes et le plus vertueux.

Ces façons de parler : Il n'est pas *si* malheureux, il n'est pas *tant* à plaindre, elle n'est pas *si* niaise, elle n'est pas *si* laide, forment un sens complet; *si* et *tant* y sont absolus. Au lieu que, s'ils sont pris pour *tellement*, ils suspendent le sens, et ne font qu'annoncer un complément qui le termine : Je suis *si* malheureux que. Je suis *trop* malheureux pour que. Je ne suis pas *assez* heureux pour que. Je ne suis pas *assez* vain pour. Je ne suis pas *si* fou que de, etc. La terre se meut *si* rapidement qu'elle fait, en vingt-quatre heures, neuf mille lieues autour d'elle-même, et au moins cent quatre-vingt millions de lieues, en un an, autour du soleil. J'ai *tant* médité sur les merveilles de la nature, *que* mon imagination s'en est troublée, et *que* mon entendement en est resté confondu. Voilà *si* et *tant* pour *adeò*, dans leur acception commune.

Mais, au comparatif, ils prennent le sens d'*aussi* et d'*autant*, dont ils sont comme la contraction.

Si avec l'adjectif ou l'adverbe : *tant* avec le verbe ou le participe, ou les noms de quantité, de nombre, etc. : L'ame n'est pas *si* forte contre la volupté, que contre la douleur. L'ambition n'a pas *tant* d'esclaves que la paresse.

On n'est jamais *si* aisément trompé que lorsqu'on songe à tromper les autres. (LA ROCHEFOUCAULT.)

Rien n'est *si* contagieux que l'exemple. (LA ROCHEFOUCAULT.)

Il n'y a point de sots *si* incommodes que ceux qui ont de l'esprit. (LA ROCHEFOUCAULT.)

Vaugelas lui-même a dit :

Un jugement *si* solide et *si* éclairé que le sien.

Observez que l'adverbe de quantité se joint immédiatement, sans article, et sans particule, au verbe, à l'adverbe, à l'adjectif, à la préposition : Il n'en fait pas *tant* ou *autant* qu'il en dit. Il n'est pas *autant*, ou, *tant* estimé qu'il croit l'être. *Tant* par faiblesse que par bonté. *Tant* par la crainte du blâme que par l'amour de la louange. Au lieu qu'il ne se joint au nom qu'au moyen de la particule *de*, sans article, si le nom est indéfini, et avec l'article, si le nom est accompagné de quelque incidente définitive.

Beaucoup, après un mot comparatif, exige la particule *de* : Plus grand *de* beaucoup. Moins riche *de* beaucoup. Vous le surpassez *de* beaucoup.

Mais, entre les deux termes corrélatifs dans la comparaison, le rapport soit d'égalité, soit d'inégalité, a un autre signe que la particule : c'est le *que* conjonctif, seul devant l'adjectif ou l'adverbe, mais joint à la particule *de* avant le nom; et tantôt sans la particule, tantôt avec la particule devant l'infinitif du verbe : *Plus* utile *que* juste. *Plus* savamment *qu'*éloquemment. *Plus* de grâces *que* de beauté. Et, selon le régime du verbe antécédent : Savoir écrire *mieux que* parler. Se plaire à jouer *plus qu'*à lire. Se lasser de lire des vers *plus que* de lire de la prose. Je n'ai rien *tant* à cœur *que* de. Je ne crains, je ne hais rien *tant que* de. Je ne désire rien *tant que* de. Ou, selon le rapport qu'un mot supposé par ellipse peut donner au verbe suivant : Je fais *plus que* de l'approuver; je l'admire. Il prétend *plus que* d'égaler ses rivaux; il veut les surpasser. Il est *plus* beau de pardonner *que* de se venger. Il aime *mieux* s'ennuyer *que* de travailler à s'instruire. Il n'est pas *si peu* sage ou *si* imprudent *que* de. Rien ne lui plaît *tant que* de. Rien n'est *tel que* de.

Lorsque l'adverbe *autant*, *plus*, ou *moins*, est suivi de deux infinitifs, dont il exprime le rapport, si le premier est précédé d'une particule ou d'une préposition, le second doit l'être de même : Un bon esprit se félicite *autant,* ne se félicite *pas moins,* se félicite *plus* d'avoir trouvé une vérité solide, *que* d'avoir produit une pensée brillante. Etudiez *moins pour* paraître habile, *que pour* être meilleur. Ne songez pas *tant* à observer les défauts d'autrui, *qu'à* connaître les vôtres.

Mais lors même que le premier des deux infinitifs n'est point particulé, le second, bien souvent, ne laisse pas de vouloir l'être : Il vaut *mieux* mourir libre *que de* vivre esclave. J'aime *mieux* vous déplaire *que de* vous tromper. Ce n'est pas qu'on fît une faute en omettant le *de*, mais il est mieux de l'y ajouter; car ce n'est pas inutilement qu'il s'est glissé entre le *que* comparatif et le verbe : il indique une ellipse, et suppose confusément un mot sous-entendu, qui, dans la phrase analytique le régirait, comme lorsqu'on dit : je crains moins de vous déplaire *que de* vous tromper, *de* fait entendre *le malheur* et *la honte* : Je crains moins *le malheur* de vous déplaire, que *la honte* de vous tromper. Cependant, lorsque les deux verbes sont bien près l'un de l'autre, on supprime la particule *de* : J'aime *mieux le lire que l'entendre.* Notez pourtant, qu'il n'est pas permis de même d'omettre la particule *à,* vu que jamais on ne l'emploie que lorsqu'elle est régie par un antécédent.

Après le *que* comparatif, se glisse encore souvent la particule *ne,* qu'on appelle *explétive,* c'est-à-dire surabondante, et qui ne l'est pas toujours; car souvent *ne* donne implicitement à la pensée un sens négatif. Par exemple, dans cette phrase, il est *plus* heureux dans son obscurité qu'il *ne* l'était dans tout l'éclat de sa fortune, le *ne* vous indique l'inverse, il n'était pas aussi heureux, etc. qu'il l'est, etc.

Aussi, lorsque la phrase est formellement négative, le *ne* après *que* n'a plus lieu : Le caractère n'est pas *tant* l'ouvrage de la nature qu'*il l'est* de l'habitude et de l'éducation.

C'est là qu'on reconnaît, dans les décisions de l'usage, un discernement juste et fin.

Lorsqu'entre deux adverbes comparatifs, c'est la parité qu'on exprime, soit qu'on répète *plus* ou *moins*, ou qu'on les oppose l'un à l'autre, d'Olivet prétend que ce ne doit jamais être entre les deux termes de la comparaison que l'*et* copulatif doit se trouver. Je crois que d'Olivet se trompe; sans doute, si l'un des deux termes est double, et que la copulative y soit employée, comme si l'on dit : *Plus je lis* et *plus je relis La Fontaine, plus je l'admire;* ou bien, *plus je lis La Fontaine, plus je l'admire,* et *plus je le crois inimitable;* sans doute alors, *et* ne doit pas se reproduire entre les deux termes, il ne ferait que brouiller le sens; mais, si les deux termes sont simples, personne ne fait difficulté d'employer *et* à rendre plus sensible l'intimité de leur rapport.

6.

Certes! plus je médite, *et* moins je me figure
Que vous m'osiez compter pour votre créature.
(Racine.)

Plus j'observe ces lieux, *et* plus je les admire.
(Quinault.)

Plus on connaît l'amour *et* plus on le déteste.
(Quinault.)

Parmi les adverbes comparatifs, je semble avoir oublié *davantage*, il a cependant un rapport, mais antérieur et sans suite. On ne dit guère *davantage que*, ni *davantage de*. Son office est de clore la comparaison : Je l'aime assez, mais je l'estime *davantage*. Quelques biens que l'avare possède, il en désire *davantage*. Je vous entends très-bien, ne m'en dites pas *davantage*. *Davantage que* n'est pourtant pas sans exemple, de très-grands écrivains l'ont dit :

Rien ne découvre *davantage* une étrange faiblesse d'esprit, que de ne pas connaître quel est le malheur d'un homme sans Dieu. (Pascal.)

3° Au lieu de comparer deux objets comme individus, l'intention de l'esprit est souvent de donner à un objet sur tous les autres de la même classe, ou de la même espèce, une supériorité générale : Le diamant est *le plus* dur et *le plus* brillant des corps solides. C'est là notre superlatif. Lorsqu'il est absolu, *très* ou *fort* en est le caractère; mais, lorsqu'il est en relation, c'est *plus* ou *moins*, avec l'article, qui, dans notre langue, répond au superlatif des Latins :

Les montagnes du Pérou sont *les plus* hautes des montagnes. Les fleuves de l'Amérique sont *les plus* grands des fleuves. Epaminondas a été *le plus* accompli des héros. César aurait été *le plus* grand des hommes, s'il avait été citoyen. Camille, avant son exil, était *le plus* grand des Romains. Camille, de retour de son exil, fut *plus grand que* lui-même. Qui décidera entre Socrate et Marc-Aurèle, lequel fut *le plus* vertueux ?

Vous m'allez dire que, dans ce dernier exemple, vous ne voyez qu'une relation individuelle; qu'en latin, ce n'est là qu'un comparatif; et que, si l'article est en français le signe du superlatif, il est là déplacé.

Mais, en français, l'office de l'article est aussi de donner à l'idée et au nom un sens défini, et c'est pourquoi nous exprimons cette relation individuelle par *le plus* ou *le moins*. Je vais me faire entendre.

Lorsque vous dites, *le* diamant est *plus dur* que *le* rubis, *diamant* et *rubis* sont définis; chacun des deux porte l'article. Mais, si je demande *lequel* des deux est *le plus dur*, il y a un nom sous-entendu; car ce n'est ni *lequel* des deux diamants, ni *lequel* des deux rubis; c'est *lequel* des deux corps. *Le plus dur* veut donc dire *le corps le plus dur; le* indique l'ellipse, et tient tacitement la place du mot sous-entendu. Ainsi dans l'exemple de Marc-Aurèle et de Socrate, lequel fut le plus vertueux, *lequel* veut dire, *lequel homme*; et *le plus vertueux* veut dire *l'homme le plus vertueux*. Or, toutes les fois qu'un nom spécifique est sous-entendu devant son adjectif, son adjectif reçoit pour lui l'article.

Vous concevez à-présent pourquoi *le* avant *plus*, avant *moins*, avant *mieux*, est nécessaire au superlatif; et que la licence que les poëtes ont prise quelquefois de l'omettre, ne doit pas être imitée en prose.

Mais, quand faut-il décliner l'article au superlatif; Quand doit-il être indéclinable? Voici des questions sur lesquelles on n'a jamais été d'accord.

Direz-vous les opinions *les* plus ou *le* plus généralement suivies? *les* mieux ou *le* mieux établies? Les sentiments *les* plus ou *le* plus approuvés? Les opérations *les* plus ou *le* plus sagement combinées? Ceux qui lui étaient *les* plus ou *le* plus favorables?

La réponse dépend de l'intention de celui qui parle, et de ce qu'il veut faire entendre.

Des opinions considérées en elles-mêmes et sans comparaison, peuvent être *mal* établies, *bien* établies, *mieux* ou *plus mal* établies, *plus* ou *moins* généralement suivies. Si c'est là ce que vous entendez, *le*, relatif à l'adverbe, sera indéclinable comme lui, et le *plus*, le *mieux*, signifiera le *plus*, le *mieux* qu'il est possible.

Si vous avez en vue d'autres opinions *moins bien établies*, *moins suivies* que celles-là, et que vous vouliez indiquer cette comparaison, c'est au nom que doit se rapporter l'article; et vous direz, *les plus*, *les mieux*.

De même, si vous n'avez égard qu'au degré d'approbation que tels sentiments ont pu obtenir, vous direz, *le plus* approuvés. Si vous comparez cette estime à celle que d'autres sentiments obtiennent, vous direz, *les plus* approuvés.

De même encore, les opérations *le plus* sagement combinées, s'il ne s'agit que de faire entendre qu'on a mis à les combiner toute la sagesse possible; et *les plus* sagement combinées, si on veut leur attribuer cet avantage sur d'autres opérations. Cela est si vrai, que, si un objet de comparaison est indiqué, et que l'on dise par exemple, les opérations *le* mieux combinées de la campagne, on parlera mal : ce sera *les* qu'on devra dire.

Il en est de même de tout superlatif dont le rapport est déterminé : Les arbres *les plus* hauts de la forêt. Les arbres *les plus* hauts sont les plus exposés aux coups de la tempête. Mais, les arbres *le plus* profondément enracinés. Les arbres *le plus* endurcis par le temps. Les arbres *le plus* chargés de fruits.

Je dirais, les parures *les plus* à la mode, les talents *les plus* en honneur, parce qu'il y a concurrence. Mais je dirais, les parures *le plus* recherchées, les talents *le plus* cultivés.

En parlant d'une femme, on dit : Dans une fête, à un spectacle, elle était toujours *la plus belle*. Mais on devrait dire : C'est dans son négligé qu'elle était *le plus belle*; et cela répugne à l'oreille. Que faut-il faire alors? un solécisme, en disant *la plus belle*? Non, il faut prendre une autre tournure, et dire *qu'elle avait le plus de beauté*.

Remarquez que, si l'adjectif est le même pour les deux genres, *le plus*, au féminin, n'a plus rien de sauvage : C'est dans le tête-à-tête qu'elle est *le plus aimable*. C'est quand son mari gronde qu'elle est *le plus tranquille*.

On dit très-bien : Un des hommes *les plus* vertueux, un des hommes qui *ont* fait *le plus* d'honneur à notre siècle. Un des hommes qui *ont* fait *le plus* de bien, *le plus* de mal. Mais peut-on dire aussi : Un des hommes *le plus* vertueux? un des hommes qui *a* fait, etc. ? Cette façon de parler a eu pour elle des autorités imposantes. D'Alembert y trouvait une nuance délicate, une finesse d'expression. En parlant ainsi, disait-il, on fait entendre ce qu'on n'ose pas énoncer, que c'est *le plus* vertueux des hommes, que c'est l'homme qui a fait *le plus* d'honneur à son siècle, qui a fait *le plus* de bien, ou, au contraire, *le plus* de mal.

Je ne décide point, mais j'observe que *son* siècle ou *sa* patrie, après *l'un des hommes*, paraît étrange à l'oreille. Elle demande *leur,* et leur suppose un pluriel.

Remarquez, à propos de *l'un des hommes les plus vertueux*, que *des*, répété, serait une faute. L'un des hommes *les plus* vertueux, signifie *qui sont* ou *qui ont été les plus* vertueux. C'est donc *les plus* et non pas *des plus* qu'on doit dire.

Vous avez vu nombre d'adverbes de quantité pris absolument. *Plus* et *moins* peuvent l'être; mais non pas sans ellipse. Il en est de même d'*autant*; leur corrélatif est sous-entendu : Dans la vieillesse, on devrait être *moins* soucieux de l'avenir. Sous-entendu, *que dans la jeunesse*.

Depuis que je le connais mieux, je l'aime *autant*, mais je l'estime *moins*. Sous-entendu, *que je l'aimais, que je ne l'estimais*.

Aussi n'est pas reçu de même dans la phrase elliptique, à moins qu'il n'y soit introduit par un adverbe ou par un adjectif : *Aussi-bien*, *aussi peu*, *aussi belle*, *aussi sage*; et il suppose, comme *autant*, un objet de comparaison, énoncé ou sous-entendu : Je ne croyais pas réussir *aussi-bien* (que j'ai réussi). Je m'étonne que le malheur d'un ami vous touche *aussi peu* (qu'il vous touche). Elle est toujours aimable, mais elle n'est plus *aussi belle* (qu'elle l'était). Vous êtes bien jeune, pour être *aussi sage* (que vous l'êtes).

Mais, au moyen de cette ellipse, *aussi* est mieux que *si* dans ces locutions. Car le sens naturel de *si* est le sens d'*adeò*, et le sens d'*aussi* est celui de *tantùm*.

Comme, au degré comparatif, la proposition

simple est positive elle-même, son mode naturel sera l'indicatif.

Mais le superlatif, indéfini dans ses rapports, tient souvent de l'indécision; et, après le *qui* ou le *que* relatif, c'est par le subjonctif que la phrase doit se construire. On dira donc : Il est plus heureux qu'il ne *le fut* jamais. Il a plus de fortune que ne lui en *a laissé* son père. Mais on dira : C'est le plus honnête homme que je *connaisse*. C'est l'homme le plus savant que nous *ayons*. C'est le plus grand malheur qui *puisse* arriver dans la vie.

La dernière difficulté qui me reste à résoudre sur les adverbes de quantité, consiste à savoir si, lorsque l'adverbe joint à un nom fait avec lui l'office de nominatif, c'est à l'adverbe lui-même, ou au nom que doit se rapporter le verbe, l'adjectif, ou le participe suivant; et je commence par vous dire qu'on n'a fait là-dessus que des chicanes grammaticales.

Qui doute en effet qu'on ne doive dire :

Puisse *tant de vertu* n'être pas *dangereuse!*
Puissent *tant de vertus* être *récompensées!*
Tant *de félicité* n'est pas *faite* pour moi.

Trop de précaution m'est *suspecte*. *Plus* d'éloquence eût été *déplacée*. *Tant* de témoins *l'assurent*, que l'on n'en peut douter. *Plus* de biens *seraient* superflus. *Peu* d'hommes *naissent* sans talent. *Moins* de soucis *habitent* les cabanes que les palais?

Le seul cas où l'adverbe est régissant lui-même, c'est lorsqu'il est l'objet direct de la pensée, et alors il porte l'article : Le *peu* de subsistances qu'avait la place *l'a forcée* de se rendre. *Le peu* de faits que nous connaissons nous *empêche* de former un système. *Le plus* ou *le moins* d'hommes, si la valeur est inégale, ne *décide* pas du succès des combats. Le *plus* de mœurs et le *moins* de lois qu'il est possible, *est* ce qu'on doit souhaiter à un peuple. Encore avec l'article, dira-t-on : Le *peu* de livres que j'ai *lus* m'ont appris. *Le peu* d'hommes que j'ai *consultés* ont tous été d'accord. *Le peu* de vins qu'on a *recueillis* cette année *sont excellents*. *Le peu* de faits que nous connaissons *prouvent* dans la nature un ordre établi par des lois. Vu que ce n'est pas sur *le peu*, mais sur *les livres*, sur *les hommes*, sur *les vins*, sur *les faits*, que porte la pensée.

Mais cette question appartient à la syntaxe des participes. Nous n'en sommes pas encore là.

Je vais terminer cette leçon par une observation sur les adverbes de *lieu*.

Comme dans notre manière de concevoir il y a beaucoup d'analogie entre la durée et l'espace, les adverbes de *lieu* sont presque tous aussi des adverbes de *temps*, et dans l'une et dans l'autre acception, les rapports de proximité, d'eloignement, de succession, d'antériorité, de postériorité, sont les mêmes : *Près, loin, après, depuis;* avec une légère différence entre *avant*, pour le temps, et *devant*, pour le lieu : *Avant* de paraître *devant* ses juges. Encore Racine a-t-il dit *devant* que, au lieu d'*avant* que ; et, *devant que mourir*, pour, *avant que de mourir*. Bientôt vous verrez ces adverbes prendre le caractère prépositif ou conjonctif, et vous saurez comment ils se construisent.

Dans cette classe, il faut compter *ici*, *là*, *ci*, abréviation d'*ici*; et ce qu'on appelle les particules *y* et *en*, dans le sens d'*ibi* et *indè*, ou d'*in* et d'*undè*, relatifs aux questions de mouvement et de repos.

Ici, *là*, *ci*, ont cela de commun, que, dans l'espace comme dans la durée, et pour le lieu comme pour le temps, ils désignent un point déterminé à l'égard de celui qui parle.

Ici et *ci*, le lieu, ou le temps où l'on est; *là*, un temps, ou un lieu, plus ou moins éloigné, mais à quelque distance : Il était *ici*. Il a passé *là*. Il était *là*. Il revient *ici*. Et avec la particule *de*, ou la préposition *par* : Il s'en est allé d'*ici là*. *De là* il doit revenir *ici*. En passant *par-ici*, et puis *par-là*, il doit aller, etc.

Tel est, aux quatre questions de lieu, l'office de ces deux adverbes.

Il en est de même à l'égard du temps. Vous dites du passé, il y a loin *de là* jusqu'*ici*; et de l'avenir, il y a loin d'*ici* jusque-*là*; et de l'intervalle, il a fallu passer *par-là*.

Ci n'est jamais employé seul, et ne reçoit aucune particule, hormis dans cette façon de parler proverbiale, *par-ci, par-là;* quoique madame de Sévigné dise toujours entre *ci* et *là*. Ce n'est qu'à la suite d'un nom qu'il est le suppléant d'ici: Ce *monde-ci*. Ce *pays-ci*. Ce *temps-ci*. Ces *jours-ci*. Cet *homme-ci*. Ce *livre-ci* et même cette *étoile-ci*, par opposition à d'autres étoiles, que l'on n'a point présentes.

Vous verrez bientôt *ci* et *là* se joindre à *ce* et à *celui*, pour leur donner avec plus de précision le caractère désignatif : moyen simple et industrieux de suppléer dans notre langue aux pronoms *hic, ille, is, iste,* que nous n'avions pas.

Y et *en* sont aussi deux adverbes de lieu : *y*, relatif au lieu où l'on est, où l'on va ; *en*, relatif au lieu d'où l'on vient, d'où l'on sort ; et par analogie au temps, avec les mêmes différences. Ils ont, de plus, l'un et l'autre un caractère de pronom relatif, dont nous parlerons dans la suite. En attendant, je vous préviens qu'excepté à l'impératif, jamais ils ne sont mis après le verbe. Encore, même à l'impératif, quoiqu'on dise, *venez-y, revenez-en, allez-vous-en,* ne dira-t-on pas, *sors-en, fuis-en, pars-en,* non plus que, *menez-m'y, mène-m'y,* ni, *tiens-y-toi,* ni, *parais-y,* ni, *entre-s-y.* L'oreille la moins délicate y répugne. Que faire donc alors ? prendre la peine de chercher une tournure moins déplaisante.

Il est un heureux choix de mots harmonieux. (Boil.)

Et si, en parlant il n'est pas toujours possible de flatter l'oreille, au moins n'est-il jamais inévitable de l'offenser.

LEÇON QUATRIÈME.

DES PRÉPOSITIONS.

Vous vous rappelez, mes enfants, ce que nous avons dit de l'adverbe, qu'il contient à lui seul la préposition avec son complément. Cela semblerait annoncer deux classes de mots, assorties et se répondant l'une à l'autre. Mais, tandis que l'adverbe est invariable, la préposition peut changer mille fois de complément ou de régime; et, à chaque nouvelle copulation, c'est un nouveau sens. *Avec* lenteur, *avec* vîtesse, *avec* malice, *avec* bonté. *Sans* détour, *sans* relâche, *sans* frein, *sans* borne, etc.

Il est donc impossible qu'une langue ait un nombre d'adverbes, assorti à cette multitude infinie de sens divers, dont un petit nombre de prépositions peut être susceptible. Heureusement la préposition a souvent plus de grâce et d'élégance que n'en aurait l'adverbe; et avec plus d'avantage encore, l'adverbe est souvent remplacé, ou par un adjectif, ou par un participe, qui, comme lui, et mieux que lui, expriment ou un caractère de l'action, ou un mode de l'existence. J'aurai lieu dans la suite de vous en faire apercevoir.

De quarante-neuf prépositions que je trouve dans notre langue, il y en a quarante qui ont le régime simple : *A. De. Dans. En. Sur. Entre. Sous. Avant. Devant. Parmi. Contre. Joignant. Touchant. Voici. Voilà. Vers. Envers. Par. A travers. Outre. Par-delà. Durant. Pendant. Suivant. Après. Selon. Chez. Pour. Avec. Sans. Sauf. Hormis. (Excepté). Vu. Attendu. Malgré. Moyennant. Nonobstant. Dès. Depuis.* Il y en a sept dont le régime a la particule *de* : *Hors. Près. Proche. Loin. En-deçà. Au-delà. Autour*, et deux avec la particule *à* : *Quant à, jusqu'à.*

Mon dessein n'est pas de transcrire ici ce que vous trouverez nettement expliqué dans le *Dictionnaire de l'académie française*, sur les divers emplois des prépositions. Il me suffit d'attacher à chacune, comme pour étiquette, quelques exemples qui vous les gravent distinctement dans la mémoire, et de noter ensuite ce qui, dans leur syntaxe, peut être intéressant pour vous.

A, devant un nom : Mettre *à* la voile. Exposer *à* l'air. Tenir *à* la chaîne. Tracer *à* la plume, *au* crayon. Aller pas *à* pas.

L'homme est *à* lui-même le plus prodigieux objet de la nature. (Pascal.)

Devant un verbe :

Il faut bien prendre garde, quand on veut se faire estimer, *à* ne pas se faire haïr. (Vauvenargue.)

La société nous apprend *à* sentir les ridicules ; la retraite nous rend plus propres *à* sentir les vices. (Montesquieu.)

Un homme vain trouve son compte *à* dire du bien et du mal de lui. Un homme modeste ne parle point de soi. (La Bruyère.)

C'est *à* vous *à* parler. C'est *à* vous *à* m'instruire.

De, avec un nom indéfini : Agir *de* force. User *d*'adresse. Ecrire *de* verve. Sortir *de* peine. Payer *d*'audace. Prêcher *d*'exemple.

Il m'instruisait *d*'exemple au grand art de régner.
(Voltaire.)

Avec un verbe :

Je ne dis plus qu'un mot, c'est à vous *de* m'entendre.
(Racine.)

Fureur *d*'accumuler, monstre de qui les yeux
Regardent comme un point tous les bienfaits des dieux.
(La Fontaine.)

Avec un nom défini.

Les mœurs souffrent toujours *de* la faiblesse des lois. (Massillon.)

Avec des mots indéfinis :

L'amour-propre est par-tout; il vit *de* tout, il vit *de* rien. (La Rochefoucault.)

Dans : La source du bonheur ou du malheur est *dans* le caractère.

Reine, c'est *dans* l'esprit qu'on voit le vrai courage.
(Voltaire.)

Gramm. et Logiq.

Rome n'est plus *dans* Rome, elle est toute où je suis.
(Corneille.)

Dans un chemin montant, sablonneux, mal-aisé.
(La Fontaine.)

En : Notre vrai juge est *en* nous-mêmes. Être *en* peine. Être *en* paix. Vivre *en* repos, *en* liberté.

Le chat, dit au renard : fouille *en* ton sac, ami;
Cherche *en* ta cervelle matoise. (La Fontaine.)

En n'est pas seulement préposition locale; il est aussi préposition extractive et déductive : Il s'*en* est peu fallu. Il s'*en* manque beaucoup. Il s'*en* suit. On *en* peut conclure. Si l'on *en* croit Platon. Dans ce sens-là, *en* répond à l'*ex*, au *de* et à l'*indè* latin : Il s'*en* est dégagé. Il s'*en* est échappé, sauvé, dispensé, etc.

Le seul Ulysse *en* échappa. (La Fontaine.)

Il a de plus tous les régimes de l'*in* latin : *En* l'honneur. *En* faveur. *En* vue. *En* opposition. *En* comparaison, etc. Nous aurons lieu de voir encore quelques-uns des usages presque innombrables auxquels nous employons cette particule officieuse, l'une de celles par qui notre langue est habile à tout exprimer.

Sur : Le redevable est rarement d'accord avec le bienfaiteur *sur* le prix du bienfait. *Sur* les objets de goût, les sentiments varient.

Sur les ailes du temps la tristesse s'envole. (La Font.)

Et sa bonté s'étend *sur* toute la nature. (Racine.)

Entre : L'homme est placé libre *entre* le vice et la vertu.

> Albe, mon cher pays et mon premier amour,
> Lorsqu'*entre* nous et toi je vois la guerre ouverte,
> Je crains notre victoire autant que notre perte.

La différence *entre* César et Pompée était que l'un ne voulait point de supérieur, et l'autre ne voulait point d'égal.

Entre nous et le ciel, l'enfer, ou le néant, il n'y a donc que la vie qui est la chose du monde la plus fragile. (Pascal.)

Sous : On n'est point esclave *sous* de bonnes lois.

> Ah! si vous connaissiez comme moi certain mal
> Qui nous plaît et qui nous enchante,
> Il n'est rien *sous* le ciel qui vous parût égal. (La Font.)

Avant : Partir *avant* le jour. Semer *avant* l'hiver. *Avant* l'âge d'entrer au sénat, Pompée avait triomphé deux fois. Dans l'ordre analytique des idées, le composé est *avant* le simple; dans l'ordre synthétique, le simple est *avant* le composé. Sur la Loire, Orléans est *avant* Blois, Blois *avant* Tours.

Devant : L'ennemi est *devant* la place. Le peuple est assemblé *devant* le temple. Être irréprochable *devant* Dieu et *devant* les hommes.

N'as-tu rien à me demander, dit Alexandre à Diogène, qui était dans son tonneau? J'ai à te demander, répondit le cynique, de t'ôter de *devant* mon soleil.

Parmi : Le mérite de la bonté est d'être bon *parmi* les méchants.

> Là, *parmi* les douceurs d'un tranquille silence,
> Règne sur le duvet une heureuse indolence. (Boil.)

La Fontaine a fait *parmi* adverbe :

> Mais je voudrais *parmi*
> Quelque doux et discret ami.

Contre, dans un sens adversatif :

> L'absence est aussi-bien un remède à la haine
> Qu'un appareil *contre* l'amour. (La Fontaine.)

Dans un sens commutatif :

> J'ai quelquefois aimé. Je n'aurais pas alors,
> *Contre* le Louvre et ses trésors,
> *Contre* le firmament et sa voûte céleste,
> Changé les bois, etc. (La Fontaine.)

Joignant et contre, dans le même sens : Son domaine est *joignant* le mien. Ma ferme est tout *contre* la sienne. *Attenant* dit la même chose.

Touchant, au sujet de : Platon parle en homme inspiré *touchant* la nature de l'ame. Je suis plus difficile que vous-même *touchant* vos intérêts. Celui qui a besoin de conseil *touchant* la probité, ne mérite pas qu'on lui en donne.

Voici, voila : Est-ce Virgile que vous cherchez? le *voici*. Est-ce Horace? le *voilà*.

Silence! *voici* l'ennemi, disait le grand Condé à l'auditoire, quand Bourdaloue montait en chaire.

Voilà un fâcheux accident pour mes créanciers, disait un officier gascon qui venait de recevoir une balle au travers du corps.

Voilà les Apennins et *voici* le Caucase. (LA FONT.)

VERS : La prodigalité nous entraîne *vers* l'avarice.

La libéralité *vers* (pour *envers*) le pays natal.
(CORNEILLE.)

Vers l'orient. *Vers* les montagnes. *Vers* le temps des moissons. *Vers* le déclin du jour.

ENVERS : Soyez respecteux *envers* les vieillards et les pauvres.

Lynx *envers* nos pareils et taupes *envers* nous.

Je m'acquitte *envers* vous du plus saint des devoirs.

Racine a dit : S'acquitter *vers*, pour s'acquitter *envers*.

PAR : On se fait pardonner ses avantages *par* sa modestie.

Dans les républiques, les femmes sont libres *par* les lois, et captives *par* les mœurs. (MONTESQUIEU.)

On se corrige quelquefois mieux *par* la vue du mal que *par* l'exemple du bien. (PASCAL.)

C'est *par* avoir ce qu'on aime qu'on est heureux. (LA ROCHEFOUCAULT.)

L'ennui est entré dans le monde *par* la paresse. (La Bruyère.)

On est d'ordinaire plus médisant *par* vanité que *par* malice. (La Rochefoucault.)

On est souvent ferme *par* faiblesse et audacieux *par* timidité. (La Rochefoucault.)

A travers : Le génie et la vertu marchent *à travers* les obstacles.

A travers ces clameurs et ces cris odieux. (Voltaire.)

Au travers est un nom régi par *à* portant l'article, et régissant lui-même *de*. *Au travers de*, comme *au milieu de;* en quoi il diffère d'*à travers*, dont le régime est simple, et qui n'a point l'article : *Au travers* des champs. *A travers* les champs. Il a reçu un coup d'épée *au travers* du corps; et non pas *à travers* le corps. *A travers* est plus vague; *au travers*, plus précis.

Au travers des flambeaux et des armes. (Racine.)

Par-dela, pour au-dela, avec le régime direct : Il promet *par-delà* son pouvoir. Il y a quelquefois de l'imprudence à vouloir faire *par-delà* son devoir.

Fusses-tu *par-delà* les colonnes d'Alcide. (Racine.)

A ma confusion Néron veut faire voir
Qu'Agrippine promet *par-delà* son pouvoir. (Racine.)

Par-delà tous ces cieux le dieu des cieux réside.
(Voltaire.)

Outre : Le mérite consiste à faire, *outre* ses obligations, tout le bien qui dépend de soi. *Outre* l'estime de soi-même, qui est elle seule un si grand bien, l'honnête homme a de plus l'estime et la confiance universelle. Vaugelas a dit : *Outre* l'aversion que j'ai *à* ces titres ambitieux; et il a fait un solécisme. On dit : Avoir de l'inclination *à*; mais on dit, avoir de l'aversion *pour*.

Durant. Il marque plus d'étendue et de continuité que *pendant* :

> Là, par un long récit de toutes les misères,
> Que *durant* notre enfance ont enduré nos pères.
>
> (Corneille.)

Pendant :

Les bons et les mauvais princes ont été également loués *pendant* leur vie. (Massillon.)

Suivant : Les talents produisent *suivant* la culture.

Après : Alexandre, *après* avoir conquis la Perse, voulut conquérir l'Inde.

> Qui ne court *après* la fortune? (La Fontaine.)

> Courez *après* Oreste. (Racine.)

Après l'esprit de discernement, ce qu'il y a de plus rare au monde, ce sont les diamants et les perles. (La Bruyère.)

Après-demain. *Après*-dîner. *Après* ma mort.

Selon :

Nous promettons *selon* nos espérances, et nous tenons *selon* nos craintes. (La Rochefoucault.)

Selon que vous serez heureux ou misérable,
Les jugements de cour vous rendront blanc ou noir.
(La Fontaine.)

Selon qu'il vous menace, ou bien qu'il vous caresse.
(Racine.)

Selon le caractère de vos amis, on vous croira bon ou méchant.

Chez : L'homme sage est *chez* lui le même qu'en public. *Chez* les sauvages les devoirs de l'hospitalité sont connus et fidèlement observés. *Chez* les anciens. *Chez* nous.

Nous ne sommes jamais *chez* nous, nous sommes toujours au-delà. (Montaigne.)

Pour :

Il suffit d'être homme *pour* être bon père, et, si on n'est homme de bien, il est rare qu'on soit bon fils. (Vauvenargue.)

Il faut se croire aimé *pour* se croire infidèle. (Racine.)

Nous avons tous assez de force *pour* supporter les maux d'autrui. (La Rochefoucault.)

Pour être plus qu'un roi, tu te crois quelque chose.
(Corneille.)

Qui, *pour* rimer des mots, pense faire des vers.
(Boileau.)

Tout le monde me prend *pour* un homme de bien,
Et la vérité pure est que je ne vaux rien. (Molière.)

Avec et sans :

La nature agit toujours *avec* lenteur et pour ainsi dire *avec* économie. (Montesquieu.)

On peut être sot *avec* beaucoup d'esprit; et on peut n'être pas sot *avec* peu d'esprit. (La Rochefoucault.)

Sans joie et *sans* murmure, elle semble obéir.
(Racine.)

Des plaisirs *sans* regrets, du repos *sans* langueur.
(Voltaire.)

Médicis la reçut avec indifférence (la tête de Coligny),
Sans remords, *sans* plaisir.... (Voltaire.)

Sauf : On peut tout sacrifier à l'amitié, *sauf* l'honnête et le juste.

Hors :

Dans les murs, *hors* des murs, tout parle de sa gloire.
(Corneille.)

Hors les puces, qui m'ont, la nuit, inquiétée. (Mol.)
Je lui peux immoler mon repos et ma vie,
Tout, *hors* la vérité. (Voltaire.)

Tout n'est qu'erreur ou vice, *hors* des limites de la raison. Nous voilà *hors* de doute, *hors* de crainte, *hors* de danger.

Hormis : Si tous les livres devaient être brûlés, *hormis* un seul ; lequel voudriez-vous conserver?

Excepté : Tout fut subjugué sur la terre par la fortune de César, *excepté* l'ame de Caton.

Tout était dieu, *excepté* Dieu même. (Bossuet.)

Vu : L'homme, *vu* sa faiblesse et la longueur de son enfance, n'a jamais pu être absolument sauvage.

Pourvu : Je me console de vieillir, *pourvu* que je possède une ame saine dans un corps sain.

Attendu : C'est pour l'espèce humaine une loi de nature d'être secourable, *attendu* que tout homme a besoin de secours.

> Ils étaient partis sans argent,
> *Attendu* l'état indigent
> De la république attaquée. (La Fontaine.)

Malgré : La gloire fut toujours, *malgré* l'envie, la compagne de la vertu.

La loi ne saurait égaler les hommes *malgré* la nature. (Vauvenargue.)

Moyennant : L'homme de bien, *moyennant* une conduite égale et simple, se fait chérir et honorer par-tout.

Moyennant une récompense, un tribut.

Nonobstant : La vérité, *nonobstant* le préjugé, l'erreur et le mensonge, se fait jour et perce à la fin.

> L'aigle fondant sur lui, *nonobstant* cet asyle. (La Font.)

Dès : Le laboureur, *dès* l'aube du jour, est dans les champs. L'homme, *dès* sa naissance, a le sentiment du plaisir et de la douleur.

Depuis : Il y a, *depuis* le déluge de Deucalion jusqu'à nous, trois mille trois cent vingt-deux ans. *Depuis* l'équateur jusqu'au pôle, il y a quatre-vingt-dix degrés de latitude, c'est-à-dire, deux mille deux cent cinquante lieues. *Depuis* Homère jusqu'à Virgile, il y avait plus de huit cents ans. Quelle distance *depuis* l'instinct d'un Lapon ou d'un nègre, jusqu'à l'intelligence d'un Archimède ou d'un Newton !

Près : On est bien *près* d'être vicieux, lorsqu'on est faible.

Voltaire condamne, dans Corneille, *près* avec un infinitif. Il est pourtant reçu. Et pourquoi ne dirait-on pas, *près* de se rendre, comme *loin* de se rendre ? *Près de*, dit, ce me semble, autre chose que *prêt de* : *Près* d'expirer. *Prêt* de mourir.

On dit : A peu *près*. A cela *près*. A peu de chose *près*. On dit : Je ne suis point à cela *près*. Ce sont de mauvais gallicismes.

Proche : Il est synonyme de *près* devant un nom de lieu, ou d'époque, ou de terme : *Proche* du temple. *Proche* du but. *Proche* de sa fin. *Proche* de l'hiver. *Proche* du temps de la moisson.

La Bruyère a dit :

Le caprice est dans les femmes, tout *proche* de la beauté pour en être le contre-poison.

Tout *près* n'eût pas été si bien. Tout *proche* présente mieux l'image d'une plante à côté d'une autre.

Autour : La terre tourne *autour* du soleil. Tous les astres se meuvent *autour* du centre de leur orbite. La prudence veut qu'on regarde *autour* de soi avant de parler ou d'agir. *Autour* des esprits soupçonneux se forment sans cesse des nuages.

Loin : Je suis *loin* de douter de votre bonne foi. C'est *loin* de la foule que se retirent la sagesse et la vérité.

En-deçà, au-delà : Tout ce qui est *en-deçà* ou *au-delà* du vrai, doit déplaire à un bon esprit. Pascal a dit, *au-deçà*.

Quant : Gagnons l'estime des gens de bien ; *quant* à l'opinion de la multitude, ménageons-la sans la flatter.

Jusques ou Jusque : Combien de gens se disent nos amis, qui ne le sont que *jusqu'à* l'épreuve !

Remarquez que l'*à* de *jusqu'à* répond à l'*ad* latin, et demande un régime simple. Il ne veut donc qu'un verbe actif, dont le régime s'identifie avec le sien : Il vend *jusqu'à* ses meubles. Il jouerait *jusqu'à* sa chemise. Il trompe *jusqu'à* ses amis. Si le régime du verbe est particulé, *jusqu'à* ne peut plus s'y accommoder. C'est donc mal parler que de dire : Il adresse ses plaintes *jusqu'aux* échos. Il fait du bien *jusqu'à* ses ennemis. Il dirait des injures *jusqu'à* son père. Lorsqu'on a fait ce solécisme, on a confondu l'*à*, particule déclinative, avec l'*à*, préposition, qui gouverne l'accusatif, et non pas le datif, dont l'*à*, particule, est le signe.

Si donc *jusqu'à* se joint à un nom de lieu, de temps, de quantité, de nombre, c'est en faisant l'office d'*ad* avec un régime direct : *Jusqu'à* Rome.

Jusqu'à nos jours. *Jusqu'à* vingt ans. La lumière parcourt *jusqu'à* trente millions de lieues en sept ou huit minutes.

Jusqu'à ses amis l'ont blâmé, est une phrase elliptique. Tous l'ont blâmé, *jusqu'à* ses amis. On dit, *jusqu'aujourd'hui*, quoiqu'il signifie analytiquement *jusqu'à le jour d'hui*. L'usage en a fait un seul mot.

Au nombre des prépositions, je n'ai pas mis *lors de*, qui ne laisse pas d'être assez en usage. On commence à écrire, *lors* de tel événement, pour marquer l'époque à laquelle répond le fait dont on parle : *Lors* du passage de Xerxès dans la Grèce, naquit le poëte Euripide. Façon de parler claire et brève dont peut s'accommoder l'histoire.

Revenons à-présent sur les prépositions dont je vous ai donné la liste.

S'il y a du mérite dans tous les arts à faire beaucoup avec peu, c'est un avantage qu'on ne peut disputer à notre langue à l'égard des prépositions, quoique ce ne soit, à vrai dire, que l'industrie de l'indigence. A combien d'usages n'avons-nous pas employé *dans*, *sur*, *par*, *avec*, *sans*, *pour*, etc. Mais ce n'est rien en comparaison des services multipliés et continuels que nous rendent les particules *à* et *de*.

Vous les avez vues déclinatives, nous tenir lieu des cas obliques des Latins. Ici, vous les voyez prépositives, exprimer entre nos idées une infinité de rapports.

Mais cette multitude d'acceptions, de deux monosyllables tant de fois répétés, ne doit-elle pas jeter à chaque instant le trouble et la confusion dans le langage? Non; car l'usage leur a fait très-distinctement le partage des rapports dont chacun des deux serait l'expression; et ces rapports, dans leur variété, ne laissent pas d'avoir assez d'analogie pour que le mot qui les exprime soit pris toujours en même sens. Je vais me faire entendre.

Dans les questions de lieu, il y a deux termes opposés, le point d'où part le mouvement, et le point où il se dirige. Dans notre langue, ce rapport est exprimé par *de là, là;* eh bien! dans toutes leurs acceptions, *à* et *de* ne désignent que ces deux points corrélatifs. Et que l'objet de la pensée soit physique ou moral, ou purement intellectuel; qu'il y ait mouvement, transmission, ou simplement correspondance, le rapport des deux termes est toujours *de là, là.* Ainsi *de,* partitif, extractif, déductif, répond à l'*ex* et à l'*indè*; et *à,* transitif, inductif, attributif, répond à l'*ad* et à l'*illuc* latin. *De,* pour exprimer l'origine, la cause, la manière, la dépendance, l'extraction, le point d'où l'action procède. *A,* pour exprimer l'intention, la direction, la tendance, l'inclination, l'impulsion, le procédé, le but de l'action, l'emploi de la matière, de l'instrument, etc.; et non-seulement comme prépositions, mais comme particules déclinatives, *à* et *de* se partagent ces fonctions opposées.

Il y a cependant, ce me semble, une différence marquée entre *à* et *de*, simples particules déclinatives, et *à* et *de*, prépositions. Lorsque vous dites : *A* force ouverte, *à* main armée, *à* pleines voiles ; lorsque vous dites : *De* vive force, *de* bon cœur, *de* propos délibéré ; lorsque vous dites : *A* l'étourdie, *à* la légère ; prendre *à* partie, *à* serment, *à* témoin ; lorsque vous dites : Coulé *à* fond, battu *à* froid, partir *à* jeun, aller *à* bord ; lorsque Voltaire a dit, en parlant de Joyeuse :

> Ce fut lui que Paris vit passer, tour-*à*-tour,
> *Du* siècle, *au* fond d'un cloître, et *du* cloître *à* la cour ;

lorsque La Fontaine a dit, en parlant du peuple :

> L'animal *aux* têtes frivoles ;

lorsqu'il a dit :

> Quand l'aigle *au* vol rapide, *aux* ailes étendues

lorsqu'il a dit :

> Le peuple vautour
> *Au* bec retors, *à* la tranchante serre ;

et du peuple pigeon :

> *Au* col changeant, *au* cœur tendre et fidèle ;

et du héron :

> Un jour sur ses longs pieds, allait, je ne sais où,
> Le héron *au* long bec emmanché *d*'un long cou ;

lorsque Racine a dit :

> Muet *à* mes soupirs, tranquille *à* mes alarmes ;

lorsque Delille a dit de nos premiers parents :

Riches *de* fleurs, *de* fruits, *d*'innocence et *de* joie ;

lorsque Massillon a dit :

De l'ambition naissent les jalousies dévorantes ;

et Vauvenargue :

La raillerie naît *d*'un mépris content ;

et La Bruyère :

Il n'y a pas si loin *de* la haine *à* l'amitié, que de l'antipathie ;

A et *de* n'ont pas été seulement là des signes de déclinaison, mais bien des caractères exprimant des rapports, comme l'*ex* et l'*ad* des Latins ; et voilà pourquoi, dans *jusqu'à*, je vous ai fait observer que l'*à* était prépositif et n'était point déclinatif.

Les mêmes verbes sont quelquefois susceptibles de l'une et de l'autre préposition *à* et *de*, mais non pas indifféremment. Obliger *à* n'exprime qu'une simple invitation ; obliger *de* porte contrainte ; et c'est pourquoi l'on ne dit point, inviter *de*, engager *de*. S'occuper *à* n'est qu'un exercice de l'esprit ou du corps, quelquefois qu'un amusement, qu'un travail léger et frivole. S'occuper *de* est une application sérieuse de la pensée : Il s'occupe *à* cultiver des fleurs. Il s'occupe *de* sa fortune et *du* soin de la rétablir. Il est occupé *de* son procès, *de* son commerce. S'ennuyer *de* exprime impatience; s'ennuyer *à* n'exprime qu'un dégoût qui, quelquefois, est volontaire: On s'ennuie, on est las *d'*entendre des reproches. On s'ennuie *à* faire toujours la même chose. Que faites-vous là? Je m'ennuie *à* lire un vieux roman. Dans ce sens-là on dit: S'ennuyer *à* plaisir. Tâcher *à* marque l'intention. Tâcher *de* exprime l'effort. S'attendre *à*, être préparé. S'attendre *de*, à la négative, ne pas prévoir:

> On ne s'attendait guère
> *De* voir Ulysse en cette affaire. (LA FONTAINE.)

Racine a eu quelque raison, sans doute, de préférer *consentir de* à *consentir à* dans ce vers:

> César lui-même ici consent *de* vous entendre.

Mais cette raison, je ne la sens pas.
Continuer *à* suppose une action commencée et que l'on continue: Je vais continuer *à* écrire ma lettre. Continuer *de* ne signifie qu'une habitude et une action répétée par intervalle: Quoique je n'aie pas à me louer de cet homme-là, je continuerai *de* le voir. Commencer *à* désigne une action qui aura du progrès, de l'accroissement. Commencer *de* est propre à une action complète qui aura de la durée: Le jour commence *à* luire. Il commence *à* pleuvoir. Cet enfant commence *à* parler. Il commence *à* lire. Dès que l'orateur commença *de* parler, on fit silence. Quand le tonnerre commence *de* gronder, l'orage n'est pas loin.

Ses transports dès long-temps commencent d'éclater.
(Racine.)

Être prêt *de*, être prêt *à*, diffèrent aussi dans leur sens. Prêt *à* est plus instant, et marque une disposition plus prochaine, plus décidée. Prêt *de* a un objet moins actuel, moins déterminé : Les esprits étaient prêts *de* se révolter ; ils y étaient disposés ; ils n'en étaient pas loin. Les esprits étaient prêts *à* se révolter ; ils y étaient résolus, ils s'allaient révolter sur l'heure, incessamment.

Notez que *près de* exprime bien proximité de l'action, mais non pas résolution, ni même intention de la faire : *Près de* périr ; *près d*'expirer dit seulement : *Au moment de* périr, *au moment d*'expirer. Et dans le sens passif ou neutre, *près de* me semble préférable à *prêt de*.

J'ose donc n'être pas de l'avis de Voltaire, qui a repris ce vers de Corneille :

Si *près* de voir sur soi fondre de tels orages.

Et quand il serait vrai, comme il le dit, que *près de* voulût un substantif, il n'y aurait ici qu'une légère ellipse : Si *près du* moment de. Mais sans ellipse, le mode abstrait, l'infinitif tient la place d'un nom ; il en est un lui-même, et, comme tel, il est régi. Ne dit-on pas : *De* voir, *à* voir, *sans* voir, *pour* voir, *si loin de* voir ? On dira donc *si près de* voir.

Il y a des verbes qui se construisent tantôt avec

un régime simple, tantôt avec l'une des deux particules *à* ou *de*, ou quelque autre préposition: *Prétendre dominer*, pour, *vouloir dominer. Prétendre à dominer*, pour, *aspirer à dominer. Voir à*, pour, *aviser à, penser à. Voir de*, pour, *essayer de, chercher le moyen de. Commander une armée, commander à l'armée*, ou *commander*, dans un sens absolu. *Il pense nous tromper*, pour, *il croit nous tromper. Il pense à nous tromper*, pour, *il cherche à nous tromper. Il espère de parvenir*, ou, *il espère parvenir. Il insulte au malheur ; il insulte les malheureux.* Ici, Vaugelas a fait une faute, en disant:

Mon humeur n'est pas *d'insulter aux misérables.*

S'assurer de la fidélité de quelqu'un, pour, *en acquérir l'assurance. S'assurer en sa fidélité*, pour, *y compter, en être sûr. S'affectionner à, s'attacher. S'affectionner*, pour, *s'intéresser vivement, se passionner. Prendre confiance à un homme, prendre confiance en sa probité. Satisfaire son envie, son désir, sa curiosité*, pour dire, *contenter. Satisfaire quelqu'un, le payer, le récompenser, le rendre satisfait. Satisfaire à ses engagements, les remplir ; à ses devoirs, s'en acquitter. Suppléer quelqu'un, prendre sa place, vaquer à ses fonctions. Suppléer à une chose, en mettre une autre à la place, ou y ajouter ce qu'il y manque.* Quelquefois *hériter*, avec le régime simple, mais le plus souvent avec *de. Aspirer l'air. Aspirer à la gloire. Soupirer. Soupirer pour la liberté. Soupirer de l'absence d'un ami. Soupirer après son retour. Soupirer ses peines. Croire quelqu'un. Croire à la vertu. Croire en Dieu. Croire à ses promesses*, ou *croire en ses promesses*, etc., etc.

Lorsque plusieurs verbes se suivent, et que le régime n'est qu'au dernier, il faut qu'il leur soit commun à tous. S'il y en a un seul auquel il ne convienne pas, la construction est vicieuse, comme dans cette phrase : *Il a vaincu, désarmé, pardonné, rangé sous ses lois les rebelles.* Car on ne dit point, *pardonner quelqu'un;* on dit, *pardonner à quelqu'un.*

Lorsque la préposition aura plus d'un nom pour régime, faut-il la répéter? Oui, si la phrase est négative, adversative ou disjonctive. (Ces mots vous seront expliqués.)

Si la phrase est affirmative, et si les termes en sont liés, la réponse n'est plus si simple; elle dépend du plus ou du moins d'analogie et d'affinité qu'il peut y avoir entre les mots régis; et puis, du sens distributif ou collectif que veut présenter la pensée, et de l'intention qu'on a de diviser ou de réunir les objets; enfin, du caractère des prépositions, qui ne sont pas toutes également susceptibles d'ellipse ou de répétition.

On peut quelquefois se dispenser de répéter l'article, quand les termes sont synonymes; et alors on est dispensé de répéter la préposition *à*. Exemple : Il dut la vie *à* la clémence et magnanimité du vainqueur; mais si l'article est répété, *à* doit l'être. *De* l'est toujours indispensablement, lors même qu'il n'y a point d'article : Armé *de* force et *de* vertu. Comblé *de* bonheur et *de* gloire.

On dit toujours *à* l'un et *à* l'autre, comme on dit *de* l'un et *de* l'autre; quoiqu'avec d'autres prépositions il soit permis de dire : *Sur* l'un et l'autre. *Pour* l'un et l'autre. *Sans* l'un et l'autre.

Par, si les termes sont presque synonymes, ne se répète point : *Par* la ruse et la fraude. *Par* la force et la violence. *Par* la douceur et la bonté. Mais vous direz, *par* force ou *par* adresse.

Dans peut ne pas se répéter, quand les idées sont analogues : Passer sa vie *dans* la mollesse et l'oisiveté. Mais, si la différence est marquée et doit l'être, *dans* se répétera : *Dans* la paix et *dans* la guerre. *Dans* la ville et *dans* la campagne. *Dans* le travail et *dans* le repos. *En* doit toujours se répéter : *En* repos et *en* sûreté. *En* morale et *en* politique. C'est une règle invariable que, devant les noms indéfinis, la préposition se répète.

A l'égard des noms définis et articulés, il faut voir si les objets veulent être distincts, ou réunis dans la pensée. Distincts, chacun demande la préposition; réunis, c'est assez qu'elle leur soit commune.

On dit, écrire *sur* les lois et *sur* les mœurs.
On dit, graver *sur* le marbre et l'airain.
On dit, *sous* l'équateur et *sous* le pôle.
On dit, *sous* la neige et la glace.

On dit, que l'homme est *sous* les yeux et *sous* la main de la Providence.

Et on dit, qu'il est *sous* la garde et la protection des lois.

Sans a quelque chose de particulier; il reçoit également après lui *ni* ou *et* entre ses deux régimes : *Sans* crainte *ni* pudeur. *Sans* force *ni* vertu; et alors *sans* ne se répète point. Ou bien : *Sans* crainte et *sans* pudeur. *Sans* force et *sans* vertu ; et ici *sans* est répété. La raison de cette différence dans l'usage peut paraître subtile, mais elle est juste.

Sans est exclusif par lui-même, *ni* l'est aussi; par conséquent *ni* le supplée; au lieu que *et* n'ayant pas le même caractère, ne dit pas ce que *sans* doit dire, et l'oblige à se répéter.

A l'égard des autres prépositions, *ni* n'est le suppléant d'aucune; aussi n'en voyez-vous aucune qui ne se répète après *ni*; car il est négatif; et toujours à la négative la préposition se répète : *Ni dans* l'air, *ni dans* l'eau, rien ne vit que des sucs ou des productions de la terre. *Ni pour* l'homme privé, *ni pour* l'homme public, rien n'est plus nécessaire qu'un cœur droit et un esprit juste. L'homme est si féroce dans la colère, que, *ni parmi* les tigres, *ni parmi* les vautours, il n'y a rien d'aussi cruel.

Envers se répète ou ne se répète pas, selon que ses régimes forment divers rapports, ou n'en présentent qu'un : Nos devoirs *envers* Dieu, *en-*

vers nos parents, *envers* notre patrie, *envers* les hommes. Il faut être indulgent *envers* l'enfance et la faiblesse.

A travers se répète par emphase : *A travers* les dangers, *à travers* les obstacles ; mais, à parler plus simplement, on dit, *à travers* les obstacles et les dangers, et il en est de même de plusieurs autres prépositions. *Loin* du monde, *loin* du tumulte ; ou plus simplement : *Loin* du monde et du bruit. *Avec* une femme aimable, *avec* des enfants bien nés, et *avec* de bons livres, on peut vieillir doucement à la campagne. Et au plus simple : *Avec* sa femme, ses enfants et ses livres, un homme raisonnable peut vieillir doucement.

Dans l'énumération collective, il est rare que la préposition se répète ; mais, si l'on a dessein de distribuer les objets qu'on rassemble, la préposition répétée marque cette distribution. Seulement il faut prendre soin de n'en pas surcharger son langage ou son style.

Au nombre des prépositions, vous avez pu remarquer certains participes qui, joints au nominatif de leur verbe, forment une phrase absolue, comme *vu, durant, pendant, sauf, nonobstant*, etc. : *Sauf l'honneur*, l'honneur sauvé. *Vu la difficulté*, la difficulté vue. *Durant la trève*, la trève durant. *Pendant le procès*, le procès pendant. *Nonobstant vos délais*, vos délais ne faisant point obstacle. *Moyennant cette somme*, cette somme étant le moyen, etc. Ces prépositions ne ne se répètent point; le retour en serait pénible.

En général, les prépositions sont des abréviations de phrases. Vous devez en sentir l'ellipse dans : *Terre à blé, moulin à vent, homme à systèmes, fermé à clé, ferré à glace, coulé à fond, blessé à mort ; homme de bien, homme d'état, vase d'or, cheval de bataille, esprit de calcul, temps de paix*. Il ne faut donc pas sans nécessité rallonger ces abréviations.

Quelquefois deux prépositions opposées prennent le même sens. *Par* exprime la cause, le motif, le moyen, le milieu, l'intervalle. *Pour* exprime le but, l'intention, la fin pour laquelle on agit. On dit cependant qu'on a fait telle chose *pour* telle raison, lors même qu'il s'agit du motif *par* lequel on a été déterminé; et, si l'on vous demande *par* quelle raison vous avez fait cela, l'usage veut que vous répondiez, *pour* la raison que. Je crois, n'en déplaise à l'usage, que la réponse doit répéter la préposition de la demande.

Sans a une certaine acception dont l'équivoque n'est levée que par le sens du discours : *Sans vous, je n'aurais pas fait ce voyage*, peut vouloir dire, si vous ne m'aviez pas engagé à le faire, ou bien, si vous ne l'aviez pas fait avec moi. *Sans vous, je m'en allais*, peut vouloir dire, je m'en allais, si vous ne m'aviez pas retenu, ou bien, je m'en allais *sans* vous attendre, *sans* vous emmener avec moi. Il est vrai que, dans le premier sens, l'usage commun est de dire, *sans vous je m'en allais*; et, dans l'autre, de dire, *je m'en allais sans vous*. Mais cette distinction est souvent négligée; et, dans le même sens, on dit, *sans vous je périssais, je périssais sans vous*. Le mieux est d'éviter l'équivoque de cette ellipse.

Madame de Sévigné emploie fréquemment *sans que* dans un sens elliptique, pour dire: *Si ce n'était que*. *Sans que* je veux savoir.

En et *dans* sont les deux prépositions qui semblent le plus synonymes. Il y a cependant bien de la différence dans leur signification, et dans celle d'*à* qui leur est analogue. *Dans* est précis et positif; *en* est vague; *à* paraît faible. On dira, j'ai été *à* Rome; mais on dira, les Gaulois étaient *dans* Rome. On dira, j'ai voyagé *en* Italie; mais on dira, lorsqu'Annibal eut pénétré *dans* l'Italie. On dira, j'ai vécu *en* pays étranger; mais on dira, c'est *dans* le pays étranger qu'on apprend à juger du sien. On dit, *en* une heure, *en* peu de temps, *en* mille ans, pour marquer la durée; et, *dans* une heure, *dans* peu de temps, *dans* mille ans, pour marquer le terme; et, *en* même temps, avec moins de précision et plus de latitude que *dans* le même temps : au moral, on dit d'un homme qu'il est *en* peine, s'il n'a que de l'inquiétude; mais, s'il est pauvre et malheureux, on dira qu'il est *dans* la peine. C'est pour distinguer ces deux sens, que l'usage a voulu qu'après *en* le nom fût sans article, à moins que l'article ne s'élidât.

En s'accommode de tous les suppléants de l'article; mais il répugne absolument à recevoir l'article même, s'il n'est, pour ainsi dire, effacé par l'élision : on dit bien, *en un péril* si grand, *en quelque* péril qu'on se trouve, *en des* temps de calamité, *en un* temps de prospérité, *en mon* absence, *en leur* pouvoir. On dit aussi, mais par élision, *en l'*absence d'un tel, *en l'*état où nous sommes, *en l'*horrible situation où ses malheurs l'ont mis.

Comment *en un* plomb vil l'or pur s'est-il changé ?
(RACINE.)

J'ai une extrême tristesse de voir que mon ame soit divisée *en deux* corps aussi faibles que le vôtre et le mien. (VOITURE.)

Mais *le, la, les,* sans élision, n'est presque jamais reçu après *en.* L'oreille y répugne. Peut-être quelquefois le supportera-t-elle devant le féminin singulier : *En la* fleur de l'âge, *en la* belle saison, *en la* saison des fruits. Mais ces exemples seront rares ; et, quoiqu'en dise Bouhours, je doute qu'*en la* prospérité, *en la* solitude, *en la* paix, *en la* guerre, soient tolérés.

En n'appartient qu'à l'indéfini; et vous savez que l'indéfini ne reçoit point l'article. On dira donc, *en* paix, *en* guerre, *en* songe, *en* colère, *en* feu, *en* chemin; et avec l'article on dira, *dans la* paix, *dans la* guerre, *dans les* songes, *dans la* colère, *dans le* feu, *dans le* chemin, ainsi que, *dans la* solitude, et que, *dans la* prospérité.

Cependant si la phrase exige en même temps l'article, et *en* pour préposition, quel parti prendre? Par exemple, les verbes *diviser, changer, dissiper, fondre, résoudre*, et leurs analogues, veulent la particule *en*; et il n'y a aucune difficulté, si leur régime est indéfini, sans article. On dit : Le nuage fond *en pluie*, l'eau se dissipe *en fumée*, le bois se réduit *en cendres*, un corps se résout *en vapeurs*.

Il pense voir *en pleurs* dissiper cet orage. (Racine.)

Ou, si au lieu de l'article, c'est un de ses équivalents, *en* s'en accommode très-bien. Vous venez de le voir dans cet exemple de Racine :

Comment *en un* plomb vil l'or pur s'est-il changé?

et dans la phrase de Voiture.

Mais, si au régime du verbe l'article est indispensable, qu'arrivera-t-il? Dira-t-on que, dans sa dissolution, un corps se résout, se divise *en les* quatre éléments? Que la prospérité s'est changée *en les* plus horribles calamités? Qu'un homme est tombé *en le* pouvoir de ses ennemis? Non, mais *en* cède la place, et l'on y substitue *à* ou *dans*, au gré de l'oreille : Leur prospérité s'est changée *dans* les plus horribles calamités. Il est tombé *au* pouvoir, *aux* mains, *dans* les mains de ses ennemis. Racine a dit, en pareil cas :

Changer le nom de reine *au* nom d'impératrice.

A prend aussi assez souvent la place de *dans* avant un nom articulé, et se contracte avec l'article. On dit : *Au* fond, pour, *dans* le fond. *Au* milieu, pour, *dans* le milieu. *Au* temps de ses prospérités, pour, *dans* le temps de ses prospérités. *Aux* plus beaux jours du monde, pour, *dans* les plus beaux jours du monde. *Au* fort de nos disgrâces, pour, *dans* le fort de nos disgrâces.

Quand l'idée locale ne présente qu'un point, c'est *à* et non pas *en* qui exprime ce rapport : *A* l'extrémité, *au* sommet, *au* centre, *au* faîte ou *sur* le faîte, *au* bout du monde.

Quant aux occasions où l'esprit, l'oreille et l'usage s'accordent à permettre que *dans* et *en* soient employés indifféremment l'un pour l'autre, c'est une vaine délicatesse que d'en vouloir gêner le choix. On a dit de Socrate : Il passa un jour et une nuit *en* une si profonde méditation, qu'il se tint toujours *dans* une même place ; et Bouhours fait de cet exemple une règle de changer de préposition, quand le régime change. Il en fait une aussi de garder la même préposition, lorsque le régime est le même ; et si Boileau a manqué à cette prétendue règle, lorsqu'il a dit qu'un jeune fat :

Est vain *dans* ses discours, volage *en* ses désirs,

Bouhours prétend qu'il y a manqué par la contrainte de la mesure. Tout cela est fantasque.

Si Boileau eût voulu répéter *dans*, il le pouvait sans peine, en disant : Léger *dans* ses désirs, comme l'a remarqué Ménage ; et quant à l'autre exemple, si l'on eût dit *en* la même place, au lieu de dire, *dans* la même place, cela n'eût pas été moins bien.

Bouhours a eu plus de raison de dire qu'une préposition ne doit point être répétée en divers sens dans une même phrase ; comme si l'on disait, par exemple : Caton, *sur* le point de mourir, médita long-temps *sur* l'immortalité de l'ame ; ou si l'on disait : Commencez *par* me prouver *par* de bonnes raisons ; ou si l'on disait : Il passa la nuit *à* rêver *à* ce qu'il avait *à* faire ; ou si l'on disait : Voyez *comme* l'ambition assujettit l'homme *comme* un esclave.

C'est une négligence qu'il faut éviter autant qu'il est possible, même dans l'usage des particules ; et je la trouve dans de bons écrivains. La Rochefoucault, par exemple, a dit :

L'homme est inconstant *d'*inconstance, *de* légèreté, *d'*amour *de* nouveauté, *de* lassitude et *de* dégoût.

Or, tous ces *de* ont le sens de *par*, excepté un seul (*d'*amour *de* nouveauté), et celui-ci trouble un peu, ce me semble, la clarté de l'énumération.

Évitez sur-tout d'associer, sous une même préposition, deux noms dont l'un ne serait pas soumis au même régime que l'autre. Par exemple, ne dites point : *Par ses talents et les lumières que l'étude lui avait acquises;* c'est là qu'il est indispensable de répéter la préposition.

Je finis cette leçon par une remarque importante; c'est que jamais une préposition n'en régit une autre. La seconde cède sa place à l'adverbe qui lui est analogue, et qui, régi par la première, fait l'office de nom : *En dedans, en dessous, par dessus, de dessous, par dehors, en dehors, par dessus les murs, par dessus la tête, de dedans la terre, de dessous les ruines.*

Mon humeur ne dépend guère du temps. J'ai mon brouillard et mon beau temps *au dedans* de moi. (Pasc.)

Ici *le dedans* est un nom. Observez bien cette règle en parlant.

Vous venez de voir l'adverbe et la préposition entrer dans l'expression de la pensée. Ce n'est pas tout. Au lieu de ces mots accessoires, ce sont à tous moments des phrases incidentes, espèces d'adjectifs développés, qui viennent s'attacher ou au sujet de la préposition, ou à son attribut, ou au verbe lui-même; et c'est par le pronom relatif qu'elles y sont liées.

Réservons pour demain cette intéressante leçon.

LEÇON CINQUIÈME.

PHRASE INCIDENTE ET PHRASE INCISE.

Je vous ai dit, mes enfants, que la phrase *incidente* était un adjectif développé ; et c'est en cela qu'elle diffère de l'*incise*, qui, dans la contexture du discours, ne tient à la pensée que par adhésion, et sans aucune dépendance, formant à elle seule un sens.

Commençons par voir l'incidente s'attacher à la période, et prenons pour exemple ces beaux vers de Racine, où l'un des fils de Mithridate dit, en parlant de son père :

> Ainsi ce roi *qui*, seul, a, durant quarante ans,
> Lassé tout ce que Rome eut de chefs importants,
> Et *qui*, dans l'Orient, *balançant* la fortune,
> Vengeait de tous les rois la querelle commune,
> Meurt, et laisse après lui, pour venger son trépas,
> Deux fils infortunés *qui* ne s'accordent pas.

Dans cette période, la phrase simple serait, *ce roi meurt, et laisse deux fils après lui.* Le reste est formé d'incidentes, dont les unes retracent la vie du héros, et l'autre annonce la situation où ses deux fils et ses états vont se trouver après sa mort : observez que cette belle construction se fait au moyen d'un pronom relatif et d'un participe. Dans le style concis, c'est une apposition plutôt qu'une contexture de phrases; et, au lieu d'*incidentes* qui s'enchaînent, ce sont des *incises* qui se succèdent ou qui s'introduisent dans le discours :

> Tout, *s'il est généreux*, lui prescrit cette loi;
> Mais tout, *s'il est ingrat*, lui parle contre moi.
> (Racine.)

Le plus grand défaut de la pénétration n'est pas de n'aller point jusqu'au but ; c'est de le passer. (La Rochefoucault.)

Le plus grand effort de l'amitié n'est pas de montrer nos défauts à un ami; c'est de lui faire voir les siens. (La Rochefoucault.)

La jeunesse est une ivresse continuelle : c'est la fièvre de la santé; c'est la folie de la raison. (La Rochefoucault.)

La finesse est l'occasion prochaine de la fourberie : de l'une à l'autre le pas est glissant. (La Bruyère.)

Le sot est embarrassé de sa personne; le fat a l'air libre et assuré; l'impertinent passe à l'effronterie; le mérite a de la pudeur. (La Bruyère.)

L'ambitieux ne jouit de rien : ni de sa gloire; il la trouve obscure : ni de ses places; il veut monter plus haut : ni de sa prospérité; il sèche et dépérit au milieu de son abondance : ni des hommages qu'on lui rend; ils sont empoisonnés par ceux qu'il est obligé de rendre lui-même : ni de sa faveur; elle devient amère dès qu'il faut la partager avec ses concurrents : ni de son repos; il est malheureux à mesure qu'il est obligé d'être plus tranquille. (Massillon.)

Les incises se passent de liaison, quand le rapport en est sensible; mais le plus souvent ce rapport est exprimé par le pronom *il, elle, la, les,* ou par le *ce* désignatif.

Sylla, homme emporté, mena violemment les Romains à la liberté; Auguste, rusé tyran, *les* conduisit doucement à la servitude. (Montesquieu.)

<blockquote>
Qui peut se déguiser, pourrait trahir sa foi.
C'est un art de l'Europe; *il* n'est pas fait pour moi.
(Voltaire.)
</blockquote>

Le pronom *qui, que*, forme une liaison plus étroite, et c'est le nœud des incidentes.

L'envie est une passion timide et honteuse *qu*'on n'ose jamais avouer. (La Rochefoucault.)

S'il eût dit :

L'envie est une passion timide et honteuse; on n'ose jamais l'avouer.

au lieu d'une incidente, c'eût été une incise.

Rien n'est plus propre que cet exemple à vous les faire distinguer.

PRONOMS.

Mais ces *pronoms*, dont je vous parle sans cesse, il est temps de les définir.

Qu'est-ce que le pronom? C'est un mot insignifiant par lui-même, qui, mis à la place d'un nom, en est le suppléant. On en distingue quatre espèces : *le personnel, le possessif, l'indicatif* ou *démonstratif*, et *le relatif*, qu'on appelle aussi *conjonctif*.

En terme de grammaire, vous savez qu'il y a trois *personnes* ; mais vous n'avez jamais réfléchi au sens de ce mot. Beauzée vous l'explique. *Personne* ici veut dire ce que voulait dire en latin *persona*, personnage, *rôle* de comédie. Le langage est donc comme une scène où l'on distingue trois acteurs, auxquels on a donné des noms de *rôles*. Le premier désigne le rôle de celui qui parle ; le second, le rôle de celui à qui on parle ; le troisième, le rôle de celui dont on parle. Le premier ne peut donc convenir qu'à des êtres parlants. Le second peut figurément convenir, même à des êtres inanimés, dont on suppose que l'on est entendu, et à qui on adresse la parole. Le troisième convient à toutes sortes d'êtres existants, ou fictifs, ou purement intellectuels. Ainsi, les noms de *rôles* donnés à ces trois personnages, sont ce qu'on appelle les pronoms *personnels*.

A proprement parler, tout pronom serait personnel ; car il n'en est aucun qui ne rappelle le nom de l'une des trois personnes. Mais celui qu'on appelle personnel, comme par essence, supplée immédiatement le nom, et en tient pleinement la place ; bien entendu que le nom, remplacé par son pronom, est déja énoncé, ou déja bien connu lui-même.

Le pronom de la première personne est *je, moi, me, nous*. Celui de la seconde est *tu, toi, te*, *vous*. Celui de la troisième est *il*, *lui*, *le*, *la*, *ils*, *elles*, *les*, *eux* et *leur*, lorsqu'il ne se décline point.

Le pronom personnel du troisième rôle a lui-même des suppléants : *On*, pour le nominatif et le régime simple; il est indéfini, et ne se dit que des hommes : *Le*, indéfini, pour le régime simple, signifiant *cela*; *le* appartient aux choses : *Y* et *en* pour les cas obliques; *en* pour *de*, *y* pour *à*; *en* pour les hommes et pour les choses; *y* pour les choses seulement.

Il y a, de plus, un pronom *personnel réfléchi*, propre à la troisième personne, *se* et *soi* : *se* pour le régime direct; *soi* pour les deux régimes particulés *de soi*, *à soi*.

Le pronom possessif est *le mien*, *le nôtre*; *le tien*, *le vôtre*; *le sien*, *le leur*, qu'il ne faut pas confondre avec l'adjectif possessif *mon*, *ma*, *mes*, *notre*, *nos*; *ton*, *ta*, *tes*, *votre*, *vos*; *son*, *sa*, *ses*, *leur* et *leurs*; car cet adjectif est inséparable du nom auquel il appartient, et ne le remplace jamais; différence essentielle qui se fait sentir dans cette phrase : *Vos* amis sont les *miens*; et dans ces vers de Racine :

> Les exploits de *son* père, effacés par les *siens* :
> *Ses* feux que je croyais plus ardents que les *miens*;
> Pyrrhus n'est pas coupable à *ses* yeux comme aux *miens*,
> Et je tiendrais *mes* coups bien plus sûrs que les *siens*.

Le pronom *démonstratif* ou *indicatif* est *ce* au neutre, *celui* au masculin, et *celle* au féminin.

Ce, masculin, et *cette*, féminin, sont bien un adjectif indicatif, mais ils ne sont pas un pronom; car ils ne remplacent jamais le nom auquel ils se rapportent. Il faut, pour devenir pronom, qu'au masculin *ce* prenne *lui*, et qu'au féminin il s'élide avec *elle* : *Ce-lui. Ce-eux. Ce-elle.* Encore n'a-t-il un sens absolu qu'avec la particule désignative *ci* ou *là*, *celui-ci*, *celui-là*, sans quoi il ne présente qu'un sens suspendu, qui, pour complément, a besoin du pronom *relatif* dont je vais vous parler.

Ce pronom *relatif* est *qui*, *que*, *quoi*, *lequel*, *laquelle*. Il a, ou il suppose avant lui pour antécédent, le nom auquel il se rapporte, et, d'une phrase à l'autre, il est comme un chaînon qui les lie et les entrelace.

On a fait aussi des pronoms de quelques adjectifs qui, par ellipse, tiennent la place d'un nom sous-entendu, comme *l'un*, *l'autre*, *quelqu'un*, *chacun*, *aucun*, *tous*, *tel*, etc. Ne nous amusons point à disputer sur la nomenclature; et, avec d'Olivet, démêlons la syntaxe de nos véritables pronoms.

Les trois pronoms *personnels* sont également et indifféremment régissants ou régis : *Je le* vois. *Tu nous* vois. *Il me* voit. *Tu les* vois. *Nous nous* voyons, etc. Près *de moi*. Loin *de toi*. Vers *nous*. Entre *eux*. Pour *eux*. Sur *vous*. Avec *elles*. Sans *elles*, etc.

Je est toujours régissant, et ne se met après

le verbe que dans ces locutions : Que dis-*je* ? Où vais-*je* ? Rêvai-*je* ? Que sais-*je* ? Vous dis-*je* ? Aussi fais-*je* ? Aussi ne sais-*je* ? Aussi ne dois-*je* pas ? Peut-être irai-*je* ? Que ne puis-*je* ? A peine osé-*je* ? Encore suis-*je* ? Encore dois-*je* ?

> Où suis-*je* ? Qu'ai-*je* fait ? Que dois-*je* faire encore ?
> (Racine.)

> Dussé-*je*, après dix ans, voir mon palais en cendre.
> (Racine.)

Le même a dit :

> Hélas ! fus-*je* jamais si cruel que vous l'êtes ?

Fus-*je* ? n'est pourtant guère moins déplaisant à l'oreille que perds-*je* ? dors-*je* ? ments-*je* ? que l'on ne dit point. Je vous conseille d'éviter même réponds-*je* ? confonds-*je* ? et un grand nombre de pareilles désinences, auxquelles l'oreille répugne.

Pour n'avoir pas deux *e* muets de suite dans aim*e*-*je* ? rêv*e*-*je* ? l'usage a décidé qu'on dirait aim*é*-*je* ? rêv*é*-*je* ? ou aim*ai*-*je* ? rêv*ai*-*je* ? Celui-ci est le plus usité.

Moi n'est régissant qu'avec un autre nominatif : Mon frère et *moi* ; et alors *nous* les réunit en un pluriel : Mon frère et *moi*, *nous* sommes reconnaissants des soins, etc. Ni *lui*, ni *moi*, *nous* n'oublierons jamais, etc. *Lui* ou *moi*, *nous* serons peut-être un jour assez heureux pour, etc. Et, par apposition : *Moi*, père, *je* me dois à mes enfants. *Moi*, votre ami, *je* vous conseille. Remarquez qu'ici *je* vient encore régir le même verbe, en sorte que *moi* n'est jamais que l'adjoint du nominatif. Il est aussi comme nominatif dans ces phrases elliptiques : Vous pensez ainsi ; non pas *moi*. Vous ne vous y fiez pas ; ni *moi*. Mais si vous complétez le sens, vous trouverez que *je* est sous-entendu : *Moi*, je ne pense pas. *Ni moi, je ne m'y fie pas.*

Moi est régime aux cas obliques, ou avec la particule *de* : Il dépend *de moi* ; ou avec la particule *à* : Il n'appartient qu'*à moi*. Il ne l'a dit qu'*à moi* ; et, en redoublant le pronom : Il *me* l'a dit *à moi*. Si le verbe est à l'impératif, la particule *à* se retranche : *Répondez-moi*, pour, *à moi*.

Avec l'impératif, *moi* est aussi régime simple : *Écoutez-moi. Secondez-moi.*

Si, à l'impératif, le verbe a le pronom *le, la, les*, pour régime simple, et *moi* pour régime indirect, il précède ses deux régimes, et *moi* vient le dernier : Rendez-*le moi* ; donnez-*la moi* ; livrez-*les moi*, la particule *à* retranchée. Il n'en est pas de même de la particule *de*, qui ne se sous-entend jamais : Éloignez-*le de moi*. N'attendez rien *de moi*.

Si le verbe, à l'impératif, a pour régime simple un nom, et *moi* pour régime indirect, *moi* se place entre le verbe et le régime simple, en déposant la particule *à* : Donnez-*moi* le temps. Notez que ce n'est qu'à l'affirmative ; car, à la négative, *moi* n'a plus lieu ; *me* prend sa place ; et même, au régime indirect, on dit : Ne *me le* cachez pas. *Ne me* refusez pas le plaisir, la faveur, les conseils que je vous demande. Ainsi *le, la, les*, est alors après *me* et avant le verbe; et, si c'est un nom qui est régi, le verbe est avant : Ne *me* cachez pas *mon malheur*.

Si le verbe n'est point à l'impératif, au lieu de *moi*, c'est encore *me*, en régime indirect, même à l'affirmative; et il se met avant le verbe et son régime simple : Vous *me* l'avez promis. Vous *me* rendez la vie. Vous *me* devez la préférence. Mais, avec *de, moi* reste invariable entre le verbe et son régime simple : N'attendez point *de moi* de lâche complaisance. Si cependant c'est un pronom ou son équivalent qui soit le régime simple, *de moi* ne vient qu'après : Il *l'*exige *de moi*. Il attend tout *de moi*. Il n'attend *rien de moi*.

Si le verbe n'a point de régime direct, et qu'il ne soit point à l'impératif, *à moi* se change en *me*, et précède le verbe : Vous *me* répondez. Il *me* ressemble. Quelquefois cependant *moi* vient après le verbe, et alors c'est *à moi* : N'oubliez pas que vous parlez *à moi*. Et de même avec *de :* Vous dépendez *de moi*.

A l'impératif on dit, par élégance, écoutez-moi, et *me* répondez.

En interjection, *moi* précède le verbe ou le suit indifféremment : *Moi*, vous tromper! Vous tromper, *moi!*

En répétition, il vient après le verbe, soit qu'il

réponde à *je*, nominatif, ou à *me*, régime direct : *Je* pense, *moi*. Il m'écoutera, *moi*. *Je* vous conseille, *moi*.

Mais, s'il répond à *me*, régime indirect et suppléant d'*à moi*, il retiendra la particule : *M'*en imposer *à moi! Me* tendre des piéges *à moi!* Il me l'a dit *à moi*.

Moi peut être nominatif en répondant : Qui a fait cela ? *Moi*. Qui frappe ? *Moi*. Qui me l'assure ? *Moi*. Et, dans ce beau vers de Corneille :

Contre tant d'ennemis que vous reste-t-il? — Moi.

Il peut être aussi régime simple : Qui dois-je croire ? *Moi*. Ou régime indirect avec la particule : A qui me dois-je fier ? *A moi*. De quel ami me parlez-vous ? *De moi*.

Moi, régi par une préposition, la suit immédiatement : *Avant moi. Avec moi. Sans moi*; et *me* n'en prend jamais la place.

Avant la particule *en*, dans le sens extractif ou déductif, pour éviter l'hiatus, on dit *me* avec élision, au lieu de *moi* et d'*à moi* : Instruisez-*m'en*. Prévenez-*m'en*. Donnez-*m'en* des nouvelles.

A l'impératif, *m'en* vient après le verbe, comme vous voyez, si la phrase est affirmative ; mais, si elle est négative, c'est le verbe qui vient après : *Croyez-m'en. Ne m'en croyez pas. Donnez-m'en. Ne m'en donnez pas. Répondez-m'en. Ne m'en parlez pas.*

Si le verbe n'est pas à l'impératif, *me* et *en* le

précèdent : Vous *m'en répondez*. Je vais *m'en assurer*. Je dois *m'en souvenir*. Observez que c'est toujours *me* devant le verbe réfléchi : Je *me* souviens. Je *me* félicite. Je *me* plais.

Me, construit avec deux verbes, dont l'un gouverne l'autre, se met entre les deux, si le premier est à l'impératif : Venez *me* voir. Veuillez *me* croire. Osez *me* suivre. Sachez *me* dire ; et, pour complaire à l'oreille, on dit bien souvent *moi* pour *me*, quoiqu'au régime simple : Laissez-*moi* passer. Faites-*moi* connaître à vos amis. Menez-*moi* voir vos jardins, vos tableaux.

Hors le cas de l'impératif, c'est toujours *me*, mais tantôt entre les deux verbes, et tantôt avant le premier, au choix et au gré de l'oreille : Il *me* doit avertir, ou il doit *m'avertir*. Je *me* veux dégager, ou je veux *me* dégager. Celle qui *m'a* su plaire, ou celle qui a su *me* plaire. Le verbe *faire* est le seul qui veut tenir immédiatement au verbe qu'il régit. Il faut donc que *me* le précède : Il *me* fait espérer. Vous *me* faites attendre.

Notez que, si l'un des deux verbes commence par une voyelle et l'autre par une consonne, c'est plutôt à la voyelle initiale qu'à la consonne que *me* semble vouloir s'unir, à cause de l'élision. Vous voulez *m'engager*, est plus naturel et plus coulant que vous *me* voulez engager.

Ce que j'ai dit de *je*, *moi*, *me*, se doit entendre aussi de *tu*, *toi*, *te* ; et la syntaxe en est la même.

Nous et *vous*, régis par le verbe, le précèdent

toujours, excepté à l'impératif : L'heure *nous* a surpris. Le vent *nous* favorise. La saison *vous* invite. La fortune *vous rit*. Et à l'impératif : Suivez-*nous*. Obéissez-*nous*. Éloignez-*vous*. Persuadez-*vous*. Gardez-*vous* de, etc.

Il et *ils* sont toujours régissants. *Elle* et *elles* le sont de même à l'égard des verbes, et ne peuvent être régis que par des prépositions : *Avec elle. Sans elle.*

Notez cependant que, dans les cas de la réponse, de la répétition ou de l'exclamation, *elle* sert de régime au verbe : Qui préférez-vous? *Elle*. Je l'aime, *elle*, plus que sa sœur. Que je l'afflige, *elle* que j'aime! Moi, me détacher d'*elle*! Moi, renoncer à *elle*!

Au régime direct, c'est *le, la, les*, qu'on met avant le verbe : Je *le* vois. Je *la* vois. Je *les* vois. Je veux *la* suivre, ou je *la* veux suivre. Racine affecte de mettre le pronom avant l'auxiliaire. Il trouvait cette construction plus élégante. L'autre est plus naturelle.

Le, la, les, régime simple du même verbe, qui a pour régime indirect le pronom de la première ou de la seconde personne *me, te, nous, vous*, veut être placé entre ce pronom et le verbe : Je vous *le* promets. Il me *le* donne. L'occasion *nous* les amène. Excepté quand le verbe est à l'impératif; car alors c'est après le verbe et avant le pronom que *le, la, les*, doit être mis : Rendez-*le*-moi. Cédez-*le*-nous. Livrez-*le*-leur.

Si cependant c'est *la* ou *les*, l'oreille préfère, rendez-nous-*la*, livrez-nous-*les*, à rendez-*la*-nous, livrez-*les*-nous; mais il faut dire, rendez-*la*-moi, livrez-*les*-moi, comme rendez-*les*-lui, cédez-*la*-leur, toujours pour complaire à l'oreille.

Notez que, si la phrase réunit deux infinitifs, et que le pronom ne soit le régime que du premier, il doit s'y joindre immédiatement, et laisser le verbe précédent correspondre seul au second : *Je pouvais lui reprocher, et me plaindre*; et non pas, *je lui pouvais. Il vient se justifier, et répondre*; non pas, *il se vient*; car *il se vient* n'est pas relatif à *répondre*. *Je lui pouvais* n'est pas relatif à *me plaindre*. Au lieu que dans ces phrases : *Il se vient défendre et justifier. Je lui pouvais répondre et dire*, le pronom étant le régime des deux infinitifs, peut se mettre avant comme après le verbe précédent. Cette règle est de Vaugelas.

Notez encore que tout changement de construction ou de régime oblige le pronom à se répéter, et de même toute disjonctive ou adversative qui rompt le fil de la construction. Ce n'est que dans le cas d'une liaison intime, qu'on peut se dispenser de répéter le pronom personnel : *Je le dis et le prouve. Il le croit et l'affirme. Nous disons et faisons bien des choses sans réflexion.*

Lui, pour, *à lui, à elle*, est, au singulier, le cas oblique des deux genres. Il précède le verbe, excepté à l'impératif : Parlez-*lui*. Je *lui* ai parlé. Je *lui* parlerai encore. Aux autres modes qu'à l'impératif, il ne s'emploie a... s le verbe qu'au masculin ; et alors il est par... ulé : Il dépend *de lui.* Il n'appartient qu'*à lui.* Croyez-vous qu'il dépende *de lui ?* Ne sera-t-il permis qu'*à lui ?*

En exclamation, *lui* a la même construction que *moi* : Me tromper, *lui.* *Lui,* me tromper ! et de même en répétition, après *il,* nominatif, ou après *le,* régime : *Il* m'a trompé, *lui* que je croyais mon ami ! On *le* trompe, *lui* qui n'a jamais trompé personne ! et au régime indirect : *Lui* en imposer, *à lui ?* On *lui* tend des piéges, *à lui* qui est la franchise même !

Lorsque *lui* est joint à un autre nom, *lui* et son frère, ils forment un nominatif pluriel, quelquefois seuls, mais plus souvent avec *ils,* et ceci est mieux : *Lui* et son frère ont eu la gloire. *Lui* et son frère, *ils* ont eu la gloire.

Lui est aussi nominatif, soit en réponse, soit en opposition : *Elle* y consent; mais *lui ?* Et *lui* aussi. *Elle* y consent, mais non pas *lui ;* et, dans les mêmes cas, il peut être régime simple : Je *la* plains *elle,* mais non pas *lui.* Lequel des deux blâmez-vous ? *Lui.*

Notez que *lui,* nominatif, et *lui,* régime simple, peuvent être pris l'un pour l'autre : Je vous estime autant que *lui,* peut vouloir dire, autant que je l'estime, ou bien autant qu'il vous estime ; et, dans nos phrases elliptiques, l'équivoque est la même à l'égard de tous les pronoms personnels. Il faut, pour l'éviter, prendre une autre tournure, ou répéter le verbe.

Lui, aux deux genres, a pour pluriel *leur*, en régime indirect, à la place d'*à eux*, *à elles*; et ici *leur* est indéclinable: Je *leur* ai dit; mais avec *de*, ce n'est plus *leur*, c'est *d'eux* ou *d'elles*: Il dépend *d'eux*, il dépend *d'elles*. On dit *à eux* avec certains verbes, aller *à eux*, s'adresser, s'attaquer, se plaindre *à eux*. Alors il vient après le verbe, et il ne peut le précéder qu'au moyen du verbe *être* à l'impersonnel, et du *que* relatif: *C'est à eux que* je parle. *Ce fut à eux qu'on* s'adressa.

Eux s'emploie comme nominatif, ou comme régime simple, dans les mêmes cas que *moi* et que *lui*: *Ils* m'ont abandonné, *eux* que je croyais mes amis! Devais-je *les* abandonner, *eux* qui m'avaient si bien servi? Je vous en croirai, *vous*, mais non pas *eux*. J'en agirai comme *eux*. Je serai aussi ferme qu'*eux*. En réponse à l'interrogation, ce monosyllable est trop sourd; et il vaut mieux éviter l'ellipse que de dire: Qui m'en répondra? *Eux*. De qui tenez-vous cela? *D'eux*. Qui attendez-vous? *Eux*. Mais, à la suite d'une préposition, il fait nombre avec elle: *Sur eux*, *entre eux*, *avec eux*; et même, après un verbe, il suffit que quelque autre syllabe le soutienne: On ne voit *qu'eux*. Qui accusez-vous? *Eux seuls*.

Il, neutre indéclinable, exprime quelque chose d'indéfini dans la pensée, et sert de nominatif à des verbes impersonnels: *Il* pleut. *Il* gêle. *Il* faut. *Il* convient. *Il* est juste. *Il* y a. *Il* est. *Il* arrive. Et aux impersonnels réfléchis : *Il* se dit, *il* se fait, *il* se passe des choses. *Il* se répand des bruits. *Il* se trame un complot. *Il* me tarde. *Il* m'ennuie. *Il* me souvient. *Il* me fâche.

Il, nominatif du verbe être à l'impersonnel, lui fait perdre le singulier, quoique le nom auquel il se rapporte soit un pluriel : *Il est* des hommes. *Il a été* des temps ; et de même avec le verbe *avoir* : *Il y a* des biens nuisibles. *Il y a* des maux salutaires.

Observez que ces impersonnels, *il est*, *il y a*, sont toujours suivis de la particule *de*, partitive :

Il y a de la politesse, et quelquefois même *de* l'humanité à ne pas pénétrer trop avant dans le cœur de ses amis. (LA ROCHEFOUCAULT.)

Il est des naturels de coqs et de perdrix. (LA FONT.)

On dit cependant : *Il y a* faute. *Il y a* ellipse. *Il y a* lieu. *Il y a* guerre. *Il y a* apparence, etc., mais familièrement et par abréviation.

Il me plaît, à l'impersonnel, a un sens qui n'est pas celui du verbe *plaire* : Je fais *ce qui* me plaît, signifie, je fais ce qui m'est agréable. Je fais *ce qu'il* me plaît, signifie, je fais ma volonté. Ainsi, en préférant des devoirs pénibles à mes plaisirs, je fais *ce qu'il* me plaît, et je ne fais pas *ce qui* me plaît. On dit, elle est riche, elle est belle ; elle épousera *qui il lui plaira*. Et on dit : Elle veut être heureuse ; elle n'épousera que *qui lui plaira*.

Ce même *il*, devant, comme dans des phrases comparatives, ne doit jamais se séparer de la particule *en*. Vous direz donc : *Il en* est des hommes comme des animaux ; et dans ce sens là vous ne direz point : *Il est* des hommes. *Il en* est de la poésie comme de la peinture ; et non, *il est* de la poésie.

En général, toutes les fois qu'on veut établir un rapport, *en* est nécessaire avec *il* : *Il en* est ainsi. *Il n'en* est pas de même. *Il n'en* est pas moins vrai. *Il s'en* suit. *Il en* arrive. *Il en* résulte. Vous *en* ferez ce qu'*il* vous plaira. *S'en tenir à*, *s'en rapporter à*, *s'en prendre à*, ont un autre sens que, *se tenir à, se rapporter à, se prendre à*. Je vous ai dit qu'*y* et *en* appartiennent au pronom *il, elle, ils*, et s'y emploient aux cas obliques. *En* est commun à la chose et à la personne, et signifie également *de lui, d'elle, d'eux, d'elles* ou *de cela* : C'est un homme de bien, ce sont d'honnêtes femmes, ce sont de vrais amis ; j'*en* fais grand cas. C'est un bon remède ; j'*en* userai. Ce conseil est sage ; profitez-*en*. Remarquez qu'à l'impératif *en* vient après le verbe ; *y* ne se dit guère que des choses, et signifie *à cela*, *en cela* : L'avis est bon ; j'*y* penserai. Ma résolution est prise ; je m'*y* tiendrai. Je compte sur votre amitié, et j'*y* attache un grand prix. J'*y* ai mis ma confiance. Comptez-*y*. Croyez-*y*. Ce projet me plaît, mais j'*y* vois bien des difficultés.

A l'égard des personnes, *y* peut s'y rapporter.

si elles sont prises pour des choses. Si l'on dit, par exemple : En approfondissant les hommes, on *y* découvre; *les hommes* ne sont là que *des choses.* Lorsque La Bruyère a dit :

On me dit tant de mal de cet homme, et j'*y* en vois si peu!

cet homme a été pris pour cette chose, cet objet. On dit, mais familièrement, d'une personne : Fiez-vous-*y*. Je ne m'*y* fie pas. Mais ces phrases faites sont sans conséquence.

Lui, au contraire, ne convient aux choses que lorsqu'elles sont prises pour des personnes. A moins de parler figurément, c'est toujours *y* ou *en*, quoique l'objet soit vivant et animé. Au propre, on dira donc : Ce cheval est quinteux; ne vous *y* fiez pas; défaites-vous-*en*; je n'*en* voudrais pour rien. Mais, dans le sens figuré, l'on dira : J'aime ce cheval; je *lui* dois la vie. Il est fougueux; mais je *lui* ai mis un frein. Même en parlant d'un arbre, d'un ruisseau, l'on peut dire figurément : Je *lui* dois la fraîcheur d'un ombrage délicieux. Je *lui* laisse étendre ses branches. Je *lui* permets un libre cours.

Je vous ai dit que le pronom *il*, *elle*, *ils*, est le lien des incises. Il en exprime le rapport, en tenant lieu, dans l'une, du nom qui est énoncé dans l'autre. Tantôt c'est le même régime et le même nominatif : *Les Romains* accordaient *la paix*; *ils* ne *la* demandaient jamais. Tantôt ce n'est que le même nominatif : *Les Romains* épargnaient les peuples soumis ; ils n'accablaient que les rebelles. Tantôt ce n'est que le même régime : Les Romains respiraient *la gloire*, et leur valeur *la* méritait. Enfin, c'est le nominatif de l'un des deux verbes qui est le régime de l'autre, ou, à l'inverse, c'est le régime qui en est le nominatif : *L'honneur* était l'ame des Romains ; le simple soldat *le* préférait à la vie. La guerre exerçait *leur courage;* il se perdit dans le repos.

Le pronom réfléchi *se* et *soi* est indéclinable, et il n'est jamais que régime. C'est tantôt *se* sans particule, et tantôt *soi* avec *à* ou *de* : *Se* lasser. *S'*applaudir. *Se* nuire. Penser *à soi*. Renoncer *à soi*. Se défier *de soi*. Veiller *sur soi*. Vivre *pour soi*. S'estimer *soi*. N'aimer que *soi*.

Il n'y a point de difficulté sur l'usage de *se;* il précède le verbe, et il en est indifféremment ou le régime simple, ou le régime indirect : il *s'*aime seul. Il *se* persuade. Il *s'*afflige. Ils *se* sont promis. Elle *se* lasse. Elles *se* sont flattées. Elles *se* sont donné l'essor. Observez seulement que *se* n'est le régime commun de deux verbes, que lorsque le régime est le même pour tous les deux. Vous direz donc : Il s'est *instruit* et *rendu* recommandable par ses lumières ; et vous ne direz pas, il s'est *instruit* et *acquis* beaucoup d'estime par ses lumières. Il faut ici répéter *se*, et *il s'est acquis*. Vous ne direz pas non plus : Il s'est *livré* et *tous ses trésors;* il faut dire, *avec tous ses tré-*

sors. Se convient également aux choses : L'or *se* dissout. Les corps *s'*attirent. Les flots *se* brisent Les jours *se* suivent, et ils ne *se* ressemblent pas.

Il n'en est pas de même de *soi;* il ne convient qu'aux personnes ou qu'aux choses personnifiées. Mais cette façon de parler figurée a beaucoup d'étendue. Lorsqu'on dit, comme La Fontaine :

> La paix est bonne en *soi;*

lorsqu'on dit, la franchise est bonne de *soi*, mais elle a ses excès, on la personnifie ; et, pour peu que le verbe attribue de l'action au sujet, il l'anime.

> Les moments d'humeur et de chagrin que les soins de la grandeur et de l'autorité traînent après *soi*. (Massillon.)

A l'égard des personnes, on a fait une règle de réserver *soi* pour un sujet indéfini : Penser *à soi*. Vivre pour *soi*. Et, quand le sujet serait déterminé, on a exigé qu'on dît, *lui, lui-même*. Mais de bons écrivains n'ont tenu compte de cette règle. La Bruyère a dit :

> Il se parle à *soi*-même, il pensait de *soi*-même, il est content de *soi*, il a dit de *soi*, il voit derrière *soi*.

Pascal a dit de l'ame :

> Ce lui est une peine insupportable d'être obligée de

vivre avec *soi* et de penser à *soi;* il suffit, pour la rendre misérable, de l'obliger de se voir et d'être avec *soi.*

Il a dit :

L'homme qui n'aime que *soi*, ne hait rien tant que d'être seul avec *soi.* Il ne recherche rien que pour *soi*, et il ne fuit rien tant que *soi.*

De même tous nos grands poëtes :

Il se ramène en *soi*, n'ayant plus où se prendre.
(CORNEILLE.)

Qu'il fasse autant pour *soi* comme je fais pour lui.
(CORNEILLE.)

Ils servent à l'envi les passions d'un homme
Qui n'agit que pour *soi*, feignant d'agir pour Rome.
(CORNEILLE.)

Charmant, jeune, traînant tous les cœurs après *soi.*
(RACINE.)

Mais il se craint, dit-il, *soi-même* plus que tous.
(RACINE.)

Le courtisan n'eut plus de sentiments à *soi.* (BOILEAU.)

Et de tout son honneur ne devant rien qu'à *soi.* (BOIL.)

On est un pronom indéfini; il tient la place d'un nom individuel ou collectif, mais vaguement sous-entendu, et ne se dit que des personnes : *On* croit. *On* dit. *On* espère. *On* se flatte. *On* s'assemble. Pour l'euphonie, nous y joignons souvent *le*, qui s'élide avec *on* : *L'on* croit. *L'on* se flatte. Mais, pour le sens, *le* n'y fait rien. Il n'est là que pour éviter l'hiatus ou pour adoucir la liaison.

On précède le verbe, excepté en interrogeant et dans les mêmes locutions où *je* se met après le verbe : Que dit-*on*? Que veut-*on*? Que ne fait-*on* pas? Peut-être croira-t-*on*. Que ne vient-*on*? Aussi veut-*on*. A peine ose-t-*on*. Encore doit-*on*. Notez que, si le verbe a pour finale un *e* muet, au lieu de l'élider, on intercale un *t* entre l'*e* et l'*o* : Pense-*t-on*? Et de même, si le verbe est terminé par une voyelle pleine, le *t* intercalé empêche l'hiatus : Croira-*t-on*? Autrefois, du temps d'Amyot et de Montaigne; au lieu d'un *t* c'était une *l*.

On est pris comme masculin, excepté lorsqu'on dit d'une femme sur le ton familier : *On* se croit jolie. *On* est fière. *On* se croit aimée. Ou qu'une femme dit d'elle-même : *On* est assez instruite. *On* n'est pas assez folle. *On* n'est pas si vaine que de, etc.

Evitez d'employer *on* dans la même phrase sous différents rapports, comme l'on fait souvent : *On* croit qu'*on* ne s'aperçoit pas. *On* ne veut pas qu'*on* dise. *On* craint qu'*on* ne pénètre. *On* dit qu'*on* a pris telle ville.

Le pronom possessif porte l'article : *Le mien*, *le tien*, *le sien*, *le leur*. Il suppose un antécédent, ainsi que le pronom personnel *il*, *elle*, *ils*. Mais quelquefois il est pris comme nom de la chose et à l'absolu : Chacun *le sien*, *le tien*, *le mien*. Et en parlant des familles : *Les miens. Les siens. Les tiens. Vous* et *les nôtres.*

Sire, nous n'avons part qu'à la honte des *nôtres*.
(Corneille.)

Dans le langage familier, il est aussi pris quelquefois comme adjectif : Un *mien* parent. Un *mien* voisin.

ADJECTIF POSSESSIF.

Quant à l'adjectif possessif, que je vous ai fait distinguer du pronom, il n'y a de difficulté que dans l'usage de *son*, *sa*, *ses*. *Mon*, *ton*, *notre*, *votre*, ne peuvent être relatifs qu'aux personnes ou aux choses personnifiées :

> Cieux, répandez *votre* rosée. (Racine.)
> Bois épais, redouble *ton* ombre.

Notez seulement qu'avant les noms qui commencent par une voyelle, l'oreille a voulu qu'au féminin singulier on dît *mon* pour *ma*, *ton* pour *ta*, *son* pour *sa* : *Mon* ame. *Ton* envie. *Son* ardeur.

Son, *sa*, *ses*, convient aux personnes dans tous les cas ; mais il ne convient pas toujours également aux choses. Je vous ai dit que *lui* ne convenait aux choses que lorsqu'elles étaient comme personnifiées. Il en est de même de *son*, *sa*, *ses*, à moins qu'il n'appartienne au nominatif du verbe. On dit d'un arbre : Il a perdu *ses* fleurs ; il nous promet *ses* fruits. Le verbe actif anime son sujet. Au régime, on dit du même arbre : J'*en* ai cueilli les fruits, j'*en* ai fait élaguer les branches. On dit : Le vent *en* a abattu les fleurs ; mais, au figuré, le vent l'a dépouillé de *ses* fleurs. Le printemps lui rendra *sa* verdure. Et comme dans le poëme des *Jardins* :

> Ici j'aime *sa* grâce, et là *sa* majesté.

En prose on dirait : Si la mollesse est douce, la suite *en* est cruelle. En vers on dit :

> Mais la mollesse est douce, et *sa* suite est cruelle ;
> Je vois autour de moi cent rois vaincus par *elle*. (Volt.)

Et par la même raison qu'on ne dit point, il connaît ma maladie, il a fait un livre sur *elle*; on ne dit pas non plus, il a fait un livre sur cette maladie, il connaît *sa* nature; mais, il *en* connaît la nature. Les poëtes anciens disaient : Le Nil nous cache sa source; nous disons : Le Nil vient des montagnes de Nubie; on *en* a découvert les sources. Telle est la différence du propre au figuré.

Dans le pronom *démonstratif*, il faut distinguer, comme je vous l'ai dit, le simple adjectif *ce*, *cette*, *ces*, et le composé de cet adjectif et du pronom *lui*, *elles*, *eux*, auquel se joint encore, à l'absolu, la particule désignative *ci* ou *là*.

Ce prend un *t* final avant une voyelle, pour sauver l'élision, lorsqu'il n'est qu'adjectif indicatif. On dit *ce* chêne, et on dit *cet* ormeau. Mais, lorsque *ce* est pronom, c'est-à-dire le neutre de *celui*, *celle*, *ceux*, il ne prend point le *t*, et il souffre l'élision. Vous dites, *ce* fut, *ce* sera, *ce* m'est un sensible plaisir; et vous dites, *c*'était, *c*'est un malheur, *c*'est moi.

Ce, neutre, diffère de *ce*, masculin et féminin, en ce qu'il est simple, au lieu que l'autre est composé et ne va jamais sans *lui, elle, eux, elles*, avec lesquels il se contracte : *Ce-lui, ce-elle, ce-eux, ce-elles*.

Ce, neutre, signifie confusément, *cette chose, cette personne, ces choses, ces personnes*, selon le sens que la phrase lui donne; il fait également l'office de nominatif ou de régime; mais une singularité remarquable, c'est que, nominatif du verbe, il ne le régit pas toujours; car, s'il se rapporte à un nom, c'est ce nom qui régit le verbe : Ce furent les Phéniciens qui inventèrent l'écriture. *Ce* n'est lui-même régissant que devant des mots qui n'ont point de nombre, c'est-à-dire devant un adverbe ou devant une préposition.

Ainsi, devant un adverbe, on dit : *C'est* à-présent, *ce sera* bientôt. *Ce fut toujours. Ce serait en vain.*

Et avec une préposition : *C'est* dans ces plaines que se donnèrent les batailles de, etc.

Ce fut *dans* ces vallons où, par mille détours,
Inachus prend plaisir de prolonger son cours;
  Ce fut *sur* ce charmant rivage. (Quinault.)
C'était *pendant* l'horreur d'une profonde nuit. (Racine.)
Reine, c'est *dans* l'esprit qu'on voit le vrai courage.
              (Voltaire.)

Et de même : *C'est à* moi *de, c'est de* lui que, etc. Mais, en rapport avec un nom, il en adopte le nombre et le genre; on dit : *C'est* un malheur; mais on dit : *Ce sont* des malheurs; et, lorsque Racine a dit :

> *Ce n'est* pas *les Troyens*, c'est Hector qu'on poursuit.

il s'est donné une licence.

> Tête bleu! *ce* me *sont* de mortelles blessures,
> De voir qu'avec le vice on garde des mesures. (Mol.)

c'est ainsi que l'on doit parler.

Ce est donc adjectif lorsqu'il est joint au nom de l'objet qu'il désigne : *Ce* berger, *ce* bois, *ce* ruisseau. Il est pronom neutre, et répond aux deux nombres et aux deux genres, lorsqu'il est seul, tenant lieu vaguement d'un nom de chose ou de personne : *Ce* que je veux, *ce* qui me touche. *C'est* un grand bien. *C'est* un grand mal. *C'est* mon ami. *Ce sont* mes enfants. *C'est* ma femme. *Ce sont* mes sœurs.

> *C'est* un homme de bien, et qu'il faut qu'on écoute.
> (Molière.)

Remarquez que le pronom *ce* n'est nominatif que du verbe *être*. On dit bien : *Ce me semble;* mais cette locution est unique dans son espèce; et, pour régir un autre verbe, *ce* exige une particule qui le rende absolu, ou pour adjoint le *qui* ou le *que* relatif.

Mais, je vous le répète, le verbe *être* lui-même,

s'il a un nom pour complément, sera régi par ce nom-là. Ce n'est qu'avec les pronoms personnels *vous* et *nous*, qu'à certains temps l'oreille a fait une exception à cette règle. On dit : *C'est* vous, *c'est* nous; mais, quoique madame de Sévigné ait dit, *c'est* eux ; il faut dire, *ce sont* eux, *ce fûmes* nous, *ce fûtes* vous ; ne dites pourtant pas, *c'a été* vous, *c'a été* nous, et préférez de dire, *c'est nous* qui *avons été* choisis, *c'est vous* qui *le serez*, comme vous le permet l'usage.

C'étaient ne diffère de *c'était* que par un son plus prolongé; et, pour l'éviter, ce n'était pas la peine de faire un solécisme, comme a fait l'auteur du poëme des *Jardins*, lorsqu'il a dit :

> *Était-ce* des palais ? *c'était* des verts bocages,
> *C'était* des prés fleuris.

il n'en est pas de cette construction comme de celle-ci :

> *C'est* des difficultés que naissent les miracles ;

car, dans ce vers, *difficultés* n'appartient pas au verbe *être*, comme *palais, bocages, prés fleuris* lui appartiennent dans l'autre exemple.

Avec le *que* exceptif, on a dit : *Ce ne fut que plaintes et que larmes; ce n'était plus que jeux et que festins.* Je le crois permis. On dit souvent *c'est* pour *ce fut* :

> Amour, tu perdis Troie, et *c'est* de toi que vint
> Cette querelle envenimée. (La Fontaine.)

Ce, lorsqu'on interroge, se met après le verbe : Qu'est-*ce*? Serait-*ce* assez? Est-*ce* bien vous? Que serait-*ce*, si? Et de même : Encore est-*ce*? Aussi n'est-*ce* pas? Que n'est-*ce* lui? Peut-être est-*ce* un bien? A peine serait-*ce* une excuse?

Ce, lorsqu'il se rapporte au *qui* ou au *que* relatif, garde le nombre singulier, lors même que le nom suivant et régissant est au pluriel : *Ce qui m'attache à la vie, ce sont mes enfants et ma femme.*

De même, avant un pluriel collectif, mais précédé de la particule *de*, partitive, *ce* garde, pour son verbe, le nombre singulier : *Ce qu'il y a* d'hommes sages, *ce que* j'ai *connu* de savants, *ce qui s'est écoulé* d'années.

Ce, antécédent du *qui* ou du *que* relatif, peut être également nominatif ou régime direct de quelque verbe que ce soit : *Ce* que j'espère, arrivera. *Ce* qui vous réjouit, m'afflige. *Ce* qui me flatte, lui déplaît. *Ce* que vous demandez, je vous l'accorde. *Ce* dont vous doutez, je le crois. *Ce* que j'avance, je le prouve. Mais, s'il est régime du second verbe, et qu'il précède le premier, il faut que *le*, entre les deux verbes, en indique la relation. Vous le voyez dans cet exemple : *Ce* que j'avance, je *le* prouve ; au lieu que *ce*, entre les deux verbes, ne demande plus rien qui en marque le rapport : Je prouve *ce* que j'avance ; je tiens *ce* que je promets.

Si le second verbe gouverne un cas oblique,

ce ne peut plus être l'antécédent du *qui* ou du *que* relatif. On ne dit point : Ce *qui* vous intéresse, je m'*en* occupe. *Ce* que vous voulez, j'*y* consens. *Ce* qu'on vous a dit là, j'*en* doute. Il faut dire alors : Je m'occupe *de ce* qui vous intéresse. Je consens *à ce* que vous voulez. Je doute *de ce* qu'on vous a dit.

Ce exprime souvent une chose, une qualité que détermine et spécifie le *qui* ou le *que* relatif, sans l'expliquer distinctement : *Ce que* je dois. *Ce que* je puis. *Ce que* je crains. *Ce qui* a été. *Ce qui* est. Qui sait *ce qui* arrivera ?

> *Ce que* je vais vous être et *ce que* je vous suis.
>
> (CORNEILLE.)

Ce redoublé se construit avec le *qui* ou le *que* relatif; et, dans ces locutions singulières, le premier *ce* est pour le second un adjectif désignatif : *C'est ce que* je désire. *C'est ce qui* m'intéresse. *C'est ce dont* je doute.

Ce, ainsi que *celui* et *celle*, ne porte qu'un sens incomplet ; mais, pour leur donner un sens absolu, il suffit d'une particule.

Cette particule désignative et définitive est encore l'un des traits de l'industrie de notre langue : elle est prise des questions de lieu; elle assigne une place fixe, une existence locale et marquée à un objet vague et indéfini. Par-là, elle le détermine. Vous entendez que c'est *ci* et *là* nos deux adverbes indicatifs : *Cela* est mauvais. *Ceci* est bon. Il se construit avec le verbe *être*, ayant *ce* pour nominatif : *C'est ceci, c'est cela;* et avec le *qui* ou le *que* relatif : *C'est cela que je crains; c'est ceci qui m'arrête.* Le plus souvent la particule s'en détache pour se placer après le verbe, avant le second *ce* : *C'est ici ce que j'examine. Ce fut là ce qui me surprit.* Notez que *ci*, abréviation d'*ici* lui cède la place après le verbe *être*.

Ceci, cela, se décompose de même, joint avec un nom substantif : Dans ce temps-*là*. Dans ce temps-*ci*. *Ces* climats-*ci*. *Ces* peuples-*là*; mais *ci* ne change point. On ne dit pas : Ce monde *ici*.

Ceci, cela, aux deux régimes indirects, reçoit l'une ou l'autre particule déclinative : Doutez-vous de *cela?* Pensez bien à *ceci*. Il fait l'office d'un vrai nom et se construit avec toute espèce de verbes.

Sans la particule désignative, *celui, celle, ceux* n'ont que le sens qu'ils reçoivent de la phrase incidente et définitive à laquelle ils sont joints par le *qui* ou *que* relatif : De tous les biens, *celui* qu'on chérit le plus et qu'on ménage le moins, *c'est* la santé. De toutes les vertus, *celle* qui se fait le plus admirer *c'est* la force d'ame; le plus respecter, *c'est* la justice; le plus chérir, *c'est* l'humanité.

Celui qui met un frein à la fureur des flots,
Sait aussi des méchants arrêter les complots. (RACINE.)

Celui-ci, celui-là, celle-là, celle-ci ont besoin

quelquefois qu'un subséquent les détermine, comme lorsqu'on dit : *Celui-là* mérite d'être loué, *qui*, en faisant le bien, ne recherche point la louange.

Mais le plus souvent *celui-ci*, *celle-là* sont définis par leur antécédent, et, en cela, ils diffèrent de *celui* et de *celle* sans particule, comme dans cet exemple :

Deux routes s'offraient au jeune Hercule. *Celle* de la volupté était semée de fleurs; *celle* de la vertu et de la gloire était rude, escarpée. Il laissa *celle-là* aux hommes énervés et lâches, et il préféra *celle-ci*.

Celui qui, *celle qui*, sans antécédent énoncé, signifie l'*homme qui*, *la femme qui*, à moins que la suite du discours ne lui donne quelque autre sens, comme s'il s'agit de quelque espèce d'animaux, ou de plantes : *Celui* de mes arbres *qui* porte les plus beaux fruits. *Celle* de mes fleurs *que* je cultive avec le plus de soin; ou simplement *celui qui*, *celle qui*, si je viens de parler de mes arbres ou de mes fleurs.

Entre deux noms de même genre et de même nombre, *celui* ou *celle* peut être équivoque. Il faut éviter avec soin l'ambiguité de rapport. Si je dis par exemple : J'ai lu bien des lettres de femme; les plus spirituelles n'étaient pas *celles* qui me plaisaient le plus. Vous ne savez si *spirituelles* se rapporte aux femmes ou aux lettres.

Si je dis *celles* que j'aimais le plus me semblaient

toujours *celles* qui écrivaient le mieux, l'équivoque n'est levée qu'aux derniers mots; j'ai entendu *celles*, des femmes. Si je dis étaient *celles* de madame de Sévigné; j'ai entendu *celles*, des lettres; et, quoique le doute cesse à la fin, il vaut mieux encore n'en laisser aucun, même dans le sens suspendu.

Au reste les particules *ci* et *là*, jointes au pronom démonstratif, ne font qu'exprimer, par ellipse, une phrase incidente, une circonstance ou de lieu ou de temps, et plus ou moins de proximité réelle ou idéale de l'objet indiqué : Ce lieu-*ci*, ce temps-*ci*, ce monde-*ci*; le lieu, le temps, le monde où se trouve celui qui parle : Ce lieu-*là*, ce temps-*là*, ce monde-*là*, le lieu, le temps, le monde, que désigne celui qui parle, mais où il n'est point : ce qui répond à l'*hic*, à l'*iste*, à l'*ille* des Latins.

Ce, pris adjectivement, convient aux hommes comme aux choses; mais *ceci*, *cela* ne convient qu'aux choses. *Cela* s'emploie cependant à l'égard des personnes, mais familièrement, sur le ton du mépris : *Cela* parle. *Cela* veut raisonner. *Cela* se croit habile. *Cela* se fait valoir. *Cela* promet. *Cela* se flatte. *Cela* se croit jolie.

Le pronom relatif *qui, que, lequel, laquelle*, a une propriété qui le distingue et que je vous ai déja fait remarquer; il est conjonctif et par lui les phrases incidentes sont comme suspendues au sujet principal : Exemples :

La flatterie est un commerce honteux, *qui* n'est utile qu'au flatteur. (Théophraste.)

Il n'y a point de vice *qui* n'ait une fausse ressemblance avec quelque vertu, et *qui* ne s'en aide. (La Bruyère.)

La préférence de l'intérêt général au personnel est la seule définition *qui* soit digne de la vertu. (Vauvenargue.)

Le mal qu'on dit d'autrui ne produit *que* du mal.
(Boileau.)

Qui et *que* relatifs sont de tout genre et de tout nombre. *Qui*, nominatif, et *que*, régime du verbe, se disent également des choses et des personnes; mais *qui*, absolu et interrogant, ne se dit que des personnes ou des êtres personnifiés : *Qui* ne voit que? *qui* ne sait pas que?

Quel esprit ne bat la campagne?
Qui ne fait châteaux en Espagne. (La Fontaine.)

On dit bien : Celui de mes arbres *qui* a le plus de fruit; mais on ne dit point : *Qui* de mes arbres aura le plus de fruits? Ici c'est *lequel* qu'il faut dire.

De même, lorsque sans antécédent *qui* signifie vaguement *celui qui*, il ne se dit que des personnes.

Et *qui* veut tout pouvoir ne doit pas tout oser.
(Corneille.)

Il fait en même temps l'office de régime direct

d'un verbe et de nominatif d'un autre : Je cherche *qui* m'éclaire. J'aime *qui* me corrige.

Enfin, soit régime indirect d'un verbe, soit régime d'une préposition, *à qui*, *de qui*, ne se doit dire que des personnes ou des êtres personnifiés. Ainsi, dans le même sens figuré qu'on dit *lui*, en parlant d'un arbre, d'un ruisseau, l'on dira *de qui* ou *à qui*; mais, au sens propre, on dira *duquel* et *auquel*.

J'observe même qu'au figuré, en parlant des choses, l'on dit plutôt *à qui*, que l'on ne dit *de qui* : Cet ormeau *à qui* la vigne se marie. Ces rochers *à qui* je me plains. Ces bois *à qui* je confie mes peines. Cette fontaine *à qui* je dois de si doux moments de sommeil, sont des phrases communes en poésie; mais on n'y trouve pas de même : Ces bois *de qui* le silence. Ce ruisseau *de qui* le murmure. Ces vallons *de qui* la fraîcheur. Alors c'est *dont* qui supplée à *duquel*.

Quand Vaugelas a dit :

L'oreille *à qui* il est très-aisé d'imposer,

il a suivi l'usage de personnifier l'oreille; mais il n'aurait pas dit : L'oreille *de qui* le jugement est si impérieux.

A l'égard des prépositions, comme par elles-mêmes elles n'animent point leur régime, le sens figuré leur convient rarement; et *qui* n'y peut guère être employé en parlant des choses. Vous ne direz donc pas, comme l'on disait autrefois : Le cheval sur *qui* je voyage. L'arbre sous *qui* je me repose. Les prés dans *qui* je me promène. Corneille a dit :

.... Un excès de colère
Malgré *qui* toutefois un reste d'amitié,

mais cela ne se dirait plus.

Autrefois on faisait de *qui* le relatif d'une phrase entière. Vous trouverez dans Vaugelas :

Détourner des phrases innocentes en mauvais sens, *qui* est une marque d'un esprit bas.

aujourd'hui l'on dirait : *ce qui* est une marque.

Le même Vaugelas a bien plus mal encore employé *ce qui* dans cette phrase :

Le Français ne supprime rien ; *ce qui* est toutefois une grande élégance parmi les Grecs et les Latins.

Ce qui fait là un contre-sens ; car il se rapporte à *ne supprimer rien*, et signifie que l'élégance était *de ne rien supprimer*. Or, Vaugelas voulait dire tout le contraire.

Qui se construit d'une manière fort bizarre et très-usitée : Cet homme que l'on croit *qui* a tant de biens. Le phénix que l'on dit *qui* renaît de sa cendre. La femme que j'ai su *qui* était mon ennemie. C'est un des gallicismes dont nous parlerons dans la suite.

Dont est pour le pronom *qui* et *que* une espèce de génitif et d'ablatif indéclinable, de l'un et de l'autre genre, de l'un et de l'autre nombre, et d'autant plus commode qu'il convient également aux choses et aux personnes. Observez seulement de ne pas le confondre avec *d'où* adverbe de lieu : La maison *dont* il sort, et la maison *d'où* il sort ne disent pas la même chose. Dans l'un, *maison* est pris pour *race*, dans l'autre, il est pris pour demeure. *D'où* exprime l'action physique de sortir, et *dont* l'action morale d'être issu. Les poëtes n'ont pas toujours observé cette différence :

Rentre dans le néant *dont* je t'ai fait sortir. (Racine.)

Dont est susceptible d'une double relation avec le nominatif et avec le régime du verbe : C'est un homme *dont* l'ambition a ruiné la fortune. Ce guerrier *dont* l'habileté et la prudence égalaient le courage, *dont* les exploits ont fait la gloire.

Lequel, laquelle, lesquels, auquel, duquel, etc., sont pour la prose les suppléants *de qui;* mais la poésie les rebute, quoiqu'ils aient l'avantage de distinguer les genres et les nombres, et d'éviter l'équivoque à laquelle *qui* et *que* sont sujets.

Autrefois les écrivains en prose avaient eux-mêmes de la répugnance pour *laquelle, lesquels, lesquelles*, etc. Vaugelas et Patru les trouvaient rudes à l'oreille, et, pour les éviter, on disait : Les vices *à quoi*. La chose du monde *à quoi*. Ce sont des choses *à quoi*.

Il y a des styles *à quoi* je ne puis m'accoutumer. (Sévigné.)

Aujourd'hui l'usage et l'oreille désavouent ce goût fantasque ; et *quoi*, *de quoi*, *à quoi*, n'ont plus pour antécédent aucun nom déclinable. *Quoi*, répond *à ce*, *à cela*. On dit : C'est *de quoi* je m'occupe. C'est *à quoi* je m'applique ; et au régime direct : Je sens je ne sais *quoi*. Je ne puis dire *quoi*. Quelque chose m'afflige, *quoi*? Je gage de deviner *quoi*, *après quoi*, *sans quoi*, *avec quoi*. Il vient après quelque chose de vague, d'indéfini dans la pensée, ou à la suite d'un discours dont il résume la substance : Voilà *sur quoi* je vous consulte. *A quoi* je vous donne à penser. *Sur quoi* je suis en doute. *De quoi* je veux être assuré.

Si l'objet est précisément énoncé par son nom, ce serait mal parler que de dire comme autrefois : Le vice *à quoi* il est sujet. La chose du monde *à quoi* je suis le plus enclin. Le cheval *avec quoi* j'ai couru, ou *sur quoi* j'ai été blessé. On ne dirait pas même : Le lit *sur quoi* je repose. L'instrument *de quoi* je me sers. Il faut dire *duquel*.

Qui demande au contraire pour antécédent un objet précis et déterminé. Ce serait donc mal parler encore que de dire comme Vaugelas :

Cela empêche qu'on ne soit bien entendu, *qui* est un défaut à celui qui parle ou qui écrit.

En pareil cas, il faut dire *ce qui est un défaut*

pour résumer dans le pronom *ce* la phrase antécédente.

Lorsque les poëtes, en parlant des choses inanimées, n'ont pu dire, *de qui*, *à qui*, *de quoi*, *à quoi*, pour éviter *duquel*, *de laquelle*, *desquels*, ils ont pris *dont*; et, pour *auquel*, *dans lequel*, ils ont employé la particule locale *où* : L'espoir *dont* je me flatte. L'appui *dont* je m'assure. Les soins *où* je me livre. Les maux *où* je succombe.

Comme ces particules étaient commodes, la prose, à l'exemple de la poésie, en a fait usage; mais il faut y apporter quelque précaution.

Racine a dit :

La chaîne *où* vous me destinez.

Il a dit

Il ne reste que moi
Où l'on découvre encor des vestiges de roi.

Gardez-vous cependant de prendre ces licences, ni de dire jamais *où* pour *à qui*, pour *en qui* avec le pronom personnel, ni même avec un nom individuel d'homme ou de femme.

On dit : Le péril *d'où* je m'échappe ; le péril *où* je m'engage, parce que l'image est locale. On dit aussi : Le péril *dont* je me dégage, parce qu'alors le *péril* est pris pour un *piége*, pour une *entrave*. C'est cette convenance du mot avec l'idée, qu'il faut observer avec soin.

Dont, après ce qu'on appelle le nom de la manière, est pris pour *duquel*, pour *avec lequel*, mais seulement dans les cas où *de* s'emploierait de même. Ainsi comme on dit : Il est *d*'une bonté, elle est *d*'une beauté, il m'a reçu *d*'un air, il m'a parlé *d*'un ton, ils ont combattu *d*'une ardeur. On dit de même : La bonté *dont* il est, la beauté *dont* elle est, l'air *dont* il m'a reçu, le ton *dont* il m'a parlé, l'ardeur *dont* ils ont combattu.

Que, régime direct, vient à la suite de son antécédent avant le verbe qui le régit : Le livre *que* je lis. Les champs *que* je cultive. En exclamation et en interrogation, il n'a point d'antécédent : *Que* dites-vous ? *Que* fais-je ? *Que* veut-il ? *Que* fait-il ? *Que* résoudre ! *Que* devenir !

Observez que, lorsqu'il est pris pour combien, *que* n'est plus pronom relatif, mais adverbe de quantité, comme *tant*, *autant*, *plus* et *moins* : *Que* d'exploits ! *Que* de gloire ! *Que* de biens ! *Que* de maux ! Aussi n'est-il pour-lors, ni nominatif, ni régime. C'est le nom auquel il est joint qui est ou régissant ou régi : *Que* de biens naissent de la paix ! *Que* de maux ont suivi la guerre ! *Que* d'exploits ce héros a faits ! Et *que* de gloire il s'est acquise !

Lorsqu'en exclamation, en interrogation, ou dans le cas du doute, *quel* est indéfini, il n'est plus que simple adjectif, et il est nécessairement joint au nom de la chose ou de la personne : *Quel* conseil prendre ! *Quel* secours implorer ! *Quel* ami sera mon refuge ! *Quelle* sagesse ! *Quel* génie !

Quel nombre! *Quel* espace! *Quel* malheur est le mien! *Quelle* destinée est la vôtre! *Quelle* résolution dois-je prendre!

Quel temps à mon exil, *quel* lieu prescrivez-vous?
(Racine.)

Quel est pronom, lorsqu'avec l'article il tient la place d'un nom : Des héros de l'histoire, *lequel* (héros) préférez-vous? *Lequel* (héros) vous semble préférable?

Quelquefois même sans l'article, *quel* fait l'office de pronom, lorsque le nom est sous-entendu; mais il n'en est réellement que l'adjectif pronominal : *Quel* doit être celui qui est l'organe des lois! *Quel* parut Régulus! *Quel* se montra Caton! *Quel* on vit Socrate, devant ses juges, et dans les fers! *Quel*, dans toutes ces phrases, fait entendre *quel homme*. De même, lorsqu'après le verbe vient le nom de la chose: *Quel* venait d'être ce combat! *Quelle* fut la douleur des mères dont les enfants avaient péri! *Quelle* allait être leur solitude! *Quels* devaient être leurs regrets! Vous voyez que c'est au verbe *être*, à ses auxiliaires, ou à ses analogues, que, par ellipse, *quel*, adjectif pronominal, sert de nominatif, pour éviter la répétition du nom auquel il se rapporte: *Quelle douleur* fut la *douleur*.

On dit *quel* qu'il soit, *quel* que soit son pouvoir; et non pas *tel* qu'il soit, *tel* que soit son pouvoir. Ceci est une faute que de bons écrivains ont faite. *Quel* est *suppositif*, et, dans le sens vague du doute, il gouverne le subjonctif. *Tel* a un sens *positif* et précis; il gouverne l'indicatif: *Telle* est la chose, *telle* doit être la parole. *Tel* vous m'avez vu, *tel* je suis. *Quel* qu'il soit. *Tel* qu'il est.

Tel qu'il est, tous les Grecs demandent qu'il périsse.
(Racine.)

Tel est devenu fat à force de lecture,
Qui n'eût été que sot en suivant la nature.
(Gresset.)

A-présent que la théorie des pronoms et celle des particules vous a été bien expliquée, vous n'aurez pas de peine à bien entendre la fameuse règle des participes *déclinés* ou *non déclinés*.

Faisons ici une pause; et demain nous reprendrons notre promenade, dont le terme n'est pas éloigné.

LEÇON SIXIÈME.

Je vous ai dit, mes enfants, qu'avec l'auxiliaire *avoir*, le participe actif-passé est indéclinable, lorsqu'il précède son régime, et qu'il se décline toutes les fois que son régime le précède ; et je vous ai promis d'examiner quelle raison avait eu l'usage de le vouloir ainsi. C'est ce que je vais faire. Écoutez-moi avec attention.

PARTICIPE. QUAND DÉCLINABLE.

La concordance du participe avec le régime suppose que celui-ci est énoncé ; car, s'il ne l'est pas, il est inconnu au moins de ceux à qui on parle, et bien souvent de celui qui parle : Elle a *aimé*. Qui? Quoi? L'on n'y est point encore. C'est peut-être *le jeu, la parure, la gloire*, ou *ses plaisirs*, ou *son devoir* qu'elle *a aimé*. Ce rapport est donc indécis ; et dans l'incertitude et du genre et du nombre que le nom régi doit avoir, le participe reste comme neutre et indéclinable.

Quel langage, me direz-vous, où l'on manque de prévoyance, au point qu'on ne sait pas, en prononçant un mot, quel est le mot qui va le suivre! Je vous réponds que c'est le langage ordinaire ; et telle est dans le monde la légèreté de la parole, que le plus souvent elle échappe, sans donner à la pensée un instant pour la prévenir. On sait vaguement, et en somme, ce qu'on va dire ; mais de prévoir quel est précisément le genre, quel est le nombre qu'on va donner au régime du verbe, c'est de quoi bien peu de personnes sont habituellement capables. Or, c'est sur le langage habituel que l'usage établit ses règles.

Mais, lorsque le régime du participe le précède, leur rapport est connu d'avance, et l'on sait avec quoi le participe doit s'accorder. Il n'y a donc plus aucune raison de le laisser indéclinable.

Il vous reste à savoir comment dans une langue dont la construction observe l'ordre analytique des idées, il peut se faire que le nom régi précède le participe régissant. Or, cela peut arriver de plusieurs manières.

1° Par l'inversion permise en poésie, et dont on usait autrefois :

> Mon père est mort, Elvire, et la première épée
> Dont s'est armé Rodrigue *a sa trame coupée*. (Corn.
>
> Il est de tout son sang comptable à sa patrie,
> Chaque goutte épargnée *a sa gloire flétrie*. (Corn.)
>
> Un jeune rat dans la saison,
> Où les tièdes zéphirs *ont l'herbe rajeunie*. (La Font.)
>
> Il *avait* dans la terre *une somme enfouie*. (La Font.)

Il est vrai que, depuis Corneille et La Fontaine,

aucun bon poëte ne s'est donné cette licence; et c'est tant pis.

2° Lorsqu'en exclamation, en interrogation ou en simple raisonnement, *que*, *quel*, *combien*, *plus*, *autant*, *moins*, se saisissant du régime du verbe, font qu'il le précède avec eux : *Que* de fleuves il a passés ! *Que* de batailles il a gagnées ! *Combien* de villes il a prises ! *Quelle* constance il a montrée dans ses travaux ! *Quelle* modération il a gardée dans ses victoires !

Sur cet article, il y a quelques difficultés; mais elles vous seront éclaircies.

3° Lorsque le pronom personnel, en régime direct, se joint au verbe réfléchi ou réciproque, il le précède : Le ciel s'est *obscurci*. Notre crainte s'est *dissipée*. Ils *se* sont *rencontrés*. Elles *se* sont *parées*. Elles *se* sont *unies*. Or, vous savez qu'ici l'auxiliaire *être* est mis pour l'auxiliaire *avoir*. Nous y reviendrons tout à l'heure.

4° Lorsque le verbe actif a directement pour régime l'un des pronoms *me*, *nous*, *te*, *vous*, ou *le*, *la*, *les*, ou le relatif *que*, *lequel*, ce régime est toujours avant le participe : Ces nouvelles *m*'ont *rassuré*. Ce beau temps *nous* a *rejouis*. Les ans *l*'ont *embellie*. La lecture *les* a *formés*. Les livres *que* j'ai *lus*. La route *qu*'il a *prise*. Les biens de la nature, les fruits de la sagesse, *lesquels*, ni la fortune, ni la malice humaine n'ont jamais *enviés* à celui qui les possédait, sont, etc.

Or, dans ces quatre circonstances, l'usage a

décidé que le participe du verbe devait se décliner et s'accorder avec son régime. Résumons-les, article par article.

Je n'ai rien à vous dire sur l'inversion de la *trame coupée*, de l'*herbe rajeunie*, sinon que je regrette avec d'Olivet, qu'on ne se la permette plus.

La difficulté qui regarde le participe en relation avec un adverbe de quantité et le nom joint à cet adverbe, consiste à démêler dans la pensée et dans les vues de l'esprit, lequel de l'adverbe ou du nom est le vrai régime du verbe.

D'abord toutes les fois que la quantité est numérique, c'est indubitablement au nom même que le participe doit s'attacher, à moins que quelque particule n'en change le rapport : *Que* d'obstacles il a *surmontés*! *Que* de dangers il a *courus*! *Combien* de batailles il a *gagnées*! Plus de combats il a *livrés*, plus de victoires il a *remportées*! Autant de lois il a *faites*, autant de sources de prospérités et de bonheur il a *ouvertes*.

Mais, si avant le participe se trouve la particule *en*, dira-on : Autant d'ennemis on lui a suscités, autant il *en* a *vaincus* ou *vaincu* ? Autant de places il a assiégées, autant il *en* a *pris* ou *prises*. Plus il a rencontré de difficultés, plus il *en* a *franchi* ou *franchies*. Ici l'*en* partitif me semble devoir rendre le participe indéclinable. En effet, si l'on vous demande, avez-vous mangé de ces fruits ? Vous répondez, j'*en* ai *mangé*; et vous direz de même, plus j'*en* ai *mangé*, plus je les ai trouvés délicieux. Je dirais donc : Plus on lui a opposé d'ennemis, plus il *en* a *vaincu*. Autant il a donné de batailles, autant il *en* a *gagné*. A plus forte raison, si, avec un singulier, *plus*, *autant*, *moins* n'exprime qu'une quantité partielle, je pense que c'est à l'adverbe que se rapporte le participe, et que, sans le décliner, on doit dire : Moins il a affecté de puissance, et plus il *en* a *obtenu*. Il a plus mérité de gloire, qu'on ne lui *en* a *attribué*. Mais si l'adverbe, au lieu d'exprimer une quantité partielle, exprime une mesure de grandeur, ou de petitesse individuelle, je crois qu'alors c'est sur le nom que se porte la vue de l'esprit; et comme vous dites : Quelle gloire il s'est *acquise*! Quelle constance il a *montrée*! Quelle modération il a *gardée* dans ses victoires! Vous direz de même : Que de gloire il s'est *acquise*! Que de constance il a *montrée*! Combien peu de rigueur il a *exercée* envers les vaincus!

Se, régime *direct* du verbe ou réfléchi, ou réciproque, fait décliner le participe. Mais *se*, avec ces mêmes verbes, n'est bien souvent que régime *indirect*, et alors, quoique, par une erreur de l'usage, il ait gardé pour auxiliaire le verbe être, le participe ne se décline point; parce que le nom, auquel il se rapporte directement, ne le précède pas : Il *s'est fait* des *amis*. Il *s'est attiré* des *reproches*. Ils se sont *donné* leur *parole*. Elles se sont *confié* leurs *secrets*.

Pour les verbes qui ont l'apparence de verbes réfléchis, et qui ne le sont pas, si l'usage est douteux, il faut recourir à l'analogie. Je vous l'ai déja dit.

Si le participe ne peut se supposer déclinable dans aucun cas, et par aucun rapport d'assimilation avec des verbes qui lui soient analogues, vous le tiendrez indéclinable. Par exemple, vous ne direz point : Ils se sont *plus*. Ils se sont *ris*. Elle s'est *plue*. Elle s'est *rie*. Ce seraient de vrais barbarismes.

Si, par analogie, le verbe semble susceptible d'un participe actif déclinable, qu'il n'a plus comme verbe simple, mais qu'il a pu garder comme verbe réfléchi, tel que *douté*, analogue de *redouté*; tel que *souvenu*, analogue de *devenu*, de *revenu*, qui se déclinent, vous le déclinerez par assimilation, et vous direz : Elle s'est *doutée*. Elle s'est *souvenue*. Ils se sont *doutés*. Ils se sont *souvenus*.

Mais, quand même le participe serait susceptible de déclinaison, si le sens de la phrase permet de dire *à soi*, *en soi*, au lieu de *se*, vous laisserez le participe indéclinable : Elle *s'est persuadé* que; elle a persuadé *à soi*. Elle s'est *imaginé*; elle a imaginé *en soi*. Elle s'est *figuré*; elle a *figuré* dans sa pensée, *en elle-même*.

Lorsque le participe ne peut pas se construire ainsi, qu'il ne peut être que régime direct, et qu'il a dans quelque autre sens les deux genres et les deux nombres; quoique, sous cette forme de verbe réfléchi, le sens en soit très-détourné, comme dans, elle s'est *moquée*, elle s'est *aperçue*, elle s'est *attendue*, vous le déclinerez; car il est vraisemblable que l'usage le veut ainsi.

Enfin, quoique le verbe soit actif et pris dans son vrai sens, si, en substituant à l'auxiliaire *être*, l'auxiliaire *avoir*, on doit dire au lieu de *se*, *à soi*, le participe est indéclinable : Elle s'est *permis*. Elle s'est *prescrit*. Elle s'est *interdit* telle chose. Elle s'est *laissé* dire. Elle s'est *procuré*, *assuré* un état. Elle s'est *vu* enlever son bien. Elle s'est *rappelé* les conseils qu'on lui avait donnés; et en parlant elle-même, elle dira : Je *me* suis *prescrit*, je *me* suis *permis*, je *me* suis *rappelé*, je *me* suis *laissé* dire.

Au contraire, toutes les fois qu'en changeant l'auxiliaire, on ne peut pas, au lieu de *se*, dire *à soi*, ou *en soi*, le régime est direct; et, quoique la signification du verbe actif ne soit pas celle du verbe réfléchi, le participe se décline : Elle s'est *louée* de moi. Elle s'est *attaquée* à une femme qui. Elle s'est *plainte* de vous. Et à l'absolu : Elle s'est *tue*. Elle s'en est *allée*.

Si le participe est suivi d'un infinitif dont le pronom soit le régime, il est indéclinable : Elle s'est *fait* enlever. Elle s'est *laissé* conduire. Elle s'est *entendu* blâmer. Ils *se* sont *vu* poursuivre. Ils *se* sont *laissé* prendre. Ils *se* sont *voulu* tuer. De même au régime indirect : Elle s'est *laissé* dire ses vérités. Elle *s'est entendu* donner des louanges. Ils *se* sont *laissé* livrer l'assaut. Observez bien que, dans tous ces exemples, c'est à l'infinitif que le participe se rapporte immédiatement ; la preuve en est dans la construction analytique. Elle a fait enlever, elle a laissé conduire, elle a entendu blâmer *elle*, etc.

Mais, si l'infinitif exprime l'action ou la situation de la personne même, *se* redevient le régime direct du participe, et l'oblige à se décliner : Elle *s'est vue vieillir*. Elle *s'est laissée aller*. Elle *s'est laissée tomber*. Elle *s'est sentie défaillir*. Racine s'est dispensé d'observer cette règle, lorsqu'en parlant de Junie, il a fait dire à Néron :

> Je l'ai *laissé* passer dans son appartement,

mais c'est une licence. Il n'y a que le verbe faire qui se tienne invariablement attaché à l'infinitif, et dont le participe demeure indéclinable : Elle *s'est fait maigrir*. Ils *se* sont *fait échouer*. Car on ne saurait dire : Elle a fait *soi* maigrir, ils ont fait *soi* échouer ; au lieu que, dans la construction analytique, on dira : Elle a senti *soi* défaillir. Elle a vu *soi* vieillir. Elle a laissé *soi* aller. Elle a laissé *soi* tomber.

Ninon l'Enclos disait :

> Je *me* suis *faite* homme.

et elle parlait bien ; mais Ninon n'aurait pas dit : Je me suis *faite aimer*. Dans l'un, c'est *me* qui est régime de *faite;* dans l'autre, c'est *aimer* qui est régime de *fait.*

Si dans la pensée on suppose à l'action du verbe une cause sous-entendue, alors le régime direct du participe n'est pas le pronom *se,* mais le nom que l'on sous-entend : Ils *se* sont *vu* briser contre un écueil. Ils ont *vu* la vague les briser. *Se* n'est donc là que le régime de briser; et le régime de *vu,* c'est la vague. Peut-être dans le même sens dirait-on d'une femme : Elle *s*'est *vu* consumer. Elle *s*'est *vu* ternir comme une fleur. Parce que l'ennui, la tristesse, qui l'a ternie ou consumée, est le régime du participe; et que c'est là ce qu'elle a *vu* la consumer, ou la ternir.

Quoique ce soit un mauvais gallicisme que *se faire moquer de soi,* cependant il est en usage ; et, sans hésiter, il faut dire, elle s'est fait moquer d'elle.

On a mis en question s'il fallait dire : Cette nouvelle s'est *répandue*, cette opinion s'est *établie,* cette femme s'est *dite* veuve. Il n'y a aucun doute qu'il faut parler ainsi.

Tout le monde convient que, si le verbe actif a mis pour régime simple le pronom personnel qui le précède, son participe se décline, pour s'accorder avec le pronom.

Tout le monde convient aussi que, lorsque le pronom n'est pas le régime direct du participe, il n'a sur lui aucune influence et ne le fait point décliner.

Il ne s'agit donc que de voir si le participe régit directement le pronom ou l'infinitif du verbe suivant. S'il régit le pronom, il s'accorde avec lui. S'il ne régit que l'infinitif, il reste indéclinable. Lorsque je dis de mes arbres : Je les ai *vu* planter ; de ma maison, je l'ai *vu* bâtir ; ce que j'ai *vu*, c'est *planter* et *bâtir*. Au contraire, lorsque je dis d'une femme : Je l'ai *vue* partir. Je l'ai *laissée* aller. Je l'ai *entendue* gémir ; c'est elle que j'ai *vue*, que j'ai *laissée*, que j'ai *entendue*.

La distinction est la même à l'égard du *que* relatif : Les larmes *que* j'ai *vues* couler ; ce sont les larmes que j'ai *vues*; l'action leur appartient. Les larmes que j'ai *vu* répandre, c'est *répandre* que j'ai vu ; ce n'est plus l'action des larmes. La chanson que j'ai *entendu* chanter ; c'est *chanter* que j'ai *entendu*. La femme que j'ai *entendue* chanter ; c'est la femme que j'ai *entendue*. La femme à qui j'ai *entendu chanter* cette chanson ; ce n'est ni la femme, ni la chanson, c'est l'infinitif *chanter* qui est le régime d'*entendu*. Vous direz donc : C'est une voix que je n'ai pas *entendue*, mais que j'ai beaucoup *entendu* vanter.

C'est à-présent la règle de Vaugelas que vous allez voir résumée en exemples ; les uns confirmés par l'usage, et les autres désapprouvés :

J'ai *reçu* vos lettres. (Confirmé par l'usage.)

Les lettres *que* j'ai *reçues*. (Confirmé de même.)

Nous nous sommes *rendus* maîtres de. (Confirmé.)

Je l'ai *fait* peindre, en parlant d'une femme, et je les ai *fait* peindre. (Confirmé.)

Elle s'est *fait* peindre, ils se sont *fait* peindre. (Confirmé.)

C'est une fortification que j'ai *appris* à faire. (Confirmé.)

Les habitants nous ont *rendu* maîtres de la ville. (L'usage a décidé qu'il fallait *rendus*.)

Le commerce, en parlant d'une ville, l'a *rendu* florissante. (L'usage a décidé qu'il fallait *rendue*.)

La désobéissance s'est *trouvé* montée au plus haut point. (L'usage a décidé qu'il fallait dire s'est *trouvée*.)

Ménage et Thomas Corneille, après avoir reconnu le principe sur lequel l'usage est fondé, y faisaient deux exceptions. 1° Quand le nominatif venait après le verbe, ils voulaient que l'on dît :

La peine que m'a *donné* cette affaire. Les inquiétudes que m'a *causé* ce voyage.

Thomas Corneille s'en est dédit; 2° lorsque le mot *cela* servait de nominatif, ils croyaient que l'on devait dire :

La peine que *cela* m'a *donné* ; les inquiétudes que *cela* m'a *causé*.

ni l'une ni l'autre exception n'étant fondée en raison, l'usage les a rejetées, et il a tout soumis à une règle simple.

Vous direz donc : La lettre que m'a *écrite* mon

ami, comme la lettre que mon ami m'a *écrite*. La conjuration qu'avait *formée* Catilina et que Cicéron avait *découverte*.

Et ces jolis vers, où l'on a cru long-temps voir une faute de grammaire, se trouvent parfaitement bien écrits :

> Pauvre Didon, où t'a *réduite*
> De deux maris le triste sort !
> L'un en mourant cause ta fuite,
> L'autre en fuyant cause ta mort.

Il est vrai que Corneille a dit :

> Là, par un long récit de toutes les misères
> Que durant notre enfance ont *enduré* nos pères.

Il est vrai aussi que, dans une note sur ces deux vers, Voltaire a dit :

S'il n'est pas permis à un poëte de se servir, en ce cas, du participe absolu, il faut renoncer à faire des vers. Mais en prose, nous serions sans excuse, de ne pas observer la règle.

Seulement il faut prendre garde à ne pas se tromper au vrai rapport du participe. Je vous ai dit que la particule *en*, comme extractive ou partitive, détournait ce rapport; et en effet, *en* donne pour régime au participe la quantité partielle qu'il extrait ou détache, soit d'un tout collectif, soit d'un tout individuel. Par exemple, si, après avoir parlé des hommes sages, on vous demande, *en* avez-vous connu ? Ne croyez pas faire une faute, en répondant, j'en ai peu *connu*; j'en ai plus *trouvé* dans les livres que dans le monde; vous parlerez très-bien; car *en* n'exprime qu'un rapport indirect avec hommes sages, et signifie *de ceux-là*. Ainsi en avez-vous connu? laisse entendre confusément, *quelqu'un*, *quelques-uns*, *un grand nombre*; et ce régime sous-entendu ne vient dans la pensée qu'après le participe. Dans la réponse, *peu* ou *plus* sont eux-mêmes comme des noms indéclinables, et par conséquent ils n'obligent point le participe à se décliner.

Observez néanmoins qu'après l'*en* partitif, s'il se rencontre ou un adjectif, ou un *qui* relatif au nom antécédent, cet adjectif, ou ce pronom, ainsi que le verbe suivant sont en rapport de concordance avec le nom qui les précède. J'ai connu des savants aimables; mais j'*en* ai *trouvé* d'un peu *lourds*; et j'*en* ai peu *vu qui* ne *fussent* pas trop *vains* de leur science. Vous voyez que, dans cette construction, tout s'accorde en genre et en nombre, hormis le participe, qui reste seul indéclinable.

Il n'en est point de *le*, *la*, *les*, pronom, comme de la particule *en*. Ce pronom n'est point partitif; il représente pleinement le nom même. Il peut donc être, comme le nom, le régime du participe; et, attendu qu'il le précède, il l'oblige à se décliner et à s'accorder avec lui : Avez-vous connu les savants qui ont travaillé à cet ouvrage? Oui, je *les* ai *connus*.

Ici se présentent quelques difficultés sur les verbes impersonnels, et sur les verbes qui se construisent avec des noms de *prix*, d'*espace* et de *durée*.

Mais tenez pour règle que le participe des verbes impersonnels n'est jamais en relation qu'avec cet *il* neutre et indéfini, qui leur sert de nominatif, et que par conséquent il est toujours indéclinable. Vous direz donc : Les beaux jours qu'*il* y a *eu*, les chaleurs qu'*il* a *fait*, et non qu'*il* y a *eus*, qu'*il* a *faites*.

Tenez pour règle aussi que dans notre langue, comme en latin, le nom du *prix*, de la *durée*, de la *distance*, de l'*espace* est absolu, lorsque le verbe est neutre, ou lorsque le verbe est actif avec un régime direct : Le siége de Troie *dura dix ans*; *dix ans* n'est point le régime de *durer*, car *durer* est un verbe neutre. Ce cheval a *coûté mille écus*; *mille écus*, pour la même raison, n'est point le régime de *coûter*. Il a *payé mille écus* ce cheval; *mille écus* n'est pas non plus ici le régime de *payer*, quoique ce verbe soit actif; c'est *cheval* qui en est le régime. Ils ont *couru trois lieues* le cerf; *trois lieues* n'est point ici le régime de *courir*, quoique dans ce sens-là il soit actif; ce qu'il a *couru*, c'est le *cerf*; *trois lieues* n'exprime que l'espace. Vous ne ferez donc pas accorder en pareil cas le participe avec un nom qu'il ne régit point, et qui n'exprime, dans la phrase, que le prix, le temps, la mesure.

Ainsi, avec le *que* relatif vous direz : Les soins que cela m'a *coûté*. Les sommes que le commerce lui a *valu*. Les mille écus qu'il a *payé* ce cheval. Les trois lieues qu'il a *couru*. Les cinq heures qu'il a *dormi*. Les années qu'il a *vécu*.

Mais, si le verbe étant actif, le nom qui le précède en est véritablement le régime, le participe, en relation directe avec ce nom, lui devient identique et doit s'accorder avec lui. Vous direz donc alors : Les hasards qu'il a *courus*. La carrière qu'il a *courue*. Les cinq heures qu'il a *données* au sommeil. Les milles écus qu'il a *payés* en achetant ce cheval. Les beaux jours que nous avons *passés* ensemble. Les chaleurs que nous avons *eues*.

Voici encore sur le *que* relatif et le participe quelques petits problèmes à résoudre :

L'histoire que je vous ai *donnée* à lire.

Les maux qu'il a *eus* à souffrir.

Les sommes qu'il a *eues* à payer.

Les sommes que je lui ai *données* à recevoir.

La question qu'on nous a *laissée* à décider.

Est-ce ainsi que l'on doit parler? Oui. Car le régime du verbe n'est pas ce gérondif, *à lire*, *à souffrir*, *à payer*, etc.; ce n'en est que le complément; et son régime véritable est le nom qui le précède.

Il n'en est pas de même des exemples suivants :

La lettre que j'ai *su* qu'on vous avait écrite.

La lettre que j'ai *présumé* que vous aviez reçue.

La lettre qu'on m'a *dit* qui vous avait été remise.

La personne que j'ai *su* qui était mon ennemie, et que j'ai *cru* qui était en liaison avec vous.

Ici ce que j'ai *su*, ce que j'ai *présumé*, ce qu'on m'a *dit*, etc., ce n'est point la *lettre*, ce n'est point la *personne*. Donc ce n'est point là le régime du participe; et, quelque mal construits que soient ces gallicismes, il n'en est pas moins vrai que c'est au *que* et au *qui* relatif subséquent, que se rapporte le participe. C'est en savoir assez pour le tenir indéclinable.

Quelque chose qu'il m'a *dit*, me fait soupçonner.

Quelque chose qu'il m'ait *dite*, il ne m'a point persuadé.

Pourquoi *dit* dans la première phrase? Et pourquoi *dite* dans la seconde? C'est que, dans l'une, *quelque chose* est pris dans un sens neutre, c'est l'*aliquid* latin; et que, dans l'autre, il a le sens de *chose* dont le genre est déterminé.

Il a obtenu toutes les grâces qu'il a *voulu*.

Il a obtenu toutes les grâces qu'il a *désirées*.

Pourquoi *voulu?* Et pourquoi *désirées?* C'est qu'on ne dit pas *vouloir des grâces*; et que le régime du participe est sous-entendu, voulu *obtenir*; au lieu qu'on dit : *Désirer des grâces*, et que c'est *grâces* que régit directement le verbe *désirer*.

De deux antécédents que le relatif peut avoir, joints par la particule *de*, lequel sera en concordance avec le verbe? C'est le sens qui en doit décider :

L'abondance des mets qu'on nous a *servis*, nous *a* rassasiés d'avance. Voilà deux rapports différents. Ce sont les *mets* que l'on *sert*. C'est l'*abondance* qui *rassasie*.

Un grand nombre d'hommes sages que j'ai *consultés*, *sont* d'avis. Ici je ne vois qu'un seul rapport. L'idée dominante, est *hommes sages*.

Le grand nombre d'hommes instruits qui pensent comme moi, *décide* en ma faveur. Dans cet exemple le rapport est double. Ce sont *les hommes* qui *pensent* comme moi ; mais c'est *le grand nombre* qui *décide*.

Le plus ou *le moins* de *célébrité* qu'un auteur s'est *acquise* de son vivant, ne décide pas toujours *du plus* ou *du moins* d'estime qui lui est *accordée* par la postérité. Ici *célébrité*, *estime* occupent si bien la pensée, que, sans *le plus* et *le moins*, on dirait également : La *célébrité*, etc., *ne décide* pas de l'*estime*. Plus ou moins n'est donc là qu'accidentel et accessoire. *Célébrité*, *estime* sont les deux termes régissants.

Le peu de lumières que j'ai *acquises* me *font* connaître. Ce n'est pas *le peu* qui me fait connaître, ce sont *les lumières acquises*.

Le peu d'instruction qu'il a *eu*, le *fait* tomber dans mille erreurs. Ce n'est pas l'instruction qu'il a *eue* qui le fait tomber dans l'erreur ; c'est *le peu* qu'il a *eu* d'instruction. *Peu* est ici le vrai régime.

Le peu de troupes qu'il a *rassemblées*, *ont* tenu

ferme dans leur poste. *Le peu* n'est là qu'une circonstance; *troupes* est l'objet dominant.

Le peu de subsistances qui *restait* dans la place, n'a pu la mettre en état de tenir, et l'a *obligée* de se rendre. *Le peu* est ici l'idée principale. C'est *du peu* qu'il s'agit; c'est là le mot qui doit régir.

Pascal a dit :

J'avais passé beaucoup de temps dans l'étude des sciences abstraites; mais le peu de gens avec qui l'on en peut communiquer, *m'en avait* dégoûté.

Ce qui l'en avait dégoûté, ce n'étaient pas les gens, c'était *le peu*. Il a donc très-bien dit : *M'en avait* dégoûté.

Voilà, je crois, la règle du *participe* et du *que* relatif assez nettement expliquée : Et vous tenez le fil d'un labyrinthe, où Vaugelas et bien d'autres grammairiens après lui ont long-temps erré. Mais le rapport qu'exprime le pronom relatif n'est pas le seul lien des *incidentes* et des *incises*. Il y a entre nos pensées et entre les termes qui les expriment, des relations de toute espèce; et de là le besoin de mots auxiliaires, qui marquent ces relations. C'est ce que les grammairiens appellent *conjonctions*, quoiqu'il y en ait de *disjonctives*. J'en suivrai la nomenclature, en tâchant de vous adoucir la sécheresse des mots techniques, par des exemples qui vous laissent des souvenirs intéressants.

LEÇON SEPTIÈME.

CONJONCTIONS.

Pour classer les conjonctions, on les a divisées en *copulatives*, *disjonctives*, *adversatives*, *explicatives*, *circonstancielles*, *comparatives*, *extensives*, *exceptives*, *conditionnelles*, *causatives*, *transitives*, ou *inductives* et *déterminatives*.

Copulatives : *Et* pour l'affirmation, *ni* pour la négation.

Et réunit deux ou plusieurs idées, sous un rapport commun de convenance avec d'autres idées. *Ni*, de même, les réunit, mais sous un rapport de disconvenance :

C'est être faible *et* timide que d'être inaccessible *et* fier. (Massillon.)

L'orgueil ne veut pas devoir *et* l'amour-propre ne veut pas payer. (La Rochefoucault.)

La nature confond les pyrrhoniens, *et* la raison confond les dogmatistes. (Pascal.)

Ni l'or *ni* la grandeur ne nous rendent heureux.
(La Fontaine.)

Ni n'est pas disjonctif, comme on le croit communément : il rend la négation commune aux deux termes qu'il associe.

Le soleil *ni* la mort ne se peuvent regarder fixement. (La Rochefoucault.)

Un homme sage *ni* ne se laisse gouverner, *ni* ne cherche à gouverner les autres. (La Bruyère.)

Les enfants n'ont *ni* passé *ni* avenir. (La Bruyère.)

Dans ces exemples, *et* avec *ne* et *pas* dira la même chose que *ni* : Les enfants n'ont point de passé *et* ils n'ont point d'avenir. Un homme sage ne se laisse point gouverner, *et* ne cherche pas, etc.

La copulative *et* n'a point lieu entre les mots qui, régis l'un par l'autre, sont naturellement liés par leur rapport de concordance; comme le nominatif et le verbe, le verbe et son régime, le relatif et l'antécédent, l'adjectif et son substantif. C'est lorsque des mots de même espèce, sans relation l'un avec l'autre, deux verbes, deux noms, deux adjectifs, se réunissent pour former un terme composé, c'est alors que l'*et* conjonctif est nécessaire entre les deux. Je dis entre *les deux*; car s'il y en a trois ou plusieurs, il n'en est plus de même; et l'usage de l'*et* varie selon le caractère qu'on veut donner à l'expression.

Ne s'agit-il que de la liaison de plusieurs mots ensemble, il suffit qu'avant le dernier, l'*et* marque cette aggrégation : Le juste, l'honnête *et* l'utile.

Elle bâtit un nid, pond, couve *et* fait éclore. (La Font.)

Si deux adjectifs sont assez analogues, pour qu'au

second l'article soit inutile, il faut absolument que l'*et* en tienne lieu : La faible *et* timide innocence. L'*et* y est moins nécessaire, si l'article y est employé : La faible, la timide innocence. Mais s'il y a trois adjectifs, l'article y est indispensable, et l'*et* y devient superflu : L'humble, la faible, la timide innocence.

S'agit-il de donner à l'énumération plus de poids et plus d'énergie, *et* se répète, à chaque mot, à commencer par le premier.

> Des dieux les plus sacrés j'attesterai le nom,
> *Et* la chaste Diane, *et* l'auguste Junon,
> *Et* tous les dieux, enfin.... (Racine.)

S'agit-il, non de lier les mots et les idées, mais d'en marquer, d'en graduer, d'en presser la succession ; non-seulement la copulative y serait superflue, mais elle y serait employée à contre-sens ; car ce n'est plus le cas de lier, mais de graduer l'expression.

> *In dissolutis, sublatâ copulâ, perspicuum est, quòd unum erat, fieri multa.* (Arist. Rhet.)

> L'équipage suait, soufflait, était rendu.
> Moines, femmes, vieillards, tout était descendu.
> (La Fontaine.)

> Vaincu, chargé de fers, de regrets consumé. (Racine.)
> Captive, toujours triste, importune à moi-même.
> (Racine.)

> Tout nous trahit, la voix, le silence, les yeux. (Racine.)

Je le vis, je rougis, je pâlis à sa vue. (Racine.)

Il avait votre port, vos yeux, votre langage. (Rac.)

J'ai langui, j'ai séché dans les feux, dans les larmes.
(Racine.)

...... Mes serments, mes parjures,
Ma fuite, mon retour, mes respects, mes injures,
Mon désespoir, mes yeux de pleurs toujours noyés,
Quels témoins croirez-vous, si vous ne les croyez!
(Racine.)

Dis-lui que l'amitié, l'alliance, l'amour
Ne pourront empêcher que les trois Curiaces
Ne servent leur pays contre les trois Horaces. (Corn.)

Vous sentez, mes enfants, combien, l'*et* serait froid dans ces vives gradations : sur-tout, lorsque, pour rendre l'énumération plus rapide, on supprime l'article :

Je confesserai tout, exils, assassinats,
Poison même.... (Racine.)

On peut se dispenser de mettre *ni* avant le premier terme :

Notre longue amitié, l'amour *ni* l'alliance. (Corn.)

et alors il suffit de le mettre avant le dernier; mais, si on le met avant le premier, il faut le répéter à chacun des autres. A l'égard du premier terme, *ni*, en le précédant, a l'avantage de décider plus vivement le tour et le mouvement de la pensée : Vous *ni* moi, l'un *ni* l'autre, la prospérité *ni* l'adversité, ne sont pas aussi expressifs que *ni* vous *ni* moi, *ni* l'un *ni* l'autre, *ni* la prospérité *ni* l'adversité.

Lorsque ce sont des verbes qui se succèdent, c'est communément *ne* qui, avant le premier, tient la place de *ni* : Je *ne* veux, *ni* ne dois, *ni* ne puis obéir.

Il *ne* faut *ni* louer les hommes pour ressembler aux femmes, *ni* louer les femmes pour ressembler aux hommes. (*Mot d'un Spartiate.*)

Notez que jamais après *ni*, on ne doit mettre *pas*, ni *point*. C'est une faute que Racine a faite une fois dans Bajazet :

> Mais l'un *ni* l'autre enfin n'était *point* nécessaire.

il n'y est pas retombé depuis. Corneille avait fait la même faute dans les Horaces :

> Vous *ne* connaissez *point ni* l'amour *ni* ses traits.

Notez aussi qu'à la place de *ni* on peut, sans altérer l'expression, se servir d'*et* pour lier deux incises :

> Il n'est rien que les hommes aiment mieux à conserver, *et* qu'ils ménagent moins que leur propre vie. (La Rochefoucault.)

Il semble même que, dans cet exemple, comme dans beaucoup d'autres, *et* vaut mieux que *ni* pour le sens; car il rapproche les deux termes et quelquefois ce rapprochement est dans l'intention de l'esprit.

A ce propos, je dois vous dire que, si le plus souvent *ni* joint, comme en un seul, les objets de la négation, quelquefois cependant il les distingue et les divise. Par exemple : *Ni* l'un *ni* l'autre ne prétendent; comme ils peuvent tous deux prétendre en même temps, *ni* les réunit et en fait un pluriel; mais si vous dites : *ni* l'un *ni* l'autre ne sera préféré, comme il ne peut y en avoir qu'un de préféré, *ni* les divise en deux singuliers, et par ellipse il les distingue.

Lors donc que l'intention de l'esprit est de réunir les objets sous un rapport unique, et que *ni* semblerait diviser ce qui doit être joint, *et* sera nécessaire, quoique la phrase soit négative. Un exemple va me faire entendre : Jamais homme dans les combats n'a eu plus d'ardeur, plus d'activité, plus d'impétuosité *et* plus de prudence que César. Pourquoi dis-je *et* plutôt que *ni ?* parce que, dans mon sens, *n'a eu* veut dire *n'a réuni;* qu'il ne s'agit pas d'une énumération, mais d'une collection de qualités dont je veux exprimer l'ensemble.

Dans une énumération rapide, vous venez de voir qu'on supprime l'*et* copulatif, et au contraire, c'est alors que *ni* a le plus d'impulsion : Dans ce carnage, on n'épargna *ni* la faiblesse, *ni* l'innocence. Rien n'échappa au glaive, *ni* les vieillards, *ni* les femmes, *ni* les enfants. Rien ne fut respecté, *ni* les temples, *ni* les tombeaux. Rien ne sauva les fugitifs, *ni* les autels, *ni* les creux des rochers, *ni* les antres des bêtes féroces.

A-présent si vous voulez voir, dans la description affirmative, combien l'*et* serait déplacé, et avec quelle rapidité les tableaux se succèdent sans liaison, écoutez Rousseau le poëte, lorsque, dans les fastes des conquérants, il vous peint :

>Des murs que la flamme ravage,
>Des vainqueurs fumant de carnage,
>Un peuple au fer abandonné,
>Des mères pâles et sanglantes,
>Arrachant leurs filles tremblantes
>Des bras d'un soldat effréné.

Ecoutez Cinna retraçant à ses conjurés le tableau des proscriptions des derniers triumvirs :

>Je les peins dans le meurtre à l'envi triomphants ;
>Rome entière noyée au sang de ses enfants :
>Les uns assassinés dans les places publiques ;
>Les autres dans le sein de leurs dieux domestiques,
>Le méchant par le prix au crime encouragé,
>Le mari, par sa femme, en son lit égorgé,
>Le fils tout dégouttant du meurtre de son père,
>Et sa tête à la main demandant son salaire.

La *copulative* ne joint pas seulement des mots, elle enchaîne des phrases, et sert fréquemment à lier des incises ; mais cette liaison laisse quelquefois dans le sens des repos, des suspensions :

Il y a de mauvais exemples qui sont pires que les crimes ; *et* plus d'États ont péri parce qu'on a violé les mœurs, que parce qu'on a violé les lois. (Montesquieu.)

Souvent aussi après un repos absolu, l'*et* reprend et redonne aux mouvements de l'ame plus d'élan et plus de ressort. Il n'y a même rien de plus vif dans le langage des passions :

> *Et* je me chargerais du soin de le défendre. (RACINE.)
>
> *Et* quel était pour vous ce sanglant hyménée. (RAC.)
>
> *Et* que m'a fait à moi cette Troie où je cours. (RAC.)
>
> *Et* toi, soleil, *et* toi, qui, dans cette contrée,
> Reconnais l'héritier *et* le vrai fils d'Atrée. (RAC.)
>
> *Et* vous le haïssez! avouez-le, madame,
> L'amour n'est pas un feu qu'on renferme en une ame.
> (RACINE.)

Après un repos absolu, *et* reprend aussi avec vigueur le fil de la pensée et du raisonnement :

> Il est indubitable que l'ame est mortelle ou immortelle. Cela doit mettre une différence entière dans la morale. *Et* cependant les philosophes ont conduit la morale indépendamment de cela. Quel aveuglement! (PASCAL.)

L'une et l'autre *copulative* font un pluriel de deux singuliers. Cependant, par ellipse, le verbe peut se mettre au singulier, si les noms qu'il régit sont singuliers, l'un et l'autre : La jeunesse et la santé brille sur son visage.

Si ce sont des pronoms personnels, il prendra la plus noble personne, et il sera nécessairement au pluriel : *Ni* vous, *ni* moi n'aimons la flatterie. *Nous* est sous-entendu.

Le participe et l'adjectif prennent aussi le genre

le plus noble, ou par ellipse le plus prochain : Et comme le *ni* articule et distingue les idées qu'il réunit, il est plus susceptible de cette ellipse que l'*et* qui les joint plus étroitement. Ainsi l'on dira plutôt : *Ni* la légèreté, *ni* le caprice, *ni* l'imprudence n'est étonnante dans un enfant; qu'on ne dira : La légèreté, le caprice *et* l'imprudence lui est naturelle. En pareil cas il faut supprimer la copulative devant le dernier terme, pour en isoler le rapport; mais le mieux sera de dire : lui sont naturels.

DISJONCTIVE. *Ou* et *soit*.

L'office de la disjonctive est d'exprimer l'alternative entre deux choses, ou deux actions, ou deux qualités différentes : La victoire *ou* la mort. Mon amour *ou* ma haine. *Soit* raison, *soit* caprice. L'agréable *ou* l'utile.

Ou laissez-moi parler, sire, *ou* faites-moi taire. (CORN.)

Meurs *ou* tue. (CORNEILLE.)

J'aime, je viens chercher Hermione en ces lieux,
La fléchir, l'enlever, *ou* mourir à ses yeux. (RACINE.)

Sa perte *ou* son salut dépend de sa réponse. (RACINE.)

Lorsque l'alternative n'est qu'en supposition, *soit* l'exprime avec *ou*, et sans se répéter ou en se répétant.

La fortune *soit* bonne *ou* mauvaise, *soit* passagère, *soit* constante, ne peut rien sur l'ame du sage.

La disjonctive ne fait point un pluriel de deux singuliers, à moins que ce ne soient des pronoms de personnes diverses, comme *lui, moi, vous.* Dans ce cas elle exige que le pronom de la personne la plus noble soit mis avant le verbe, et qu'il y soit mis au pluriel : *Vous* ou *moi, nous* raisonnons mal. *Vous* ou *lui, vous* m'avez trompé.

Le roi, l'âne, ou moi *nous* mourrons. (LA FONTAINE.)

Les poëtes ont quelquefois fait régir le pluriel par la disjonctive.

Roxane *ou* le sultan ne te l'*ont* point ravie. (RACINE.)
Et suivant un faux zèle *ou* l'intérêt pour guides.
(VOLTAIRE.)

N'imitez point cette licence, et dans une même période, évitez le mélange des deux *ou*, l'un alternatif, l'autre adverbe de lieu, comme si l'on disait : tâchez de vous plaire *où* vous êtes, ou choisissez un lieu *où* vous vous plaisiez davantage. Rien de plus choquant que cette confusion d'homonymes.

ADVERSATIVES. *Mais. Cependant. Quoique. Bien que. Combien que. Encore que. Loin que* ou *de. Au contraire. Au lieu que* ou *de. Encore* avec *ne* et *pas.*

Il est jeune ; *mais* il est sage. Il est sage, *quoiqu'il* soit jeune.

On est quelquefois un sot avec de l'esprit; *mais* on n'est jamais un sot avec du jugement. (LA ROCHEFOUCAULT.)

C'est mieux que la nature, et *cependant* c'est elle.

(Delille.)

L'un est vaillant *mais* prompt, l'autre est prudent *mais* froid.

(La Fontaine.)

Une femme ne peut guère être belle que d'une façon ; *mais* elle peut être jolie de cent mille. (Montesquieu.)

L'homme aime la malignité ; *mais* ce n'est pas contre les malheureux, c'est contre les heureux superbes. (Pascal.)

Nous pardonnons souvent à ceux qui nous ennuient ; *mais* nous ne pardonnons pas à ceux que nous ennuyons. (La Rochefoucault.)

Ce n'est pas un grand malheur d'obliger des ingrats ; *mais* c'en est un insupportable d'être obligé à un malhonnête homme. (La Rochefoucault.)

L'on confie son secret dans l'amitié ; *mais* il échappe dans l'amour. (La Bruyère.)

Un habile capitaine peut bien être vaincu ; *mais* il ne lui est pas permis d'être surpris. (Le grand Condé.)

Quoiqu'à peine à mes maux je puisse résister,
J'aime mieux les souffrir que de les mériter. (Corn.)

*Quoiqu'*on s'estime mutuellement, on peut ne pas s'aimer.

Quoique, avec l'indicatif, affirme davantage ; mais il demande quelque mot interposé qui le détache de son verbe : *Quoiqu'à vrai dire, je suis* persuadé. *Quoiqu'après tout*, la chose n'*est* pas si importante, le danger n'est pas si pressant.

Et *bien qu*'on soit, à ce qu'il semble,
Beaucoup mieux seul qu'avec des sots. (La Fontaine.)

Combien que les malhonnêtes gens prospèrent, ne pensez pas qu'ils soient heureux.

L'envie honore le mérite, *encore qu*'elle s'efforce de l'avilir.

L'adversité, *loin qu'elle* soit un mal, est souvent un remède, et le contre-poison de la prospérité.

Un homme est plus fidèle au secret d'autrui qu'au sien propre. Une femme, *au contraire*, garde mieux son secret que celui d'autrui. (La Bruyère.)

Les grands noms abaissent *au lieu d*'élever ceux qui ne savent pas les soutenir. (La Rochefoucault.)

Il est comblé de biens et de faveurs, *encore* n'est-il pas content.

Explicatives. *Car. En effet. Savoir. C'est-à-dire.*

Je ne vous flatte point, *car* je suis votre ami.
Je sais que la vengeance
Est un morceau de roi, *car* vous vivez en dieux.
(La Fontaine.)

Que cette femme ait de la vanité, je n'en suis pas surpris : *en effet*, sans cesse on la flatte.

Il y a trois choses à consulter ; *savoir*, le juste, l'honnête et l'utile.

La force de l'esprit est dans le cœur, *c'est-à-dire* dans les passions. (Vauvenargue.)

Les enfants ont déja de leur ame l'imagination et la mémoire, *c'est-à-dire* ce que les vieillards n'ont plus. (LA BRUYÈRE.)

CIRCONSTANCIELLES. *Comme. Comment. Voilà que. Voici que. Lorsque. Depuis que. Dès que. Tant que. Tandis que. Jusqu'à ce que. Avant que. Où* et *quand.*

Les ambassadeurs des Samnites arrivèrent, *comme* Curius allait se mettre à table et qu'il allait manger ses légumes.

Comme Brennus mettait son épée dans la balance, Camille parut à la tête de son armée.

Comme la vérité n'a qu'une route, et que l'erreur en a mille, il est facile de s'égarer.

Il est aussi impossible à l'homme de concevoir *comment* deux corps agissent l'un sur l'autre, que de comprendre *comment* le corps agit sur l'ame et l'ame sur le corps.

Lorsque Alexandre se croit maître du monde et veut se faire adorer comme un dieu, *voilà qu*'un frisson de fièvre le tue à l'âge de trente-deux ans.

Tandis que Laocoon offrait aux dieux un sacrifice, *voilà que* deux serpents, etc.

J'avais quelque espérance, *voici qu*'elle m'échappe.

On a peu d'amis, *lorsqu*'on est malheureux, mais le peu qu'on en a *sont* vrais.

J'ai vu souhaiter d'être fille et une belle fille *depuis*

treize ans *jusqu'à* vingt-deux; et *après* cet âge, de devenir homme. (La Bruyère.)

> *Depuis qu*'une nymphe inconstante
> A trahi mon amour et m'a manqué de foi,
> Ces lieux jadis si beaux n'ont plus rien qui m'enchante.
> Ce que j'aime a changé, tout est changé pour moi.

Dès qu'on sent qu'on est en colère, il ne faut ni parler, ni agir.

L'amour cesse de vivre *dès qu'il* cesse d'espérer ou de craindre. (La Rochefoucault.)

Tant que les hommes pourront mourir et qu'ils aimeront à vivre, le médecin sera raillé et bien payé. (La Bruyère.)

On pardonne *tant que* l'on aime. (La Rochefoucault.)

> Quoi! *tandis que* Néron s'abandonne au sommeil.
> (Racine.)

On ne trouve guère d'ingrats, *tant qu'*on est en état de faire du bien. (La Rochefoucault.)

Tandis que tout change et périt dans la nature, la nature elle-même reste immuable et impérissable.

> ....*Avant que de* partir,
> J'ai cru de votre sort vous devoir avertir. (Racine.)

Mais *avant que* partir je me ferai justice. (Rac.)

On dit aussi et plus communément, *avant de partir*. *Avant partir* est une faute; et *avant que partir* ne se dit plus. Au lieu d'*avant*, Racine a dit plus d'une fois, *devant*: *Devant que mourir. Ah! devant qu'il expire.* Cela ne se dit plus.

Les hommes ont la volonté de rendre service *jusqu'à ce qu*'ils en aient le pouvoir. (Vauvenargue.)

On trouve rarement la justice *où* le désintéressement n'est pas.

La vertu finit *où* l'excès commence.

On parle peu *quand* la vanité ne fait point parler. (La Rochefoucault.)

Quand on ne trouve pas son repos en soi-même, il est inutile de le chercher ailleurs. (La Rochefoucault.)

Comparatives. *Comme. Ainsi que. Aussi. Aussi-bien que. Tant que. Autant que. De même que. Selon que. Suivant que. Après que. Plutôt que. Au prix de. Auprès de. En comparaison de. A l'égal de. Autant*, répété.

Alcibiade, dans sa tendre jeunesse, luttant avec un de ses compagnons, le mordait. *Tu mords* comme *une femme*, lui dit son adversaire. *Non, mais* comme *un lion*, répondit Alcibiade. (Plutarque.)

Personne ne se croit propre *comme* un sot à duper un homme d'esprit. (Vauvenargue.)

Un honnête homme peut être amoureux *comme* un fou, mais non pas *comme* un sot. (La Rochefoucault.)

Comme nous nous affectionnons de plus en plus aux personnes à qui nous faisons du bien, *de même* nous haïssons violemment ceux que nous avons beaucoup offensés. (La Bruyère.)

Je ne vois que des infinités de toute part qui m'engloutissent *comme* un atôme. (Pascal.)

Ainsi que la vertu, le crime a ses degrés. (Racine.)

Les vertus devraient être sœurs
Ainsi que les vices sont frères. (La Fontaine.)

S'il faut de l'ordre dans les choses, il y faut *aussi* de la variété. (Montaigne.)

Le mérite des hommes a sa saison *aussi-bien que* les fruits. (La Rochefoucault.)

Grand dieu! c'est votre fille *aussi-bien que* la mienne. (Quinault.)

Après *aussi*, comparatif, on mettait autrefois *comme* au lieu de *que* :

Aussi bon citoyen *comme* parfait amant. (Corneille.)

Cela ne se dit plus.

On ne redoute pas *tant* la haine *que* le mépris. (La Rochefoucault.)

La vérité ne fait pas *autant de* bien dans le monde *que* ses apparences y font de mal. (La Rochefoucault.)

Je lui obéis *de même qu'*à mon père.

La prospérité éprouve les caractères, *de même que* l'infortune.

Un bon pilote use du vent, *selon qu'*il lui est plus ou moins favorable.

Conduisez-vous avec les hommes *suivant que* vous les trouverez dignes d'estime ou de mépris.

C'est votre faute si un faux ami vous trompe, *après qu'*il vous a une fois trompé.

On n'a plus aucun droit à ma confiance, *après qu'*on m'a manqué de foi.

Vivez seul au monde *plutôt que* de vivre avec les méchants.

Laissez-moi mon honneur, prenez *plutôt* ma vie.

Ceux qui nuisent à la réputation ou à la fortune des autres, *plutôt que* de perdre un bon mot, méritent une peine infamante. (La Bruyère.)

Point de fortune *au prix d'*une bassesse.

Au prix de. En comparaison de : L'intérêt n'est rien *au prix du* devoir.

Tous les ouvrages de l'homme sont vils et grossiers, *auprès des* moindres ouvrages de la nature, *auprès d'*un brin d'herbe ou *de* l'œil d'une mouche.

Que peut-on estimer au monde, *à l'égal d'*un homme de bien?

Les talents mêmes sont peu de chose *en comparaison des* vertus.

Autant les lois sont fortes avec les mœurs, *autant* elles sont faibles sans les mœurs et contre les mœurs.

Extensives. *De plus. D'ailleurs. Sur-tout. Encore. Aussi. Outre que. Même. Quand. Quand même. C'est peu. Jusqu'à. Plus*, répété.

Faites-lui du bien; il est homme, et *de plus* il est malheureux.

La retraite convient à ma situation, et *d'ailleurs* mon âge m'y invite.

Faisons-nous des amis, *sur-tout* ne nous faisons point d'ennemis.

Évitons *sur-tout* de parler de nous-mêmes, et de nous donner pour exemple. (La Rochefoucault.)

On dit aussi *avant tout*, mais il ne va qu'à l'affirmative. *Avant tout, n'allez pas*, est une faute dans Delille.

C'est peu d'être juste, il faut *encore* être bienfaisant.

C'est peu de t'avoir fui, cruel, je t'ai chassé. (Racine.)

On peut aimer l'amusement, mais il faut *aussi* aimer l'étude.

La fortune tourmente ses amants, *outre qu*'elle les trompe.

L'intérêt parle toute sorte de langage, joue toute sorte de rôle, *même* celui de désintéressé. (La Rochefoucault.)

Quand vous me haïriez, je ne m'en plaindrais pas.
(Racine.)

Un honnête homme a de la pudeur, *quand même* il n'a que lui seul pour témoin.

La servitude abaisse les hommes *jusqu'à* s'en faire aimer. (Vauvenargue.)

Une femme oublie d'un homme qu'elle n'aime plus, *jusqu*'aux faveurs qu'il a reçues d'elle. (La Bruyère.)

> Tous les gens querelleurs, *jusqu'aux* simples mâtins.
> (La Fontaine.)

Je vous répète ici que *jusqu'à* veut après lui le régime direct : L'héroïsme de la bonté est d'aimer *jusqu'à* ses ennemis.

Plus l'orgueil est excessif, *plus* l'humiliation est amère.

Plus on approfondit l'homme, *plus* on y démêle de faiblesse et de grandeur. (Vauvenargue.)

Je vous fais remarquer, pour la seconde fois, qu'ici l'*homme* est pris pour une chose, pour un objet de méditation. C'est pourquoi on *y* démêle, est mieux dit que ne serait, on démêle *en lui*. C'est à ces nuances d'idées qu'on reconnaît les finesses du style.

Exceptives. *A moins que. Si ce n'est que. Cependant. Toutefois. Pourtant. Néanmoins. Ne et que. Il n'y a que. A et près. A l'exception de. Sauf.*

> Car que faire en un gîte, *à moins que* l'on ne songe.
> (La Fontaine.)

On dit aussi *à moins de* et *à moins que de*.

On ne peut se passer de société *à moins que* d'être un dieu ou une brute. (Aristote.)

Cet homme est si vain qu'on ne saurait lui plaire *à moins de* le flatter.

Ce livre est assez bon, *si ce n'est qu*'il est triste.

La franchise est louable; *cependant* elle a ses excès.

Il faut savoir être libéral, *toutefois* sans être prodigue.

Je ne me méfie pas d'un inconnu, je ne m'y livre *pourtant* pas.

> Point de chardons *pourtant*, il s'en passa pour l'heure;
> Il ne faut pas toujours être si délicat. (La Fontaine.)

L'on ne doit écrire que pour l'instruction; et, s'il arrive que l'on plaise, il ne faut pas *néanmoins* s'en repentir. (La Bruyère.)

Personne *néanmoins* n'ignore que les bons livres sont l'essence des meilleurs esprits. (Vauvenargue.)

Il *ne* reste de l'homme *que* la mémoire du bien ou du mal qu'il a fait. (Sadi.)

Il n'y a que les plaisirs innocents qui laissent une joie pure dans l'ame. Tout ce qui la souille l'attriste et la noircit. (Massillon.)

Il n'y a de honte *qu*'à n'en point avoir. (Pascal.)

Il n'y a de supériorité réelle *que* celle du génie et de la vertu. (Vauvenargue.)

La volupté *n*'habite et *ne* se plaît *qu*'avec l'oisiveté et l'indolence. (Massillon.)

A une grande vanité *près*, les héros sont faits comme les autres hommes. (La Rochefoucault.)

(*A cela près, à-peu-près, à peu de chose près*,

à beaucoup près, sont des locutions reçues, mais mauvaises et formées à contre-sens).

Elle entend tous ses intérêts, *à l'exception d'*un seul; elle parle toujours et n'a point d'esprit. (La Bruyère.)

Je me dénoue par-tout. Mes adieux sont tantôt pris de chacun, *sauf* de moi. (Montaigne.)

Conditionnelles et suppositives. *Si. Pourvu que. A condition de* ou *que. Jusqu'à ce que. Sinon. Tant que.*

Nous désirerions peu de choses avec ardeur, *si* nous connaissions parfaitement ce que nous désirons. (La Rochefoucault.)

Je ne serais qu'à lui, *si* j'étais à moi-même.
(Quinault.)

L'ambitieux ne croit rien avoir, *s'*il n'a tout. (Massillon.)

Si nous n'avions point d'orgueil, nous ne parlerions pas tant de celui des autres. (La Rochefoucault.)

Tu trouveras l'homme juste et éclairé, *si* tu le cherches parmi ceux qui ne te cherchent point. (Sadi *à un roi.*)

L'amour-propre ne se soucie que d'être; et, *pourvu qu'*il soit, il veut bien être son ennemi. (La Rochefoucault.)

Pourvu que nos conseils ne tendent qu'à sa gloire.
Pourvu que, dans le cours d'un règne florissant,
Rome soit toujours libre et César tout-puissant.
(Racine.)

Pourvu qu'on sache la passion dominante de quelqu'un, on est assuré de lui plaire. (Pascal.)

Personne ne voudrait changer son existence, *à condition d*'y tout changer.

Une ame honnête, si elle a des torts, ne saurait être en paix avec elle-même, *à moins qu*'ils ne soient réparés ; *tant qu*'ils ne sont point réparés.

Je n'admire point un homme qui possède une vertu dans toute sa perfection, *s*'il *ne* possède en même temps, dans le même degré, la vertu opposée ; tel qu'Épaminondas, qui avait l'extrême valeur jointe à l'extrême bénignité. (Pascal.)

Que la fortune soit sans reproche, j'accepte ses faveurs, *sinon* je les refuse.

Je permets la satire *tant qu*'elle n'est pas personnelle.

Causatives. *Car. Par conséquent. C'est pourquoi. Afin que* ou *de. A cause de. Parce que. Puisque. Comme. Pour. De peur de* ou *que. Attendu que. Vu que.*

L'homme orgueilleux est insensé ; *car* il est né faible, imbécille, indigent et nécessiteux.

Seigneur, je viens à vous, *car* enfin, aujourd'hui,
Si vous m'abandonnez, quel sera mon appui. (Racine.)

L'envie est un sentiment triste et bas, un noir chagrin du bonheur d'autrui. Elle est, *par con-*

séquent, le supplice des ames viles, comme l'émulation est la passion des ames nobles.

L'avare est tourmenté d'une soif qu'il ne peut éteindre, *c'est pourquoi* on le représente sous l'emblême de Tantale.

La nature a fait de l'homme un être compâtissant *afin qu*'il fût secourable.

Dieu accorde le sommeil aux méchants, *afin que* les bons soient tranquilles. (Sadi.)

Les jeunes gens, *à cause* des passions qui les amusent, s'accommodent mieux de la solitude que les vieillards. (La Bruyère.)

Les grands hommes entreprennent de grandes choses, *parce qu*'elles sont grandes, et les foux *parce qu*'ils les croient faciles. (Vauvenargue.)

La jalousie est en quelque manière juste et raisonnable, *puisqu*'elle ne tend qu'à conserver un bien qui nous appartient. (La Rochefoucault.)

Puisqu'on plaide et *qu*'on meurt et *qu*'on devient malade,
Il faut des médecins, il faut des avocats. (La Font.)

L'homme dur et chagrin mêle encore de l'amertume à ses refus, *comme* si le refus n'était pas assez amer par lui-même.

Celui qui ne fait le bien que *pour* être loué, ne mérite pas qu'on le loue.

Il faut rire avant que d'être heureux, *de peur de* mourir sans avoir ri. (La Rochefoucault.)

L'homme bienfaisant ne s'indigne point de

trouver des ingrats, *vu qu*'il n'a pas compté sur la reconnaissance, et *attendu que* il est payé par le plaisir d'avoir fait du bien.

TRANSITIVES et INDUCTIVES. *Or. Donc. Et puis. Au reste. Du reste. Partant. De plus. D'ailleurs. De là. Puisque. Ainsi. Aussi. De façon que. Si bien que. Aussi-bien. Eh bien!*

Toutes les passions roulent sur le plaisir et la douleur. *Or*, c'est de l'expérience de ces deux contraires que nous tirons l'idée du bien et du mal. (VAUVENARGUE.)

Massillon dit en parlant de grandes ames :

Rien ne les enfle et ne les éblouit, *parce que* rien n'est plus haut qu'elles. La fierté prend *donc* sa source dans la médiocrité.

La Fontaine fait raisonner ainsi le chat-huant sur les souris qu'il a prises :

    Quand ce peuple est pris, il s'enfuit.
Donc il faut le croquer aussitôt qu'on le happe.
Tout? Il n'est pas possible. *Et puis*, pour le besoin,
N'en dois-je pas garder? *Donc* il faut avoir soin
    De le nourrir sans qu'il échappe.

Au reste et *du reste*, quoique pris souvent l'un pour l'autre, ne sont pourtant pas synonymes. *Au reste* ajoute à ce qu'on a dit. *Du reste* le restreint et en rétracte quelque chose : C'est là ce qu'il y a de plus sage, *au reste* c'est aussi ce qu'il y a de plus juste.

Tel est mon sentiment, *du reste* je puis me tromper.

Au reste vos amis pensent tous comme moi.

Je crois que vous pouvez compter sur sa parole, *du reste* je n'en réponds pas.

Partant signifie par conséquent. Il est du vieux langage; et quelquefois encore du langage familier : Amoureux et *partant* jaloux. Plus d'amour, *partant* plus de joie.

L'oisiveté étouffe les talents, et *de plus* engendre les vices.

Il n'était point dans le caractère de Caton de survivre à la liberté. Et *d'ailleurs* quel dégoût pour lui n'aurait pas eu la vie, qu'il eût fallu devoir à la clémence de César.

La Bruyère dit d'un homme parvenu :

Il emprunte sa règle de son poste et de son état. *De là* l'oubli, la fierté, l'arrogance, la dureté, l'ingratitude.

Le propre de la sottise est un manque perpétuel de convenance et d'à-propos. *De là* le sot babil, la sotte inadvertance, la sotte indiscrétion, la sotte curiosité.

Oui, *puisque* je retrouve un ami si fidèle,
Ma fortune va prendre une face nouvelle. (Racine.)
Ainsi, prête à subir un joug qui vous opprime,
Vous n'allez à l'autel que comme une victime. (Rac.)

Il me flattait, *aussi* m'en suis-je défié.

Cet homme-là n'aime que lui seul, *aussi* n'y a-t-il que lui qui l'aime.

Les arbres parlent peu, si ce n'est dans mon livre.
De façon que, lassé de vivre
Avec des gens muets, notre homme, etc. (La Font.)
Nul animal n'avait affaire
Dans les lieux que l'ours habitait ;
Si bien que tout ours qu'il était,
Il vint à s'ennuyer de cette triste vie. (La Fontaine.)

Comptez sur lui, il fera son devoir, d'*autant qu*'il y va de sa gloire.

Je le tiens quitte de la reconnaissance, *aussi* ne m'y attendais-je pas.

Qu'il périsse. *Aussi-bien* ne vit-il plus pour nous.
(Racine.)

Aussi-bien n'est-ce pas la première injustice. (Racine.)

Aussi-bien ces soupçons, ces plaintes assidues
Ont fait croire, etc. (Racine.)

Vous le voulez, *eh bien!* vous serez obéi.
On vous l'a dit : *eh bien!* on vous aura trompé.
Mes arrières neveux me devront cet ombrage.
Eh bien! défendez-vous au sage
De se donner des soins pour le plaisir d'autrui.
(La Fontaine.)

Déterminatives. *Pourquoi. Comme. Comment. Parce que. Combien. A quel point. Jusqu'où. Si bien que. Tellement que.*

S'il est ordinaire d'être si vivement touché des choses rares, *pourquoi* le sommes-nous si peu de la vertu ? (La Bruyère.)

Les deux tiers de ma vie sont écoulés, *pourquoi* tant m'inquiéter sur ce qui m'en reste? (LA BRUYÈRE.)

>Mon but est de dire
>*Comme* un roi fit venir
>Un berger à sa cour. (LA FONTAINE.)
>Et *comment* et *pourquoi*
>Voulez-vous que je vive
>Quand vous ne vivez plus pour moi? (QUINAULT.)

Dites-moi *comment* il arrive qu'étant si soigneux de l'estime des autres, on le soit si peu de sa propre estime.

Comment peut-on répondre de ce qu'on voudra à l'avenir, *puisque* l'on ne sait pas précisément ce qu'on veut dans le temps présent. (LA ROCHEFOUCAULT.)

Comment prétendons-nous qu'un autre garde notre secret, si nous ne pouvons le garder nous-mêmes? (LA ROCHEFOUCAULT.)

Parce que vous êtes environné d'hommes frivoles, vous n'osez être sage et solide à leurs yeux. (VAUVENARGUE.)

>Et *parce qu*'elle meurt, faut-il que vous mouriez?
>(RACINE.)

Pour éviter l'équivoque de *par ce que* en trois mots avec *parce que* en deux, les grammairiens défendent de dire :

Je juge par ce que l'on m'écrit que telle chose arrivera. C'est une vaine délicatesse.

Les Lacédémoniens ne demandent jamais *combien* sont leurs ennemis, mais où ils sont.

Je sais de quels *serments* je romps pour vous les nœuds.
Combien je vais sur moi faire éclater de haines.
(Racine.)

Montre au fils *à quel point* tu chérissais le père.
(Racine.)

Elle ignore *à quel point* je suis son ennemi. (Rac.)

Je sais sur ma conduite et contre ma puissance,
Jusqu'où de leurs discours ils portent la licence. (Rac.)

Le vent redouble son effort
Et fait *si bien* qu'il déracine
Celui de qui la tête au ciel était voisine
Et dont les pieds touchaient à l'empire des morts.
(La Fontaine.)

L'homme vain méprise les talents qu'il n'a pas, *tellement que* s'il n'en a aucun, il les méprise tous.

L'homme en qui l'amour-propre domine, ne voit que lui seul au monde; *tellement que*, tout ce qui n'est pas lui, n'est rien pour lui, ou n'est fait que pour lui.

Vous devez vous apercevoir que l'adverbe, la préposition, la petite phrase que Beauzée appelle *conjonctive*, dès qu'il y a rapport, liaison, dépendance d'un membre du discours à un autre, sont pour moi des conjonctions. Et pourquoi en refuserais-je la qualité à ce qui en fait l'office?

Mais vous devez remarquer aussi que ces adverbes, ces prépositions, ces petites phrases, empruntent le plus souvent ce caractère de *conjonctif*, du *que* qui leur est adapté : *Conjonction élé-*

mentaire, dit Beauzée, *qui ne peut plus se décomposer;* et que Girard appelle *conductive*, parce que son service est, dit-il, *de conduire le sens à sa perfection.*

Que n'a par lui-même aucun des caractères que l'on a distingués en classant les conjonctions. C'est son antécédent qui le détermine. Néanmoins il est vrai, comme Girard l'a observé, que ses fonctions les plus marquées sont d'être conjonction *comparative*, *restrictive*, et *subséquente*.

Que comparatif. *Autant que. Plus que. Moins que. Tel que. Si bien que.* Vous en avez vu les exemples.

Que restrictif. Je ne veux *que*. Elle ne fait *que*. Elle n'a *que* vingt ans. Il n'aime *que*. Il n'y a *que*.

Je ne veux *que* la voir, soupirer et mourir. (Corn.)
Sans parents, sans amis, sans espoir *que* sur moi.
(Racine.)
Sans que j'en sois instruit *que* par la renommée. (Rac.)
Hélas! et qu'ai-je fait *que* de vous trop aimer. (Rac.)
Je ne crains *que* le nom que je laisse après moi. (Rac.)
Je n'ai fait *que* passer, il n'était déja plus. (Rac.)
Nous ne conversons plus *qu*'avec des ours affreux.
(La Fontaine.)
Revoyons les vainqueurs sans penser *qu*'à la gloire
Que toute leur maison reçoit de leur victoire. (Corn.)

Que subséquent. C'est-à-dire amenant au verbe,

à l'adverbe, à la préposition, le complément qu'ils demandent.

Au verbe : J'attends *qu*'il arrive. Je sais *qu*'il est parti. J'espère *qu*'il sera bien aise de me voir.

A l'adverbe : Je me plais tellement ici *que* j'y voudrais passer ma vie.

A la préposition : Avant *que*. Après *que*. Depuis *que*, etc. Vous venez d'en voir des exemples.

Le *que comparatif* suivi d'un verbe, à l'affirmative, exige *ne* après *plus* ou *moins* : Il a *plus* d'ambition *qu*'il *n*'a de talents. Je l'espère *moins que* je *ne* le souhaite. La plus heureuse vie a *plus* de peines *qu*'elle *n*'a de plaisirs. L'homme se fait *plus* de maux à lui-même, *que ne* lui en fait la nature. La sottise et la vanité ont *plus* de tort *que n*'en a la fortune. Et *ne* dans ces locutions n'est pas *explétif* ou superflu, comme on le croit communément; car il indique un sens négatif réellement contenu dans la phrase. Il *n*'a *pas autant* de talents, *qu*'il a d'ambition. *Je ne l'espère pas autant que* je le désire. La plus heureuse vie *n'a pas autant* de plaisirs *qu*'elle a de peines; aussi voyez-vous que, dès que la phrase est formellement négative, il n'y a plus de *ne* après *que*.

Remarquez que la phrase affirmative ne veut point *ne* avec *autant*, comme elle le veut avec *plus* ou *moins*, parce qu'*autant* n'est pas susceptible de cette inverse négative, dont le *ne* est l'indication : Il a *autant* de modestie *que* de gloire; il est *aussi* sage *qu*'il est vaillant, ne peut se renverser que par l'affirmative : Il est *aussi* vaillant *qu'il est* sage. Il a *autant* de gloire *qu'il a* de modestie.

On dit : J'empêcherai bien qu'il *ne* sorte, à cause du sens négatif : *Il ne sortira pas*; je l'en empêcherai.

On dit : Je n'empêche pas qu'il sorte, à cause du sens affirmatif : *Qu'il sorte*, je ne l'en empêche pas.

On n'a pas eu toujours le même discernement à l'égard de cette particule ; et par exemple l'usage qu'on en fait avec le verbe *craindre*, et le verbe *douter* n'est qu'une espèce de latinisme.

On dit : Je crains *qu'il ne vienne*. Craignez-vous *qu'il ne vienne ?* Je ne crains pas *qu'il vienne* ; et l'on dit : Je doute *qu'il vienne*. Doutez-vous *qu'il vienne ?* Je ne doute pas *qu'il ne vienne* ; sans que la phrase analytique rende aucune raison de cette différence ; car, je crains *qu'il vienne*, craignez-vous *qu'il vienne*, je ne doute pas *qu'il vienne*, doutez-vous *qu'il vienne ?* serait aussi bien dit à ne consulter que le sens. Ici *ne* est donc purement explétif et pris de la phrase latine : *Timeo ne*.

L'usage veut qu'on dise : Je ne nie pas que cela *ne soit*. Je ne disconviens pas que cela *ne soit*. Le sens voudrait qu'on dît : *Que cela soit*.

Après *moins*, si la phrase analytique est affirmative, le *ne* est encore déplacé : L'assurance et la hardiesse dans un jeune homme annoncent *moins* d'esprit que *n'*en font présumer la modestie et le silence.

L'inverse analytique sera : La modestie et le silence font présumer plus, etc., et cependant le *ne* est indispensable après *moins*, si le premier verbe est affirmatif ; car, s'il est négatif, il n'admet point *ne* à sa suite. On dit donc : J'ai moins d'espérance *que vous n'en avez*; mais on dit : Je n'ai pas moins d'espérance *que vous en avez*. J'ai eu moins d'inquiétude *que vous n'en avez eu*; et je n'ai pas eu moins d'inquiétude *que vous en avez eu*. Ici *que vous n'en avez eu*, est une faute qu'on fait souvent.

Enfin, soit raison, soit caprice, voici un abrégé des décisions de l'usage sur cet article de la syntaxe :

Je crains *qu'il ne vienne*.

Je ne crains *pas qu'il vienne*.

> Hélas ! on ne craint point *qu'il venge* un jour son père,
> On craint *qu'il n'essuyât* les larmes de sa mère. (Rac.)

Je doute *qu'il vienne*.

Je ne doute pas *qu'il ne vienne*.

Doutez-vous *qu'il ne vienne?* (Si l'on croit qu'il viendra).

> Doutez-vous que l'Euxin *ne me porte* en deux jours
> Aux lieux où le Danube y vient finir son cours?
> (Racine.)

Doutez-vous *qu'il vienne?* (Simple interrogation).

Il est douteux *qu'il vienne.*

Il n'est pas douteux *qu'il viendra.*

Doutez-vous *que Rome ait existé ?*

Doutez-vous que César *n'eût posé les armes ?* (Si l'on veut faire entendre qu'il les aurait posées).

Il n'y a point de doute que *nous aurons* la paix.

Il n'y a point de doute *que nous n'ayons* la paix, si.......

Craignez-vous *qu'il ne vienne?* (Simple interrogation).

Craignez-vous *qu'il vienne?* (Espèce d'affirmation qu'il ne viendra pas).

Ne craignez-vous pas *qu'il ne vienne?* (Pour dire, il pourrait bien venir, espèce de menace).

> Quoi, fille de David ! vous parlez à ce traître,
> Vous souffrez qu'il vous parle, et vous ne craignez pas
> Que, du fond de l'abyme entr'ouvert sous vos pas,
> *Il ne sorte* à l'instant des feux qui vous embrasent,
> Ou, qu'en tombant sur lui, ces murs *ne vous écrasent.*
> (RACINE.)

Autres décisions de l'usage. Dirai-je :

Il s'en faut bien *qu'il soit,* ou *qu'il ne soit ? qu'il soit* est le vrai sens ; *qu'il ne soit* est plus usité.

Il s'en faut bien *que je pense* comme vous ; ou *que je ne pense ?* L'usage a préféré *que je ne pense,* et c'est un contre-sens. Il veut cependant que l'on dise, il s'en faut bien *que nous soyons aux termes de nos travaux;* et en cela il est raisonnable. Mais, en permettant que l'on dise, peu s'en faut *que nous y soyons*, il approuve qu'on dise, *que nous n'y soyons*; et en cela il est fantasque.

Il ne tient pas à moi *qu'il obtienne* ou *qu'il n'obtienne?* *qu'il obtienne* est selon la logique, *qu'il n'obtienne* est selon l'usage.

Je n'empêche pas *qu'il sorte*, ou *qu'il ne sorte?* l'usage autorise *qu'il ne sorte*; mais s'il sort en effet, *qu'il sorte* sera mieux. *Il sort*; je ne l'en empêche pas. *Il ne sort point*; ce n'est pas moi qui l'en empêche. C'est dans le second sens que *ne* me semble mieux placé. On dit : N'empêchez pas *qu'il sorte*.

Il sait plus de grec que je *ne* sais de latin. La phrase inverse est négative. *Je ne sais pas autant* de latin *qu'il sait de grec*; et *ne* indique ce sens-là. Dirai-je: Il ne sait pas plus de grec, *que je sais* de latin ou *que je ne sais* de latin? *Que je sais*, si je veux faire entendre, que nous savons également, lui du grec et moi du latin : *Que je ne sais*, si je veux dire, que nous ne savons, ni moi le latin, ni lui le grec. Ici la distinction des deux sens est observée par l'usage.

Elle l'est de même dans ces deux phrases: Cela n'est pas plus vrai *que l'est* ou *que ne l'est* ce qu'on disait hier. *Que l'est*, pour dire que l'un et l'autre est vrai; *que ne l'est*, pour nier ou mettre en doute l'un et l'autre.

Depuis que je vous ai vu, depuis que je *ne*

vous ai vu, ne disent pas la même chose. Le *ne* marque une cessation, un intervalle, une privation, un changement, et, sans le *ne*, il peut y avoir continuité : Depuis que je *ne* vous ai vu, il s'est passé bien des événements. Depuis que je vous ai vu, je n'ai eu rien de nouveau à vous apprendre ; ma santé est la même ; les choses sont dans le même état.

Après *que*, conjonctif, on met souvent la particule *de* avant l'infinitif du verbe, sur-tout si la phrase est régie par le verbe être, ayant *ce* pour nominatif : *C'est* peu *que de*. *C'est* trop *que de*. *C'est* assez *que de*. *Est-ce* assez *que de* ? *C'est* un devoir *que de*. *C'est* un crime *que de*. Mais dans ces phrases, *que* peut se sous-entendre. On dit très-bien : *C'est peu de vaincre*, il faut savoir user de la victoire. *C'est trop de flatter* la faiblesse, il suffit de la plaindre et de la ménager. *Ce n'est pas assez de plaindre* les malheureux, il faut les secourir. *C'est un devoir de dire* la vérité à celui qu'elle intéresse, et qui la demande. C'est une lâcheté, une bassesse, un crime *d'abandonner* son ami dans le malheur.

Mais, si le *que* est comparatif, il ne peut être omis avant *de* : Il fait pis *que de* médire, il calomnie. Vaincre ses passions, c'est plus *que de* soumettre des empires. Ici c'est *de* que l'on peut supprimer : Il vaut mieux déplaire à son ami, *que* lui dissimuler ce qu'on a sur le cœur. Si cependant le premier verbe exige *de* par son régime, il n'est plus permis de l'omettre : il ne lui manque plus *que de*. Je ne m'inquiète *que de*. Vous ne vous occupez *que de*. Si je fais tant *que de*. C'est être fou *que de*.

> Bourreau de votre fille, il ne vous reste enfin
> Que d'en faire à sa mère un barbare festin. (Racine.)

On dit : Il vaut mieux risquer de perdre sa fortune, *que de* perdre sa réputation. La comparaison porte sur *risquer de*. Mais on dit : Il vaut mieux risquer de perdre sa fortune *que* l'assurer par une lâcheté. La comparaison porte sur *il vaut mieux*.

Si donc le premier verbe n'a qu'un régime direct et simple, ou s'il n'en a aucun, et que les deux verbes soient bien près l'un de l'autre, *de* serait déplacé, sur-tout après le *que* exceptif : Il ne fait *que jouer*. Vous ne savez *que vous plaindre*. Elle ne veut *que pleurer et gémir*; et, lorsqu'on y emploie *de*, c'est dans un sens particulier, qui n'est pas le sens exceptif. On dit par exemple : Il ne fait *que* d'aller à la promenade, pour dire qu'il y est allé dans le moment. On dit : *Je ne sais qu'avertir* mon ami des dangers auxquels il s'expose; mais on dit : *Je n'y sais plus que de* le livrer à lui-même, puisqu'il ne veut pas m'écouter.

On suppose entre *que* et *de* un mot auquel *de* se rapporte; et, quoique cette ellipse ne soit pas toujours bien facile à expliquer, elle n'en est pas moins réelle. Ce n'est pas assez pour l'orateur *que de* dire ce qu'il faut, s'il ne sait pas le dire comme il faut. On entend : Ce n'est pas assez que *le talent* de dire, etc. C'est peu *que de* ne point haïr ses ennemis, la morale chrétienne veut qu'on les aime. Cela signifie : C'est peu *que le devoir de* ne point haïr, etc.

Il ne laisse pas *que* d'*être* assez instruit,

Il ne laisse pas d'*être assez* instruit, sont tous les deux reçus. Ce sont des gallicismes.

Quoiqu'il me dise des vérités dures, *je ne laisse pas de l'aimer* ou *que de l'aimer.*

Ne manquez pas *de* me faire savoir,

N'oubliez pas *de* vous informer,

Ne négligez pas *de* m'écrire,

Ne différez pas *de* partir,

sont autant d'ellipses, où l'on suppose confusément un mot sous-entendu, le *moment*, le *soin*, l'*occasion de*, etc.

Après un nom régi par le verbe être, exprimé ou sous-entendu, on peut devant un infinitif supprimer *que*, même avec élégance : C'est une erreur *de* croire. Ce sera pour moi un chagrin *de* m'éloigner de vous.

> Quel plaisir *de* penser et *de* dire en soi-même :
> Par-tout, dans ce moment, on me bénit, on m'aime.
> (RACINE.)

Si le nom est accompagné d'un adjectif, le *que* devient indispensable. C'est un plaisir divin *que de* sauver la vie à un homme, c'est un devoir cruel *que de* le condamner.

Mais, après un adjectif sans substantif, *que* n'a lieu qu'au comparatif. On dira donc : Entre deux amis rien de plus doux *que de* se confier ses plaisirs et ses peines. Mais on dira : Il est bien doux *de se* confier, etc.

> Que j'étais insensé *de* croire
> Qu'un vain laurier donné par la victoire
> De tous les biens fût le plus précieux ! (Quinault.)

Notez que, si la phrase est gouvernée par l'impersonnel, *c'est, ce fut, ce serait*, il faut absolument mettre *que* avant *de* : *Ce fut* une faute *que de*. *Ce serait* un crime *que de*. *C'est être* sage *que de* se défier de la bonne fortune. *C'est* risquer d'être injuste *que de* juger sur la foi d'autrui. Dans ces phrases le *que* a un caractère définitif.

En général, lorsqu'on veut donner à l'expression de l'énergie, quoiqu'on soit libre de joindre *que* à *de*, ou de le supprimer, on fait bien de l'y joindre : N'est-ce pas être insensé *que de* croire ! Quelle démence *que de* compter sur le néant après la vie ! Quelle lâcheté ! Quelle bassesse *que* d'insulter les malheureux !

C'est pourquoi dans l'assertion, je dirai : C'est un devoir *que de*. C'est un crime *que de* ; et au contraire, dans le doute, ou à la négative. Je dirai : Est-ce un devoir *de ?* Ce n'est pas *un crime de*.

De avec l'infinitif est souvent mis au lieu de *que* avec le subjonctif. Afin *de*, pour, afin *que*. Il me tarde *de*, pour, il me tarde *que* : Dites-lui *de* m'attendre. La loi ordonne ou défend *de*. Dans les locutions suivantes, le verbe veut exclusivement *de* après lui, et *que* y serait mal placé : Je ne finis point *de* dire. Je ne crains pas *d'*avouer. Il se défend *de*. Je m'abstiens *de*. Je ne saurais m'empêcher *de*. Il ne saurait se tenir *de*, s'abstenir *de*. On dit par ellipse : Il ne se peut *que* vous n'ayez su. Il est inouï *qu'*on s'expose. Je ne puis *que* je ne convienne ; ceci est un latinisme ; *que ne* répond à *quin*.

Que gouverne après lui, tantôt l'indicatif, tantôt le subjonctif ; l'indicatif, quand la phrase présente un sens positif, absolu : Je crois *qu'il est* prudent. Je pense *qu'il est* juste. Je vois *qu'il est* possible. Elle sait *que je l'aime*. J'espère *qu'il réussira*. Il n'y a aucun doute *que* la terre *se meut* autour du soleil.

Mais si le *que* revient après ces mots *prudent*, *juste*, *possible*, le verbe suivant se met au subjonctif : Je crois qu'il est *prudent* que vous *attendiez* ; qu'il est *juste* qu'on vous *permette* ; qu'il est *possible* qu'on vous *défende*.

Que gouverne le subjonctif, lorsque la phrase est négative ou interrogative. Je ne crois pas *qu'il soit* possible. Croyez-vous *qu'il soit* juste ? Mais si l'interrogation avec *ne* et *pas* indique l'affirmation, *que* demande l'indicatif : *Ne* croyez-vous *pas* qu'il est juste ? *Ne* sais-je *pas* qu'il est prudent ? *Ne* dirait-on *pas* que ce fourbe *est* un homme de bien ? C'est dans ce sens affirmatif que

Racine fait dire à Hermione, en parlant de Pyrrhus ;

> Et ne suffit-il pas que je l'*ai* condamné ?

Que, après les verbes de doute, et après les verbes qui expriment consentement, défense, crainte, dénégation, commandement, etc., gouverne le subjonctif : Je doute que vous *soyez*. Je doute que vous n'*ayez* pas. Je consens qu'il *revienne*. Je défends qu'il me *suive*. Je crains qu'il ne me *trahisse*. Je nie que cela *soit*. Commandez qu'on le *prenne*. Permettez qu'on l'*entende*. Voulez-vous qu'il *périsse ?* Ordonnez-vous qu'il *meure ?*

L'usage et un peu d'attention vous feront observer ces règles dont la raison métaphysique vous échapperait aisément.

Comme je ne veux pas vous fatiguer l'esprit de subtilités inutiles, je ne vous dirai pas non plus pourquoi après *si* le *que* qui suit les verbes *croire, dire, supposer, s'imaginer,* etc., veut tantôt l'indicatif, tantôt le subjonctif : Si vous croyez que l'ame *est* immortelle. Si vous dites que le monde *est* l'ouvrage du hasard ou *soit* l'ouvrage du hasard. Si l'on suppose que la matière *puisse* penser ou *peut* penser. Si l'homme s'imagine, se persuade que le mouvement seul *ait tout arrangé* ou *a tout arrangé*. L'une et l'autre façon de parler est reçue, mais à sa place, et avec une différence de sens, que vous sentirez mieux que je ne vous l'exprimerais; et cette différence est dans l'opinion de celui qui parle.

Rien moins ou *rien de moins*, précédés de *ne* et suivis de *que*, présentent dans leurs acceptions une différence plus marquée; car ce sont deux sens opposés; et cependant on s'y est mépris.

Il *n*'est *rien moins que* sage, signifie précisément, *il est toute autre chose plutôt que sage; la qualité qu'il possède le moins, c'est la sagesse.* Il *n*'est *rien moins que* mon ami; *il s'en faut bien qu'il soit mon ami.* Il *n*'aspire *à rien moins qu*'à obtenir cette place; *ce à quoi il aspire le moins, c'est à obtenir cette place.* Ainsi lorsqu'en disant, il *ne* désire *rien moins*; il *ne* se propose *rien moins*; il *ne* prétend *rien moins*, on entend qu'en effet il *désire*, il *prétend*, il *se propose* ce dont on parle, on fait un contre-sens.

Au contraire il *n*'est *rien de moins*, signifie, *il est cela*, et *rien de moins*. Vous méprisez ce caillou noir et brut, *ce n*'est *rien de moins qu*'un diamant. Vous trouvez ce latin mauvais; ce *n*'est *rien de moins que* du Cicéron. Écoutez bien cet homme-là, *ce n*'est *rien de moins qu*'un vrai sage. La Phèdre de Racine, que l'on dénigrait tant, *n*'était *rien de moins qu*'un chef-d'œuvre. Sa maladie, qu'on négligeait d'abord, *n*'est *rien de moins qu*'une fièvre maligne. Voilà les deux sens de *rien moins* et de *rien de moins* assez nettement distingués pour ne jamais vous y méprendre.

Après le *si* suppositif, on met *que* avec élégance, à la place de *si* répété : *Si* vous *croyez* que cela soit possible, et *que* vous *vouliez* l'entreprendre. *Si* ce vaisseau *fait* le tour du monde et *qu'il ait trouvé* un passage pour revenir par les mers du nord. Après *si* c'est à l'indicatif, et après *que* c'est au subjonctif que se met le verbe suivant.

Au commencement d'une phrase, *que* est exclamatif, impératif, ou suppositif :

Que les temps sont changés ! ah ! *qu'*il va m'en coûter !
Que de regrets ! *que* d'ennuis ! *que* de larmes !

*Qu'*il faut faire de choses pour ne pas mourir d'ennui, quand la seule qu'on aimait ici-bas nous manque ! (LASSAY.)

Que tarde-t-il ? *que* ne vient-il ?

Ah ! *qu'*ils s'aiment, Phénix, j'y consens. *Qu'*elle parte.
Que, charmés l'un de l'autre, ils retournent à Sparte.
(RACINE.)

Que si l'on me répond. *Que* si l'on met en doute. *Que* si vous m'opposez.

Que je me perde ou non, je songe à me venger. (RAC.)
Non *que* si jusque-là j'avais pu vous complaire. (RAC.)
Que si je ne suis né pour de si grands projets.
(LA FONTAINE.)

Beauzée observe avec raison qu'il y a ellipse dans ces phrases : *Que* je meure si. *Qu'*on se taise. *Qu*'il y consente ou non. *Que* s'il arrive que. Venez *que* je vous parle. Veillez sur lui *qu*'il ne s'échappe. On ferait tout pour lui *qu*'il se plaindrait encore. Il y a long-temps *que*. Il ne fut pas arrivé *qu*'il partit. Tout cela est reçu ; et nos plus grands écrivains en ont fait usage :

.... *Qu*'avez-vous donc, *que* vous ne mangez point ?
(Boileau.)

Je ne sais qui m'arrête et retient mon courroux,
Que, par un prompt avis de tout ce qui se passe,
Je ne coure des dieux divulguer la menace. (Racine.)

Que fais-tu Jupiter, *que* du haut de la nue
Tu n'en perdes la race...... (La Fontaine, *en parlant de la puce.*)

Nous reviendrons encore sur ces sortes d'ellipses. Quant à-présent vous voyez combien la conjonctive *que* est officieuse dans notre langue, et à combien d'usages elle s'y emploie, selon les sens divers dont elle est susceptible. Mais plus les retours en sont fréquents et les acceptions nombreuses, plus il faut employer de soin et d'industrie à éviter, autant qu'il est possible, soit en parlant, soit en écrivant, l'équivoque et la confusion qui résulterait du mélange de ces *que* pris en divers sens.

Après avoir examiné avec vous, mes enfants, comme je vous l'avais promis, toutes les parties du discours, jusques aux moindres particules, il ne me reste plus que peu de choses à dire sur l'interjection. Il y en a de deux sortes : la *naturelle* et l'*artificielle*.

L'interjection naturelle n'est point un mot, mais un son, un accent donné à l'homme par la nature, pour exprimer les affections de l'ame, les sentiments de joie, de douleur, de surprise, d'étonnement, d'effroi, de répugnance, de dégoût dont on est saisi. Ces signes spontanés ont été le premier langage de l'homme. Ils ne sont point changés. Ils sont presque les mêmes chez tous les peuples du monde, et dans toutes les langues, comme dans celle des sauvages. *Oh! ah! eh! aie! hum! pouha!* etc.

Les interjections artificielles sont propres à chacune des langues, comme *heu!* à celle des Latins; comme *hélas!* à la nôtre. Il y en a même qui sont des mots et qui ajoutent quelque idée à l'expression du sentiment, comme *Dieu! ô Dieu! ciel! quoi! bon!* dans notre langue. *Pol! hercle! evoe!* en latin.

La seule règle à l'égard de ces signes des mouvements de l'ame, c'est de les placer à-propos. C'est ce que la nature enseigne aux enfants, aux animaux eux-mêmes dans leurs cris de douleur, de joie, etc.; et cependant c'est ce qu'en parlant, et plus encore en écrivant, l'homme *artialisé* observe souvent assez mal.

Vous voilà suffisamment instruits de la formation et du mécanisme des langues. Nous n'avons plus, à l'égard de la nôtre, qu'un coup d'œil à jeter sur ses ressources particulières, et sur les facilités qu'elle s'est données, soit d'après l'exemple des autres langues, soit d'après son propre génie, qui n'est cependant, à vrai dire, que le résultat d'un usage fortuitement établi, quelquefois par besoin, plus souvent par caprice, mais quelquefois aussi avec beaucoup d'intelligence et de raison.

LEÇON HUITIÈME.

Si le mécanisme des langues se réduisait aux simples combinaisons des mots dont nous avons parlé, vous auriez, mes enfants, à me demander en quoi donc consisterait la différence de leur génie, la supériorité des unes sur les autres, et, dans la même, cette diversité de style qui distingue les écrivains.

Mais, d'une langue à une autre langue, il y a dans le vocabulaire, dans la construction, dans les tours, des différences inappréciables ; et dans la même langue, non-seulement l'emploi des mots et leurs acceptions diverses, mais les formes de la pensée et de l'expression qui en est l'image, sont variables à l'infini. Peu de mots sont parfaitement équivalents les uns des autres, peu de phrases sont synonymes ; et c'est dans le degré de force, de finesse, de vivacité, d'énergie, d'élégance, de précision, que consiste leur différence et le discernement de qui sait les choisir et les employer à propos.

Je ne vous parle point encore des figures, des hardiesses, des gradations de style, des tons plus ou moins élevés depuis l'humble jusqu'au sublime, par où, non-seulement les genres, mais les écrivains dans le même genre diffèrent l'un de l'autre. Il ne s'agit ici que des variétés dont l'expression est susceptible dans l'usage grammatical, et dans l'office habituel des mots que nous venons d'analyser; par exemple :

Il aime l'étude; il se fait un plaisir de l'étude; l'étude est pour lui un plaisir. *Il se conduit sagement*; il se conduit avec sagesse; il règle sa conduite sur les conseils de la sagesse; la sagesse est le guide qui le conduit.

Cette diversité de tours, dont vous voyez qu'est susceptible la phrase la plus simple, se fait bien mieux sentir dans la phrase complexe, et infiniment plus d'une langue à une autre langue, par l'inégalité respective de leurs moyens.

En vous disant que la phrase incidente est un adjectif développé, je vous ai fait entendre qu'une langue où l'on aurait en abondance, et à souhait, des adjectifs, des participes, des adverbes, pour dire en un seul mot ce que les autres langues n'exprimeraient que par des périphrases ou par des incidentes, aurait sur elles un avantage prodigieux, soit pour la briéveté et la vivacité, soit pour la force, l'énergie ou la grâce. Vous avez dû vous en apercevoir en traduisant du latin en français. Combien de fois dans Virgile, Horace, Tacite et Cicéron lui-même, une épithète, un participe, vous a forcés d'avoir recours à une incidente allongée! Combien de fois deux mots, artistement liés, vous ont demandé pour les rendre une circonlocution! Encore, avez-vous pu exprimer longuement le cours pénible et laborieux du ruisseau d'Horace?

*Et obliquo laborat
Lympha fugax trepidare rivo.*

Avez-vous pu rendre l'image des serpents de Laocoon? Et ce vers de Racine, tout beau qu'il est,

Sa croupe se recourbe en replis tortueux.

rend-il,

*Pars cætera pontum
Ponè legit, sinuatque immensa volumine terga?*

il n'y a pourtant là que des verbes, des noms, des adjectifs mis à leur place.

Et en traduisant les plaintes d'Eurydice :

*Feror, ingenti circumdata nocte.
Invalidasque tibi tendens*, heu! non tua, *palmas?*

Delille a-t-il pu faire entendre ce *non tua* désespérant?

Tacite, avec deux mots, a peint le deuil de Rome, le jour des funérailles de Germanicus :

Dies modò per silentium vastus, modò ploratibus inquies.

Mais ni *vastus per silentium*, ni *inquies ploratibus* n'ont d'analogues dans notre langue. Il en est de même du *laborat trepidare* d'Horace, et du *sinuat volumine terga* de Virgile.

Encore moins sera-t-il possible de rendre ce dernier trait de la peinture des deux serpents :

Sibila lambebant linguis vibrantibus ora.

dont le verbe, le participe et l'adjectif manquent également à notre langue poétique.

Un seul adjectif *arduus*, vingt fois répété dans Virgile, est presque par-tout le désespoir du traducteur; soit qu'il dessine la taille énorme de Polyphême, ou de Typhée :

> ....*Ipse arduus, altaque pulsat*
> *Sidera.*
>
> ....*Non terruit ipse Tiphœus*
> *Arduus arma tenens.*

soit qu'il exprime l'attitude du vieil Entelle brisant la tête d'un taureau :

> *Adversi contrà stetit ora juvenci,*
> *Qui donum adstabat pugnæ; durosque reductâ*
> *Libravit dextrâ media inter cornua cestus,*
> *Arduus, effractoque illisit in ossa cerebro.*

soit qu'il peigne un coursier se dressant de douleur de la blessure qu'il a reçue :

> *Quo sonipes ictu furit arduus, altaque jactat,*
> *Vulneris impatiens, arrecto corpore crura.*

soit enfin qu'il présente l'image d'un serpent, écrasé sous la roue d'un char, et dont la moitié vivante se dresse encore; ou d'un serpent, fier d'avoir quitté sa dépouille, et de se sentir ranimé aux rayons du soleil :

> *Nequicquàm longos fugiens dat corpore tortus.*

*Pars ferox, ardensque oculis, et sibila colla
Arduus attollens. Pars vulnere clauda retentat
Nexantem nodos, seque in sua membra plicantem....*

*Cùm positis novus exuviis, nitidusque juventâ
Lubrica convolvit, sublato pectore, terga,
Arduus ad solem, et linguis micat ore trisulcis.*

Je ne finirais pas, si je voulais nombrer les avantages que le génie de la langue latine et ses richesses lui donnent sur la nôtre. Mais celle-ci ne laisse pas d'avoir ses propriétés, ses finesses, ses élégances, quelquefois même ses tours de force; et, si je l'ose dire, Racine, La Fontaine, Bossuet, Pascal, La Bruyère, ne seraient guère moins difficiles à traduire pour les Latins, que le sont pour nous Virgile, Horace et Tacite. Et cependant c'est presque toujours dans l'usage, et, pour ainsi dire, dans le trésor public de la langue usuelle qu'ils ont pris leurs expressions. Mais ils les ont si bien choisies, si curieusement ajustées au caractère de la pensée, du sentiment ou de l'image qu'ils voulaient rendre, qu'ils ont pu défier des langues plus riches même que la leur.

Lorsque, dans Racine, le visir Acomat dit du frère de Bajazet :

L'imbécille Ibrahim, sans craindre sa naissance,
Traîne, exempt de péril, une éternelle enfance.
Indigne également de vivre et de mourir,
On l'abandonne aux mains qui le daignent nourrir.

lorsque Burrhus dit à l'ambitieuse Agrippine :

> Ah! quittez d'un censeur la triste diligence ;
> D'une mère facile affectez l'indulgence :
> Souffrez quelques froideurs sans les faire éclater,
> Et n'avertissez pas la cour de vous quitter.

lorsque le même dit à Néron :

> Mais si de vos flatteurs vous suivez la maxime,
> Il vous faudra, seigneur, courir de crime en crime,
> Soutenir vos rigueurs par d'autres cruautés,
> Et laver dans le sang vos bras ensanglantés.

lorsque dans la peinture de la vie d'un chanoine, Boileau dit :

> Dans le réduit obscur d'une alcove enfoncée,
> S'élève un lit de plume à grand frais amassée.
> Quatre rideaux pompeux, par un double contour,
> En défendent l'entrée à la clarté du jour.
> Là, parmi les douceurs d'un tranquille silence,
> Règne sur le duvet une heureuse indolence.
> C'est là que le prélat, muni d'un déjeûner,
> Dormant d'un léger somme, attendait le dîner ;
> La jeunesse en sa fleur brille sur son visage ;
> Son menton sur son sein descend à double étage ;
> Et son corps ramassé dans sa courte grosseur
> Fait gémir les coussins sous sa molle épaisseur !

enfin, lorsque La Fontaine, en décrivant le combat du moucheron contre le lion, s'exprime ainsi :

> Le quadrupède écume et son œil étincelle.
> Il rugit. On se cache, on tremble à l'environ ;
>   Et cette alarme universelle
>   Est l'ouvrage d'un moucheron.
> Un avorton de mouche en cent lieux le harcelle,

Tantôt pique l'échine, et tantôt le museau;
    Tantôt entre au fond du naseau.
Le malheureux lion se déchire lui-même,
Fait résonner sa queue alentour de ses flancs;
Bat l'air qui n'en peut mais; et sa fureur extrême
Le fatigue, l'abat. Le voilà sur les dents.

vous ne voyez dans tous ces beaux vers qu'un assemblage de mots très-usités ; et la tissure en est admirable.

Ainsi, par leurs diverses combinaisons, les mêmes éléments qui dans une langue forment le plus souvent des ouvrages médiocres, en produisent de merveilleux. L'art consiste à les employer.

On s'est efforcé de traduire en latin les fables de La Fontaine. On n'y a point réussi. On n'y réussira jamais. Phèdre y aurait échoué lui-même. Et dans quelle langue faire passer cette naïveté, cette originalité de génie et de style? Lisez, mes enfants, parmi ces fables, celle des *Animaux malades de la peste,* celle du *Chéne et du Roseau,* celle de *l'Homme et de la Couleuvre, la Laitière, le Souriceau, le Coche et la Mouche, la Mouche et la Fourmi, le Rat qui s'est retiré du monde, le Chat, la Belette et le petit Lapin, le Savetier et le Financier, la Mort et le Mourant, les deux Amis, le Faucon et le Chapon, le Vieillard et les trois jeunes Hommes, le Berger et le Roi, les deux Pigeons, le Loup et les Bergers, le Jardinier et son Seigneur, la jeune Veuve, le Paysan du Da-*

nube, et bien d'autres, car je me lasse de citer, vous sentirez vous-mêmes que le naturel en est inaccessible à l'imitation. De tous les hommes qui ont écrit, La Fontaine est peut-être celui dont les beautés tiennent le plus au génie de sa langue, et au sien.

Mais, sans compter nos poëtes, il y a, même parmi nos écrivains en prose, des caractères infiniment difficiles à copier; soit pour le naturel d'un style négligé avec grâce, comme madame de Sévigné; soit pour la précision, la justesse et la vigueur du trait, comme Pascal; soit pour l'originalité piquante et la variété des tours, comme La Bruyère; soit pour les nuances d'une expression tantôt délicate et sensible, tantôt méditée et profonde, comme l'intéressant, l'éloquent Vauvenargue.

Le secret de ces écrivains est dans le choix exquis des mots qu'ils assortissent. De là ces définitions si précises et ces nuances si fines et si justes dans le trait de l'expression.

L'ennui vient du sentiment de notre vide; la paresse, de notre impuissance; la langueur, de notre faiblesse; la tristesse, de notre misère. (Vauvenargue.)

Le regret consiste dans le sentiment de quelque perte; le repentir, dans celui d'une faute; le remords, dans celui d'un crime et la crainte du châtiment. (Vauvenargue.)

La timidité peut être la crainte du blâme; la honte en est la conviction. (Vauvenargue.)

Rien de plus satisfaisant pour l'esprit que de voir ainsi les mots distinctement définis l'un par l'autre ; et les exemples en seront pour vous une intéressante leçon.

L'équité peut se définir par l'amour de l'égalité ; l'intégrité, une équité sans tache ; et la justice, une équité pratique. (Vauvenargue.)

La noblesse est la préférence de l'honneur à l'intérêt ; la bassesse, la préférence de l'intérêt à l'honneur.

L'intérêt est la fin (l'objet) de l'amour-propre ; la générosité en est le sacrifice. (Vauvenargue.)

La méchanceté suppose un goût à faire le mal ; la malignité, une méchanceté cachée ; la noirceur, une méchanceté criminelle. (Vauvenargue.)

L'insensibilité, à la vue des misères, peut s'appeler dureté ; s'il y entre du plaisir, c'est cruauté. (Vauvenargue.)

La sincérité me paraît l'expression de la vérité ; la franchise, une sincérité sans voile ; la candeur, une sincérité douce ; l'ingénuité, une sincérité innocente ; l'innocence, une pureté sans tache. (Vauvenargue.)

L'imposture est le masque de la vérité ; la fausseté, une imposture naturelle ; la dissimulation, une imposture réfléchie ; la fourberie, une imposture qui veut nuire ; la duplicité, une imposture à deux faces.) Vauvenargue.)

(J'ajouterais : L'hypocrisie, une imposture sacrilége.)

La simplicité nous présente l'image de la vérité et de la liberté. (Vauvenargue.)

L'affectation est le dehors de la contrainte et du mensonge. La modération est l'état d'une ame qui se possède. La tempérance est une modération sur les plaisirs. (Vauvenargue.)

L'austérité est une haine des plaisirs; et la sévérité, des vices. (Vauvenargue.)

Même justesse dans le choix des adjectifs pour qualifier les choses; et des épithètes pour qualifier les hommes. J'en vais puiser encore les exemples à la même source.

Le sérieux d'un esprit tranquille porte un air doux et serein.

Le sérieux des passions ardentes est sauvage, sombre, allumé.

Le sérieux d'une ame abattue donne un air languissant.

Le sérieux d'un homme stérile paraît froid, lâche et oisif.

Le sérieux d'un homme timide n'a presque jamais de maintien.

Ces portraits, quoique bien légèrement esquissés, trouveront rarement sur la palette du copiste des couleurs qui répondent exactement à la touche du peintre; et encore moins ceux qu'a finis La Bruyère avec tant de soin, peuvent-ils être copiés?

Bossuet a parlé français, mais un français exquis et rare, lorsqu'il a dit d'Henriette d'Angleterre :

Elle aimait à prévenir les injures par sa bonté : *vive à les sentir, facile à les pardonner.*

Vous avez déja vu cette même particule *à* se multiplier ainsi que la particule *de*, pour exprimer les divers rapports de l'action ou de l'existence. Les voici encore employées à exprimer la qualité d'un objet à l'égard d'un autre; et, par ce moyen simple, nous disons comme les Latins, *impatient du joug, docile au frein, sourd à la voix, rebelle aux avis.*

Complaisant à vos désirs. (Racine.)
Intrépide aux menaces. Impuissant à trahir. (Rac.)
Exorable à la prière. (Montesquieu.)
Bon aux méchants. (La Fontaine.)
Tendre à la tentation. (Molière.)

Inflexible à la plainte, mobile au gré du vent, avide de louange, insatiable de gloire, curieux de nouveautés, inquiet des événements. Sûr du succès, etc. Jusque-là que Racine a fait dire à Calchas :

Les dieux depuis un temps *me sont cruels et sourds.*

Non moins fréquemment et bien commodément encore, quelques autres prépositions nous ont servi au même usage : Stable *en* ses promesses, ferme *dans* ses résolutions, délicat *sur* les bienséances, irrésolu *entre* l'espérance et la crainte, libertin *par* système, jaloux *par* vanité.

Parmi ces particules conjonctives, il en est dont on aurait peine à compter les acceptions. Par exemple, en combien de sens *pour* ne se joint-il pas au verbe, au nom, à presque toutes les parties de l'oraison?

Au verbe : Étudier *pour* s'instruire. Être repris *pour* avoir manqué. Il est trop lâche *pour* être à craindre.

Ah! je l'ai trop aimé *pour* ne le point haïr.

Au nom : Mourir *pour* la patrie. Quitter l'amusement *pour* l'étude. Avoir du goût *pour* le travail. Chercher le péril *pour* la gloire. Prendre l'illusion *pour* la réalité. Prendre la sagesse *pour* guide. Se déclarer *pour* la bonne cause. N'avoir que ses bras *pour* tout bien, que la terre *pour* lit, que de l'eau *pour* boisson. Changer du fer *pour* de l'or. Rendre le bien *pour* le mal. Être assez instruit *pour* son âge, *pour* son temps, *pour* un homme de son état.

Pour un qui s'en louera, dix mille s'en plaindront.
(LA FONTAINE.)

A un adverbe : *Pour peu* que l'on me presse. *Pour mieux* me faire entendre. *Pour plus* de sûreté. *Pour moins* de frais. *Pour tant* de peines.

A un pronom : *Pour* moi, *pour* lui, *pour* nous,

dans les divers sens de *quant à*, d'*en faveur de*, ou d'*au lieu de*.

A un adjectif: *Pour* difficile que soit l'entreprise. *Pour* grand que soit le danger.

C'est une imperfection qu'il faut éviter, *pour* petite qu'elle soit. (Vaugelas.)

Cette façon de parler a vieilli.

Rappelons-nous ici en peu de mots ce que je vous ai dit de nos verbes. Nous en avons qui, n'ayant point de régime (comme le neutre absolu des Latins), expriment une situation ou une action sans objet : *Vivre*, *rêver*, *dormir*. Nous en avons qui ont un régime particulé, dont les uns veulent *à*, les autres *de*, quelques-uns l'une ou l'autre particule, selon le sens ou au gré de l'oreille : Travailler *à*. Inviter *à*. S'exercer *à*. Se résoudre, s'engager *à*. Achever *de*. Cesser *de*. Conseiller *de*. Empêcher *de*. Commencer *à* ou *de*. S'empresser *à* ou *de*. S'occuper *de* ou *à*. Continuer *de* ou *à*. Tarder *à*. Tarder *de*. S'ennuyer *à* ou *de*. Achever *de* ou *à*. A l'égard de ceux-ci, je vous ai indiqué le sens qui demandait ou l'une ou l'autre particule.

Enfin nous avons des verbes à régime direct et simple, ou à double régime, l'un simple et l'autre particulé. Mais, par l'extrême simplicité de nos deux particules, la phrase est liante et facile; et un avantage que nous avons sur les Latins eux-mêmes, c'est que, plus fréquemment dans notre langue que dans la leur, un verbe a, pour régime simple et direct, l'infinitif d'un autre verbe : *Faire savoir. Envoyer dire. Croire obtenir. Voir arriver. Entendre publier. Faire accroire.* etc.

On a mis en question, si, dans cette apposition de verbes, il était permis d'enchaîner plusieurs infinitifs, comme compléments l'un de l'autre. Vous en trouverez rarement trois de suite dans les bons écrivains. Je crois possible cependant que, sans confusion pour l'esprit, sans déplaisance pour l'oreille, quatre infinitifs se succèdent ; comme si je dis par exemple : *N'allez pas croire savoir faire jouer tous les ressorts de l'éloquence;* et il sera malaisé de traduire cette petite phrase en aussi peu de mots. Celle où l'infinitif sert de régime particulé n'est guère moins expéditive : *Craindre de déplaire. Espérer de jouir. Aimer à s'instruire. S'appliquer à connaître.*

Au moyen du *que* conjonctif, nous passons aussi assez vîte d'un verbe à l'autre : *Je crois qu'il est parti. Je doute qu'il revienne. Je crains qu'il n'ait péri.* Le *que*, lorsqu'il s'élide, même ne fait pas nombre, et n'est qu'une facile et douce articulation.

Nous nous sommes fait, vous ai-je dit, trois pronoms neutres, indéclinables, *on*, *il* et *ce*, au moyen desquels notre langue répond aux impersonnels des Latins : *On* croit, *on* dit, *on* espère, *on* se flatte, *on* murmure, *on* s'assemble, *il* pleut, *il* gèle, *il* convient, *il* est juste, *il* est possible que, *il* m'ennuie, *il* me semble, *il* me plaît, *il* me déplaît, *il* me tarde, *il* me souvient, *c'est* à lui, *c'est* à moi. Mais *ce* est employé à bien d'autres usages, dont nous allons parler.

Presque tous nos adverbes de quantité peuvent être pris en guise de noms, et reçoivent, les uns, l'article *le plus*, *le moins*, *le trop;* les autres, seulement les particules déclinatives, *d'autant plus*, *d'aussi loin*, *à moins de frais*, *au plus*, *de plus*.

J'abuse, cher ami, de ton *trop* d'amitié. (Racine.)

Plus, moins, autant, se servent de comparatifs à eux-mêmes, comme en latin :

Plus j'observe ces lieux, et *plus* je les admire.

Plus on lit les bons livres, et *plus* on en sent les beautés.

Moins on travaille, *moins* on veut travailler.

Autant j'estime l'homme sincère, *autant* je méprise l'homme double et dissimulé.

Ce, également employé pour nominatif, pour régime, pour les deux genres, pour les deux nombres et pour les personnes, comme pour les choses, est peut-être le mot de la langue le plus fréquemment mis en œuvre, et sous le plus grand nombre de rapports. Je vous en ai tracé ci-devant la syntaxe; mais j'aurais beau vouloir, par l'analyse, en raisonner les usages divers, cette particule est si mobile, si variable dans ses rapports, soit avec elle-même, soit avec tous les autres éléments du discours ; le vague indéfini qu'elle y laisse rend quelquefois si fugitif ou si confus le sens qu'elle donne à entendre ; l'ellipse en est souvent si difficile à expliquer et à remplir, que l'on ne sait à quelle construction régulière la réduire et l'accommoder.

Cependant l'habitude nous l'a rendue si familière, qu'à tous propos nous l'employons sans nous en apercevoir, et en effet rien de plus commode, pour s'épargner la peine d'énoncer nettement ce qu'on veut faire entendre, qu'un petit mot qui le donne à penser. La finesse même et la délicatesse y trouvent souvent un moyen de ne s'exprimer qu'à demi. *Ce*, si je l'ose dire, est moins un mot qu'un signe : Je ne sais *ce* que j'ai. Je ne sais *ce* qui m'inquiète. *Ce* n'est point là *ce* qui m'afflige. Qu'est-*ce* que vous voulez ? Si est-*ce* que. *Ce* n'est pas que.

> Que venez-vous chercher ? *Ce* que je cherche, ah, dieux !
> Tout *ce* que j'ai perdu, madame, est en ces lieux.
> (RACINE.)

Est-*ce* que vous doutez ? *Ce* n'est pas que je doute. *Ce* qui me console, c'est que. *Ce* dont je m'occupe, c'est de. *Ce* à quoi vous devez penser. *Ce* que je crains. *Ce* que j'espère. *Ce* que je souhaite, c'est que. Comme il est régime des verbes, il l'est de même des prépositions : Dans *ce* qui m'intéresse. Sur *ce* qui touche mes amis. Pour *ce* qui vous regarde. De *ce* que. A *ce* que, etc. Il y a loin de *ce* qu'il pense à *ce* qu'il dit.

Lorsque entre deux mots corrélatifs, dont le verbe *être* est le lien, nous voulons marquer le rapport, *ce* est le trait qui le fait sentir :

Le vrai moyen d'être trompé, *c'est de se croire* plus fin que les autres. (La Rochefoucault.)

Il pouvait dire *est de se croire* ; mais l'expression eût été plus faible, et *c'est* l'appuie davantage.

Dans la fable de *l'Homme et* de *la Couleuvre*, celle-ci pouvait dire à l'homme :

.... Ta justice
Est ton utilité, ton plaisir, ton caprice.

Mais l'assertion est plus forte et plus vive avec *c'est* ton utilité.

Vous trouverez à chaque instant *ce*, nominatif du verbe *être*, en relation avec des adverbes ou avec des prépositions : *C'est pour. C'est dans. C'est comme. C'est alors que. C'est ainsi que. C'est en vain que.* La phrase en est, je l'avoue, un peu allongée ; mais ceux qui regardent cela comme un vice de notre langue, n'ont peut-être pas assez réfléchi au mécanisme de la phrase française. Ces petits mots me semblent plus souvent favorables qu'incommodes à l'écrivain. Ils fixent l'attention de l'esprit ; ils marquent le nombre à l'oreille, et une syllabe de plus, comme une syllabe de moins, fait souvent qu'une période est harmonieuse, ou qu'elle ne l'est pas.

Nous avons pris des langues savantes l'apposition des substantifs : *Rome, reine* du monde ; et celle aussi des adjectifs, lorsqu'en avant du nom ou du pronom, ils en déterminent l'idée :

Jeune, on conserve pour la vieillesse ; *vieux*, on épargne pour la mort. (La Bruyère.)

Inaccessible à la misère, l'homme riche est communément peu touché des besoins du pauvre. ou lorsque introduits dans la phrase, ils y tiennent lieu d'incidente, pour caractériser la personne ou l'action :

De Caumont, *jeune enfant*, l'étonnante aventure,
Ira de bouche en bouche à la race future. (Voltaire.)

Non, non, ce temps n'est plus, que Néron, *jeune encore*,
Me renvoyait les vœux d'une cour qui l'adore. (Racine.)

Quoique, pendant tout l'an, *libéral*, il nous donne
Ou des fleurs au printemps, ou du fruit en automne,
L'ombre l'été, l'hiver les plaisirs du foyer.
(La Fontaine.)

Vous avez vu tomber les plus superbes têtes ;
Et vous pouvez encore, *insensés que vous étes*,
Ignorer le tribut que l'on doit à la mort. (J. B. Rous.)

Nous nous sommes aussi donné, ce que dans les écoles, on appelle l'*ablatif absolu*, phrase isolée et sans aucun rapport grammatical avec ce qui précède, ni avec ce qui suit :

Des lapins qui, sur la bruyère
(L'œil éveillé, l'oreille au guet),
S'égayaient, et de thym parfumaient leur banquet.
(La Fontaine.)

L'âne vint à son tour, et dit : J'ai souvenance
    Qu'en un pré de moines passant
(La faim, l'occasion, l'herbe tendre, et, je pense,
    Quelque diable aussi me poussant),
Je tondis de ce pré la largeur de ma langue.
(La Fontaine.)

On se permet de même d'isoler dans la phrase, le nom auquel le pronom possessif appartient, comme dans cet exemple :

C'est ainsi qu'*occupé de mon nouvel amour*,
Mes yeux, sans se fermer, ont attendu le jour.
(Racine.)

Une autre façon de parler que nous nous sommes appropriée, en l'imitant des langues anciennes, c'est l'*ellipse*. L'ellipse est de toutes les langues. C'est, je vous l'ai dit, la suppression d'un mot, ou de quelques mots, qu'on donne à sous-entendre et dont la réticence laisse un vide dans la pensée.

Si ce vide est facile à remplir, c'est-à-dire si le mot, ou les mots retranchés se présentent naturellement à l'esprit, et si on les supplée sans altérer la construction, l'ellipse est parfaite; et non-seulement elle est permise, mais elle est souvent nécessaire pour alléger l'expression, qui sans cela serait lourde et pénible.

Les bons auteurs sont pleins de ces ellipses régulières.

L'avarice produit quelquefois la prodigalité; et la prodigalité, l'avarice. (LA ROCHEFOUCAULT.)

L'on se repent rarement de parler peu; très-souvent de trop parler. (LA BRUYÈRE.)

Montesquieu en parlant d'un prince :

Le peuple jouit de ses refus, et le courtisan, de ses grâces.

La paix rend les peuples plus heureux, et les hommes, plus faibles. (VAUVENARGUE.)

Il y a des reproches qui louent, et des louanges qui médisent. (LA ROCHEFOUCAULT.)

Il faut gouverner la fortune comme la santé; en jouir quand elle est bonne; prendre patience quand elle est mauvaise; ne faire jamais de grands remèdes sans une extrême nécessité. (LA ROCHEFOUCAULT.)

Si j'épouse une femme avare, elle ne me ruinera point; si, une joueuse, elle pourra s'enrichir; si, une savante, elle saura m'instruire; si, une prude, elle ne sera point emportée; si, une emportée, elle exercera ma patience; si, une coquette, elle voudra me plaire; si, une galante, elle le sera peut-être jusqu'à m'aimer; si, une dévote, répondez, que dois-je attendre de celle qui veut tromper Dieu, et qui se trompe elle-même. (LA BRUYÈRE.)

Il y a une fausse modestie, qui est vanité; une fausse gloire, qui est légèreté; une fausse grandeur, qui est petitesse; une fausse vertu, qui est hypocrisie; une fausse sagesse, qui est pruderie. (LA BRUYÈRE.)

Delille, en parlant du sol des jardins, dit de même :

> Est-il nu ? que les bois parent sa nudité :
> Couvert ? portez la hache en ses forêts profondes :
> Humide ? en lacs pompeux ou rivières fécondes,
> Changez cette onde impure, et par d'heureux travaux,
> Corrigez à-la-fois l'air, la terre et les eaux.

Vous voyez dans tous ces exemples, que le verbe régissant, une fois énoncé, se représente à l'esprit devant chacun de ses régimes. La Fontaine est celui de tous nos écrivains qui a le plus fréquemment usé de cette ellipse naturelle :

> Les mains cessent de prendre,
> Les bras d'agir, les jambes de marcher....
> L'aigle avait ses petits au haut d'un arbre creux ;
> La laie, au pied ; la chatte, entre les deux....
> Le cheval approchant lui donne un coup de pied ;
> Le loup, un coup de dent ; le bœuf, un coup de corne...
> Chacun était plongé dans un profond sommeil,
> Le maître du logis, le valet, le chien même.
> L'aube du jour arrive ; et d'amis, point du tout.

Je mets au nombre de ces ellipses ce vers d'une construction si belle, à mon gré, et si poétique :

> Albe le veut, et Rome ; il y faut consentir. (CORN.)

Mais dans l'ellipse le mot sous-entendu n'est pas toujours le même que le mot énoncé, et souvent, pour être suppléé, il faut qu'il change, ou de nombre, ou de genre, ou qu'au lieu de l'actif, le passif soit sous-entendu. Alors l'ellipse n'est plus si régulière, et ne laisse pas quelquefois d'être permise par l'usage.

Lorsque le sujet de la proposition est complexe, quelque nombreuse que soit la collection des mots qui le composent, si le verbe est au pluriel, il les embrasse tous; la phrase n'est même pas elliptique. Exemple :

L'ambition dans l'oisiveté, la bassesse dans l'orgueil, le désir de s'enrichir sans travail, l'aversion pour la vérité, la flatterie, la trahison, la perfidie, l'abandon de tous ses engagements, le mépris des devoirs de citoyen, la crainte de la vertu du prince, l'espérance de ses faiblesses, et plus que tout cela, le ridicule perpétuel jeté sur la vertu, sont le caractère de la plupart des courtisans.

Vous ne voyez-là que l'accord du verbe *être* avec son nominatif, et avec son régime.

Mais si le verbe est au singulier, il faut que chacun de ses nominatifs soit au singulier comme lui; car alors, au lieu de les embrasser tous, il répond à chacun en particulier, comme s'il était répété; et, s'il y en a quelqu'un qui soit au pluriel, entre le verbe et celui-là, il n'y a plus de concordance; l'ellipse est irrégulière :

Le cœur est pour Pyrrhus, et les vœux pour Oreste.
(Racine.)

Si Montesquieu a dit d'un prince comme je le trouve imprimé :

Le peuple jouit de ses refus, et les courtisans de ses grâces.

Montesquieu s'est donné la même licence que Racine.

Il y a cependant une exception à cette règle de concordance : C'est lorsque le mot *tout*, collectif, ou son équivalent *chacun*, réunit, comme en un seul point, toute l'énumération. Alors c'est à un singulier que toutes les idées aboutissent. La phrase est régulière, et il n'y a point d'ellipse :

> Femme, moines, vieillards, *tout* était descendu.
> (La Fontaine.)

> *Chacun* se réveille à ce son,
> Les brebis, les chiens, le garçon. (La Fontaine.)

> Environ dans le temps
> Que *tout* aime, et que *tout* pullule dans le monde,
> Monstres marins au fond de l'onde,
> Tigres dans les forêts, alouettes aux champs. (La Font.)

> *Tout* est mystère dans l'amour,
> Ses flèches, son carquois, son flambeau, son enfance.
> (La Fontaine.)

A moins de réunir ainsi tous les nominatifs, l'ellipse est soumise à la règle, et ce n'est point parler correctement que de dire comme Voltaire :

> Vous régnez. Londre *est* libre et *vos lois triomphantes*.

ou comme Vauvenargue :

> Que la loi *soit* sévère et *les hommes indulgents*.

Mais les grands écrivains ont leurs prérogatives. Une licence plus grande encore dans l'ellipse, c'est de supposer la répétition du verbe, lorsque le temps en est changé :

>J'eusse été près du Gange esclave des faux dieux,
>Chrétienne dans Paris, musulmane en ces lieux.
>(VOLTAIRE.)

car le verbe sous-entendu devant *musulmane*, est *je suis*, et non pas *j'eusse été*.

Un autre défaut dans l'ellipse, c'est la différence du passif à l'actif. Comme si l'on dit : *En aimant* on veut l'*être*. *J'aimais*, je me flattais de l'*être*. Qui ne sait point *aimer* n'est pas digne de l'*être*.

On se permettait cette ellipse du temps de Vaugelas ; et récemment encore quelques bons écrivains se la sont permise.

>On ne trompe pas long-temps les hommes sur leurs intérêts ; et ils ne haïssent rien tant que de l'*être*. (VAUVENARGUE.)

Mais quoique cela s'entende, l'expression ne répond pas au sens. Elle présente un faux régime.

Si cependant le participe actif et le participe passif sont le même à l'oreille, et qu'ils soient tous les deux au même genre et au même nombre, l'ellipse me semble passable : Il m'a *trompé* ; je ne croyais pas l'*être*.

Quand même le nombre est différent, si l'adjectif est le même aux deux nombres, je crois l'ellipse encore permise : Vous vous moquez des *jaloux*, vous *le* serez un jour.

Il en est de même entre deux adjectifs de divers genres, tous deux au même nombre, si la désinence est la même pour les deux. Comme si un homme dit à une femme. Vous êtes *sensible*, je *le* suis plus que vous. Vous avez été *malade*, et moi aussi. Vous êtes *jeune* et je ne *le* suis plus. Mais il ne dira point : Je ne puis être *heureux* si vous ne l'*êtes* pas. Le mot sous-entendu n'est plus le même que le mot énoncé.

Il y a donc une légère faute dans ces vers de Voltaire :

> L'homme est jaloux dès qu'il peut s'enflammer.
> La femme l'est même avant que d'aimer.

Et dans cette ellipse de La Bruyère :

> La faiblesse est plus opposée à la vertu que le vice.

Mais pour ces phrases comparatives, l'usage est assez indulgent. Il l'est aussi pour l'ellipse entre deux pronoms : *Vous pensez ainsi, non pas moi. Vous êtes content, non pas nous.* Il l'est même pour la différence du nombre entre le verbe et les nominatifs accidentels qui viennent à sa suite, pourvu que le verbe s'accorde avec le nom qui le précède :

> Tout le bien du monde est à nous,
> Tous les honneurs, toutes les femmes. (La Font.)

De même pour la supression de la particule régissante, aux infinitifs qui succèdent à celui qu'elle a précédé.

> Résolu de jouir,
> Plus n'entasser, plus n'enfouir.

Notez que La Fontaine aurait pu dire : *de ne plus entasser, de ne plus enfouir*. Mais cela eût été moins vif.

> Le bien, nous le faisons; le mal, c'est la fortune.
> (La Fontaine.)

Il y a des ellipses absolument irrégulières que l'on passe en faveur de la vivacité qu'elles donnent à l'expression :

> Je t'aimais inconstant, qu'aurais-je fait fidèle? (Rac.)

> Peuple-roi que je sers,
> Commandez à César, *César à* l'univers. (Voltaire.)

Mais ces hardiesses ne sont permises qu'aux poëtes, et qu'aux grands poëtes.

Il y a une foule de locutions elliptiques dont la plupart ne sont susceptibles d'aucune construction analytique, mais que l'usage autorise, et qui, reçues dans le langage, ne sont plus soumises à aucun examen. De ce nombre il en est qui ont été prises dans les langues savantes; les autres sont des gallicismes, c'est-à-dire des façons de parler, qui, hors des règles générales de la syntaxe, n'appartiennent qu'à notre langue.

Je crois vous avoir fait observer qu'au commencement d'une phrase, le *que* interrogatif, exclamatif, impératif, suppositif, est une particule elliptique : *Que* ne vient-il? *Que* n'allez-vous? *Qu'il* vienne! *Que* je l'accuse, moi! *Que* si vous demandez. *Que* s'il arrivait *que*.

> Ah! seigneur, *que* le ciel, j'ose ici l'attester,
> De cette loi commune a voulu m'excepter. (RACINE.)
>
> Non *que* si jusque-là j'avais pu vous complaire. (RAC.)
>
> Mais *que* ma cruauté survive à ma colère,
> *Que*, malgré la pitié dont je me sens saisir,
> Dans le sang d'un enfant je me baigne à loisir!
> Non...... (RACINE.)

Cependant, quel mot sous-entendre, qui, devant cette particule, forme avec elle un sens net et précis?

Que est aussi elliptique dans ces locutions : Il ne fait *que* jouer. Il ne fait *que* de sortir. Vous vez *qu*'à vouloir. Il ne laisse pas *que* de se tter. Il n'a *que* faire de venir. Ce n'est pas *que* je veuille. Est-ce *que* vous croyez? Si est-ce *qu*'il me se ble. Non *que* je vous refuse. Non *que* je ne convienne. Il est inouï *que* l'on ose. Il ne se peut *que* vous n'ayez appris.

Sans *que* je n'aime point à. Sans *que* je veux savoir si. (SÉVIGNÉ.)

Parmi ces locutions, il y en a quelques-unes où le mot retranché se fait aisément sous-entendre ; mais, dans la plupart, on ne sait quels sont les mots sous-entendus, ni comment on les construirait selon les règles de la syntaxe, et ce sont de purs gallicismes.

Nous disons : Il est incroyable *combien* cet homme-là est changé depuis qu'il est en place.

Nous disons : *Il n'est que de* se bien entendre.

Nous disons familièrement : Si j'étais *que de* vous.

Nous disons : ne *tient-il qu'à* oser? Il ne tient qu'*à vouloir*.

Nous disons comme a dit Racine :

J'admirais *si* Mathan, dépouillant l'artifice,
Avait pu de son cœur surmonter l'injustice.

Nous disons à l'impersonnel : *Il y a* des hommes. *Il est* des temps. *Il arrive* des accidents. *Il se fait, il se dit, il se passe* des choses. Comment résoudre analytiquement ces impersonnels en une construction régulière? Et lorsqu'on dit : Ce coquin *de* valet, un fripon *d*'enfant, un bon homme *de* père, un saint homme *de* chat, dans le style de La Fontaine; et dans celui de Montaigne : Ce maraud *de* Caligula; que peut-on sous-entendre qui rende raison de ce *de*, si singulièrement introduit dans la phrase? et de ce *vous* qui s'est glissé dans ces autres phrases familières? Qu'il vienne, je *vous* l'arrangerai. Que je l'entende me raisonner, je *vous* lui apprendrai son devoir.

On lui lia les pieds, on *vous* le suspendit. (La Font.)
Le renard sort du puits, laisse son compagnon,
    Et *vous* lui fait un beau sermon. (La Fontaine.)

Ce sont pourtant-là des finesses, et quelquefois des grâces dans le style naïf; on les sent, mais qui les explique?

La Fontaine est de tous les écrivains français, celui qui a le plus hardiment et le mieux employé l'ellipse.

Vous en avez vu des exemples, en voici quelques-uns encore:

Le bruit cesse, on se retire.
Rats en campagne aussitôt....
Ainsi parla le loup. Et flatteurs d'applaudir....
Je vous laisse à penser si le gîte était sûr.
Mais où mieux?...
C'est mon trésor que l'on m'a pris.
Votre trésor! où pris?...
Chat et vieux, pardonner! cela n'arrive guère....
Femme et mère; il suffit pour juger de ses cris....
Plus de chant. Il perdit la voix....
Plus d'amour. Partant plus de joie....
Puis ses traits choquer et déplaire.
Puis cent sortes de fard....
L'ours l'accepte. Et d'aller....
Serviteur au portier, dit-il, et de courir....
Nicolas au rebours....
Et lui sage, etc., etc....

Remarquez que de ces ellipses il n'y en a presque

pas une où l'on ne supplée sans aucune peine le mot sous-entendu. Il en est de même de celles-ci :

> Il y va de ma gloire. (Racine.)
> Gardez de la désabuser. (Racine.)
> Elle sait son pouvoir; vous savez son courage. (Rac.)
> Il n'est que trop instruit de mon cœur et du vôtre.
> (Racine.)
> *N'était que* de son cœur le trop juste reproche. (Rac.)

Et La Bruyère :

> Le bon esprit nous découvre notre devoir, notre engagement à le faire; et s'il y a du péril, *avec péril.*

Tour d'expression aussi net qu'il est vif.

Il faut avouer cependant que, pour l'ellipse, les langues savantes ont de l'avantage sur la nôtre. Mais je ne trouve pas, comme Vaugelas, que la nôtre ne veuille rien sous-entendre; je vois seulement qu'elle veut que ce qu'on ne dit pas soit aisément sous-entendu.

Il est vrai que, dans la langue usuelle, le besoin que l'on a communément de dire vîte plutôt que de bien dire, a introduit infiniment plus de ces abréviations, que dans la langue soigneusement écrite; et c'est pour cela que le style familier en admet dans toutes les langues beaucoup plus que le style noble. Combien moins de tours elliptiques dans Virgile que dans Térence. Combien moins dans Racine et dans Fénélon que dans Molière, La Fontaine et madame de Sévigné.

Mais en revanche la langue noble, sur-tout la langue poétique a bien d'autres licences et d'autres hardiesses. Racine, le modèle dans l'art d'écrire la tragédie; Racine, le plus pur, le plus élégant de nos poëtes, s'est permis souvent ce qu'on ne passerait aujourd'hui à aucun nouvel écrivain.

Ce n'est pas que je tombe d'accord avec d'Olivet, de toutes les critiques grammaticales qu'il en a faites. Je pense qu'au défaut de l'usage, l'analogie a autorisé Racine à dire : *L'effroi de ses armes*, comme on dit, *la terreur de son nom* : Qu'il a pu dire : *Il prend l'humble sous sa défense*, comme on dit, *sous sa garde, sous sa protection*, puisque l'un comme les deux autres présente l'image d'un bouclier : Qu'il a pu dire : *Persécuter le père sur le fils*; comme on dirait : *Se venger du père sur le fils*, puisque l'action est oppressive, et que *sur* la peint mieux que *dans* : Qu'il a pu dire : *Mon ame inquiétée d'une crainte*, et dans le même sens,

La Grèce en ma faveur est trop *inquiétée*,

puisque ce participe *inquiétée* est plus expressif qu'*inquiète*; qu'il signifie *troublée*, *agitée*, ce que *inquiète* ne dirait pas; on ne dit pas, être *inquiet* en faveur de quelqu'un. En pareil cas, madame de Sévigné dit toujours : Je suis *inquiétée*. *Inquiète* lui aurait paru faible. *Inquiété* suppose une cause étrangère, j'en conviens avec d'Olivet; mais *agité* la suppose de même. L'on n'en dit pas moins *agité*, sans dire, *par quoi*, ni *de quoi*.

Je ne pense pas non plus qu'il n'ait pas été permis à Racine de dire, en *votre main*, au lieu d'en *vos mains* :

> Savez-vous si demain
> Sa liberté, ses jours seront en *votre main*?

Ici la critique de d'Olivet me semble d'autant plus minutieuse, qu'en image, et familièrement parlant, dans *ma main* est plus vif, plus fort, que dans *mes mains* : Je tiens cette affaire *dans ma main*. Je tiens sa fortune dans *ma main*.

Je crois aussi que dans ces vers :

> Vous me donnez des noms qui doivent me surprendre ;
> Et les dieux contre moi dès long-temps indignés
> A mon oreille *encor* les avaient épargnés.

Je crois, dis-je, que, dans le sens de *jusqu'ici*, *encore* est très-clair et très-juste. Ne dit-on pas? Il s'était *encore* préservé, garanti. Il me refuse *encore* de s'expliquer. J'en doutais *encore*, mais enfin je le crois.

Confiés en ses mains me semble très-bien dire, *déposés* en ses mains, *et déposés avec confiance*.

J'aurais encore à noter plusieurs des remarques de d'Olivet; mais d'autres hardiesses de Racine ont échappé à la censure de ce grammairien :

> Armer contre une ville et le *fer* et la *faim*,

me semble au moins une licence.

Consolez-moi de quelque heure de paix, pour dire, *accordez-moi quelque heure de paix*, qui me soulage, qui me console, n'est pas à imiter, non plus que ces autres exemples :

> Quelque *ombre d'amertume*....
> Que le ciel à son gré de *ma perte dispose*....
> De ce titre odieux mes droits *me sont garants*,

pour dire, *m'exemptent, me garantissent.*

> Les dieux de ce haut rang le voulaient *interdire*,

pour *lui interdire* ce haut rang, *l'en exclure.*

> Et vos cœurs *rougiraient* des faiblesses du mien.

Vous préfère, pour dire, *préfère à vous.*

> A-t-il de votre Grèce *inondé* les frontières ?

Un cœur *douteux*, pour *incertain, mal assuré.*
Pousser des vœux. *Appuyer* des soupirs.

> Le mettaient *à l'abri de leurs corps* expirants,

pour dire, *le couvraient*, lui *faisaient un rempart de leurs corps.*

> De Troie en ce pays *réveillons* les misères,

pour, *renouvelons*, ou *reproduisons* les misères.
Résolvons-nous *de*, pour *à.*

> Et qui *de ce dessein* vous inspire *l'envie ?*...
> .... moi dont *l'ardeur* extrême
> .... *n'aime* en lui que lui-même.

Charger le ciel de vœux.

Ce chagrin qui vient de m'alarmer,
N'est qu'un léger *soupçon* facile *à désarmer.*
Un peuple *injurieux...*
Et sans *sortir du joug* où leur loi les condamne....
Quoi déja votre amour *des obstacles vaincu....*
Il te fâche en ces lieux d'abandonner ta proie....
Moins vous l'aimez, et plus tâchez de lui complaire.
Expier le sang de mon amant,

pour *expier la mort.*

Réparer tout *l'ennui* que je vous ai causé....
Ne *souviendrait-il plus à mes sens égarés ?*...
Cependant *un bruit* sourd *veut* que le roi respire....
Mais à me tourmenter ma crainte est trop *subtile....*
Du sceptre dans mes mains pour *soulager le poids.*

Il n'y a rien dans tout cela qu'un jeune poëte osât, ni dût oser se permettre aujourd'hui.

Je dois même observer qu'à mesure que Racine s'exerçait dans l'art d'écrire, il se rendait plus sévère à lui-même, et plus fidèle aux règles de la langue. Les plus belles de ses tragédies sont celles où il s'est donné le moins de ces licences : réponse à faire à ceux qui nous allèguent que, sans les licences, la belle poésie ne saurait subsister, et que ce serait l'éteindre que de l'assujettir aux lois de la syntaxe et de l'analogie.

Mais c'est aussi trop exiger des écrivains de génie, que de vouloir qu'ils y soient rigoureusement asservis. L'harmonie, la précision, le tour vif et rapide, et, à l'égard des poëtes, la mesure et la rime, sollicitent quelque indulgence. C'est là tout ce qu'il faut induire de nos remarques sur Racine, qui d'ailleurs fait passer, dans la riche abondance d'un style continuellement élégant et harmonieux, ses légères incorrections.

A l'égard des écrivains en prose, on a droit d'être plus sévère; et toute incorrection qui ne contribue pas à donner au discours plus de force ou de grâce, est une tache dans le style. Par exemple, la singularité des tours qui est souvent si heureuse et si piquante dans La Bruyère, ne laisse pas d'y être quelquefois incorrecte et pénible sans aucun fruit.

Quelle plus grande honte y a-t-il *d'être* refusé d'un *poste* qu'on mérite? ou d'*y être* placé sans le mériter?

Quelle plus grande honte y a-t-il, est un tour de phrase comparative, et non pas disjonctive; et de plus, *être refusé d'un poste* n'est pas français. On dira bien : *Quel est le plus humiliant de telle chose ou de telle autre?* Mais il faut dire : *Quelle plus grande honte y a-t-il* à telle chose *qu*'à telle autre.

La plus brillante fortune ne mérite *point*, *ni* le tourment que je me donne, *ni* les petitesses où je me surprends. (LA BRUYÈRE.)

Que fait là *point* avec deux *ni?*

Le meilleur de tous les biens, s'il y a des biens, c'est le repos, la retraite et un endroit qui soit *son* domaine. (LA BRUYÈRE.)

Pourquoi *son* qui n'est relatif à rien, au lieu de *notre* dont le rapport serait sensible? *Son*, même indéfini, veut un antécédent.

Se consoler du grand, de l'excellent par le médiocre. (La Bruyère.)

C'est là du laconisme, mais il est vague, il est obscur. Un mot de plus, se consoler de la *privation*, n'aurait pas surchargé la phrase.

Les gens de bien, qui, *avec* les vices cachés, fuient encore l'orgueil et l'injustice. (La Bruyère.)

Pourquoi *avec* qui fait là un sens louche? dit-on fuir une chose *avec* une autre, pour dire *autant* ou *aussi-bien* qu'une autre? C'était là le cas d'être un peu plus long, pour être plus simple et plus clair.

Je ne sais s'il y a rien au monde qui coûte plus à approuver et à louer que ce qui est *plus digne* d'approbation et de louange. (La Bruyère.)

Par quelle affectation a-t-il retranché *le* de *plus digne*, superlatif, et n'a-t-il pas dit, *le* plus digne, lorsque la règle et le sens voulaient qu'il le dît?

Vos esclaves me disent que vous ne pouvez m'écouter *que d'une heure entière*. (La Bruyère.)

Pourquoi n'avoir pas dit *que dans une heure?* ou *que d'une heure entière vous ne pouvez m'écouter*. *M'écouter que d'une heure* est un tour forcé, une locution mal construite.

Ces incorrections m'étonnent d'autant plus qu'elles sont d'un homme qui travaillait son style, et qui savait très-bien choisir ce qu'il y avait de mieux, pour le rendre clair et vif en même temps; mais Vaugelas lui-même, en traçant les règles de la langue, n'a-t-il pas fait des fautes contre les règles de la langue.

Au lieu de dire, *il en est de cela comme*, il dit :

Il est de cela comme.

Il dit :

Ceux que vous consultez s'éclairciront du doute que vous leur *demandez*.

On ne demande point un doute, on le propose.

Il faut, *dit-il*, que les gérondifs soient toujours placés après le nom substantif qui les régit, et non pas devant, *comme fait* d'ordinaire un de nos plus célèbres écrivains.

Comme fait après *soient placés*, est bien ce que Vaugelas appelle un *solécisme;* et c'est lui qui le fait.

Il dit :

Les meilleurs auteurs n'ont *point* eu occasion d'écrire ni l'un ni l'autre.

Il devait bien savoir que *ni* excluait *point*, et n'admettait avant lui que la demi-négative *ne*.

C'est la même faute que nous venons de remarquer dans La Bruyère.

Après avoir dit la *censure et la louange*, il ajoute :

Quoiqu'il soit également juste de donner et de recevoir *l'un* et *l'autre*, quand ils sont bien *fondés*.

C'est encore là un solécisme ; il fallait dire *l'une* et *l'autre*, quand *elles* sont *fondées*.

Je vous ai déja fait remarquer cette phrase si mal construite :

Pour l'ordinaire la langue française ne supprime rien : ce qui est toutefois une grande élégance parmi les Grecs et les Latins, qui engendre néanmoins bien souvent de l'obscurité et des équivoques.

Il est difficile d'écrire d'un style plus embarrassé et plus confus. Assurément, en donnant le précepte de la netteté du langage, il n'en a pas donné l'exemple.

Il n'est pas non plus un modèle de précision et d'élégance. On dirait, au contraire, qu'il affecte d'appesantir et d'allonger son expression. Vous y trouvez à tout moment ces tournures traînantes : *Pour ce qui est de parler, pour ce qui est d'écrire, bien que, si est-ce que.*

Bien qu'il soit vrai qu'il n'y a rien de si bizarre que l'usage, si est-ce qu'il ne laisse pas de faire bien des choses avec raison.

Ainsi personne n'est infaillible dans son art.

LEÇON NEUVIÈME.

Il ne me reste plus, mes enfants, qu'à vous entretenir des qualités qui contribuent à la perfection du langage et du style.

Les unes sont indispensables, soit qu'on parle, soit qu'on écrive ; et, sans distinction, sans restriction aucune, c'est mal parler sa langue que de les négliger. Celles-là sont la *pureté*, la *netteté*, la *propriété*, ou, pour mieux dire, la *convenance*.

Les autres sont d'une nécessité étroite, rigoureuse. Ce sont l'*élégance*, la *grâce*, la *précision*, la *force*, la *richesse*, le *charme* d'un beau *naturel*. C'est par celles-ci que, dans les divers genres, naïf, familier, sublime, les grands écrivains se distinguent.

Occupons-nous d'abord de celles que tout langage doit avoir.

La pureté consiste à n'employer que les mots et les locutions que la règle, ou du moins que l'usage autorise.

Il fut un temps où l'usage, à l'égard des mots, était encore indécis ou mal assuré. Le besoin ou la fantaisie en faisait tous les jours produire de nouveaux, les uns pris du latin, les autres retirés de notre vieux langage ; et souvent sans autre raison qu'un goût capricieux, c'était à qui les ferait passer, ou leur interdirait l'entrée.

Vaugelas met au nombre des barbarismes, non-seulement les mots qui n'étaient pas français, mais ceux qu'on voulait rajeunir, et ceux qui n'étaient pas encore pleinement reçus par l'usage : moyen de faire une langue morte d'une langue à peine formée, et de lui interdire, dès son étroit berceau, toute espèce d'accroissement.

Heureusement, ni Vaugelas, ni son prosélyte Bouhours, n'en imposèrent à leur siècle; et nombre de mots qu'il voulaient proscrire, n'ont pas laissé d'être adoptés.

Ménage, aussi savant grammairien que l'était peu le régent Bouhours et Vaugelas lui-même; Ménage, secondé de Thomas Corneille, homme d'un sens exquis, contribua beaucoup à détruire ce système de proscription. Il est vrai que Ménage aurait été trop indulgent; mais l'usage, après lui, fut beaucoup trop sévère, en rejetant une foule de mots qui sont dignes de nos regrets.

Parmi ceux qui échappèrent aux inquisiteurs de l'usage, je compte, *urbanité, sagacité, sublimité, sécurité, impassibilité, intrépidité, vénusté, adulateur, adulation, indévotion, intolérance, inattention, inapplication, infécond, désireux, loisible, intrépide, offenseur, invaincu, enivrement, inespéré, impolitesse, aménité, suavité, suave, inalliable, inextinguible, inexprimable, infaisable, insoluble, insidieux, inaction, improbation, dé-*

lecter, *délectation*, *délectable*, *incommunicable*, *infrangible*, *impardonnable*, *inexpugnable*, *dominatrice*, *dispensatrice*, *dénuement*, *ambitionner*, etc.

J'ai dit ailleurs combien d'autres mots l'usage a délaissés, dont nous sentons le besoin et le prix, *exorable*, *fallacieux*, etc.

« C'est aussi, dit Vaugelas, un barbarisme de
« phrase que d'user de celles qui ont été en
« usage autrefois, mais qui ne le sont plus, comme
« on en peut voir un grand nombre dans Amyot;
« et encore d'user de celles qui ne font presque
« que de naître. » *Élever ses mains vers le ciel*, au lieu de *lever les mains au ciel*, était pour lui un barbarisme. A ce compte, Racine lui aurait paru un écrivain barbare.

Pour l'usage des particules, si l'on disait, *les pères et mères*, au lieu de dire, *les pères et les mères*; si l'on disait : *Ses père et mère*, au lieu de, *son père et sa mère*; si l'on disait : Il est *si riche et libéral*, au lieu de dire, *et si libéral*; *se venger sur l'un et l'autre*, au lieu de, *sur l'un et sur l'autre*; *supplier avec des larmes*, au lieu de, *supplier avec larmes*; *avant de mourir*, pour, *avant que de mourir*; *il est plus juste et facile*, pour, *et plus facile*; *par avarice et orgueil*, pour, *et par orgueil*; *hors la ville, hors la route*, pour, *hors de la ville, hors de la route*; *peindre après nature, après Raphaël, dessiner après l'antique*, au lieu de, *d'après nature*, etc.; *tel mérite qu'on ait*, pour, *quelque mérite qu'on ait;* c'étaient encore des barbarismes au jugement de Vaugelas.

Il y a dans quelques-unes de ces locutions, de l'inexactitude; mais c'est bien peu de chose, et il me semble que le barbarisme est quelque chose de plus grave.

Toute incorrection n'est pas un barbarisme.

Corneille est incorrect, mais il n'est point barbare en disant :

> Tu ne succomberas, *ni vaincras* que par moi....
> Ils ne l'auront *point vue obéir qu'à* son prince.

Boileau ne l'est point en disant :

> Moi qui ne *compte rien*, ni le vin ni la chère....
> C'est à vous, mon esprit, *à qui* je veux parler.

ni La Bruyère, lorsqu'il dit, *il me coûte*, pour, *il m'en coûte;* ni Bouhours le puriste, en disant :

> Une des choses qui *contribue* davantage.

et en disant de la prose et de la poésie :

> Il y a autant de différence entre elles qu'*il y a* entre deux personnes qui, etc.

Tout cela cependant ne laisse pas d'être contraire à la pureté du langage.

Sur l'article du solécisme, Vaugelas n'est sévère qu'avec plus de raison. C'est faire un solécisme que de dire : *Je recueillis*, pour, *je recueille*. Pensez-vous que *je voulus*, au lieu de, que *je vou-*

lusse. C'en est un que de dire : C'est un ouvrage *à qui* l'on donne de grandes louanges. Je n'ai point *de l'argent*, pour, je n'ai point *d'argent*, etc. Mais, en disant que le participe *ayants* au pluriel ne convient point aux femmes, il donne à entendre qu'il convient aux hommes; et les hommes *ayants* n'est pas moins un solécisme, que les femmes *ayants*. *Ayant* n'est jamais déclinable.

Du reste, tout ce qu'on appelle des gallicismes, sont autant de solécismes qu'a faits le peuple, et que l'usage a ratifiés. Ceux-là ne nuisent point à la pureté de la langue aux yeux d'un grammairien français; mais, aux yeux d'un étranger instruit de la logique générale des langues, ce sont des taches dans la nôtre; et un écrivain qui affecte de s'en servir, comme il y en a quelques-uns, passera difficilement pour un écrivain pur.

Ainsi, quoique je convienne avec Vaugelas, que les gallicismes ne sont point des phrases vicieuses, et avec d'Olivet, que plusieurs de ces irrégularités peuvent avoir place en toute sorte de style, j'oserai nier *qu'elles aient d'autant plus de grâce qu'elles sont particulières à notre langue, et qu'elles soient un des principaux charmes d'une diction vive, aisée et naturelle.* Sans doute dans le style familier, et singulièrement dans le style épistolaire, les gallicismes peuvent souvent être employés avec grâce; parce que l'une des grâces de ce style est un air de négligence et d'abandon. Rien de plus piquant que d'entendre madame de Sévigné dire, en parlant de l'austérité de la morale que Bourdaloue prêchait devant Louis XIV :

Il frappe comme un sourd, disant des vérités à bride abattue, parlant à tort et à travers contre l'adultère. Sauve qui peut; il va toujours son chemin.

Mais dans ce style même, l'usage trop fréquent de ces phrases proverbiales serait le plus choquant des vices, *une affectation de trivialité*; et je crois qu'il en est ainsi de l'*idiotisme* en général, c'est-à-dire des façons de parler irrégulières et mal construites, qui sont propres à chaque langue.

D'Olivet appelle les *gallicismes*, *des tours vraiment français*; il fallait dire, *populaires*. *On saurait gré*, dit-il, *à un savant, citoyen de Rome et d'Athènes, de vouloir bien quelquefois n'être que Français*.

On pouvait lui répondre que Racine ne parlait ni grec ni latin, que Racine parlait français; et que, dans Racine, rien n'était plus rare que les gallicismes, puisque lui-même, d'Olivet, n'y en avait remarqué que deux.

La netteté consiste dans l'arrangement des mots. Les vices contraires à cette qualité du langage sont l'embarras dans la construction, l'inversion forcée, l'équivoque, l'ambiguité, le sens louche. Quintilien appelle le style pur, *emendata oratio*, et le style net, *dilucida oratio*. Vaugelas les distingue de même.

L'embarras dans la construction vient du déplacement des mots, de la mauvaise structure des phrases, de leur entassement, de la confusion, de l'ambiguité des régimes et des rapports. Ces défauts tiennent l'un à l'autre.

Par exemple : *Il se persuada qu'il réparerait la perte qu'il venait de faire, en attaquant la ville par plusieurs endroits.* Avait-il fait la perte, en attaquant la ville? ou bien, en attaquant la ville, espérait-il réparer la perte? Ce dernier sens est le véritable; mais, pour le rendre net, il fallait dire : *Il se persuada qu'en attaquant la ville*, etc., *il réparerait*, etc.

Même déplacement de mots dans cette phrase : *Il y a un air de vanité et d'affectation dans Pline le jeune, qui gâte ses lettres.* Quel est l'antécédent de qui? Est-ce Pline? est-ce l'air d'affectation? Cela est équivoque. Mais qu'on eût dit : *Il y a dans les lettres de Pline le jeune, un air d'affectation et de vanité qui les gâte;* les mots étaient tous à leur place, et l'on s'expliquait nettement.

L'adverbe bien ou mal placé, peut faire que l'expression soit nette, ou obscure et confuse.

Je n'espère pas aisément obtenir ce que je désire. Si c'est à *obtenir* qu'*aisément* se rapporte dans ma pensée, je dois dire *obtenir aisément*. Si j'entends : Que je ne conçois pas *aisément* l'espérance de réussir, il m'est aisé de lever l'équivoque en disant, je n'espère pas *aisément de* réussir dans ce que je désire, *d*'obtenir ce que je désire.

Il veut absolument terminer cette affaire avant de partir. Même équivoque. Est-ce *terminer absolument ?* Il faut le dire ainsi. Est-ce à *vouloir* que se rapporte *absolument ;* il faut le détacher du second verbe, et dire, *avant de partir, il veut absolument* terminer cette affaire; ou mieux encore, *que cette affaire se termine avant son départ.*

Le déplacement de l'adverbe peut mettre de l'embarras dans la phrase sans équivoque; et alors l'expression n'est pas obscure, elle est pénible; vous l'allez voir dans cet exemple, cité par Vaugelas :

Si vous réservez l'honneur de vos bonnes grâces à celui qui les désire avec plus d'affection, je ne pense point qu'il y en ait un qui, plus que lui, se doive justement promettre la gloire d'y parvenir.

Cette période, déja si lourde, et si traînante, est encore enchêvetrée par la transposition de l'adverbe, *qui plus que lui se doive justement ;* au moins fallait-il dire *qui doive plus justement que lui.*

Moins les rapports sont familiers, moins l'oreille y est habituée, plus il faut les rendre sensibles. Voilà pourquoi dans cette phrase : Le jour approche *qui* doit décider, Vaugelas défend de rien interposer entre le relatif et son antécédent.

Mais Vaugelas est trop sévère, lorsque dans cette autre phrase :

En cela plusieurs abusent tous les jours merveilleusement de leur loisir,

il trouve que l'adverbe nuit à la netteté; je ne vois point cela.

Il me semble, dit Thomas Corneille, que ce n'est pas écrire nettement que de dire :

Pour réussir il employait l'artifice, et l'adresse qu'il mettait en usage le faisait venir à bout de, etc.

Vaugelas trouve le même défaut dans cette phrase de Malherbe :

Comme nous refusons de l'eau à un malade, un couteau à un désespéré, et à un amoureux tout ce que le déréglement de sa passion lui fait désirer à son préjudice....

Critique minutieuse. Il est vrai que, dans une langue sans ponctuation, il y aurait dans ces phrases ambiguïté de rapport; mais, lorsqu'il suffit d'une virgule pour ôter l'équivoque, ce n'est guère la peine de s'en inquiéter.

L'inversion forcée ou maladroite, nuit à la netteté du style. Mais de toutes celles que d'Olivet a remarquées dans Racine, quelque hardies qu'elles soient, il n'y en a presque pas une qui obscurcisse l'expression :

Sur qui sera d'abord *sa vengeance exercée?*...
Quand sera *le voile arraché*...
Qui sur tout l'univers jette une nuit si sombre?...

> La reine permettra que j'ose demander
> Un gage *à votre amour* qu'il me doit accorder.
> Phénix même en répond, *qui* l'a conduit exprès
> Dans un fort, etc.
> On accuse en secret cette jeune Ériphile
> Que lui-même, *captive*, amena de Lesbos.
> *Ou lassés ou soumis*
> Ma funeste amitié pèse à tous mes amis.
> Laissez, *de vos femmes suivie*,
> A cet hymen, sans vous, marcher Iphigénie.
> Hé! pourrai-je empêcher, *malgré ma diligence*,
> Que Roxane, d'un coup, n'assure sa vengeance?

Pour la netteté de la construction, dit d'Olivet, il fallait : Pourrai-je empêcher que, *malgré ma diligence*, *Roxane*, etc. d'Olivet se trompe. Malgré ma diligence signifie : Quelle que soit ma diligence ; et cette incidente est très-naturellement placée après, *hé! pourrai-je empêcher?*

La même incidente ne va pas aussi directement au sens dans ces vers :

> Mais, comme vous savez, malgré ma diligence,
> Un long chemin sépare et le camp et Byzance.

Cependant personne ne soupçonnera Osmin d'avoir voulu dire que sa diligence n'a pas empêché que Bysance fût loin de Babylone ; et bien évidemment ces mots répondent à l'idée de l'impossibilité où il est de savoir ce qui peut être arrivé au camp d'Amurat, depuis qu'il en est parti.

Avec plus de raison d'Olivet a noté quelques

vers du même poëte, où le rapport des termes n'est peut-être pas assez net :

> Avez-vous pu penser qu'au sang d'Agamemnon
> Achille préférât une fille sans nom,
> Qui, de tout son destin, *ce qu'elle a pu comprendre*,
> C'est qu'elle sort d'un sang qu'il brûle de répandre?

Ce *qui* relatif, sans relation, est à la vérité, une espèce de gallicisme fort en usage; mais il ne laisse pas d'inquiéter l'esprit lorsqu'on en cherche le rapport :

> Qu'ai-je fait, pour venir accabler en ces lieux
> Un héros?

Après *qu'ai-je fait*, c'est de la personne qui parle que doit s'entendre *pour venir*, et il doit vouloir dire, *pour que je vienne*. Or, ici *pour venir* veut dire, *pour que vous veniez*. Le sens serait moins louche, si Axiane disait à Alexandre : *Que vous ai-je fait pour venir*, etc.

> *Sans espoir de pardon*, m'avez-vous condamnée?

Sans espoir regarde Andromaque, et semble regarder Pyrrhus.

> Du fruit de tant de soins, *à peine jouissant*,
> En avez-vous paru six mois reconnaissant?

Selon la construction, le sens serait *jouissant à peine*, et selon la pensée le sens est, *à peine six mois*.

> *En voyant* de son bras voler par-tout l'effroi,
> L'Inde sembla m'ouvrir un champ digne de moi.

En voyant, qui paraît se rapporter à l'Inde, se rapporte à *moi*, Alexandre.

> Par un indigne obstacle il n'est point retenu,
> Et, *fixant* de ses vœux l'inconstance fatale,
> Phèdre depuis long-temps ne craint plus de rivale.

Fixant, qui d'abord semble relatif à Thésée, se trouve ensuite appartenir à Phèdre.

> Cruel, pouvez-vous croire
> Que je sois *moins que vous* jalouse de ma gloire?

Ici c'est l'équivoque à laquelle nos pronoms personnels sont tous si fréquemment sujets. Atalide veut dire, *que je sois moins jalouse de ma gloire que vous, Bajazet, n'êtes jaloux de la vôtre*. Mais, à la lettre, le vers dit, *que vous n'en êtes jaloux pour moi*.

> Il l'aime : mais enfin cette veuve inhumaine
> N'a payé jusqu'ici son amour que de haine ;
> Et chaque jour encore on *lui* voit tout tenter
> Pour....

Lui jusque-là est équivoque ; et le rapport n'en est décidé que par ce complément de phrase,

> Pour fléchir sa captive, ou pour l'épouvanter.
>
> Vous me haïssez *plus que tous les Grecs ensemble*,

dit Pyrrhus à Andromaque. Est-ce *que tous les*

Grecs ne me haïssent, ou *que vous ne les haïssez ?* On peut entendre l'un ou l'autre.

C'est ainsi que la plupart des équivoques et des ambiguités de sens viennent de la diversité de rapport, dont les pronoms sont susceptibles, comme dans cet exemple encore : *Qui trouverez-vous qui, de soi-même, ait borné sa domination, et ait perdu la vie sans quelque dessein de l'étendre plus avant ?* Est-ce *étendre sa domination*, ou *étendre la vie ?* On sent bien quel est le vrai rapport; mais le pronom peut avoir aussi l'autre.

Il a imité Démosthène dans tout ce qu'il a de beau. Est-ce dans tout ce que l'imitateur a de beau; ou dans tout ce qu'a de beau Démosthène ?

Il lui a été fidèle dans son adversité. Dans l'adversité duquel des deux ? Cela est équivoque.

Les monuments de Rome, dont la grandeur fait l'étonnement de la terre. Est-ce la grandeur des monuments, ou de Rome elle-même ?

Lisez l'histoire de la Grèce, au temps de Périclès, qui fut si favorable aux arts. Est-ce Périclès ou son temps qui leur fut favorable ?

C'est cette ambiguité de rapport qu'il faut éviter, si l'on veut écrire nettement.

Sans qu'il y ait équivoque, le style manque de clarté, si dans des phrases entrelacées les rapports s'interrompent, ou sont trop éloignés.

Ce dut être le défaut du temps où l'on travaillait une lettre comme une harangue, et où l'on cherchait laborieusement à donner à la prose française le nombre, l'harmonie et l'ampleur de la période latine.

Nos anciens poëtes, ou, pour mieux dire, nos mauvais poëtes se croyaient permise toute sorte d'inversion. C'est l'une des barbaries du style de Chapelain; la *Pucelle* est hérissée de vers faits comme celui-ci :

Ses dents, tout lui manquant, dans les pierres il plante.

On lit dans l'Esther de Rotrou :

Ah, Dieu! si tu permets régner telle injustice,
On verra triompher de la vertu le vice.

L'un des plus heureux changements qui se soient faits dans notre langue, a été d'y réduire l'inversion à ce qu'elle pouvait avoir de facile, de naturel et d'harmonieux à l'oreille.

Le défaut de clarté vient aussi de l'affluence des idées trop précipitamment répandues. De là un amas d'incidentes qui se pressent et qui s'entassent. On a comparé les esprits qui veulent tout dire à-la-fois, à des bouteilles dont le goulot est trop étroit. Ne leur ressemblez pas. Commencez par bien concevoir ce que vous voulez dire. Si vos idées sont troubles, laissez-les reposer; ensuite donnez-leur le temps de se répandre, sans tumulte et sans confusion.

C'est bien souvent à la brièveté qu'on sacrifie la netteté du style. Dans ce tour de phrase repris par Vaugelas : *Selon le sentiment du plus capable d'en juger de tous les Grecs*, il est arrivé ce qu'a dit Horace, et après lui Boileau :

J'évite d'être long et je deviens obscur.

Il fallait dire tout à son aise : *Selon le sentiment de celui des Grecs qui était le plus capable d'en juger.*

Sur cette phrase reprise avec raison par Vaugelas : *La naïveté est une des premières perfections, et des plus grands charmes de l'éloquence.* Je sais, dit Thomas Corneille, que la répétition d'*un* blesserait, et qu'il serait mal de dire, *un des plus grands charmes.*

Et pourquoi serait-ce mal dire? c'est ainsi que l'on parle, et c'est ainsi qu'on doit parler.

Je vous ai fait voir, comment dans un style pressé l'on pouvait être clair, par la justesse des rapports. Mais ceux-mêmes de nos écrivains qui sont les modèles d'un style précis, vif et clair à-la-fois, n'ont pas toujours assez fait d'attention à observer dans les rapports cette exacte justesse.

La Rochefoucault dit :

La civilité est un désir d'*en* recevoir.

De recevoir, de quoi? De la civilité? cela n'est pas français.

La Bruyère a dit :

L'esprit de la conversation consiste moins à *en* montrer beaucoup qu'à *en* faire trouver aux autres.

Selon le sens, *en* signifie simplement *de l'esprit*, et selon la syntaxe *en* signifie *de cet esprit*, car il est relatif à l'antécédent énoncé. La Bruyère a donc dit :

L'esprit de la conversation consiste moins à montrer de l'esprit de la conversation.

Et ce n'est point là sa pensée.

Le même en parlant des femmes :

Elles ont un enchaînement de discours inimitable, *qui* se suit naturellement, et *qui* n'est lié que par le sens.

Selon la grammaire, les deux *qui* se rapportent à *un* enchaînement.

La Bruyère a donc dit :

Un enchaînement qui se suit et qui n'est lié que par le sens.

Est-ce là ce qu'il voulait dire ?

Dans cet exemple cité par Bouhours :

Il n'y a peut-être point de conseil dans l'Europe où le secret se garde mieux que celui de Venise.

Qu'est-ce qu'il en coûtait de lever l'équivoque, en disant que *dans* celui de Venise ?

Vous ne sauriez croire combien de fois la mince épargne d'un monosyllabe a donné lieu à ce vice de construction.

On l'évite à l'égard du pronom relatif, en employant *lequel, laquelle* au lieu de *qui*, quand la clarté l'exige. Pour le pronom *il, elle, ils*, ce ne peut guère être que le sens même qui en détermine le rapport; mais, lorsque par le sens le rapport est bien décidé, il n'y a plus d'équivoque, et c'est une critique minutieuse et de mauvaise foi, que de trouver un double sens dans une phrase aussi nette que celle-ci : *Scipion doit être en cela leur modèle comme en tout le reste. Tite-Live a remarqué que, lorsqu*'il *alla assiéger Carthage.....,* qui peut douter en effet que cet *il* ne se rapporte à Scipion? Et qui peut seulement penser à Tite-Live, en parlant d'aller assiéger Carthage.

Il n'en est pas de même de ce passage, que Bouhours a noté comme le précédent : *Samuel offrit son holocauste à Dieu*, et il *lui fut si agréable, qu*'il *lança au même moment de grands tonnerres contre les Philistins*. Voilà deux *il* dont le premier est absolument équivoque, et rend le second louche, à cause des deux sens, et du double rapport.

Mais Bouhours, en voulant corriger cette faute, en a fait une puérile. Il voulait qu'on eût dit: *Samuel offrit son holocauste à Dieu, et cet holocauste lui fut si agréable, que Dieu*, etc.

Après ces mots *lui fut*, en parlant de Dieu, il serait ridicule d'ajouter *que Dieu*.

Il était bien aisé de simplifier le rapport, en disant : *Samuel offrit son holocauste; et cette offrande fut si agréable à Dieu, qu*'il *lança*, etc.

A l'égard du pronom possessif *son*, *sa*, *ses*, je ne sais de remède à l'ambiguité de rapport, que d'éviter les tours de phrase où elle se rencontre. Mais ici, comme ailleurs, il n'y a d'équivoque réelle que l'équivoque de bonne foi. Lorsqu'on a dit en parlant d'Alexandre : *Germanicus a égalé sa vertu, et son bonheur n'a jamais eu de pareil*; il est bien évident qu'on n'a pas entendu, a égalé sa vertu et son bonheur; ni que *son* bonheur fut celui de Germanicus.

Ne comptez pourtant pas sur l'attention et sur la réflexion de celui qui vous lit ou qui vous écoute. Rien ne le rebute si vîte qu'un langage obscurément construit.

Souvent, pour s'épargner la répétition d'un article ou d'un pronom, ou d'une particule déclinative, on rend indécis, équivoque, le rapport des mots et leur sens. Ne refusez jamais à la clarté, à la netteté du discours, rien de ce qu'elle exige pour ne laisser dans la pensée aucun nuage. Mais souvenez-vous que la prolixité nuit plus à la clarté que la concision. Ce sont les phrases compliquées qui sont le plus sujettes à brouiller les rapports des articles et des pronoms.

L'inversion peut être une cause d'obscurité. Ne l'employez jamais, sur-tout en prose, que lorsqu'elle n'a rien d'embarrassant ni pour l'esprit, ni pour l'oreille. Elle consiste le plus souvent dans la transposition du régime du verbe ou du nominatif. En voici les règles prescrites par l'usage.

Ne transposez le nominatif que lorsque le verbe est précédé du *que* relatif ou de quelque autre mot qui suspende l'attention : *L'avis que lui ont donné ses amis. Les chagrins que lui a suscités l'envie. Le lieu où repose sa cendre. Ainsi mourut ce grand capitaine.*

Ne transposez jamais le régime direct, hormis les cas où je vous ai fait voir qu'il précède son verbe; il doit toujours le suivre.

Le génitif et l'ablatif, c'est-à-dire le régime indirect, marqué de la particule *de*, se transpose en poésie et souvent même en prose : *De tous les animaux, le plus féroce c'est le tigre. De ces principes résulte cette conséquence. De ce nombre sont exceptés. De la culture de mon jardin, je tire des fruits, des légumes. De la conduite de mes enfants dépendra le bonheur ou le malheur de ma vieillesse.*

Le datif ou le régime indirect, marqué de la particule *à*, se transpose de même : *A vos objections je réponds. A la tempête succéda le calme. A un ami sage et discret, on peut tout confier sans crainte. Aux vertus d'un héros, Épaminondas joignait celles d'un sage.*

Ces inversions, lorsqu'elles sont faciles et naturelles, ont de la grâce, de l'élégance et de plus l'avantage de contribuer à l'harmonie et à la clarté du discours. Je dis à la clarté, parce qu'elles rapprochent le mot régissant de tous les mots incidents qu'il gouverne, et le placent, pour ainsi dire, au centre de son action, au milieu de ses relations.

A propos de l'inversion, vous me demanderez peut-être s'il y a quelque règle certaine, pour placer l'adjectif avant ou après le substantif.

C'est une question sur laquelle les grammairiens ont déféré au jugement de l'oreille ; et en effet le plus souvent l'oreille en est le seul arbitre.

Je crois cependant vous avoir dit qu'il y a une sorte d'adjectifs, dont la place est fixée après leur substantif; ce sont les participes. On dira toujours : *L'abyme ouvert, l'arbre abattu, les murs élevés, le chemin applani, les vagues irritées.*

A l'égard du simple adjectif (et j'appelle simple celui qui qualifie la personne ou la chose), s'il est composé de plusieurs syllabes, il serait mal placé devant un nom monosyllabique. Vous ne direz donc point : *Les orageux vents, les inconstants flots, les fortunés bords, l'impétueux cours, les abondants fruits, un ténébreux bois, un serein jour, de mélodieux chants, le fécond Nil*, etc. ; et quand même le substantif serait un mot de deux syllabes, si l'adjectif en a un plus grand nombre, et qu'il ait pour finale une syllabe sonore, il sera mieux placé après qu'avant le substantif, à moins que celui-ci n'ait quelque liaison subséquente; car alors il faut le laisser le plus proche qu'il est possible du mot auquel il se rapporte. On dira donc : *Ce sont là des conseils dangereux à suivre;* mais on dira : *Ce sont de dangereux conseils à donner;* car le danger n'est pas pour celui qui les donne, et *dangereux à donner* ferait une espèce de contre-sens.

Vaugelas a fait une règle de ne mettre jamais le substantif entre deux adjectifs, et en conséquence il réprouve, *en cette belle solitude et si propre à la contemplation.* Il voulait que l'on dît, *en cette solitude si belle et si propre à la contemplation.* Sur quoi Patru fait cette note : *En cette belle solitude et si propre,* etc., *cela est très-bien dit*; *et, s'il n'est grammatical, il est oratoire. On peut de même,* ajoute-t-il, *mettre un substantif entre deux verbes;* par exemple : *Environné de tout ce qui peut séduire l'ame et l'amollir.* Et Patru a toute raison.

Du reste, ni les mots composés, ni les phrases faites ne souffrent de déplacement : *Bonne tête, bonne plume, bonne épée, fin renard, fine mouche, fine lame,* au personnel, sont des mots faits, auxquels il ne faut rien changer. Il en est de même d'*honnête homme,* de *galant homme,* d'*honnête femme,* de *faux air,* de *faux jour,* de *vert galant,* de *sage-femme,* lesquels auraient tout un autre sens, si les deux mots étaient renversés.

Il n'est pas plus permis de déranger les phrases faites, lorsque la position des mots leur donne un sens particulier : Achille, dans sa colère, *mit la main à l'épée.* Minerve l'empêcha *de mettre l'épée à la main.* Voltaire s'animait en *mettant la main à la plume.* L'impatience et le dépit lui *mirent* souvent *la plume à la main*. On dit : Écrire dans *le haut style*, dans *le style sublime*, et non pas, dans *le style haut*, ni dans le *sublime style*. On dit : *C'est bien parler*, et on ne dit pas, *c'est parler bien*. On dit : *Bien mériter de sa patrie*, et on ne dit pas, *mériter bien*. On dit : *Bien faire*, à l'absolu, et l'on ne dit pas dans le même sens, *faire bien*. On dit : Descendre en ligne *directe* de tel homme, et l'on ne dit pas, aller à son but en ligne *directe*. On dit : Tracer une ligne *droite*, et non pas une *droite* ligne. On dit : la flèche va au but en *droite ligne*, et non pas, en *ligne droite*. On dit : *Trouver bon que*, *trouver mauvais que* quelqu'un prenne la liberté; et l'on ne dit : Ni *trouver bon*, ni *trouver bonne*, ni *trouver mauvais*, ni *trouver mauvaise* la liberté que l'on a prise. On dit : Être élu d'*une commune voix*, d'*une voix unanime*, et non pas, d'*une voix commune*, ni d'*une unanime voix*. On dit : *Quand même* au suppositif, et *même quand* au positif avec le mode qui leur convient.

Ceci nous mène à la troisième qualité du bon style ; savoir à la *propriété* ou *convenance* de l'expression.

J'explique ici *propriété* par *convenance*, pour éviter une équivoque. Par le mot *propre*, on entend quelquefois le contraire de *figuré*, ou le contraire de *commun*. Ici j'entends le contraire d'*impropre*, le synonyme de *convenable au sens* que l'on veut exprimer ; et je ne conçois pas comment, parmi les qualités nécessaires à la correction du langage, Vaugelas n'a pas fait mention de celle-ci.

Les poëtes, il est vrai, n'ont pas été bien scrupuleux sur cet article. Voltaire, dans son examen des tragédies de Corneille, y remarque une foule d'expressions impropres. J'en trouve même dans Racine un grand nombre qui ont échappé à l'œil de d'Olivet; j'en ai déja noté quelques-unes; en voici d'autres.

Racine, en parlant des deux fils d'OEdipe, fait dire par Jocaste :

Allons leur faire voir ce qu'ils ont *de plus tendre.*

Elle entend *leur mère et leur sœur.*

Mais d'un soin si commun votre ame est peu *blessée....*
Qu'une chûte si belle *élève* la vertu....
Oui, Taxile, mon cœur *douteux* en apparence....
Ne laissez point languir l'ardeur qui vous *travaille....*
Ses yeux s'*opposeront entre* son père et vous....
  Troubler le pouvoir de vos charmes....
Fais-lui valoir l'hymen où je me suis *rangée....*
Par mes ambassadeurs mon cœur vous fut promis,
Loin de les *révoquer,* je voulus y *souscrire.*
Tout l'empire n'est plus la *dépouille* d'un maître....

Dans tout cela, le mot impropre se fait apercevoir sans peine. Ce qui nous aime, ou ce que nous aimons le plus tendrement, n'est pas ce que nous avons *de plus tendre.* Une ame n'est point *blessée* d'un soin. Une *chûte* peut honorer la vertu, mais ne l'*élève* pas. Un cœur incertain, irrésolu n'est pas un cœur *douteux*. L'ardeur ne *travaille* point; elle agite, elle entraîne. Des yeux ne *s'opposent* pas *entre*. On ne *trouble* point un pouvoir. Andromaque s'est résolue, s'est réduite à un hymen forcé, mais elle ne s'y est point *rangée. La dépouille d'un maître* est ce dont on l'a dépouillé; c'est le contraire de *sa proie*.

Ce ne sont point là de ces heureuses hardiesses que nous admirons dans Racine, lorsqu'il fait dire à Agamemnon :

> Ce nom de roi des rois et de chef de la Grèce
> *Chatouillait* de mon cœur l'*orgueilleuse faiblesse*.

Ou lorsqu'il fait dire à Joad :

> Et de David *éteint rallumé le flambeau*.

Ce sont les négligences d'un poëte d'ailleurs inimitable, et qu'en cela personne n'a le droit d'imiter.

Nos meilleurs écrivains en prose ne se sont pas toujours piqués de cette justesse d'expression, qui exige le choix du mot propre. Par exemple : Ce qui nous trompe sous l'apparence de la vertu, de l'amitié, de l'innocence, etc., n'est pas le *mensonge* de la vertu, de l'amitié, de l'innocence; car en cela ni l'innocence, ni l'amitié, ni la vertu ne ment.

Montesquieu n'a donc pas employé le mot propre, lorsqu'il a dit :

> Le désir général de plaire produit la galanterie, qui

n'est point l'amour, mais le délicat, mais le léger, mais le perpétuel mensonge de l'amour.

L'air de bienveillance est le *mensonge* de la politesse.

L'air de dévouement au bien public est le *mensonge* de l'ambition.

Un moyen sûr et indispensable de donner à son style la propriété dont je parle, c'est de bien connaître la valeur des termes, et tous les sens dont ils sont susceptibles dans leurs acceptions diverses; mais sur-tout les nuances qui distinguent les mots, et les locutions synonymes. Sans cette connaissance que le temps, l'usage et la lecture peuvent seuls nous donner, on ne sait jamais bien sa langue, et l'on n'est jamais en état de la parler correctement.

Je ne m'étendrai point sur ce sujet immense. Il me suffit de vous donner quelques notions des différences à observer soit d'un mot pris dans telle ou dans telle acception, soit de deux mots qui semblent synonymes, ou de deux façons de parler que l'on croirait pouvoir substituer l'une à l'autre.

Sembler et *ressembler* disent, l'un avoir *l'apparence*, et l'autre avoir la *ressemblance*. L'un se construit directement avec un verbe ou avec un adjectif : Il *semble* craindre, il *semble* confus, étonné; l'autre a pour régime un nom substantif avec la particule *à* : il *ressemble* à son père.

Boileau n'a pas laissé de mettre l'un pour l'autre en disant :

Semble un violon faux qui jure sous l'archet.

Bertaut avait pris une autre licence, en donnant un régime simple à *ressembler*, dans ces jolis vers :

> Quand je revis ce que j'ai tant aimé,
> Peu s'en fallut que mon feu rallumé
> Ne fît l'amour dans mon ame renaître ;
> Et que mon cœur, autrefois son captif,
> *Ne ressemblât l'esclave fugitif*,
> A qui le sort fait rencontrer son maître.

Se ressouvenir est plus éloigné que *se souvenir*.

Se réveiller est plus vif et plus prompt que *s'éveiller*.

Et entre *éveiller* et *réveiller* quelqu'un, il y a la même nuance.

Rester, continuité relative : J'ai *resté* une heure à l'attendre.

Demeurer, continuité absolue : Il *demeure* à la campagne. Je suis *resté* un moment interdit. Il a *demeuré* confondu.

Demeurer, faire sa demeure, se construit avec le verbe *avoir*.

Demeurer, être stable, se construit avec le verbe *être*.

Être allé, voyage. *Avoir été*, séjour : *J'ai été* à Rome deux ans. En telle année, *je suis allé* à Rome. Notez qu'ayant pour auxiliaire le verbe *être*, le participe d'*aller* se décline : Ils sont *allés*, elle est *allée*.

Oublier, mettre en oubli.

Oublier de, omettre par oubli.

Oublier à, perdre une facilité acquise.

S'oublier, ne pas penser à soi; et, dans un autre sens, manquer aux bienséances, *oublier* ce qui convient à son état, ce que l'on doit aux autres.

Il me souvient est vague;

Je me souviens est plus précis.

J'ai souvenance, marque un temps éloigné.

Entendre est fortuit.

Écouter est volontaire.

Ouïr est momentané.

Garder, avec un régime simple, conserver, observer, avoir ou prendre sous sa garde : *Garder* les usages de son pays. *Garder* son champ, ses troupeaux. *Garder* son innocence.

Garder de, se préserver de, éviter, craindre de : *Gardez* de l'offenser.

Garder le lit, *garder* sa chambre, sa maison, *garder* le coin du feu, y rester, s'y tenir.

Prendre garde, optatif ou dérogatif : *Prendre garde* d'éviter les écueils. *Prendre garde* de s'y briser. Il répond à l'*ut* et au *ne* latin.

Prendre garde à soi, à ses enfants; veiller sur soi, veiller sur eux.

N'avoir garde de, se bien défendre, se préserver, s'abstenir de.

Estimer une chose, l'apprécier. *Estimer* quelqu'un. Avoir bonne opinion de lui, de son mérite, en faire cas.

Dépouiller quelqu'un de ses vêtements, de son bien. *Dépouiller* un arbre, *le dépouiller* de son écorce. *Se dépouiller. Dépouiller*, quitter, déposer. *Dépouiller* son orgueil. *Dépouiller* l'artifice.

Le temps passe, le temps s'écoule. *Le temps se passe*, le temps s'emploie, se consume.

Ressentir une injure. *Se ressentir* d'un mal qu'on a eu, d'une perte, d'une blessure.

Croître, grandir. *Accroître*, augmenter une chose. *Croître* fut autrefois actif :

Je ne prends point plaisir à *croître* ma misère. (Racine.)

On ne le dit plus; mais on dira très-bien :

Je vois mes honneurs *croître*, et tomber mon crédit.
(Racine.)

quoique d'Olivet n'approuve pas cette inversion de régime.

Suppléer quelqu'un, le remplacer, en remplir les fonctions.

Suppléer à une chose, mettre à la place une autre chose, ou y ajouter ce qui manque : Le courage *supplée* au nombre. Le levier *supplée* à la force du bras. Le télescope *supplée* à la faiblesse de la vue.

Survivre à quelque chose. *Survivre* à quelqu'un, ou, quelqu'un. *Survivre* à sa disgrâce. *Survivre* à ses amis. *Survivre* à ses enfants. *Se survivre* à soi-même.

Aller, du lieu où est celui qui parle au lieu où

il n'est pas. *Venir*, du lieu où il n'est pas au lieu où il est, au lieu où il se propose d'être.

Trouver à dire, trouver qu'il manque. *Trouver à redire*, trouver à reprendre, à blâmer. *Jaillir* en droite ligne. *Rejaillir* en tout sens. *Douter*, être en doute. *Se douter*, être en soupçon.

Ainsi de mille autres de nos verbes dont le dictionnaire de l'Académie française et plusieurs traités des synonymes vous apprendront à démêler, jusque dans leurs nuances, les diverses acceptions.

Vous y apprendrez de même à n'employer les noms que dans le sens qui leur est propre, comme par exemple : L'*idée* et la *pensée*, la *honte* et la *pudeur*; la *haine*, l'*aversion*, l'*antipathie* et la *répugnance*; la *naïveté*, l'*ingénuité*, la *sincérité*, la *franchise*; la *finesse*, l'*adresse*, la *ruse*, l'*artifice*; l'*entendement*, l'*intelligence*, la *raison*, le *bon sens*, l'*esprit* et le *génie*.

Et de même, le juste et véritable sens des adjectifs et des adverbes : Comme d'*abstrait* et de *distrait*; de *savant*, de *docte* et d'*habile*; de *sévère* et d'*austère*; de *capricieux* et de *fantasque*; de *clairvoyant* et d'*éclairé*; d'*aisé* et de *facile*; de *fatal* et de *funeste*; d'*oisif* et d'*oiseux*; de *gai* et d'*enjoué*; d'*illustre*, de *fameux*, de *renommé* et de *célèbre*; de *fou* et d'*insensé*; de *fainéant*, de *paresseux*, d'*indolent* et de *nonchalant*; de *fade* et d'*insipide*; de *léger*, de *volage* et d'*inconstant*; de *méchant*, de *malin* et de *malicieux*; d'*obstiné*, d'*entêté*, de *têtu* et d'*opiniâtre;* de *vrai*, de *véritable* et de *sincère*.

Et entre les adverbes à-peu-près synonymes, les différences de *sûrement, certainement, assurément;* de *vainement*, d'*en vain* et d'*inutilement;* d'*avant* et de *devant;* de *fréquemment* et de *souvent*, etc.

Le petit livre de Girard, que j'ai sous les yeux dans ce moment, est un modèle de cette sorte d'analyse ; et je vous invite à le lire attentivement, et plus d'une fois.

La grâce, l'élégance, la noblesse, la force, le naturel et toutes ces beautés de langage et de style qui appartiennent au sentiment, sont au-dessus des règles : le goût en est l'arbitre ; et il vous sera plus aisé de les sentir à la lecture de nos grands écrivains, qu'il ne me serait aisé de vous les définir, ou de vous les décrire. Je crois d'ailleurs en avoir dit assez dans ces *Éléments de Littérature,* qui, à ce que j'espère, feront partie de vos études.

Je me borne sur cet article à une observation ; c'est que l'art d'écrire excellemment dans tous les genres, consiste d'abord à bien prendre le ton de son sujet ; à savoir ensuite choisir l'expression la plus analogue à la pensée, au sentiment, à l'image que l'on veut rendre, en évitant d'être commun, sans cesser d'être naturel ; à ne donner à chaque phrase qu'un tour simple et facile, mais à diversifier les formes, les couleurs, les tours, les mouvements du style, se souvenant sans cesse de ce précepte que Montesquieu a tracé en parlant des ouvrages de goût :

Les choses que nous voyons successivement doivent avoir de la variété; celles que nous apercevons d'un coup-d'œil doivent avoir de la symétrie.

Je ne conseillerai à personne de créer des mots : Mais, lorsqu'avec discrétion, et seulement pour le besoin, l'on ne fera que renouveler un vieux mot oublié, négligé sans raison, clair à l'esprit, doux à l'oreille, n'ayant rien de vil et de bas, et restituant à la langue une nuance, un trait d'expression qu'elle aura perdu par le caprice ou l'insouciance de l'usage; lorsqu'à un verbe, ou à un nom d'origine étrangère, ou d'ancienne extraction, l'on ajoutera l'adjectif ou l'adverbe tiré de la même lignée, déja rendu intelligible et familier par son affinité avec ces mots connus, et, si j'ose le dire, par son air de famille; je pense qu'on sera louable, au lieu d'être répréhensible.

Vous trouverez mon opinion développée et motivée dans un *Essai sur l'autorité de l'usage* (1). Ce fut dans une séance publique de l'Académie française, en 1785, que je lus cet essai, et il obtint l'assentiment et le suffrage du public.

Je n'étends pas cette liberté jusqu'à des con-

---

(1) Voyez le mot *usage*, dans les *Éléments de Littérature* de l'auteur.

structions nouvelles. Mais, pour les nouvelles alliances de mots, je les crois permises, toutes les fois qu'elles sont justes et heureusement assorties. C'est sur-tout par là qu'une langue est vivante et féconde. C'est par-là que se caractérise et se signale le génie d'un écrivain.

Cette critique triviale et pédantesque, *cela ne se dit point*, est un reproche, lorsque les mots nouvellement alliés s'accordent mal ensemble; mais elle est un éloge, lorsque de leur union résulte une beauté nouvelle de pensée et d'expression.

On dit de deux mots discordants qu'ils sont étonnés de se trouver ensemble; si j'osais me servir de la même figure, je dirais que deux mots heureusement unis pour la première fois se rencontrent avec plaisir, et qu'ils sont agréablement étonnés de leur sympathie.

Certes, il est rare d'entendre dire, *aspirer à descendre*, et c'est une hardiesse d'expression que Racine enviait à Corneille. *Tâter* ne s'était jamais trouvé dans le style héroïque, et comme il y est heureusement employé dans ce vers de Sertorius à Pompée !

Aux périls de Sylla vous tâtez leur courage. (Corn.)

Il est rare d'entendre dire, que *la conscience calomnie*; et rien de plus juste et de plus expressif que ces mots de Vauvenargue :

La conscience des mourants calomnie leur vie.

Il est rare d'entendre dire : *Oser être modeste;* et rien de plus piquant dans La Bruyère que cette singularité d'expression :

Certains hommes contents d'eux-mêmes, de quelque action, de quelque ouvrage qui ne leur a pas mal réussi, et ayant ouï dire que la modestie sied bien aux grands hommes, osent *être modestes.*

Oser semble encore plus étrange, lorsqu'on dit du hasard qu'il *ose;* et ce vers de Corneille n'en est que plus beau dans la bouche d'Émilie, en parlant d'Auguste :

J'attendrai du hasard qu'il *ose* le détruire !

L'univers *allait s'enfonçant* dans les ténèbres de l'idolâtrie, est une expression bien étrange, et bien belle dans la bouche de Bossuet !

Les *magnifiques* témoignages de notre *néant,* sont encore un rare assemblage.

Dicter un silence ne s'était jamais dit : Il n'en est pas moins bien dans ce vers de Racine :

Sa réponse est dictée et *même son silence.*

Un geste confident a de même trouvé sa place, et, tout inouï qu'il était, il n'a point trouvé de censeurs.

Prêt à faire sur vous éclater la vengeance
D'*un geste confident* de notre intelligence.

Rien de plus inouï que, *imputer à cornes*, et

que *mourir au pied levé ;* et avec quel bonheur cela est dit dans La Fontaine!

Il ne s'agit que de concilier la nouveauté de l'expression avec la clarté, la justesse; et si elle rend la pensée ou l'image, d'une manière convenable à l'objet, et dans le style que le sujet demande, plus elle est inouïe et plus elle est heureuse. C'est ce que Quintilien appelait dans Horace, *curiosa verborum felicitas.*

Je vous en dirai davantage, lorsque nous parlerons des tours et des figures de l'expression dans nos leçons de rhétorique.

Mais, pour ne rien négliger de ce qui peut contribuer à votre instruction sur la grammaire, je vais finir par ramasser ce qui a pu m'échapper d'utile dans les remarques de Vaugelas.

REMARQUES.

1. Dans *héros*, *l'h* est aspirée. Elle ne l'est point dans *héroïsme*, *héroïque*, *héroïne*, *héroïquement*. Elle l'est dans *halleter. Hennir. Hérissé. Hache. Harpie.*

2. *Période*, révolution, est féminin. *Période*, terme, est masculin.

7. *Personne*, pour *nemo*, masculin : *Personne* n'est *venu. Personne* n'est plus *heureux* que vous. *Personne*, au pluriel, est féminin; mais susceptible d'un relatif masculin : J'ai consulté bien des *personnes. Ils* pensent *tous.* Mais il faut dire, *qui*

pensent *toutes*. Les *personnes* les plus *sensibles* ne sont pas toujours les plus *prudentes*.

Personne, pour, *qui que ce soit* : C'est un secret trop important pour le confier à *personne*.

26. Je *vais*, ou *je va*, au gré de l'oreille.

46. *Le plus grand nombre* reçoit le pluriel, mais ne l'exige pas. *La plupart* l'exige. *Une infinité*, de même. *Une foule* de monde est accourue. *Une foule* de citoyens se sont assemblés.

71. Au lieu de répéter *si*, ou *quand*, ou *comme*, il est élégant de mettre *que* au second membre : *S'il* fait beau et *que*. *Quand* je songe au passé et *que*. *Comme* il est très-habile et *que* son opinion est d'un grand poids. Vaugelas veut aussi qu'on dise :

La raison *pourquoi* l'un s'afflige et *que* l'autre se réjouit, *c'est que*.

Je ne le dirais pas.

72. *Si* dirai-je, *si* est-ce que, n'est plus que du langage familier.

77. *Je peux* ou *je puis*, au gré de l'oreille.

83. *Température* ne se dit que de l'air.

84. *Terroir*, pour une qualité particulière du terrain. *Territoire*, possession considérable en terre. *Terrain* est le mot générique.

86. *Tasser* du blé dans un sac. *Entasser* du blé dans un grenier.

87. *Onze* et *onzième* sont aspirés. Du *onze*, le *onzième*.

89. Deux verbes qui n'ont pas le même régime, ne doivent point être accolés, comme, ayant *reçu, et donné l'asyle à ce vieillard.*

93. Il avait les yeux et la bouche *ouverts.* Ou bien, par ellipse, et la bouche *ouverte.* Mais avec le verbe être, il faut dire, ses yeux et sa bouche étaient *ouverts.*

96. Patru croyait qu'il fallait dire :

C'est moi qui a *fait* cela. C'est toi qui a *fait* cela.

Racine a fait de *moi* une tierce personne dans ces vers :

Britannicus est seul. Quelqu'ennui qui le presse
Il ne voit dans son sort que *moi qui s'intéresse.*

et c'est ainsi qu'il faut parler en pareil cas.

Lorsqu'il parlait de cette femme, il ne savait pas que ce *fût* moi qui l'eût ou qui l'eusse épousée. Thomas Corneille est pour qui l'*eût.* En effet, moi n'est là qu'une tierce personne. On dirait cependant que ce fût nous qui l'*eussions* mariée, que ce fût vous qui l'*eussiez* épousée.

115. On dit : *Soyons*, au subjonctif, parce qu'à l'indicatif on dit, *nous sommes.* On dit *voyions* au subjonctif, parce qu'à l'indicatif on dit nous *voyons.* Cet *i* distinctif n'a lieu que pour les verbes où cette syllabe *yons* est diphthongue, comme dans *croyons, ployons, noyons, ennuyons, essayons, essuyons.* Quant aux verbes en *ier*, l'*i* ne s'y redouble jamais.

140. *Arrivé qu'il fut, accablé qu'il était,* gallicismes peu usités. *Le malheureux qu'il est! L'insensé qu'il était!* se disent très-bien, et ils ont de la force. *Malheureux que je suis! Malheureux que nous sommes! Insensé que tu es! Insensés que vous êtes!*

142. *L'un et l'autre* avec un pluriel ou un singulier, à volonté.

144. N'en pouvoir *mais*, n'en pouvoir *plus*, sont du langage familier.

147. *Il y tient, il y peut tenir tant de liqueur,* gallicismes.

148. Après vingt et un, le pluriel est le mieux. Vingt et un *chevaux*.

173. Familièrement et par contraction, l'usage a supprimé l'*e* de grande devant quelques mots: *Grand'peine. Grand'peur. Grand'pitié. Grand'chère. Grand'mère. Grand'chose. Grand'église.*

175. *Tout mon monde,* peut signifier, *tous mes amis, tous mes convives;* il est honnête, ainsi que *tous les miens. Tous mes gens* ne l'est pas, si ce n'est en terme de guerre.

178. *Jamais plus,* ne se dit plus guère, et tant pis.

181. Il y eut *cent soldats blessés,* ou *de blessés.* Le *de,* partitif, signifie *sur le nombre;* et je préfère, *de blessés.*

199. *Exhausser* un bâtiment. *Exaucer* des prières.

210. Ai-je fait *quelque chose* que vous n'ayez

pas *fait?* quoiqu'on pût dire aussi que vous n'ayez pas *faite.*

214. *Aller à la rencontre*, est familier; *au-devant*, est respectueux. *A la rencontre de son ami; au-devant de son père.*

223. *En*, lors même qu'il n'est pas relatif, entre avec grâce dans le discours, dit Thomas Corneille. Exemple : Vous n'*en* êtes pas où vous pensez. J'*en* sais plus que vous sur cette matière. C'est un homme qui *en* donne à garder à tout le monde. Il ne sait où il *en* est. Ils *en* vinrent aux grosses paroles. Le même critique admet *en* user mal, et rejette *en* agir mal, que je crois bon. Au surplus, dans tous ces exemples, *en* est relatif. Son antécédent est sous-entendu.

251. *Faire croire*, persuader. *Faire accroire*, en imposer.

253. *Cesser*, neutre et actif. *Cessez* vos plaintes. *Cessez* de.

254. *Guère* ou *guères* : Il ne s'en faut *guère.* Il ne s'en manque *guère.* Il n'en manque *guère.* Il n'est *guère* plus grand. Il ne me passe de *guère.* Il n'y a *guère* de monde. Il ne tardera *guère. Guère* moins. *Guère* plus.

260. *Ce qu'il* y a de plus déplorable, *ce que* je vois, *ce que* je veux, *ce que* je sais bien, *c'est que*, et non pas, *est que.* Familièrement après *ce* on supprime l'article : *C'*est chose facile. *Ce* sont qualités rares. *Ce* sont jeux, ou *c'*est jeu d'enfant. Le plus cher objet de mes soins, *ce* sont mes enfants ; et non pas, *sont.*

261. Ce *furent* les Phéniciens qui inventèrent l'écriture.

265. *C'est pourquoi* répond à tous les temps, ainsi que *c'est pour cela que* : *C'est* pourquoi l'on *fit* une loi. *C'est* pourquoi vous *ferez* bien de. *C'est pour cela*, et *c'est pour cela qu'*il *faut* se défier de soi-même, *que* je suis venu, *que* j'irai.

267. *Faillir*, pour manquer, ne s'emploie guère que dans ces phrases : Ils *ont failli périr*. Il a *failli tomber. J'ai failli me casser la tête.*

Je crois pourtant que l'on peut dire : La mémoire *lui a failli*. Le cœur *va me faillir*. Les forces *me faillirent*. Mais *manquer* est plus en usage.

278. *Faire injure* est du style noble : *Faire envie, faire querelle, faire pitié, faire dépit, faire affront* sont du bon usage, sur le ton familier. *Faire pièce* est du langage populaire.

285. *Ceux-là se trompent qui pensent......*

292. Sa cave est pleine d'*excellents vins* ou de *vins excellents*, à l'indéfini : mais, sa cave est pleine *des vins, des excellents vins, des vins excellents qu'il a recueillis cette année*. J'ai reçu de lui une lettre *pleine de marques d'amitié*; mais *pleine des marques de son amitié*, ou *pleine des marques d'une amitié sincère*.

297. *Comme quoi* est familier. *Comment* est seul interrogatif, quoique Molière ait dit :

Comme est-ce qu'on se porte?

mais on dit communément, *voici comme.*

298. *Naguère*, ou *naguères*, est encore en usage.

303. *Il est* et *il y a* sont synonymes pour la simple existence, mais pour le nombre, la durée, la mesure, on dit : *Il y a ;* non, *il est.*

323. Votre ami comme *je le suis.* Instruit comme *vous l'êtes*, ou comme *vous êtes.* Jeune et belle comme *elle est.*

328. On dit : *Demi-heure* et une *heure et demie. Demi-douzaine* et une *douzaine et demie.*

362. Personne ne peut dire que je *l'aie*, ou que je *l'ai* trompé. Que je *l'ai*, plus affirmatif.

373. *Cent* a un pluriel. *Mille* n'en a point. On dit : *Cent et un, vingt et un*, mais *cent-deux, vingt-deux, quatre-vingt-un.*

376. *Afin de et de;* non, *afin de et que.*

389. Devant les mots qui affaiblissent la négation, l'on met *pas* et jamais *point :* Il n'a *pas été peu surpris. Il n'est pas plus sage qu'un autre. Il n'y a pas beaucoup de mérite à. Il n'a pas autant de bien que vous croyez. Il n'est pas assez sot pour. Il n'est pas si vain que de.*

394. Le vent du *midi*, du *nord;* mais *un vent de midi, un vent de nord* et *un vent du levant, du couchant;* mais *un vent d'est, un vent d'ouest. Le* est précis. *Un* a plus de latitude.

398. *Point* est plus négatif, plus absolu que

pas. Ni l'un ni l'autre ne se met avec *ni*, avec *jamais*, avec *que* exceptif, avec *ne plus*, avec *aucun*, avec *nul*, avec *rien*. Ces mots sont eux-mêmes le complément de la négation. Il en est de même des mots qui déterminent la négative à l'égard du temps : Je *ne* le verrai *plus*. Je *n'y* reviendrai *de ma vie*. *Il y a long-temps que je ne l'ai vu.*

Il y a une manière de nier faiblement, où le *ne* suffit, et où l'usage a supprimé *pas* et *point*: Je *ne* sais. Je *ne* saurais, je *n'*ose. Je *ne* puis.

Quand on veut donner de la force au *que* exceptif, on le fait précéder de *point* ou de *pas*; et le verbe suivant se met au subjonctif: Je ne le verrai point qu'il n'*ait* changé de mœurs. Je ne vous quitte pas que vous ne m'*ayez* accordé ma demande; c'est une ellipse.

Je ne sais n'exprime que le doute. Il s'emploie elliptiquement, comme, *que sais-je?* Je *ne sais pas*, exprime l'ignorance et l'affirme.

406. On dit jusqu'à *demain matin* et jusqu'à *demain au soir*.

436. *Gens* veut un féminin avant lui, un masculin après.

445. On ne dit *florissant* qu'au figuré : Un empire *florissant*; et du verbe *florir*, il ne reste que l'imparfait : Dans ce temps-là *florissait* Platon. On dit, *une santé florissante* ou *fleurissante*. De même, *une jeunesse*.

477. On ne dit ni quelque chose qui soit *bon*,

ni quelque chose qui soit *bonne.* On dit, *quelque chose de bon. De* en fait comme un neutre. Si le rapport s'éloigne, on dit, il y a dans ce livre quelque chose qui mérite *d'*être lu.

504. *Autrui* ne reçoit que l'article indéfini *à* ou *de.*

523. On dit, *se fier à.* On ne dit plus, *se fier en,* ni guère *se fier sur.*

541. *Mon estime* n'a plus que le sens actif, c'est le cas que je fais des autres.

542. On dit, je vous prends tous *à témoin.* Mais on dit, *pour témoins.*

NOUVELLES REMARQUES.

32. Vaugelas croit voir une syncope dans *vraisemblance.* Il n'y en a point. C'est ressemblance du vrai, ce n'est pas *vraie-ressemblance.*

38. Les *nuées* sont plus légères que les *nues.* C'est la *nue* qui fait l'orage; c'est de la *nue,* et non pas des *nuées,* que tombe la pluie et que part la foudre. C'est tout le contraire de ce qu'a dit Vaugelas.

40. *An* et *année* ne s'emploient pas indifféremment l'un pour l'autre. *An* est transitif dans le langage. *Année* est plus marquant. On dit, un *an,* deux *ans,* mille *ans,* pour marquer simplement l'époque ou la durée. Mais, lorsqu'il s'agit de marquer ou l'ordre des événements, ou quelque circonstance importante, on dit, *année*: La première, la seconde *année* de telle olympiade.

Des *années* de sécheresse, d'abondance. On dira bien, cinq *ans* de guerre ; mais cinq *années* de guerre appuiera davantage sur la circonstance du temps.

Voilà, mes enfants, ce que j'ai recueilli pour vous de mes études sur la langue. Comme votre temps est précieux, et que les connaissances que vous avez à acquérir me pressent, j'abrége le plus qu'il m'est possible, en évitant d'être obscur ou superficiel. Et, si je me permets de multiplier les exemples, c'est, lorsqu'en passant, je rencontre l'occasion de vous enseigner plus que de la grammaire, et de jeter dans vos esprits les germes d'un autre genre d'instruction.

FIN DE LA GRAMMAIRE.

TABLE ANALYTIQUE

Première leçon. Pages 1—35.

Introduction.

Auteurs classiques, grammairiens, critiques.
Généralisation des idées. La proposition, le sujet et l'attribut. Noms substantifs et adjectifs. Noms abstraits et concrets; c'est l'abstrait qui dérive du concret.
Le verbe *être*; sa fonction essentielle. Verbes actifs, passifs, neutres, réfléchis, réciproques, impersonnels. Verbes auxiliaires.
Participes déclinables ou non déclinables. Gérondifs.
L'ellipse.

Seconde leçon. Pages 36—59.

L'article.

Notre langue n'en a point d'autre que *le*, *la*, *les*.
La fonction de l'article est de circonscrire l'idée de l'espèce, de l'individualiser.
Les noms qui reçoivent l'article sont: les noms génériques; les adjectifs qui sont pris substantivement, ou qui représentent un substantif sous-entendu par ellipse; les pronoms pris comme des substantifs spécifiques; les infinitifs faisant office de nom....
Les substantifs perdent l'article, quand ils sont employés adjectivement, ou considérés comme noms propres, ou pris dans un sens indéfini....
L'article ne précède ordinairement ni le vocatif, ni *plus* comparatif; mais *plus* superlatif le demande.

Lorsqu'il y a plusieurs noms régissants ou régis ensemble, chacun devant être spécifié, chacun doit porter son article.

En quels cas le nominatif du verbe, le régime du verbe, le régime de la préposition, peuvent ou ne peuvent pas se passer d'article.

Équivalents par lesquels l'article est remplacé.

Un nom sans article et sans équivalent exprimé ou sous-entendu, ne peut être suivi d'un pronom qui lui soit relatif. — Exceptions à cette règle.

Autres cas où l'article est sous-entendu.

Quand faut-il dire, *je* LA *suis*, ou *je* LE *suis*, etc.?

Troisième leçon. Pages 60—94.

L'adverbe.

Il équivaut à une préposition suivie de son complément. Il ajoute une particularité au caractère de l'action ou au mode de l'existence.

L'adverbe n'a point de régime; mais un même mot peut s'employer tantôt comme adverbe, tantôt comme préposition.

Un même mot aussi peut s'employer comme adverbe et comme adjectif.

Comment *quelque*, *même*, *tout*...., adverbes, diffèrent de *quelque*, *même*, *tout*, adjectifs.

Adverbes de temps, de lieu, d'ordre, de quantité, de qualité, de cause, de manière....

Quand faut-il décliner l'article au superlatif?

Quatrième leçon. Pages 95—126.

La préposition.

Quarante-neuf prépositions dans notre langue; quarante ayant le régime simple, sept que suit *de*, deux que suit *à*.

… A. De. Dans. En. Sur. Entre. Sous. Avant. Devant. Parmi. Contre. Joignant. Touchant. Voici. Voilà. Vers. Envers. Par. A travers. (Au travers de). Outre. Par-delà. (Au-delà de). Durant. Pendant. Suivant. Après. Selon. Chez. Pour. Avec. Sans. Sauf. Hors. Hormis. Excepté. Vu. (Pourvu que). Attendu. Malgré. Moyennant. Nonobstant. Dès. Depuis. Près. (*Près de* diffère de *prêt de*, de *prêt à*.) Proche. Autour. Loin. En-deçà. Au-delà. Quand. Jusques, ou jusque.

Verbes susceptibles de l'une et de l'autre préposition *à* et *de*; mais non indifféremment.

Verbes qui se construisent tantôt avec un régime simple, tantôt avec *à* ou *de*.

Lorsque plusieurs verbes se suivent, et que le régime n'est qu'après le dernier, il faut qu'il leur convienne à tous.

Lorsque la préposition régit plusieurs noms, faut-il la répéter? Oui, si la phrase est négative, disjonctive, adversative...., ou si l'on a dessein de distribuer les objets qu'on rassemble....

Participes employés comme prépositions. — Prépositions elliptiques. — Prépositions opposées qui prennent quelquefois le même sens.

Quand faut-il dire *en*, ou *dans*, ou *à*?

Une préposition ne doit pas être répétée en divers sens dans une même phrase.

Jamais une préposition n'en régit une autre.

CINQUIÈME LEÇON. Pages 127—167.

Le pronom.

Phrases incidentes.... incises.

Pronom personnel, — possessif, — indicatif ou démonstratif, — relatif ou conjonctif.

Trois personnes (ou rôles). Je, moi, me, nous. — Tu, toi, te, vous. — Il, lui, le, elle, la, ils, elles, les, eux, leur (indéclinable), on, y, en, se, soi.

Possessifs; mon, mien, notre. — Ton, tien, votre. — Son, leur, leurs, etc.

Démonstratifs; celui, celle, ceux, celles.... (*Ce, cette,* sont des adjectifs indicatifs, et non des pronoms).

Relatifs; qui, que, lequel, laquelle, dont, etc.

Adjectifs employés comme pronoms par ellipse; l'un, l'autre, tous, aucun, etc.

Tout changement de construction ou de régime oblige à répéter le pronom.

Il, neutre, exprime quelque chose d'indéfini dans la pensée, et sert de nominatif à des verbes impersonnels. *Il faut....*

En rappelle les choses; il peut s'appliquer aussi aux personnes. *Y* peut se rapporter aux personnes, si elles sont prises pour des choses. *Lui* ne convient aux choses que lorsqu'elles sont prises pour des personnes. Dites, *lui, lui-même,* quand le sujet est déterminé; *soi,* quand il ne l'est pas : *Vivre pour* soi, etc.

On, pronom indéfini, ne se dit que des personnes. Il est masculin, quoiqu'on puisse dire familièrement : *On se croit jolie, on est folle,* etc.

Son, sa, ses, convient toujours aux personnes, rarement aux choses.

C'est, ce sont : Ce n'est pas les Troyens, est une licence dans Racine.

A qui, de qui ne s'appliquent aux choses que dans un style figuré.

Employer *où* comme pronom relatif, pour *à qui, en qui,* est une licence qu'il vaut mieux ne pas prendre.

Dites *quel qu'il soit,* et non *tel qu'il soit....*

Sixième leçon. Pages 168—185.

Participes déclinables ou indéclinables.

Le participe actif passé est indéclinable, lorsqu'il précède son régime, il se décline toutes les fois que son régime le précède; ce qui arrive, 1° par inversion; 2° dans l'interrogation, l'exclamation; 3° quand le verbe est réfléchi ou réciproque; 4° quand le régime est l'un des pronoms, *me, te, le, nous, vous, que*, etc.

En, partitif, rend le participe indéclinable.

Se, régime direct du verbe réciproque ou réfléchi, fait décliner le participe; mais quand *se* est régime indirect, le participe ne se décline pas.

Si le participe est suivi d'un infinitif dont le pronom soit le régime, le participe est indéclinable : *Elle s'est* LAISSÉ *conduire*. Mais si l'infinitif exprime l'action ou la situation de la personne même, *se* devient le régime direct du participe et l'oblige à se décliner : *Elle s'est* LAISSÉE *tomber*.

Quand le nominatif ne vient qu'après le verbe, le participe devient-il, par cela seul, indéclinable? Non; dites : *La lettre que m'a* ÉCRITE *mon ami*, aussi-bien que *la lettre que mon ami m'a* ÉCRITE.

Les années qu'il a vécu et non VÉCUES, parce qu'il y a ici ellipse; les années *durant lesquelles* il a vécu....

SEPTIÈME LEÇON. Pages 186—230.

Conjonctions.

Copulatives : *Et, ni.*
Disjonctives : *Ou, soit.*
Adversatives : *Mais, cependant, quoique, au lieu que* ou *de, loin de* ou *que*....
Explicatives : *Car, savoir, c'est-à-dire.*
Circonstancielles : *Comme, lorsque, depuis que, dès que, tant que, tandis que, avant que, avant de.*
Comparatives : *Comme, aussi, ainsi que, plutôt que, autant*, etc.
Extensives : *De plus, d'ailleurs, sur-tout, encore*, etc.
Exceptives : *A moins que, cependant, toutefois, pourtant, néanmoins, sauf*, etc.

Conditionnelles et suppositives : *Si, pourvu que, sinon....*

Causatives : *Par conséquent, afin que, afin de, parce que, puisque, de peur que....*

Transitives et inductives : *Or, donc, au reste, du reste, partant, d'ailleurs, si bien que, de sorte que....*

Déterminatives : *Pourquoi, comment, combien,* etc.

La conjonction *que* remplit diverses fonctions ; elle est comparative, restrictive, subséquente.... Quand doit-elle être suivie de *ne*, ou *de ?* Quand gouverne-t-elle le subjonctif ?

Rien moins que, rien de moins que. La première de ces expressions s'emploie pour nier, la seconde pour affirmer.

Interjections naturelles et artificielles.

Huitième leçon. Pages 231—268.

Caractères des langues et des styles.

Génie, richesses de la langue latine ; ses avantages sur la nôtre.

Génie de la langue française ; mots communs et usités dont la tissure devient admirable dans nos grands écrivains : leur secret est dans le choix exquis des mots qu'ils assortissent.

Emplois divers des prépositions, *à, de, par, pour....*, de la conjonction *que....*, des impersonnels *on, il....*, des mots *ce, ces,* etc.... ellipses.

L'un des plus grands défauts dans l'ellipse, est la différence du passif à l'actif ; comme, *en aimant on veut l'être.*

Gallicismes ou ellipses particulières à la langue française.

Critique de quelques vers de Racine, apologie de quelques autres.... Fautes dans La Bruyère...., dans Vaugelas.

Neuvième leçon. Pages 269—311.

Qualités qui contribuent à la perfection du langage et du style.

Les unes indispensables, comme la pureté, la netteté, la propriété ou la convenance.

Les autres toujours utiles, comme l'élégance, la grâce, la précision, la force, la richesse, le charme d'un beau naturel.

La pureté consiste à n'employer que les mots et les locutions que la règle ou du moins que l'usage autorise. — Vaugelas et Bouhours proscrivaient trop légèrement les mots nouveaux de leur temps. — Toute incorrection n'est pas un barbarisme. — Les gallicismes sont des solécismes qu'a faits le peuple, et que l'usage a ratifiés.

La netteté dépend de l'arrangement des mots. Elle exclut les constructions embarrassées, les inversions forcées, l'équivoque, l'ambiguité, le sens louche. — La plupart des équivoques et des ambiguités viennent de la diversité de rapport, dont les pronoms sont susceptibles. — C'est bien souvent à la brièveté qu'on sacrifie la netteté du style. — Règles ou usages à suivre pour placer l'adjectif avant ou après le substantif.

Par mot *propre*, on entend quelquefois le contraire du mot *figuré* ; nous entendons ici le contraire d'*impropre*. — Expressions impropres dans Voltaire, dans Racine, dans Montesquieu. — Différence entre *sembler* et *ressembler*.... *Demeurer* construit avec *avoir*, et *demeurer* construit avec *être*... *Suppléer à* et *suppléer* avec un régime direct..., etc... Synonymes de Girard....

La grâce, l'élégance, la noblesse, la force, le naturel, etc., sont au-dessus des règles ; le goût en est l'arbitre. — Bien

prendre le ton de son sujet. — Diversifier les formes, les tours, les mouvements. — *Cela ne se dit point*, n'est souvent qu'une critique triviale et pédantesque....
Remarques extraites de Vaugelas.

FIN DE LA TABLE ANALYTIQUE.

TABLE
DES AUTEURS FRANÇAIS
CITÉS, LOUÉS OU CRITIQUÉS.

Ablancourt (Perrot d'), page 3.
Amyot, p. 3. 46.
Balzac, p. 3.
Beauzée, p. 130. 214. 227.
Belleau (Remi), p. 3.
Bertaud, p. 3. 294.
Boileau-Despréaux, p. 2. 3. 4. 21. 22. 24. 42. 48. 58. 68. 74. 94. 100. 104. 124. 147. 159. 228. 272. 283. 294.
Bossuet, p. 2. 3. 105. 241. 301.
Bouhours, p. 2. 24. 122. 124. 125. 270. 272. 284. 285.
Bourdaloue, p. 2. 3.
Buffon, p. 2.
Chapelain, p. 3. 282.
Coeffeteau, p. 3.
Corneille (Pierre), p. 3. 4. 21. 28. 31. 34. 45. 47. 48. 57. 64. 67. 71. 98. 99. 101. 103. 104. 105. 107. 114. 136. 147. 149. 155. 159. 161. 169. 179. 189. 190. 192. 194. 196. 201. 251. 272. 300. 301.
Corneille (Thomas), p. 2. 4. 178. 270. 277. 283. 304. 306.
D'Alembert, p. 2. 88.
Delille, p. 2. 22. 24. 28. 45. 112. 150. 153. 196. 203. 251.
Deshoulières (madame), p. 59.
Desportes, p. 3.
Du Bellay, p. 3.
Duclos, p. 2.

Dumarsais, p. 4.

Dupéron, p. 3.

Fénélon, p. 2. 32. 260.

Fléchier, p. 2.

Girard, p. 4. 214. 298.

Gombaud, p. 3. 64.

Gresset, p. 167.

Grignan (madame de), p. 73.

La Bruyère, p. 2. 4. 48. 97. 102. 107. 112. 128. 144. 146. 159. 187. 196. 197. 198. 199. 200. 202. 203. 205. 206. 208. 210. 211. 212. 238. 248. 250. 255. 260. 265. 266. 268. 272. 283. 284. 301.

La Fontaine, p. 2. 4. 19. 24. 27. 39. 40. 41. 42. 43. 45. 49. 54. 64. 74. 97. 98. 99. 100. 101. 103. 104. 106. 111. 113. 142. 146. 153. 159. 169. 186. 187. 188. 195. 196. 197. 201. 204. 205. 208. 209. 211. 212. 213. 214. 227. 228. 236. 237. 238. 241. 242. 247. 248. 249. 251. 253. 256. 259. 301.

Lancelot, p. 50. 51.

Lassay, p. 227.

Malherbe, p. 3. 45. 64.

Marot (Clément), p. 3.

Massillon, p. 2. 60. 63. 97. 103. 112. 128. 146. 186. 205. 209.

Ménage, p. 2. 61. 125. 178. 270.

Molière, p. 2. 4. 42. 104. 105. 152. 241. 260. 307. 308.

Montaigne, p. 63. 71. 104. 201. 206.

Montesquieu, p. 2. 96. 97. 101. 105. 129. 192. 196. 241. 250. 252. 253. 292. 299.

Olivet (Thoullier d'), p. 4. 41. 50. 51. 67. 83. 132. 261. 262. 263. 274. 277. 278. 291. 296.

Pascal, p. 2. 3. 45. 49. 60. 61. 66. 79. 84. 96. 99. 101. 108. 126. 146. 147. 185. 186. 193. 196. 201. 205. 207. 238.

Patru, p. 2. 3. 4. 289. 304.

Pélisson, p. 2. 3.

Quinault, p. 2. 4. 84. 151. 201. 206. 212. 223.
Racine, p. 2. 3. 4. 22. 23. 28. 29. 31. 34. 35. 42. 45. 48. 54. 55. 56. 66. 67. 68. 71. 73. 74. 84. 92. 97. 99. 101. 102. 103. 104. 105. 111. 113. 114. 122. 123. 124. 127. 128. 131. 133. 138. 147. 149. 151. 152. 156. 162. 164. 166. 167. 175. 188. 189. 190. 193. 194. 195. 199. 201. 203. 206. 207. 210. 211. 212. 213. 214. 217. 218. 221. 222. 225. 226. 227. 228. 233. 235. 236. 241. 245. 246. 248. 249. 252. 256. 257. 258. 260. 261. 262. 263. 264. 265. 274. 277. 278. 279. 280. 291. 292. 296. 300. 301. 304.
Rochefoucault (La), p. 2. 42. 60. 73. 74. 76. 77. 78. 97. 101. 102. 103. 104. 105. 125. 128. 129. 142. 186. 187. 190. 195. 196. 197. 199. 200. 201. 203. 205. 206. 208. 212. 247. 250. 283.
Rollin, p. 2.
Ronsard, p. 3.
Rotrou, p. 282.
Rousseau (J.-B.), 192. 248.
Rousseau (J.-J.), p. 2.
Saint-Lambert, p. 2.
Sévigné (madame de), p. 2. 93. 121. 163. 238. 257. 260. 261. 274.
Thomas, p. 2.
Tourreil, p. 27.
Vaugelas, p. 2. 3. 4. 50. 52. 55. 103. 115. 139. 160. 161. 163. 177. 178. 185. 243. 254. 260. 267. 268. 270. 271. 272. 273. 274. 276. 277. 282. 283. 289. 291. 302. 303. 304. 305. 306. 307. 308. 309. 310 311.
Vauvenargue, p. 2. 43. 96. 104. 106. 112. 159. 197. 200. 203. 204. 205. 208. 209. 212. 238. 239. 240. 250. 253. 254. 300.
Voiture, p. 3. 72. 122. 123.
Voltaire, p. 2. 4. 28. 48. 64. 67. 97. 102. 105. 107. 111. 114. 129. 150. 151. 179. 195. 248. 253. 254. 255. 256.

FIN DE LA TABLE.

LEÇONS

D'UN PÈRE A SES ENFANTS

SUR LA LOGIQUE,

ou

L'ART DE RAISONNER.

LEÇONS

D'UN PÈRE A SES ENFANTS SUR LA LOGIQUE,

OU

L'ART DE RAISONNER.

LEÇON PREMIÈRE.

De la Raison. Qu'elle est perfectible dans l'homme, mais distribuée aux autres animaux dans la mesure de leurs besoins. Opérations de l'esprit qui appartiennent à la raison. Y a-t-il pour l'homme des idées innées, un sens moral, une sorte de science infuse ? Logique naturelle réduite en règles, ainsi que tous les autres arts.

A la lecture de ce titre, je crois, mes enfants, vous entendre me demander si la raison n'est pas ce qui distingue l'homme des autres animaux; et si, lui étant naturelle, elle a besoin d'être réduite en art.

Oui, mes enfants, cette faculté de réfléchir sur nos idées et de les comparer ensemble, d'en déterminer les rapports, de tirer une conséquence du principe qui la contient, et de passer ainsi des vérités qui nous sont connues à des vérités qui ne le sont pas, ou qui le sont moins ; en un mot, la raison nous est donnée par la nature, non comme une règle infaillible, mais comme un instrument qui, par son propre usage, doit se perfectionner lui-même ; et c'est parce qu'elle est en même temps défectueuse et perfectible, qu'elle diffère de la raison des bêtes, laquelle, invariablement bornée au cercle étroit de leurs besoins, remplit exactement sa tâche, mais n'est capable d'aucun progrès.

S'il est donc vrai que l'homme est l'animal raisonnable par excellence, ce n'est pas que chacun des autres animaux, dans la mesure de ses besoins, ne soit aussi pourvu de quelque dose de raison ; mais c'est que la raison dans l'homme est susceptible d'accroissements et de progrès, au lieu que dans les animaux, même les plus intelligents, elle n'atteint que ce qui les touche, sans jamais, ou presque jamais, faire un pas hors de ses limites.

Il est bien vrai que, dans le plus grand nombre des animaux, la sensibilité, l'instinct, l'intelligence se laissent à peine apercevoir ; que, depuis les espèces les plus approchantes de l'homme jusqu'à celles qui touchent au règne végétal, les facultés intellectuelles s'affaiblissent graduellement au point qu'elles nous semblent nulles, comme dans l'huître, dans l'ortie de mer, dans le polype d'eau douce, et qu'on ne voit plus de limites sur les confins du genre des animaux et de celui des plantes; mais la lumière qui, par degrés, s'affaiblit, se dissipe, s'évanouit dans l'ombre, n'en est pas moins de la même nature que la lumière du soleil : le mouvement qui se divise et va comme expirer de faiblesse dans le repos, n'en est pas moins le même qui emporte les globes célestes. C'est ainsi que, dans l'animal, quelque faible que soit l'instinct, et tout imperceptible qu'il est dans certaines espèces, chacune, et celle même qui nous semble à peine vivante, n'en est pas moins pourvue de la portion de sensibilité, d'instinct, d'intelligence, proportionnée à sa nature, nécessaire à son existence, et l'immobilité, l'insensibilité apparente de l'huître ne prouve rien contre l'industrie du castor, la prudence du chat et l'intelligence du chien.

« Si les animaux, dit Buffon, étaient doués
« de la puissance de réfléchir, même au plus
« petit degré, ils seraient capables de quelque
« espèce de progrès, ils acquerraient plus d'in-
« dustrie ; les castors d'aujourd'hui bâtiraient
« avec plus d'art et de solidité que ne bâtissaient
« les premiers castors ; l'abeille perfectionnerait
« encore tous les jours la cellule qu'elle habite...
« D'où peut venir cette uniformité dans les ou-

« vrages des animaux ? Pourquoi chaque espèce
« ne fait-elle jamais que la même chose de la
« même façon ? Et pourquoi chaque individu
« ne fait-il ni mieux ni plus mal qu'un autre in-
« dividu ? Y a-t-il de plus forte preuve que leurs
« opérations ne sont que des résultats mécaniques
« et purement matériels ? »

Assurément rien de plus faible et de plus vain que cette preuve : Buffon lui-même le savait bien ; mais Buffon écrivait sous les yeux et sous la férule de la Sorbonne, et il s'enveloppait de sophismes satisfaisants pour les docteurs.

Des nations entières font depuis mille ans ce qu'ont fait leurs aïeux. Parmi nous, dans nos ateliers, dans nos manufactures, le même ouvrier fait tous les jours la même chose, et la fait d'autant mieux, que toute son intelligence, son adresse, son industrie y est uniquement appliquée. Eh bien ! ce que l'instruction, l'exemple, la coutume fait parmi les hommes, l'intention de la nature (je veux dire de son auteur) le fait parmi les animaux.

Ni l'industrie du castor, ni celle de l'abeille n'avait besoin d'être perfectible ; à l'un sa case, à l'autre sa cellule suffisait, comme à l'oiseau son nid. La nature leur a distribué ce qu'il fallait d'entendement et de raison pour les construire ; plus de talent, plus d'industrie leur aurait été superflu. Voilà ce qu'il y a de plus simple et de plus vraisemblable dans l'économie de l'univers, dont l'auteur a sans doute bien su ce qu'il voulait, et bien fait ce qu'il a voulu.

Quant aux résultats mécaniques dont nous parle Buffon, y croyait-il lui-même, lorsqu'il nous a décrit les mœurs des animaux? Ah! mes enfants, il est bien difficile d'observer leur instinct, sans y apercevoir quelque trace d'intelligence, quelque étincelle de raison : il est sur-tout presque impossible de ne pas les croire doués de quelque sensibilité ; vainement nous a-t-on voulu persuader que leur vie, leur action, leur conduite n'était qu'un jeu de certains ressorts. Ceux qui nous ont enseigné cette doctrine n'ont pas été de bonne foi, ou ils se sont fait, pour y croire, la plus forte des illusions.

Cependant deux partis contraires l'ont professée cette doctrine, et dans des vues tout opposées, l'un, de peur qu'on ne confondît l'ame de l'homme avec celle des bêtes, et l'autre, afin de tout réduire à un mécanisme universel. L'un, pour avoir mal pris sa route, a donné dans l'écueil qu'il voulait éviter; l'autre a visé bien plus droit à son but; car, s'il était une fois reconnu que l'ame du chien de Descartes ne fût qu'une montre bien faite, on ne serait pas loin de croire que l'ame de Descartes lui-même fût une montre mieux faite encore; et c'est la plus captieuse induction que l'esprit de système ait jamais pu tirer d'un principe d'analogie.

En effet, s'il était possible que, dans les animaux, la crainte, le désir, la tristesse, la joie, le plaisir, la douleur, la défiance, l'amitié, la haine, la reconnaissance, le ressentiment, et en général, leurs inclinations, leurs aversions, leurs passions, le soin de leur défense et de leur sûreté, la prévoyance de leurs besoins, le choix de ce qui leur est bon, l'éloignement, la répugnance pour tout ce qui leur est nuisible, leur industrie et le degré d'intelligence qu'elle suppose, l'ordre et la suite de leurs travaux; s'il était possible que tout cela fût en eux uniquement l'effet de l'organisation physique, pourquoi dans l'homme la mémoire, la prévoyance, la prudence, la volonté, l'esprit, la raison, le génie, tout ce qu'il y a d'intellectuel et de moral, ne serait-il pas de même le résultat d'une organisation plus régulière et plus parfaite? De la mouche à l'abeille, du bœuf à l'éléphant, n'y a-t-il pas des degrés d'industrie et d'intelligence? Eh bien! de degrés en degrés, une organisation plus délicate et plus subtile aurait produit la différence du singe à l'idiot, et de l'idiot à Newton. Certes, les théologiens ont donné beau jeu aux matérialistes, lorsqu'ils leur ont procuré eux-mêmes ce moyen d'assimilation.

Mais, s'ils avaient accordé aux animaux une ame spirituelle, n'aurait-on pas abusé de cette concession, en disant que l'ame des animaux étant de la même nature que l'ame de l'homme, elles devaient, l'une comme l'autre, être mortelles ou immortelles? Non, cette conséquence, qu'on a tant redoutée, est celle d'un sophisme facile à réfuter; car, enfin, de quoi s'agit-il? d'accorder l'immortalité à l'ame de l'homme, sans l'accorder à l'ame des bêtes. Or, pour cela, il est indifférent qu'elles soient de même nature, ou qu'elles soient de nature diverse. Nul être créé, soit esprit, soit matière, n'est impérissable par essence; et la plus fragile preuve de l'immortalité de l'ame est celle que l'on tire de sa spiritualité.

Sans doute, un être simple, indivisible, incorruptible, comme nous concevons l'être pensant, l'ame, l'esprit, est indestructible à l'action des corps; et, dans ce sens-là, il est possible qu'un corps même soit impérissable; que, par exemple, la lumière, par son extrême ténuité, échappe aux atteintes des autres éléments, et que nul choc, nul froissement n'en puisse briser les globules.

Mais tout ce que la main de l'Éternel a tiré du néant est périssable dans cette main; Dieu seul existe nécessairement par lui-même, tout le reste n'existe, soit esprit, soit matière, qu'en vertu de sa volonté. Le monde entier, par elle, est comme suspendu sur le néant d'où elle l'a tiré. Cette dépendance absolue et universelle n'admet aucune distinction de nature parmi les êtres. Les grains de sable, les soleils, les corps, les purs esprits, les composés d'esprit et de matière, dès l'instant que la volonté de les conserver cessera, tout sera détruit.

C'est donc une bien folle erreur que de croire prouver l'immortalité de l'ame de l'homme, par sa nature d'être immatérielle et simple, et ce serait de même un vain sophisme de conclure que, si l'ame des bêtes est mortelle quoique immatérielle et simple, l'ame de l'homme aura le même sort.

Non, mes enfants, semblable ou différente, leur nature ne conclut rien; la mort ou l'immortalité sont absolument des décrets d'une sagesse impénétrable : en donnant à la brute sa portion de vie, de sentiment, d'intelligence, Dieu a pu dire à l'ame dont il l'a douée, tu t'éteindras dans la poussière; il a pu dire à celle de l'homme, toi, que je crée pour étendre tes facultés et tes lumières, pour me connaître par les effets de ma puissance et de ma bonté, pour m'adorer dans mes ouvrages, tu survivras à la dépouille que tu laisseras au tombeau, et l'immortalité sera ou la récompense, ou la peine du bon ou du mauvais usage que tu auras fait de mes dons. Voilà une théologie indépendante des systêmes philosophiques sur la nature de l'ame des bêtes.

Après avoir démontré qu'il n'y a aucun danger à croire celle-ci immatérielle, et qu'il y a même du danger à croire qu'elle ne l'est pas, j'en reviens au principe qu'il y a pour les êtres animés une faculté intellectuelle graduellement distribuée à chaque espèce, dans la mesure de ses besoins, et d'une étendue illimitée à l'égard de l'espèce humaine : c'est là son privilége, son gage d'immortalité ; mais cela vous sera mieux développé dans la suite, et il est temps que nous voyions comment et sur quoi la raison humaine s'exerce.

La pensée a, pour ainsi dire, plusieurs agents intellectuels qui travaillent à la former. L'entendement reçoit et retient les idées; il les classe, les décompose, les abstrait et les simplifie : ses facultés sont l'appréhension, l'attention, la mémoire, la réflexion, l'abstraction. La raison plus active se saisit des idées que l'entendement a recueillies; elle en observe les rapports, les liaisons, les dépendances, les ramifications diverses : le raisonnement les enchaîne; il est le procédé, la méthode de la raison. Le jugement énonce, soit en nous-mêmes, soit au-dehors, ou le simple aperçu du rapport des idées, ou la conclusion qui résulte de ce rapport : ainsi se forme la pensée; l'esprit et le goût l'embellissent, le sentiment l'anime, l'imagination la colore, le génie l'étend, l'élève et l'agrandit; mais ces dernières opérations ne regardent pas la logique. Ici je dois me souvenir que c'est uniquement de l'art de raisonner que je vous entretiens. Bornons-nous donc à celles des opérations de l'esprit qui appartiennent à la raison.

Si j'avais sous les yeux l'excellent ouvrage de Locke sur l'entendement humain, je n'aurais rien de mieux à faire pour première leçon de l'art de raisonner; que d'en extraire la substance ; vous le lirez un jour et vous puiserez à la source d'une saine métaphysique. J'oserai cependant, sur l'origine des idées, n'être pas tout-à-fait du sentiment de Locke; et, comme ce sont là les premiers éléments de la logique, nous allons commencer par éclaircir cette question.

On a mis, ce me semble, trop d'ostentation à nous commenter ce vieil axiôme de l'école, *nihil est in intellectu quod non priùs fuerit in sensu.* En le réduisant à ce qu'il y a de vrai, il ne fallait pas des volumes pour expliquer comment les idées qui ont pour objets les causes de nos sensations, nous viennent des objets sensibles.

Oui, sans doute, et non-seulement les souvenirs de nos sensations et les images qu'elles nous laissent, mais les idées spécifiques ou génériques, les idées qui nous retracent vaguement et confusément les objets qui ont frappé nos sens, ont toutes la même origine.

Mais les notions du sens intime, du sens moral, les lueurs de l'instinct, les vérités de sentiment, sont en nous des idées si distinctes de celles qui nous viennent des sens, que souvent elles les démentent. Ce sont des guides que nous a donnés la nature, pour nous conduire avant que la raison nous vienne, pour l'aider, l'éclairer, quand elle nous viendra, et la corriger au besoin : espèce de science infuse qui, dans l'enfance, précède en nous les leçons de l'exemple, l'habitude et la réflexion.

Je dis là, mes enfants, des mots sauvages dans notre siècle. Je crois donc à une science infuse, à des idées innées, à un sens moral, et à des vérités d'instinct. Certainement j'y crois, au péril d'être ridicule aux yeux de nos docteurs nouveaux. Cependant, avant de tourner en ridicule cette doctrine, qui est bien ancienne, je les supplierai de m'entendre.

Voyons d'abord, si dans les animaux l'instinct est autre chose qu'une science infuse, c'est-à-dire une suite de connaissances qui ne leur ont pas été transmises. Un essaim d'abeilles s'échappe des cellules où il vient d'éclore ; on lui présente une ruche ; il s'y loge, et, dès le lendemain, formé en république, comme le vieil essaim dont il est une colonie, il sait tout aussi-bien que lui, façonner ce rayon de cire où il va déposer son miel. Deux oiseaux, nouveaux fruits des amours de leurs père et mère, s'envolent de leur nid, et, sans avoir pris leur exemple, ils sauront, au printemps, se faire un nid pareil au nid où ils sont nés, bâti des mêmes matériaux, suspendu, façonné de même, et garanti, par sa position, des ennemis de leur famille, ennemis qu'ils n'ont jamais vus. Or, dira-t-on que ni l'abeille, ni l'oiseau, ne savent ce qu'ils font? Ils ne le savent pas d'une science raisonnée, mais la leur est d'autant plus sûre, qu'elle est moins réfléchie : elle est pour eux ce qu'est pour nous la vérité de sentiment.

Et, lorsqu'on leur refuse cette parcelle d'intelligence que suppose leur industrie, savez-vous, mes enfants, à quoi l'on se réduit? Apprenez que le sage, le pieux Fénélon, pour expliquer la sûreté presque infaillible de leur instinct, sans leur attribuer une ame, n'a su d'autre moyen d'y suppléer, que de supposer que Dieu même en est le guide immédiat. Si bien que, dans cette hypothèse, l'ame des animaux, l'intelligence, directrice de leurs mouvements, est celle qui règle et dirige les mouvements des corps célestes.

Qui mare et terras, variisque mundum
Temperat horis. (HORAT.)

L'histoire entière des animaux est une preuve de cette vérité, qu'il est pour eux une science infuse. Buffon, Réaumur, tous les naturalistes nous l'attestent à chaque page. Et ce n'est pas seulement dans les animaux d'une organisation presque humaine, c'est dans les plus petits insectes que ce prodige se manifeste. A l'école de la nature, l'araignée n'a rien appris qu'à filer, qu'à croiser, qu'à tendre son réseau, qu'à bien envelopper sa proie; mais cet art, elle le possède dans une perfection qui passe l'industrie du pêcheur et de l'oiseleur. Que dirai-je de celle du *formica leo?*

Dans l'animal, une émotion, une impulsion momentanée pourrait être l'effet physique de l'impression du moment, sur tel ou tel de ses organes. Mais des souvenirs, des ressentiments, des prévoyances, des combinaisons, des calculs dans l'usage de ses moyens, la connaissance de ses forces, la règle de ses mouvements, leur direction, leur justesse, leur précision dans les rapports du temps, de l'espace et de la vîtesse, qu'est-ce que tout cela qu'une science que ni l'exemple, ni l'instruction, ni l'expérience, ne donnent, et que l'éternelle sagesse distribue inégalement, mais suffisamment aux besoins de chaque espèce organisée. Or, une science innée suppose innés comme elle ses premiers éléments. Ce ne sont pas sans doute des idées bien définies, mais des notions assez distinctes pour servir de règle à l'action.

Voyez un chat mesurer des yeux l'espace du saut qu'il médite, en juger le péril et la difficulté, le hasarder s'il est possible, s'y refuser s'il ne l'est pas, et, selon l'intérêt qu'il a de le tenter, y mettre plus ou moins de prudence ou de hardiesse; cette délibération, quelquefois répétée avec une attention profonde, ne suppose-t-elle aucune connaissance des rapports d'où résulte la sûreté de l'entreprise, la vraisemblance du succès? Descartes n'avait point de chat, ou il n'a pas dit sa pensée.

Lorsque le lièvre, dans sa fuite, prend un détour et décrit une courbe, pourquoi le lévrier qui le chasse va-t-il en droite ligne lui couper le chemin, s'il ne sait pas qu'entre deux points donnés la ligne droite est la plus courte ?

Lorsque, du haut des nues, le milan fond sur la perdrix, pourquoi décrirait-il avec tant de justesse l'une des deux lignes de l'angle où il l'atteindra dans son vol, s'il ne mesurait pas de l'œil les distances et les vitesses ? et, lorsqu'il veut tomber d'aplomb, pourquoi ploierait-il ses ailes, s'il ne savait pas qu'en les ployant il rend sa chûte plus rapide ? ou pourquoi les déploierait-il en se relevant dans les airs, s'il ne savait pas que ce sont pour lui des nageoires, des rames, des mobiles, des balanciers ?

Le poisson appelé la perche a sur le dos un dard aigu, qu'elle ne dresse que lorsqu'un ennemi vorace la poursuit ; et de ce dard elle le perce dans le moment qu'il va la dévorer. N'y a-t-il là aucune connaissance de l'arme défensive que la nature lui a donnée, et du péril pressant où elle doit s'en servir ?

On voit, dans nos montagnes, les chiens, lorsqu'ils ont leur collier hérissé de pointes de fer, attaquer hardiment les loups, et les loups craintifs devant eux : on voit, au contraire, le loup hardi, et le chien timide, quand celui-ci n'est pas armé de son collier. N'ont-ils l'un et l'autre aucune idée de la différence que ce collier met dans le péril du combat ? Je ne cesserais point de citer de pareils exemples.

L'animal ne sait rien que ce qui intéresse sa vie, sa conservation, sa reproduction, et les besoins de ses petits ; mais ce qu'il en sait, il le sait si bien, qu'il est démontré par là même qu'il ne l'a point appris. Il n'y a qu'une science innée qui puisse être si également et si fidèlement transmise. Quel temps ne faudrait-il pas à l'oiseau pour apprendre à bâtir un nid !

J'ajouterai que, dans l'usage que l'animal fait de sa science, on remarque assez fréquemment une logique naturelle, et une liaison, une suite d'idées qui dénote, du moins dans certaines espèces, quelques vestiges de raison.

Montaigne cite, pour exemple du raisonnement dans les bêtes, le chien de chasse qui, courant le cerf, rencontre devant lui trois routes par où le cerf a pu passer, en flaire une, puis une encore, et, n'y sentant aucune odeur, part et enfile la troisième. Il est certain que ce chien semble dire : « Le « cerf a pris l'une de ces trois routes, et il a dû « laisser de l'odeur dans la route où il a passé ; « or, il n'y a de l'odeur ni dans celle-là, ni dans « celle-là ; donc il n'a passé ni dans l'une, ni dans « l'autre ; donc il aura pris celle-ci. » C'est une des formes d'argumentation qu'Aristote nous a tracées.

Mais sans compter les exemples rares et qu'on peut révoquer en doute, il s'en présente en foule dont personne ne peut douter.

J'appelle mon chien par la fenêtre : il ne vient

point au pied du mur, ce qu'il ferait, s'il ne raisonnait pas, et s'il n'obéissait qu'à un mouvement mécanique. Que fait-il donc? Il sait que la maison a une porte, un escalier, un corridor qui mène au lieu d'où je l'appelle. Il va chercher la porte; il monte l'escalier, il suit le corridor qui le conduit à moi.

Je passe une rivière en bateau, oubliant mon chien qui me suit; il arrive, il me voit loin du bord, il s'agite, il témoigne visiblement le désir de passer la rivière à la nage : elle est trop large, il sent que les forces lui manqueraient : il voit un pont à un quart de lieue de distance, il va le traverser, et vient me joindre à l'autre bord. Si tout cela était mécanique, qu'est-ce qui ne le serait pas? et si ce n'est point là de la raison, qu'est-ce que la raison dans l'homme?

Mais cette faculté qui, dans les animaux, a de si étroites limites, est dans l'homme une faculté indéfiniment progressive, et capable d'accroissement. Il y a pour lui d'abord, comme pour eux, des notions innées, des vérités de sentiment, une logique naturelle (1); et il serait bien étonnant que cela ne fût point. Ses premiers besoins le demandent. Pour vivre, pour avoir soin de son

---

(1) C'est ce qui faisait dire à Socrate et à Platon, son disciple, qu'il fallait que l'ame de l'homme, avant d'être unie à son corps, eût joui d'une autre vie, dont les idées de l'enfance étaient des souvenirs successivement rappelés. *Nec*

existence, pour remplir sa destination, il y a une infinité de choses que l'homme doit savoir sans qu'on les lui ait enseignées. Ces notions de premier besoin, la nature les a données à tous les animaux. Elle les a instruits à se défendre, à se nourrir, à se préserver d'accidents, à s'aimer, à se reproduire, à vivre au moins quelque temps en famille, si la conservation de l'espèce l'exige; et en troupe, en société perpétuelle, s'il est besoin. Comment donc serait-il possible que la nature (et j'entends toujours par-là l'auteur de la nature) eût livré l'homme seul aux hasards de l'instruction, de l'exemple et de l'habitude? Quoi! dans l'ame de la tigresse, elle aura mis en sentiments tous les devoirs de la maternité, l'amour de ses petits, la connaissance du besoin qu'ils ont d'être nourris et protégés par elle! elle aura donné à l'oiseau la prescience de sa fécondité, le pressentiment de l'amour qu'il va bientôt devoir à ces germes qu'il fait éclore, le désir de les mettre au jour, l'intelligence, l'industrie nécessaire pour leur bâtir une demeure, et pour leur préparer un lit de mousse ou de duvet; et elle n'aura rien dit à l'homme de ces devoirs si doux, si indispensables, si saints! elle aura appris aux

---

verò fieri ullo modo posse, ut à pueris tot rerum atque tantarum insitas et quasi consignatas in animis notiones haberemus, nisi animus, antequàm in corpus intravisset, in rerum cognitione viguisset. (Cic. Tusc. l. 1.)

castors à vivre en société, aux abeilles en république, aux daims à se tenir en troupe dans les bois, aux chevreuils à vivre en famille ; et l'homme, à qui l'esprit social, la réciprocité d'assistance est si nécessaire, n'aura reçu de l'institutrice universelle aucune idée de besoins réciproques, de droits, de devoirs mutuels ! elle aura laissé à la merci de l'amour-propre et de l'intérêt personnel tous les principes d'où dépend l'existence, le salut de l'espèce humaine ! Non, mes enfants, il n'en est pas ainsi.

Dans nos sociétés policées, ce qui nous vient de la nature, se confond aisément avec ce qui nous vient de nos institutions. Nous attribuons tout à l'éducation, à l'instruction, à l'exemple ; et comme la coutume devient en nous une seconde nature, nous sommes tentés de croire avec Pascal que la nature n'est qu'une première coutume. Mais étudions l'homme inculte et presque sauvage ; nous trouverons en lui des idées, des sentiments, une raison, une logique, une morale même, que ni les hommes, ni les livres, ni les usages ne lui ont transmis, et sur presque tout ce qui l'intéresse essentiellement, nous verrons qu'il est savant sans être instruit.

Cette doctrine a été celle de tous les anciens moralistes : elle tient essentiellement au dogme d'une loi naturelle. Elle est établie en principe dans la belle harangue de Démosthène pour la Couronne, lorsqu'il dit, en parlant des règles de

la justice attributive : « Chacune de ces règles se
« trouve non-seulement écrite dans les lois, mais
« encore gravée par la nature elle-même, avec
« des caractères invisibles, dans les mœurs uni-
« formes du genre humain. » Cicéron tient le
même langage en mille endroits de ses écrits.
J'ai traité un peu plus amplement cet article
dans un autre petit ouvrage que vous lirez. Je
m'en tiens donc ici à la preuve que je crois vous
avoir donnée, qu'il y a d'abord pour l'homme
une sorte de science infuse, c'est-à-dire des idées
et des principes indépendants de toute convention, de toute institution, et d'après ces principes une raison sans art, une logique naturelle.

Mais, comme à ces idées primitives et presque
toutes en sentiments, il s'en est joint une multitude d'accidentelles et d'accessoires, l'art de
raisonner, embrassant une infinité de rapports,
est devenu moins simple, plus étendu, plus com-
pliqué dans ses formes et ses moyens; et il en
a été de la logique, comme de tous les arts
qu'il a fallu réduire en règle.

Omnia ferè quæ sunt conclusa nunc artibus,
nous dit Cicéron, *dispersa et dissipata quondam
fuerunt : ut in musicis numeri, et voces et modi....
adhibita est igitur ars quædam extrinsecùs, quæ
rem dissolutam divulsamque conglutinaret, et
ratione quâdam constringeret.* (De Orat.)

Celui des anciens qui a rédigé, formé, soumis

à des règles certaines, l'art du raisonnement, la logique, c'est Aristote; et, avec cet esprit d'analyse et de méthode dont il était éminemment doué, non-seulement il a tracé les formes et les procédés du raisonnement, mais il en a porté les règles et les lois à un tel degré de précision mathématique, qu'on peut appeler sa logique, la *géométrie de la raison*. Je ne le suivrai pas dans les détails infinis où il est entré. Mais il sera pour moi un guide que je ne perdrai pas de vue.

La seule logique moderne que j'aie à-présent sous les yeux, est celle de Port-Royal, l'*Art de penser*, livre bien digne de son titre, et qui peut suppléer à celui de la *Méthode* de Descartes, qui me manque dans ce moment.

Mais, quoique cette logique de Port-Royal soit plus claire, et moins pénible à lire que les *Analytiques* d'Aristote, cependant, comme tout n'en est pas également facile et nécessaire à retenir, je vais l'étudier, ainsi que les *Topiques* de Cicéron et d'Aristote, pour en recueillir çà-et-là ce qui peut vous en être utile.

Car désormais le fruit de mon travail sera de simplifier le vôtre, et d'ajouter, pour ainsi dire, à vos beaux jours, les jours de ma vieillesse, en économisant pour vous un temps qui vous est précieux.

LEÇON DEUXIÈME.

Des Sensations. Leur origine. L'instinct qui les fait rapporter aux sens et aux objets sensibles. Prodige du commerce de l'ame avec les corps, inexplicable même pour les matérialistes, à moins d'y reconnaitre une suprême loi.

Les éléments de la pensée, les matériaux de l'art de raisonner sont les sensations, les idées, les affections de l'ame; ses sentiments, ses souvenirs.

L'impression des objets qui tombent sous nos sens, produit dans l'ame des sensations que nous attribuons à leurs causes, ou que nous rapportons au sens qu'affecte leur objet.

Ainsi, l'effet momentané de l'impression que fait sur mes yeux la lumière, la couleur, la figure des corps; de l'impression que fait sur mon oreille l'air ému par le corps sonore; de l'impression que fait sur mon palais la douceur ou l'aigreur des fruits; de l'impression que fait sur mon odorat le parfum des fleurs; de l'impression que fait sur ma main l'activité du feu, la solidité, le poli, la froideur de la glace, je l'appelle sensation; et le souvenir qui me reste de la sensation ou de plusieurs sensations pareilles, je l'appelle l'idée, s'il n'est mêlé ni de peine ni de plaisir ; je l'appelle affection, ou sentiment, s'il met mon ame dans une situation agréable ou pénible, comme la joie, la tristesse, l'inquiétude, etc.

Dans nos leçons sur la grammaire, vous avez déja vu comment du souvenir des ressemblances, et de l'oubli des différences, entre les objets de nos sensations, se forment nos idées génériques et spécifiques.

Quant à ces objets mêmes et à leurs qualités, c'est sans doute une erreur de croire qu'il y ait rien de semblable à l'effet que produit dans l'ame l'impression qu'ils font sur nos sens. La saveur, la couleur, l'odeur, telle qu'elle est en moi, n'est pas plus dans le corps, qui en est l'objet, que la douleur n'est dans l'épine qui me blesse, ou que le sentiment de brûlure n'est dans le feu. Mais ce sentiment de blessure, de brûlure, et en général l'affection ou de douleur ou de plaisir, est-elle dans le sens auquel je l'attribue, plus que la sensation de la lumière n'est dans mes yeux, et celle du son dans mon oreille ?

Si l'on nous demande, où est la lumière ? nous répondons qu'elle est dans le corps lumineux ; et le son ? dans le corps sonore ; et la couleur ? dans la fleur, dans l'étoffe, dans le prisme, dans l'arc-en-ciel. Si l'on nous demande, où est la douleur ou le plaisir ? nous répondons que c'est la même où s'est faite l'impression ; et c'est l'organe du sentiment qui nous semble en être le siége. Cette diversité dans l'instinct qui rapporte nos sensations, tantôt à l'objet qui les cause, tantôt au sens qui les reçoit, mérite de fixer un moment notre attention.

Toute impression faite sur nos sens n'est que le tact modifié de diverses manières. Ainsi la cause immédiate des sensations n'est que tel ou tel mouvement communiqué à l'un de nos organes. Or quelle ressemblance peut-il y avoir entre ce mouvement et la sensation que j'éprouve ? que les globules de lumière que lance le soleil, soient colorés par accident, où qu'ils nous viennent colorés dès leur source, leur variété, accidentelle ou primitive, n'étant qu'une diversité de figure et de mouvement, leurs impressions sur nos yeux ne peuvent différer qu'en raison du plus ou du moins de force et de vivacité dans les vibrations qu'en reçoivent les filaments du nerf optique. Or, dans cette espèce de tact, quelque varié qu'on le suppose, y a-t-il rien qui ressemble aux sensations de rouge, d'orangé, de jaune, de vert, de bleu, de pourpre, de violet, que nous éprouvons à la vue de l'arc-en-ciel ?

Dans le rayon qui frappe l'œil, et dans chaque filet de ce rayon, ce n'est que plus ou moins de masse ou de vîtesse, que plus ou moins de mouvement dans les surfaces qui nous renvoient ce que nous appelons les rayons colorés; et, dans le milieu qui les brise, Descartes n'a vu que plus ou moins de flexibilité, plus ou moins de ressort; Newton, que plus ou moins de ténuité, d'épaisseur et de densité. Il en est de même de l'impression de l'air, sur l'organe du son; ce n'est qu'un ébranlement plus léger ou plus profond dans le nerf de l'oreille, et que plus ou moins de force ou de rapidité dans les vibrations qu'il reçoit.

Comment donc expliquer ce rapport si constant d'un même effet, produit par une même cause, sans ressemblance de l'un à l'autre?

Ah! c'est là, mes enfants, la grande énigme de la nature, et non-seulement le mystère de l'action des corps sur les ames, mais aussi des corps sur les corps.

Quand les substances sont homogènes, nous croyons concevoir comment de l'une à l'autre l'action passe et se communique : il nous paraît tout simple que le vent soulève les flots, qu'il chasse les nuages, ou qu'il enfle les voiles; que le feu amollisse ou fonde les métaux; qu'une boule d'ivoire qui en frappe une autre, lui transmette son mouvement; mais cela même est incompréhensible, à moins de recourir à une expresse volonté du suprême législateur. Ainsi la raison du vulgaire, *Dieu l'a voulu,* est aussi la raison du sage; et cette raison, que des hommes vains trouvent puérile et ridicule, était la seule que Newton sût donner des phénomènes de l'attraction et des prodiges de l'optique.

Si donc les sphères ne se balancent qu'en vertu d'une loi de leur premier mobile; si les corps mêmes qui se touchent n'ont aucune action à se communiquer, que celle d'une force qui leur est imprimée par ce mobile universel, quelle difficulté, ou quel doute peut-il y avoir à expliquer de même l'action des corps sur les ames?

Entre la blessure et la douleur, entre le suc d'un fruit et le plaisir du goût, entre le tact de l'air sur mon oreille, ou du rayon solaire sur mes yeux, et la sensation du son, de la lumière ou des couleurs, il n'y a aucune ressemblance de l'effet à la cause; mais qu'importe la ressemblance, à celui dont la volonté seule a établi tous les rapports des causes avec les effets?

C'est aux athées à expliquer comment des êtres incréés, indépendants les uns des autres, et par conséquent isolés dans leur éternelle coexistence, auraient la faculté de se transmettre réciproquement leur action, et quelle serait cette action qui passerait de l'un à l'autre. C'est là pour eux un labyrinthe sans issue, où vous auriez pitié de les voir errants et perdus.

Ils nous parlent sans cesse des lois de la nature, des lois du mouvement, et ils s'efforcent d'imaginer ce mouvement sans premier mobile; et ces lois sans législateur : c'est d'eux que l'on peut dire, *quos agitat mundi labor;* mais ils ont beau se travailler à concevoir ce qu'ils appellent force et action dans la matière; un monde mécanique, agissant sur lui-même et réglé dans ses mouvements, sans moteur, sans régulateur, est un cahos d'absurdités qu'ils ne débrouilleront jamais.

Non, mes enfants, ni les corps sur les ames, ni même les corps sur les corps, n'ont aucune action véritable. Ils sont ce qu'on appelle causes *secondes*; mais la cause première agit seule par leur moyen.

Il est donc parfaitement égal que le moyen soit analogue à l'action ou qu'il ne le soit pas; et la cause première a pu faire dépendre telle affection de notre ame, de telle ou de telle impression sur tel ou tel de nos organes, sans ressemblance aucune de la cause à l'effet.

J'en reviens donc à cette vérité, que la couleur, l'odeur, la saveur, la chaleur, la sensation de la lumière ou du son, telle qu'elle est dans l'ame, ne suppose rien de semblable dans sa cause ou dans son objet. Ainsi dans la sensation il y a trois choses à distinguer : ce qui est de l'objet, ce qui est du sens, et ce qui est de l'ame.

Ce qui est de l'objet, n'est que figure, mouvement, opposition de parties, avec ces différences de densité, de roideur, de souplesse, de mollesse ou de dureté, qui dans les corps résultent de la combinaison des éléments qui les composent.

Ce qui est du sens, n'est encore qu'un mouvement imprimé par l'objet sensible à des fibres ou à des nerfs, soit immédiatement, comme dans le toucher, soit par un fluide intermédiaire, comme l'air pour le son, la lumière pour les couleurs.

Dans l'ame enfin, ce sont des affections, des perceptions, des images, que nous rapportons à leurs causes, par un instinct que la raison dément, mais qu'elle ne corrige pas.

Cette sorte d'illusion est commune à tous nos sens : mais le sens de la vue, le plus trompeur de tous, a des erreurs qui lui sont propres. L'œil nous fait rapporter l'objet au bout du rayon visuel, en droite ligne, quoique ce rayon soit brisé. Ainsi nous voyons le soleil avant qu'il soit sur l'horizon; nous le voyons encore après qu'il est couché; parce que ses rayons se brisent en entrant dans notre atmosphère. L'œil nous trompe encore à l'égard des distances et des grandeurs. Ainsi le soleil, dans un ciel pur, nous paraît moins grand que la lune, dont le diamètre est treize cent mille fois plus petit que le sien; et les étoiles, qui ne nous semblent que des points lumineux, si voisins l'un de l'autre, sont des soleils placés à des intervalles immenses.

Il est d'ailleurs très-vraisemblable qu'un même objet n'est pas le même à tous les yeux. La plus légère différence dans la convexité de la lentille du crystallin en doit causer quelqu'une dans l'impression des rayons de lumière. L'homme dont l'œil est teint de bile, voit jaune ou verd ce que nous voyons bleu. Et, dans tous les autres organes, il est à croire que le plus ou le moins de finesse, de flexibilité, de ressort dans le tissu des fibres ou des houppes nerveuses, produit la même diversité d'impressions que dans l'organe de la vue. De là peut venir la différence de ce que nous appelons nos goûts. Mais nous ne laissons pas de donner le même nom à ces sensations diverses; et, soit que nos perceptions du même objet diffèrent ou se ressemblent plus ou moins, c'est assez qu'en les exprimant nous croyions dire la même chose. En appelant rouge la couleur du rubis; bleu, celle du saphir ou du lapis; jaune, celle de la topaze; verd, celle de l'émeraude, etc., nous nous entendons, ou du moins nous croyons nous entendre, et nous sommes d'accord. Ainsi l'usage et l'habitude ont assimilé entre nous le langage des sensations.

En parlant des erreurs où nos sens nous induisent, Port-Royal attribue aux jugements précipités de notre enfance cette persuasion commune que la douleur est dans la main blessée; que la chaleur est dans le feu; que la lumière est dans le soleil; la couleur, l'odeur dans la rose, etc. Je ne saurais penser comme Port-Royal sur ce point.

Ce qui est le même dans tous les hommes de tous les lieux, de tous les temps, dans tous les âges de la vie, n'est point un préjugé, une erreur de l'enfance : or, tel est en nous cet instinct universel, invariable, qui nous fait rapporter le plaisir, la douleur au sens qui en est l'organe, et les autres sensations à l'objet qui affecte le sens. Cette différence n'est pas, comme dit Port-Royal, une bizarrerie du préjugé ; elle est constante, elle est uniforme ; elle doit donc avoir une cause, un principe.

C'est sans doute une erreur de croire que la sensation d'une douce harmonie est dans l'oreille ; celle d'un beau mélange de couleurs dans les yeux ; celle de la chaleur ou du froid dans la main. Mais qui de nous en est pleinement détrompé ? et l'homme auquel il est plus évidemment prouvé que tout cela n'est que dans l'ame, n'est-il pas, malgré lui, et en dépit de sa raison, induit à chaque instant à penser comme le vulgaire ?

Qui de nous ne croit pas sentir la saveur des mets, la douceur ou l'aigreur des fruits dans sa bouche, et la blessure ou la brûlure dans la main blessée ou brûlée ?

Comme l'ame de l'homme est de même nature que l'intelligence qui l'a créée, il serait possible qu'elle fût dans le corps de la même manière que l'ame universelle est dans l'immensité, toute entière dans tous les points. Et, cela supposé, il serait assez raisonnable d'imaginer que, présente à-la-fois dans tous les sens, l'ame y reçût immédiatement l'impression des objets sensibles. *Quem in hoc mundo locum deus obtinet, hunc in homine animus.* (SENECA.)

Mais, sans nous éloigner d'une hypothèse plus

analogue à l'économie du corps humain, en convenant que l'ame a son siége dans le cerveau, à l'origine de ces nerfs qui distribuent dans tous les membres l'action de sa volonté, et qui lui apportent de tous côtés les impressions qu'ils reçoivent, il y a, ce me semble, encore un moyen de comprendre par quel instinct l'ame rapporte ses sensations, les unes à l'endroit où se fait sur les nerfs l'impression de l'objet, les autres à l'objet lui-même. Ainsi peut-être l'a voulu la nature, afin que l'union de l'ame avec le corps fût plus intime, et sa correspondance plus facile et plus prompte avec les objets du dehors.

S'il nous fallait, à chaque instant, distinguer à quels mouvements dans les fibres de l'œil, de la main, de l'oreille, appartient la sensation; le doute, l'irrésolution, les lenteurs du raisonnement, feraient de l'action de la vie un travail pénible et tardif dont l'ame serait excédée.

C'est cette même opération laborieuse et lente, cette induction continuelle de l'effet à la cause de nos sensations, que la nature nous épargne, en nous faisant concevoir la couleur, la chaleur, le son, etc., comme une qualité de l'objet qui affecte le sens.

Ne vous étonnez pas de m'entendre attribuer à la nature cette espèce d'erreur; souvent elle nous laisse tromper par l'apparence; mais c'est toujours innocemment, jamais à notre préjudice. Le témoignage de nos sens est fidèle lorsqu'il doit l'être pour notre usage; et, lorsqu'il nous fait illusion, cette illusion est pour nous un bien. Pensez, mes enfants, quel est le nombre et quelle est la variété des impressions que l'ame reçoit par tous les sens, et voyez, dans la foule de ces perceptions, combien, pour être assez distincte, il fallait que chacune fût concise et rapide. Plus j'y réfléchis, plus je me persuade que ce qu'on appelle confusion, dans cette manière vive et soudaine de concevoir ensemble la cause et son effet, nous est donné par la nature, pour nous servir habituellement à saisir le rapport de nos perceptions. Je dis habituellement, car autre chose est la spéculation d'une ame posée et tranquille, autre chose est l'aperçu vif et pressé de l'ame en action. Dans l'un de ces deux états, l'ame a tout le loisir d'analyser ses affections; dans l'autre, elle n'a que l'instant de les apercevoir; et tel est le partage que la nature a fait entre la raison et l'instinct. L'illusion que les sens font à l'ame n'est donc pas en effet un mensonge de la nature, puisqu'il est donné à la raison de s'en apercevoir et de nous en désabuser.

Je pourrais bien vous dire aussi que jamais nos sens ne nous trompent, que l'erreur n'est jamais que dans nos jugements. Cette opinion fut celle d'Épicure; elle a été, elle est encore celle d'un grand nombre d'hommes sensés; et, à la bien entendre, elle est assez fondée. Car tout ce que le sens atteste, c'est qu'il est affecté de telle ou telle façon. Par exemple, à l'égard des grandeurs, des distances, l'œil ne dit autre chose, sinon que l'angle des rayons visuels a plus ou moins de base, et que l'image a plus ou moins de vivacité, de grandeur. Or, tout cela est vrai. Si donc on juge que le disque du soleil et celui de la lune sont égaux dans le ciel, comme les images en sont égales au fond de l'œil, on dit ce que l'œil ne dit pas.

Il en est de même à l'égard de la rame qui, dans l'eau, nous paraît coudée, et de l'objet que nous voyons dans le miroir, et de la voix que nous rapportons directement à l'endroit de l'écho; ce que témoignent l'œil et l'oreille, c'est que l'impression qu'ils reçoivent ressemble à celle qu'ils recevraient de l'objet même, s'il était réellement au point d'où la lumière semble venir en droite ligne, et d'où le son est renvoyé. Or, tout cela est vrai encore; mais il est vrai aussi que ces effets d'optique, dans l'œil et dans l'oreille, induisent notre ame en erreur et altèrent son jugement, si elle n'a pas d'ailleurs quelque notion qui la redresse. Ainsi la question de savoir si les sens nous trompent ou ne nous trompent point, n'est qu'une dispute de mots.

J'en reviens donc à l'opinion commune, que nos sens ne sont pas des témoins infaillibles: mais pour nous détromper des erreurs où ils nous induisent, la nature a voulu qu'un sens corrigeât l'autre; et remarquez que c'est le toucher, le plus délicat de nos sens, le plus fidèle et le plus sûr, qu'elle a donné pour censeur à la vue, qui en est le plus fautif et le plus séduisant. Au reste, ces illusions sont, je vous le répète, rarement dangereuses; et, lorsqu'elles seraient nuisibles ou pourraient nous mettre en péril, la nature a pris soin de nous en préserver.

Quoique l'œil ne nous montre que des surfaces planes avec des ombres et des lumières, cet autre sens qui corrige la vue, le tact, nous y fait distinguer des formes inégales, des reliefs et des creux, des vides et des pleins, et cette correction n'a point à essuyer les lenteurs de l'expérience; l'enfance elle-même est avertie qu'un corps est angulaire, qu'un mur est vertical, qu'un plan est incliné, qu'une pente est précipitée, qu'un objet, vu de loin, ne laisse pas d'être le même que celui qu'on a vu de près, quoique l'image en soit de moitié plus petite à vingt pas, qu'elle ne l'a été à dix pas de distance.

Les expériences faites à Londres sur un aveugle-né, à qui le célèbre oculiste Cheselden avait abaissé les cataractes, ont paru expliquer ce grand phénomène du sens de la vue, instruit par celui du toucher; mais combien dans les animaux l'instruction du pur instinct me semble plus vive et moins lente que ne le fut, dans ce jeune Anglais, celle de l'habitude et du tâtonnement, dans l'usage du nouveau sens qu'il venait d'acquérir? Faut-il tant de leçons au jeune chat, au jeune oiseau, à la jeune souris, pour distinguer l'espace libre où ils peuvent passer, du mur solide qui leur ferait obstacle? Ce sont aussi des aveugles-nés; et, à peine ils ont les yeux ouverts, qu'ils ont appris à voir. La colombe, en apercevant l'épervier dans les nues, ne le voit pas aussi gros qu'une mouche; et la frayeur à cette vue ne laisse pas de la saisir. Qui lui a donc appris à mesurer l'angle visuel, et à juger de la grandeur sur la distance? Le chevreuil en sautant de cime en cime de rochers, souvent à travers des abymes, calcule mieux que nous les hauteurs et les intervalles, ou plutôt ne calcule point : sa science est en sentiment; et nous-mêmes, où en serions-nous, si, par une lente confrontation du témoignage de deux sens, il nous fallait aller à tâtons d'expérience en expérience? Voltaire, en avouant que la nature seule est ici le grand maître, la fait parler, et croit l'entendre qui nous dit : « Si, « pour estimer les distances, les grandeurs, les « situations de tout ce qui vous environne, il « vous fallait attendre que vous eussiez examiné « des angles et des rayons visuels, vous seriez « morts avant que de savoir si les choses dont « vous avez besoin sont à dix pas de vous ou à « cent millions de lieues, et si elles sont de la « grosseur d'un ciron ou d'une montagne. » (*Élém. de Phil. de Newton.*)

De tout cela, mes enfants, il résulte que la nature a bien pu nous laisser indécis, exposés aux lenteurs d'une expérience tardive, souvent même livrés aux séductions de l'apparence, sur des objets qui ne nous touchent point; mais que, pour nos périls et nos besoins, elle y a pourvu en bonne mère; qu'en un mot, celles des erreurs de nos sens qui sont incorrigibles, sont au moins innocentes; que l'ame n'y confond que ce qu'il lui serait inutilement pénible de distinguer, et que c'est pour lui faciliter le travail de la vie, l'action de la pensée, que la nature a pris ce moyen d'en simplifier les détails.

Quant au peu de pouvoir qu'a la raison de vaincre et de détruire l'illusion des sens, il faut savoir que ce qui est libre dans l'homme, est du domaine de la raison; mais que ce qui est physique et nécessaire, est du domaine de l'instinct. Vous en voyez l'exemple dans nos mouvements organiques : les uns s'exécutent en nous à notre insu, malgré nous-mêmes, comme les mouvements du cœur et du poumon, celui des intestins et celui des artères; les autres, quoique volontaires dans leur principe, ne s'opèrent encore que mécaniquement : l'ame peut vaguement les commander; en cela, ils sont libres; mais elle ignore par quels ressorts ils sont produits, et en vertu de quelle loi ils s'accordent et se combinent. Une autre intelligence que la sienne y préside; et, loin de les guider, elle les déconcerte, lorsqu'elle veut les raisonner.

Vous voulez parler ou écrire, gardez-vous de

vous occuper des inflexions de votre langue, ni des mouvements de vos doigts; vous n'avez qu'à penser, votre langue ou vos doigts suivent votre pensée, et l'expriment fidèlement. C'est sans doute un prodige que cet instinct secret qui, avec tant de célérité, de précision, de justesse, fait, dans un détail infini, tout ce que lui commande une volonté vague. Cependant rien de plus réel : le jeu de la main qui voltige sur les touches du clavecin; ce jeu des nerfs, des muscles, des tendons, si régulièrement combiné, et rendu si prompt, si facile, par l'exercice et l'habitude, est absolument inconnu du musicien auquel ces ressorts obéissent. Le plus habile mécanicien, le plus savant anatomiste ne sait pas mieux que son valet régler et faire agir les mobiles de son action. Malheur au voltigeur qui, sur la corde, raisonnerait les lois de l'équilibre. La raison n'a que faire où préside l'instinct; ne croyez donc pas faire grâce à l'enfance en ne l'accusant pas des erreurs, ou plutôt des illusions qui nous sont naturelles et nécessaires. Newton, après avoir si savamment décomposé les rayons du soleil et analysé la lumière, voyait, comme vous, les couleurs dans le prisme et dans l'arc-en-ciel.

Ne laissez pourtant pas de garder, comme dans un coin de votre entendement, cette arrière-pensée; que ce qu'on appelle dans les corps leurs qualités sensibles, ne sont que nos sensations rapportées à leurs objets; mais, dans l'usage de la vie, laissez-vous aller aux séductions inévitables de vos sens, et parlez comme tout le monde.

Je dois même vous dire, pour ne vous rien dissimuler, que cette opinion, à laquelle je tiens moi-même, n'est pas absolument inattaquable. Toutes nos sensations ne sont pas telles que l'on puisse affirmer qu'il n'y ait aucune ressemblance avec l'objet qui en est la cause. La sensation qui nous peint l'étendue, la figure des corps, leur grandeur relative, leur distance, leur mouvement, ne diffère pas de son objet, comme la sensation de l'odeur, du son, de la chaleur, nous semble devoir différer de sa cause physique.

C'est bien réellement un triangle, un cercle, un ovale, tel qu'il est présent à nos yeux; c'en est, dis-je, l'image que la sensation nous présente : le sens du toucher nous l'atteste. Or, si malgré la différence essentielle des deux substances, il est donné à l'ame de concevoir la figure des corps, pourquoi serait-il impossible que, dans la sensation des couleurs et dans celle de la lumière, il y eût aussi de la ressemblance avec l'objet qui les produit? Pourquoi cet objet coloré ne se peindrait-il pas dans la pensée, comme s'y décrit la figure triangulaire, circulaire, elliptique? L'analogie n'est pas la même à l'égard des sons et des odeurs; mais toutes les analogies nous sont-elles connues? Savons-nous bien ce que la loi d'union et de commerce entre les deux substances a mis d'affinité dans leur relation?

Il est bien vrai que toute ressemblance d'une perception intellectuelle avec un objet matériel est inconcevable pour nous ; mais d'abord, toute inconcevable qu'elle est, vous venez de voir qu'elle existe à l'égard des figures, des grandeurs, des distances ; et puis, s'il n'y avait qu'à nier tout ce qui est incompréhensible, que ne nierait-on pas ? Nous sommes investis de vérités inexplicables : plus vous avancerez, plus vous reconnaîtrez qu'autour de nous, et en nous-mêmes, tout n'est que prodige et mystère.

Or, mes enfants, sachez que des merveilles de la nature la plus étonnante peut-être, et de tous ses problèmes le plus insoluble pour nous, serait l'union de l'ame et du corps, et leur action réciproque, si, pour explication de ce grand phénomène, nous n'avions pas ce mot, qui seul explique tout, *la volonté d'un Dieu.* C'est en cela que Pascal a eu raison de dire que « l'homme est « à lui-même le plus prodigieux objet de la na-« ture. »

Du reste, ne présumez pas que, dans l'hypothèse des matérialistes, et en supposant, avec eux, que la pensée et le sentiment fussent des modes de la même substance dont nos organes sont composés, ne présumez pas, dis-je, que, dans cette hypothèse, l'impossibilité de concevoir l'action des sens sur l'ame, de l'ame sur les sens, ne fût pas la même pour nous, à moins d'y reconnaître encore l'effet d'une suprême loi. *Dieu l'a voulu*, serait toujours le seul mot de la grande énigme.

Vous avez déja vu que, sans cette première cause, non-seulement l'action des sphères célestes de l'une à l'autre, mais l'action d'un atôme sur un atôme est inconcevable. Ce n'est là cependant qu'un mouvement transmis, et qu'un effet analogue à sa cause, effet qui semble d'autant plus naturel, que les rapports en sont connus et calculés.

Que serait-ce donc, lorsque, du simple ébranlement des fibres de l'oreille, résulterait dans les corpuscules dont l'ame serait composée, la sensation d'un concert de musique, sans aucune confusion des voix, des sons, ni des accords? Que serait-ce, lorsque de la simple émotion des filaments du nerf qui tapisse le fond de l'œil, résulterait pour les atômes qu'on appellerait ame, la perception vive et distincte d'un ciel semé d'étoiles, ou d'un paysage varié?

On peut vous dire, que ce concert s'exécute en petit dans la conque de l'oreille et sur le tympan; que ce tableau, réduit, se peint au fond de l'œil, sur le tissu de la rétine. C'est là d'abord un étonnant prodige; car il faut, pour cela, que chaque molécule d'air rende distinctement au concert de l'oreille le son qu'elle a reçu, ce qui seul confond la pensée, si l'on considère sur-tout quel est le nombre de ces molécules sonores, et avec quelle vitesse elles doivent se succéder pour former si rapidement cette longue suite d'accords. Il faut aussi qu'en se croisant dans la pupille, le nombre infini de rayons qui vont peindre leur tableau dans le fond de l'œil, gardent, chacun sans se mêler, la couleur et le trait du point de l'objet qu'ils retracent : prodige où l'on se perd encore, lorsqu'à la pointe de cet angle qu'ils forment tous ensemble pour pénétrer dans l'œil, il faut concevoir des millions de filets de lumière sans aucune confusion; mais ce n'est pas tout.

Supposons le concert parfaitement exécuté dans le tissu des fibres du tympan; le tableau parfaitement peint sur le tissu de la rétine; où sera l'ame pour en jouir? Veut-on qu'elle réside dans ce même tissu à l'extrémité de ces nerfs; qu'elle y soit elle-même l'instrument de cette harmonie et la toile de ce tableau? Mais l'instrument ne s'entend pas lui-même, mais le tableau ne se voit pas. L'ame aura-t-elle un sens pour se voir ou s'entendre? Où sera-t-il ce sens? dans un tissu de fibres, dans des houppes nerveuses, dans ce fluide qu'on appelle nerveux, et qu'on ne connaît pas?

Que le matérialiste suppose donc, comme il lui plaira, l'ame étendue et répandue dans tout le corps; qu'il en fasse un corps délié, un air subtil, une flamme subtile, comme disaient les anciens philosophes :

Quintessence d'atôme, extrait de la lumière.

comme dit le bon La Fontaine; je demande: que reçoit-elle des impressions du dehors? elle en reçoit du mouvement, et rien de plus; car les corps, l'un à l'autre, n'ont que du mouvement à se communiquer. Ce sera donc un mouvement transmis d'atômes en atômes, qui, sans autre influence, fera des sentiments, des images et des pensées? Encore resterait-il à concevoir comment dans une ame épandue, disséminée dans tout le corps, le sentiment et la pensée se réduiraient à l'unité, et cela seul serait l'écueil d'un systême où tout est démence.

Il est vrai qu'au lieu d'une ame ainsi diffuse, le plus grand nombre des matérialistes en supposent une, qui n'est plus qu'un corpuscule, une *monade*; et cette ame, aussi simple qu'il est possible de la concevoir, ils la placent dans le cerveau, à l'origine des nerfs et à la source du fluide, qui est le principe de la vie. Descartes en croyait voir le siége dans une petite glande, située au milieu du cerveau, nommée la glande *pinéale*, parce qu'elle a la forme d'une pomme de pin; et cette idée est admissible dans la doctrine même de la spiritualité de l'ame. Car, puisqu'il a fallu que l'union de l'ame et du corps, et leur action réciproque, eût un point, non pas de contact, mais de relation et de correspondance; il est naturel de penser que c'est à l'origine et au milieu des nerfs, que le suprême législateur aura marqué ce point de ralliement pour toutes les impressions que les sens enverraient à l'ame. Qu'elle y soit donc comme elle y peut être, non pas en étendue, mais en substance et en action; et que, d'après la loi d'une première cause, ce soit là le *sensorium*, l'endroit fixe où l'ame reçoive, en sentiment et en images, les impressions du dehors; il n'y a rien, dans cette hypothèse, que la raison ne permette d'imaginer, et n'accorde sans répugnance : car le grand ouvrier des mondes a pu vouloir que cela fût ainsi; et cette volonté toute-puissante est la raison universelle.

Mais que, réduite au mécanisme d'une organisation physique, l'ame, parcelle de matière, et fortuitement unie à des organes matériels, se trouve naturellement susceptible d'affections, de sentiments et de pensées, qui n'ont, pour toute cause, que des vibrations dans des nerfs, des tressaillements dans des fibres, ou un mouvement plus ou moins vif et plus ou moins accéléré dans ce fluide qu'on appelle nerveux; c'est, de toutes les suppositions imaginables, celle qui répugne le plus à une raison saine; et je vous la donne pour la production d'un entendement déréglé.

Nous reviendrons plus d'une fois sur ce pitoyable matérialisme. Mais je vous en ai dit assez par rapport aux sensations. Nous allons passer aux idées.

LEÇON TROISIÈME.

Des Idées. De ce qui les compose. En quoi leur vérité consiste. Deux moyens de les circonscrire et de les éclaircir, la définition et la division. Objets des idées, la substance et le mode. Qu'il y en a de vagues, de confuses, d'obscures. Sources de nos erreurs dans ces perceptions.

Il n'y a point d'idées absolument simples; lors même que, par abstraction, l'on en généralise l'objet, et qu'on le simplifie autant qu'il est possible, il y reste encore implicitement un sujet et un attribut.

Dans la nature, rien n'existe sans quelque qualité; rien ne frappe nos sens que par des qualités sensibles. Ainsi d'abord, le souvenir de la sensation contient l'idée d'une substance, et celle de sa qualité. Nous n'avons des substances qu'une idée vague et confuse; c'est par leurs modes qu'elles sont aperçues et définies; et il en est des substances fictives comme des substances réelles; dès que l'idée en est distincte, elle présente une existence modifiée. Qu'est-ce que la matière? une substance étendue, divisible et impénétrable. Qu'est-ce que l'ame? une substance intelligente, sensible et simple. Qu'est-ce que la vertu? une bienfaisance universelle. Qu'est-ce que la bienfaisance? une inclination à procurer aux autres, ce que l'on désire pour soi.

Les idées même les plus simples en apparence renferment les éléments d'une définition; et, si l'on croit trouver que quelque chose soit indéfinissable, comme on le dit du *temps*, de *l'espace*, du *mouvement*, c'est que l'idée en est vague et confuse; et bien souvent aussi, c'est qu'on manque de termes pour la définir nettement.

Dans la pensée, comme dans la nature, l'attribut est si nécessairement uni au sujet, que le nom seul de la chose, s'il est bien entendu, en exprime implicitement la qualité essentielle et définitive, c'est-à-dire la qualité qui en détermine l'idée, soit générique, soit spécifique, soit individuelle. Par exemple, l'animal signifie l'être vivant et sensible; l'homme, l'animal doué d'une intelligence, susceptible d'accroissement et d'une raison progressive; Triptolème, l'homme inventeur de l'agriculture.

Mais, si l'idée ne se compose que de ses propres éléments, elle est donc toujours vraie? éclaircissons ce point avant que d'aller plus avant.

Rien de plus simple que l'idée du vrai. On y distingue cependant le vrai par essence, le vrai en existence ou en réalité, et le vrai dans nos conceptions.

Quand le monde entier ne serait qu'un être fantastique, l'idée en serait vraie en elle-même, parce qu'elle est d'accord, qu'il n'y a rien d'incompatible, rien qui répugne à l'existence, ni des parties en elles-mêmes, ni de l'ensemble qu'elles composent; c'est là ce qu'on appelle des vérités métaphysiques. Platon et Mallebranche ont pensé que les types en étaient empreints dans l'intelligence suprême. Mais, s'il était possible de faire abstraction d'une suprême intelligence, ces vérités seraient encore les mêmes. Les idées essentielles ne sont pas vraies, parce qu'elles résident dans l'intelligence divine; mais elles résident dans l'intelligence divine, parce qu'elles sont vraies; et c'est ainsi que les essences sont co-éternelles avec Dieu.

Le vrai en existence suppose le vrai en essence; car rien ne peut être vrai en réalité qui ne soit vrai en soi. Au contraire, tout ce qui est vrai en soi, ne l'est pas en réalité.

Le vrai dans nos conceptions, s'il n'a pour objet que les possibles, ne suppose et n'atteste que le vrai en essence. Mais, lorsqu'à l'idée de l'essence et de la possibilité se joint l'idée de l'existence, la vérité en est indivisible; et si la réalité manque à l'objet, il n'est plus conforme à l'idée. Qu'un homme soit doué de toutes les vertus, cela est possible et concevable; mais que ce mortel accompli soit le héros que j'entends louer, c'est ce qui n'est plus vrai.

Le possible l'est de deux manières; en soi d'abord, et puis dans sa cause. Tout ce qui n'a rien d'incompatible en soi, peut absolument exister; mais tout ce qui est absolument possible, ne l'est pas relativement, si la cause manque à l'effet. Il semble absolument possible que la planète de la terre ait plusieurs satellites, plusieurs lunes, comme Saturne; mais, manque d'une cause qui produise ce phénomène, ce n'est qu'un possible idéal.

Par une raison semblable, il arrive que ce qui est possible physiquement, est moralement impossible. Il est possible physiquement que les peuples de l'orient et du midi subjuguent les peuples du nord; il est moralement impossible que cela soit. Au contraire, il est moralement possible que les peuples du nord se répandent encore vers l'orient et le midi. Les choses seraient plus souvent concevables, comme physiquement possibles ou physiquement impossibles, si les forces de la nature nous étaient mieux connues; mais rarement connaissons-nous assez les causes pour en mesurer les effets.

Nous aurons lieu de voir de quel degré de probabilité et de vraisemblance peut être susceptible, ce qui n'est pas évidemment connu : il ne s'agit ici que d'assurer à l'idée son évidence; et ce sera l'effet de la définition.

On a distingué la définition du nom, de celle de la chose; et cette distinction a lieu toutes les fois qu'on introduit un mot nouveau ou qu'on donne à un mot reçu une signification nouvelle;

mais à l'égard des termes usités et pris dans leur sens naturel, ce sera bien définir la chose que d'en bien définir le nom.

De deux idées que contient la définition, l'une est commune à plusieurs objets semblables en ce qu'elle exprime; l'autre est particulière et propre à l'objet défini. L'idée commune est celle du genre ou de l'espèce; l'idée propre est ce qu'on appelle la *différence* de l'individu à l'égard de l'espèce, ou de l'espèce à l'égard du genre, si c'est l'espèce qu'on définit.

Observez cependant que la différence, dans la définition, n'est pas seulement une idée propre au sujet, mais une idée qui lui est en même temps essentielle et propre.

Une idée peut être essentielle au sujet sans lui être propre. Il est essentiel à l'homme d'être sensible; mais cette qualité ne lui est pas exclusivement propre : les animaux en sont doués. Une idée peut être propre à son objet, et ne lui être pas essentielle : rire, parler, écrire, sont des propriétés dans l'homme, et ne sont pas de son essence.

La différence définitive doit donc être dans son objet une qualité qui ne soit qu'à lui, et sans laquelle il ne puisse être; mais ce n'est pas toujours un simple et unique attribut : elle se compose souvent de plusieurs qualités dont aucune n'est exclusivement propre au sujet, mais qui, toutes ensemble, ne conviennent qu'à lui : *com-*

munium frequentiâ, ex quibus proprium quid sit eluceat (Cicer. Orat. part.). Observez cependant qu'elles doivent toutes entrer dans l'idée de son essence; tout ce qui ne lui est qu'accidentel, est étranger à la définition.

On appelle *qualités accidentelles* ou *accidents*, à l'égard d'un sujet, ce qui peut y être ou n'y pas être, sans que lui-même il change de nature. La qualité qu'on appelle *chaleur* est essentielle au feu, et ne l'est pas au fer; elle n'y est qu'accidentelle : le fer froid n'en est pas moins fer.

Chaque propriété, qu'on attache à l'idée, en restreint l'étendue. Ainsi, plus elle est composée, moins elle embrasse de rapports. L'idée du genre ne contient que la qualité essentielle et commune à toutes les espèces. L'idée de l'espèce contient, de plus, la qualité qui la distingue; l'idée de l'individu contient, de plus encore, sa propriété individuelle. Dans l'idée de l'être vivant, sont compris tous les êtres organisés et doués de la vie végétative ou sensitive, mais sans aucune différence entre la plante et l'animal. Dans l'idée de l'être sensible, est comprise encore la qualité d'être vivant, mais avec ce caractère de sensibilité qui distingue l'animal de la plante. Dans l'idée d'être doué d'une intelligence perfectible, se trouvent réunies les qualités d'être vivant, d'être sensible, et de plus, cette faculté qui distingue l'espèce humaine.

Ainsi l'être vivant contient, dans son idée générique, l'animal et la plante, et réunit, dans leur ressemblance spécifique, qui est la vie, tout ce qui sur la terre, ou dans l'eau, ou dans l'air, reçoit la naissance de son semblable, s'organise et se développe, prend de la nourriture et de l'accroissement, se reproduit, vieillit, et meurt.

Ici, mes enfants, souvenez-vous de ce que je vous ai dit ailleurs, de cette échelle analytique par où l'entendement humain s'élève de l'idée de l'individu à celle de l'espèce, de celle de l'espèce à celle du genre, et ainsi par degrés, en la simplifiant toujours, c'est-à-dire en la dépouillant de ses propriétés individuelles ou spécifiques, jusqu'à ce qu'il ne lui reste plus que la qualité de substance et la pure essence de l'être.

C'est là le genre au-dessus duquel nous n'en concevons plus aucun. Il y a de même des espèces au-dessous desquelles on n'en peut concevoir aucune, et qui ne réunissent que des individus. Je les appellerais *infimes*, si j'osais rajeunir ce mot.

Entre ces deux extrémités de l'échelle analytique de nos idées, il n'y a aucun genre qui ne soit espèce, ni aucune espèce qui ne soit genre. L'être vivant est une espèce à l'égard de l'être substance; mais il est un genre à l'égard de la plante et de l'animal. Il en est de même de toutes les classes intermédiaires.

Observez cependant que cette méthode, qu'on appelle *ascendante*, cette analyse des idées, n'est qu'artificielle et fictive. Il n'y a dans la nature que des individus. Les espèces, les genres, ne sont que des abstractions et des manières de classer des idées dans la mémoire et dans l'entendement, pour en considérer un grand nombre à-la-fois, sous le rapport qui leur est commun. Or, ce rapport de ressemblance, et celui qui lui est opposé, la dissemblance qui sert à démêler l'espèce dans le genre, et l'individu dans l'espèce, sont les deux points de vue de la définition : *Quæ quasi involutum evolvit id de quo quæritur.* (Cic. Top.)

Ainsi l'idée doit contenir la définition de l'objet, comme le nom doit exprimer tout ce que renferme l'idée. Ces deux règles bien observées dans le commerce des esprits, on est sûr de se bien entendre.

Mais, si l'on veut penser et parler avec précision, avec clarté, avec justesse, c'est toujours par l'espèce immédiate qu'il faut définir l'individu, et par le genre immédiat qu'il faut définir les espèces, j'entends lorsqu'il s'agit d'assigner l'espèce ou le genre de l'objet dont on parle; car bien souvent il est question d'expliquer, non pas *ce qu'il est*, mais *quel il est*, pris en lui-même, et alors c'est par des qualités individuelles qu'on le distingue. Si l'on vous demande *quel air* vous respirez? la réponse doit être : *un air pur, un air sain, un air vif, un air humide.* Mais si l'on vous demande *qu'est-ce que l'air?* la réponse doit remonter au genre immédiat : c'est un fluide. Ce serait mal répondre que de dire, c'est une substance étendue. Ce n'est pourtant pas assez de répondre, c'est un fluide; il faut ajouter, un fluide moins dense et plus léger que l'eau; et ce n'est point assez encore; car la lumière est aussi un fluide plus léger que l'eau, et peut-être moins dense. Il faut donc ajouter qu'il est d'un poids appréciable; qu'il est imperceptible à l'œil, sensible au tact et à l'ouïe; qu'il est compressible, élastique; qu'il occupe notre atmosphère, qu'il est enfin, pour l'animal qui le respire, un des principes de la vie.

Ainsi la définition doit procéder de différence en différence, jusqu'à ce point de propriété où elle ne convient plus qu'à l'objet défini. *Usque eò prosequi dùm proprium efficiatur, quòd nullam in aliam rem transferri possit.* (Cic. Top.)

Vous devez voir, par cet exemple, que toutes les qualités comprises dans la définition ne sont pas des propriétés. Il y en a de communes, ou à plusieurs espèces, ou à l'espèce entière de l'individu défini, ou à plusieurs individus de la même espèce. Mais il faut au moins que, de leur ensemble, résulte un caractère exclusivement propre, et qu'il n'y ait rien de superflu.

La véritable définition logique est celle qui, par un seul trait, *lucidè breviterque*, détermine l'idée de son objet; en quoi Cicéron la distingue de la définition oratoire, qui, avec moins de précision, a plus de volume et d'ampleur.

Port-Royal a repris quelques définitions dans la physique d'Aristote, comme celle du froid, du chaud, du sec et de l'humide, lesquelles manquent en effet de clarté. La physique était l'endroit faible de cet homme prodigieux. Il n'est pas étonnant qu'il ait mal défini ce que personne n'entendait bien ; mais les choses morales et intellectuelles, qui les définit mieux que lui ?

Vous trouverez ausi des modèles de définition dans nos écrivains moralistes. Quelquefois cependant ils s'attachent plus à l'acception usuelle des mots, qu'à l'idée philosophique ; en voici un exemple.

L'envie, exactement parlant, est un chagrin que l'envieux ressent à la vue du bien d'autrui, et sur-tout des prospérités de ses égaux, de ses semblables. C'est ainsi qu'Aristote a défini l'envie, lorsqu'il l'a distinguée de l'émulation : *Invidia turbulenta molestia, ob res secundas, non illius qui sit indignus, sed illius qui sit æqualis aut similis. Invident homines iis qui ipsis tempore, et loco, et ætate, et existimatione propinqui sunt. Idem est alienis malis gaudens ac invidus.* Et au contraire : *Æmulatio molestia quædam, non quòd alteri bona adsint, sed quòd non etiam sibi. Æmulus se præparat ad bona sibi adipiscenda ; invidus studet ut nec proximus hæc habeat. Juvenes et magnanimi ad æmulationem proclivi : æmulari et contemnere contraria sunt* (ARIST. Rhet.).

La jalousie est autre chose : c'est une crainte inquiète que nos propres biens ne nous soient ravis; encore ne regarde-t-elle que les biens qui intéressent la vanité, l'orgueil, l'amour, l'ambition, les affections morales. On est jaloux de sa réputation, on ne l'est point de sa fortune; on l'est de sa maîtresse, et on ne l'est pas de son or. Si nous sommes jaloux du bien qui arrive aux autres, c'est quand nous y perdons quelque avantage d'égalité ou de supériorité à leur égard, et c'est ainsi que l'on s'afflige ou du mérite, ou des succès, ou de la fortune de ses égaux, ou de ses inférieurs. Quelquefois même il nous arrive d'être jaloux de nos propres bienfaits, lorsqu'ils rendent indépendants de nous ceux qui nous en sont redevables. C'est là sans doute ce qui a fait dire à La Bruyère : « La jalousie et l'é-« mulation s'exercent sur le même objet, qui est « le bien ou le mérite des autres ». Vauvenargue a dit dans le même sens, que « la jalousie est le « triste sentiment de nos désavantages comparés « au bien de quelqu'un. »

Au reste, on parle bien en employant les mots dans leur acception commune; mais on parle encore mieux, en observant leur acception philosophique; et, en général, c'est à l'exactitude des définitions que tient et la justesse de l'esprit, et la netteté des idées, et la propriété du langage. Cependant il y aurait une affectation puérile et minutieuse à vouloir tout définir en parlant : l'on n'en finirait point ; et l'on serait d'une lourdeur pédantesque et insupportable. Ce n'est que lorsqu'il y a confusion dans les idées, ou ambiguité dans les termes, qu'il est nécessaire de définir.

L'objet de la définition présente bien souvent divers sens sous le même nom. Il faut en lever l'équivoque, et prévenir la confusion. Par exemple, en définissant la liberté, je distinguerais la liberté physique, qui est le plein exercice de nos facultés naturelles ; la liberté morale, qui est, dans la volonté, la faculté du choix ; la liberté civile, qui, dans le citoyen, est le droit de faire à son gré ce que la loi ne défend pas ; et la liberté politique, qui, dans un peuple, est l'avantage de n'obéir qu'aux lois qu'il s'est faites lui-même, ou auxquelles il s'est soumis d'un pur et plein consentement.

Une idée se définit aussi par ses rapports.

« La raison regarde à l'utile, la vertu à l'honnête (Arist.). La correction est un mal causé pour l'amour de celui qui l'éprouve ; la vengeance est un mal causé pour l'amour de celui qui le fait. » (*Id.*)

En parlant de l'ambition, ce serait la distinguer d'elle-même, la définir dans ses rapports, que de dire qu'elle est un désir de s'agrandir dans l'opinion des hommes, ou par les facultés de l'esprit et de l'ame, ou par l'éclat de la renommée, ou par les biens de la fortune, ou par les avantages du crédit et de la faveur, ou par l'autorité des emplois, ou par l'élévation du rang et l'ascendant de la puissance.

Quelquefois la définition, pour être plus exacte, exclut de son sujet des idées qui n'en sont pas, et que l'on pourrait y mêler. Être serviable, ce n'est pas être servile; être complaisant, ce n'est pas être un complaisant; l'un est la bonne volonté, l'inclination d'un homme libre; l'autre est l'abjection et la bassesse d'un esclave. *Idem ne sit pertinacia et perseverantia, definitionibus judicandum.* (Cic. Top.).

Une définition parfaite est celle où rien ne manque, et où rien n'est surabondant; qui est à-la-fois claire et précise; qui convient à tout son objet, et qui ne convient qu'à lui seul; *omni et soli*. La division contribue aussi à la netteté des idées; elle s'exerce sur l'idée elle-même, soit complexe, soit collective, pour la distribuer, ou comme genre en ses espèces, ou comme tout en ses parties. C'est là ce qui distingue la *partition* de la division. *In partitione quasi membra sunt; in divisione formæ.* (Id. Ibid.)

Je répéterai donc ici, d'après Cicéron, ce que j'ai dit ailleurs, que la division philosophique, comme la division oratoire, et plus sévèrement encore, doit être complète, précise et distincte.

Si l'on divisait les qualités de l'ame en vertus et en vices, la division ne serait pas complète; car l'intelligence, la sensibilité, la gaieté, la tristesse, et bien d'autres qualités de l'ame ne sont ni vices, ni vertus.

Si, en distribuant les idées de vertu et de vice, chacune en ses espèces, on mettait les talents au nombre des vertus, les erreurs au nombre des vices, on supposerait, dans le genre, des espèces qui n'y sont pas.

Si l'on disait d'un homme public, qu'il se serait rendu coupable par son audace, par sa cupidité et par son avarice, on distinguerait ce qui n'est pas distinct; car dans l'idée de la cupidité est renfermée celle de l'avarice. *Genus omnium libidinum cupiditas, ejus autem generis sine dubio pars est avaritia.* (Arist. Rhet.)

« Il n'y a pour l'homme que trois événements,
« naître, vivre, et mourir: il ne se sent pas naître,
« il souffre de mourir, et il oublie de vivre. »
(La Bruyère.)

In rebus magnis, consilia primùm, deindè acta, posteà eventus spectantur. (Cic. de Orat.) *Quid ante rem, quid cum re, quid post rem evenerit.* (Id. Top.) Voilà des modèles de division.

Ce qui contribuerait le plus à la netteté et à la justesse de l'esprit, serait de diviser les idées en ce qu'elles ont de clair et en ce qu'elles ont d'obscur; en ce qu'elles ont d'évidemment vrai et en ce qu'elles ont de douteux, de problématique.

Nos idées sont bien souvent comme les images que vous voyez au coucher du soleil, claires d'un côté, obscures de l'autre. Par exemple, rien de plus clair que les idées que nous avons de l'existence de notre ame, et de ce qui se passe en elle, comme de la pensée et de la volonté, de l'espérance et de la crainte, du plaisir et de la douleur; rien de plus vague et de plus confus que les idées que l'on s'est faites de sa nature et de sa substance. Les sages de l'antiquité, s'efforçant de la concevoir, en faisaient presque tous un corps délié, un air subtil, une flamme subtile, un composé d'atômes. Nous, à qui une plus saine philosophie a fait sentir que la pensée étant un mode essentiellement indivisible et simple, la substance où elle réside doit être simple et indivisible comme elle; nous qui, par conséquent, n'admettons dans cette substance rien de matériel, nous n'en avons encore qu'une idée confuse et vague. Il en est de même de l'idée d'un Dieu, si évidente par l'induction que nous tirons de ses ouvrages, et si impénétrable pour notre intelligence, quand nous voulons en concevoir la nature et les attributs.

« Si l'on ne me demande pas ce que c'est que
« le temps, disait Saint-Augustin, je le sais; si l'on
« me le demande, je ne le sais plus. » C'est qu'il le concevait clairement dans ses rapports avec le mouvement, dont il est la mesure, et qui le mesure à son tour; mais considéré en lui-même, lorsqu'il fallait le définir, la nature lui en échappait.

En général, nous concevons assez nettement les effets, les modes sensibles ; mais les causes, mais les substances ne se laissent point pénétrer. Il est donc bien nécessaire, à qui veut penser juste, de séparer dans ses idées les ténèbres de la lumière, comme fit l'Éternel lorsqu'il débrouilla le cahos. *Et divisit lucem à tenebris.* (Genes.)

On dit que la géographie et la chronologie sont les deux yeux de l'histoire ; on peut bien dire de même que la définition et la division sont les deux yeux de la philosophie ; et l'une comme l'autre de ces opérations de l'entendement exige un discernement si exquis que Platon regardait le talent de bien définir et de bien diviser comme un don divin.

Mais, dans la définition, vous n'avez vu que la qualité générique ou spécifique, essentielle ou propre au sujet ; et ce n'est pas la seule admise dans la conception de l'idée. Le plus souvent, ce qui qualifie le sujet lui est accidentel. Un cheval fougueux diffère d'un cheval docile, quoique l'espèce en soit la même.

N'oubliez pas que telle qualité qui est accidentelle à l'égard du genre, est essentielle à l'égard de l'espèce. La blancheur est accidentelle au marbre et à l'oiseau ; mais elle est essentielle à l'albâtre et au cygne. Ainsi, en remontant l'échelle analytique, de degrés en degrés, les qualités deviennent toutes des accidents, et le genre suprême n'en retient qu'une seule qui constitue son essence.

Du reste, tout ce qui peut qualifier la substance ou le mode, tout ce qui peut caractériser, circonstancier l'action, le temps, le lieu, le nombre, la situation de l'être, ses relations, ce qui lui arrive, ce qui l'affecte du dehors, en un mot, toutes ces idées relatives à l'existence, qu'Aristote a comprises sous le nom de cathégories, peuvent se combiner dans notre entendement, mais chacune sous les rapports qui lui conviennent. Par exemple, le temps n'appartient qu'à l'idée de l'existence continue et à celle de l'action. Le lieu n'appartient qu'à l'idée de la substance étendue. La quantité n'appartient qu'au nombre, à la mesure, à la grandeur. Le nombre n'appartient qu'à la substance, ou divisée, ou divisible, et à l'idée collective d'une classe d'individus physiques ou intellectuels. La mesure appartient à l'étendue ou à la durée ; la grandeur, à toute substance, soit réelle, soit idéale, dans le rapport du plus au moins. Le plus ou le moins peut convenir aux qualités, aux attributs, mais non pas aux essences.

Vous savez qu'on appelle essence la qualité abstraite, qui est la marque propre et distincte du genre ou de l'espèce, son caractère indélébile, et sans lequel son être ne peut se concevoir. Or, je dis que cette qualité n'est susceptible ni de plus, ni de moins. Un cercle n'a ni plus, ni moins de rondeur ; il n'est ni plus ni moins cercle qu'un autre cercle. Si les qualités sont susceptibles d'accroissement, c'est qu'elles ne sont prises que pour accidentelles, comme lorsqu'on dit, plus ou moins de force, de vîtesse, de pesanteur, de chaleur, de ressort, etc.......

Quelquefois l'accident a le même nom que l'essence. On dit d'un solide, qu'il est plus solide qu'un autre; et d'un fluide, qu'il est plus fluide. Mais on ne dira point que le bronze est plus un solide que le verre, ni que l'air est plus un fluide que l'eau. *Un* définit l'objet, et en détermine l'essence.

Parmi les qualités, les unes sont absolues, les autres relatives; les unes actuelles, les autres virtuelles; les unes positives, les autres négatives, privatives ou défectives.

Absolues. La pesanteur, la solidité dans les corps; dans l'homme, la droiture, la constance, la force d'ame.

Relatives. La chaleur, l'odeur, la saveur, etc., dans les objets des sens; dans l'homme, l'équité, l'indulgence, la bienfaisance; et par comparaison, l'égalité, la supériorité, la puissance, la dépendance.

Actuelles. Dans les corps, la figure, le mouvement; dans l'homme, la santé, la vertu, la sagesse.

Virtuelles. La mobilité dans les corps, la fragilité dans le verre, la ductilité dans l'or; dans l'animal, la sensibilité; la sociabilité dans l'homme.

Positives. Comme toutes celles que je viens de nommer.

Négatives. Comme l'impénétrabilité dans la substance matérielle; l'indivisibilité dans la substance spirituelle ; l'instabilité, l'inconstance, dans les choses humaines; l'inégalité dans l'esprit, dans le caractère.

Privatives, ou *défectives*. La discordance entre les sons; la désunion, la défiance, la déplaisance entre les hommes; la dissolution, la décomposition, la dégradation dans les corps; le déréglement dans les mœurs; le désordre dans les affaires; la mésintelligence dans les familles; la décadence dans les fortunes.

Une question de quelque conséquence serait de savoir laquelle des deux est positive, laquelle des deux est privative, de l'idée du *fini* ou de celle de l'*infini*. A ne regarder que les mots, c'est l'*infini* qui porte le signe privatif ; mais, à consulter les idées, c'est bien réellement dans celle du *fini* que se trouve la privation. Lorsque mon idée de l'espace s'est étendue jusqu'aux étoiles, et qu'elle cesse de s'étendre, qu'arrive-t-il ? Que j'en retranche tout ce qui est au-delà. Au contraire, si, à mon idée de l'espace, je n'assigne aucunes limites, et si j'en exclus toute borne, il est évident que je lui laisse toute l'étendue qui lui est essentielle. Il en est de même de l'infini dans les nombres, de l'infini dans la durée : le fini n'en est qu'un fragment.

Mais, avons-nous bien cette idée positive de l'infini? Nous ne l'avons pas dans le sens de celui qui, par *idée*, entend une image figurative de son objet. Car toute figure a des limites; et un infini figuré, ou l'image d'un infini, implique contradiction. Mais, si, par idée, on entend une conception purement intellectuelle de l'essence des choses, nous avons si bien et si distinctement l'idée de l'infini, que si l'on en dit quelque chose d'inconciliable avec son essence, notre entendement y répugne et en rebute l'absurdité; si, par exemple, on dit que dans les nombres l'infini est pair ou impair; que, dans l'espace, l'infini se partage en deux moitiés égales; que, dans la durée, il y a deux infinis, qui, joints ensemble, en font un plus grand que l'un des deux sans l'autre, vous sentez que tout cela répugne à l'idée de l'infini. Vous l'avez donc bien cette idée. Mais c'est dans nos études sur la métaphysique qu'il sera temps de voir comment nos conceptions et nos pensées peuvent s'élever jusque-là.

Nous avons vu que toute idée, et même la plus simple, en contient au moins deux, puisqu'il est impossible de concevoir la substance, soit réelle, soit idéale, sans les deux éléments de sa définition, et que c'est dans la convenance et l'accord de ces éléments que consiste la vérité.

Mais la convenance des idées, entre elles, est tantôt dans la nature et l'essence des choses, et tantôt dans l'opinion.

Tout ce qui, dans l'ordre des possibles, n'implique point contradiction, est vrai dans son essence et d'une vérité purement idéale ; je vous l'ai déjà dit : quand même il n'y aurait dans la nature aucun corps parfaitement rond, l'idée de rondeur n'en aurait pas moins sa vérité, parce qu'elle contient des idées qui se conviennent, savoir, l'idée d'étendue et celle de limites, l'idée de circonférence et celle de diamètre, l'idée de centre et celle de rayons égaux.

Mais, sans cette évidence immédiate, la vérité de fait ne laisse pas d'être souvent indubitable, lors même qu'elle est le plus incompréhensible pour nous : mouvement transmis, espace vide, divisibilité de la matière à l'infini, mondes créés, Dieu éternel, voilà des vérités qui passent notre intelligence, et auxquelles notre raison est cependant forcée de donner son acquiescement. La conviction qu'elles emportent tire sa force de ce principe, que *de deux choses contradictoires, si l'une est évidemment fausse, l'autre est nécessairement vraie, ne fût-elle pas concevable* : principe qui dément la règle de ne rien admettre comme vrai, que ce qui est conçu clairement.

Ce qui n'a rien d'incompatible en soi peut être admis comme vrai, sans avoir d'autres réalités que dans l'opinion reçue ; mais ce n'est là qu'une vérité relative et de convenance. L'idée du souverain bien se composait différemment dans l'école de Zénon et dans celle d'Épicure ; mais, dans l'une et l'autre, elle était d'accord avec le système reçu. L'idée du soleil levant, du soleil couchant, des révolutions, diurne et annuelle, du soleil autour de la terre, a cette sorte de vérité. Parler ainsi, ce serait une erreur dans le langage philosophique; mais ce n'en est pas une dans le langage commun, et le philosophe lui-même, se prêtant à l'illusion, laisse dans sa pensée l'idée de ces mouvements unie à celle du soleil.

Lors même qu'il est impossible que l'objet de l'idée existe, comme la ligne sans largeur, le point sans étendue, la surface sans profondeur, l'idée ne laisse pas d'avoir sa vérité hypothétique. C'est une vue de l'esprit, qu'on appelle abstraction; et c'est ainsi que les idées de mouvement, de repos, de figure, que les idées de vertu, de vice, de plaisir, de douleur, qu'en un mot toutes les idées génériques ou spécifiques ont dans l'entendement quelque réalité. *Quarum rerum nullum subest quasi corpus. Est tamen quædam conformatio, insignita et impressa in intelligentiâ quam notionem voco* (Cic. Top.).

Enfin l'idée fictive a aussi une sorte de vérité dans la pensée, comme l'idée du phénix, celle du sphinx, du centaure, du minotaure.

Une idée peut être obscure en elle-même, quoique l'objet en soit évident à nos yeux. Telles sont les idées de l'attraction, de la pesanteur, de l'électricité, de l'élasticité, dont l'effet seul nous est connu.

Une idée est confuse sans être obscure, lorsque l'esprit n'y démêle pas nettement ce qu'elle contient, comme l'idée d'une quantité, ou collective, ou continue; par exemple : celle d'un fleuve, d'un siècle, d'un peuple, d'une armée; le tout en est conçu en masse, mais dans l'ensemble il n'y a rien de distinctement aperçu.

Une idée est vague et confuse, lorsque l'objet en est indéfini, comme du temps, du mouvement. Elle est confuse encore et vague, lorsque l'attribut seul en est déterminé, et que le sujet ne l'est pas, comme dans les termes concrets, blanc, dur, vivant, bon, juste, sage.

Elle est claire et distincte d'un côté, obscure et confuse de l'autre, comme lorsqu'en nous rappelant fidèlement et distinctement une sensation, la chaleur, le son, la lumière, la couleur, l'odeur, la saveur, elle y confond l'effet avec la cause, l'objet avec le sens, et le sens avec l'ame.

Elle est fausse sans être ni obscure, ni confuse, comme lorsqu'elle attache la pensée à la matière, la gloire au crime, le bonheur aux richesses, le souverain bien à l'intempérance, au luxe et à la volupté.

Les fausses apparences, l'équivoque des mots, les abus du langage, l'influence de l'opinion, les préjugés transmis, les impressions de l'habitude, les vices de l'éducation, la négligence et la légèreté avec laquelle nous glissons sur les objets de la pensée, sont autant de causes du manque de justesse de nos idées, et autant de sources d'erreurs.

Parmi ces causes, je ne dois pas oublier celle qui produit les systêmes, la vaine curiosité, l'ambition de pénétrer dans les mystères de la nature, plus avant qu'elle ne l'a permis. Les poëtes ont représenté la nature comme dans un sanctuaire, où elle est couverte d'un voile, dont elle nous permet quelquefois de soulever un coin, mais qu'elle nous défend de lever tout entier; ce qui signifie, dans le langage plus simple de Montaigne, que *nous ne connaissons le tout de rien.*

Heureusement nos connaissances les plus certaines sont celles de l'objet qui nous intéresse le plus. Ce que nous concevons le mieux, c'est l'existence de notre ame, ses qualités, ses facultés; ce sont nos perceptions, nos affections, nos inclinations, nos passions, nos vices, nos vertus, nos faiblesses ; science intime et salutaire, la plus essentielle à l'homme, et que lui recommandait l'oracle, par ces mots : *Nosce te ipsum.*

Ici, mes enfants, la raison humaine peut s'exercer utilement et sûrement. Il nous importe peu de savoir comment la nature agit hors de nous; par quels liens, par quels ressorts, toutes les parties de l'univers, sont unies et contenues dans cette variété infinie de mouvements, et, dans cet ordre harmonieux de révolutions immuables, il ne nous serait guère plus utile de savoir par quelle impulsion le cœur nous bat à notre insu, tandis qu'à volonté nos nerfs se tendent, et nos muscles se renflent. De ces merveilles et de mille autres, croire, admirer, adorer en silence leur incompréhensible auteur, voilà notre partage, et c'est assez pour nous.

Mais ce qui nous importe essentiellement, c'est de savoir quelle passion nous domine, puisque, si elle est vicieuse et nuisible, il nous est donné par la nature d'en réprimer les mouvements; ce qui nous importe, c'est de savoir quelle inclination nous porterait au mal, ou nous éloignerait du bien, puisqu'il est en nous de la combattre et de la vaincre; c'est de savoir quel courage, et quelle énergie manque à notre ame, pour remplir des devoirs pénibles, puisqu'il dépend de notre volonté de surmonter cette faiblesse, et de nous prémunir de force et de vertu. Ce qui nous importe sur-tout, c'est de tirer du sentiment de notre existence, et de l'évidence irrésistible des prodiges sans nombre qui s'opèrent en nous, cette sublime vérité, que nous sommes l'ouvrage d'une suprême intelligence, et que le don de la pensée ne peut nous venir, ni du néant, ni du hasard, ni de cette masse aveugle de matière, qui, pour ame elle-même, n'a que le mouvement, auquel elle obéit, et qu'elle n'a pu se donner.

Ainsi, tout ce qu'il a fallu de connaissance à un être libre pour être bon, la nature a donné à l'homme la faculté de l'acquérir. De là, ces vérités qui se développent en lui en même temps que ses organes, et qui, dans les bois, ont formé le code moral des sauvages, et les premières bases du pacte social.

Est venu le temps où des formes de société, moins simples et plus diverses, ont donné lieu à des conventions, à des institutions nouvelles. Les lois des hommes ont pris la place des lois de la nature. Les idées sont devenues artificielles comme les mœurs.

Mais dans la nature du bien et du mal, et dans leur essence morale, il y a des vérités d'un ordre supérieur aux conventions, aux institutions humaines. C'est à celles-là, mes enfants, qu'il faut vous attacher.

Comme il sera éternellement vrai que le triangle est une figure terminée par trois lignes droites, il sera vrai de même que la bienfaisance est une vertu; que l'oppression à l'égard du faible innocent est un crime; que l'égoïsme impitoyable est un vice; que l'orgueil dans l'homme est une démence; que le manque de foi est une bassesse; que la calomnie est une lâcheté; que l'envie est le tourment d'une ame vile; que l'ingratitude et la trahison sont l'opprobre du cœur humain; que le souverain bien ne consiste ni dans l'oisiveté, ni dans l'intempérance, ni dans le luxe et la mollesse, ni dans la volupté des sens; et que la véritable gloire a été faussement, indignement attribuée aux forfaits de l'ambition, au brigandage des conquêtes.

Il sera vrai de même que l'amour paternel, la piété filiale, la tendre affection d'une mère pour ses enfants, la sensibilité secourable envers les malheureux, le respect pour la vieillesse, la pitié pour l'enfance, le désintéressement personnel, le dévouement au bien public, l'inviolable fidélité aux saints devoirs de l'amitié, la justice envers tous les hommes sont des sentiments vertueux.

Il sera vrai que la prudence, la force et l'égalité d'ame, la modération, la constance, l'équité, la sincérité, la droiture, la tempérance, l'indulgence, la modestie, sont dans l'homme des caractères d'excellence et de dignité. Ce sera donc pour vous un curieux et intéressant objet d'attention que d'observer dans les idées reçues, celles qui sont d'une vérité universelle et constante; et celles dont la vérité relative et particulière tient aux circonstances des lieux, des hommes et des temps. Démêler, discerner, classer ces deux ordres d'idées ; savoir quelles sont celles dont il nous est donné de définir l'objet avec précision, et celles dont la perception sera toujours vague et confuse; celles qui, par l'étude et la réflexion, peuvent atteindre à l'évidence, et celles qui, pour nous, seront toujours comme plongées dans un léger nuage, *sublustri noctis in umbrá;* laisser au doute et à l'incertitude ce qui leur appartient; nous borner à la vraisemblance, lorsque la pleine vérité nous est interdite par la nature ; peser les probabilités; nous abstenir de limiter trop légèrement les possibles; n'être ni trop crédules dans la persuasion, ni trop obstinés dans le doute, ni trop curieux de savoir, ni trop insoucieux d'apprendre, ni trop vains, trop présomptueux du peu que nous aurons appris; et, avec la même bonne foi, nous rendre témoignage de ce que nous concevons bien, et de ce que nous n'apercevons que vaguement, obscurément, ou de ce qui semble à jamais inaccessible à notre intelligence; ce sont là, mes enfants, les moyens de simplifier, d'abréger pour nous cette longue recherche de la vérité, qui, dans tous les temps, a été l'étude des sages, et que je vous exhorte à ne point négliger; car c'est à la connaissance du vrai que tient celle du bien, du juste et de l'honnête.

LEÇON QUATRIÈME.

Différence de la vérité de l'idée, et de la vérité du jugement. Qu'est-ce qu'affirmer une idée d'une autre idée? Rapport d'extension du sujet et de l'attribut. Sens défini, sens indéfini. Conversion des deux termes. Différence de qualité *et de* quantité *entre les propositions. Autre espèce d'opposition dans la diversité des termes. Question des futurs contingents.*

La *vérité*, disait Fontenelle, *n'appartient pas à celui qui la trouve; mais à celui qui la nomme.* Cet excellent mot vous fait sentir la différence de la vérité de l'idée, et de la vérité du jugement.

Dans l'idée, la vérité n'est souvent qu'une perception légère et fugitive, à laquelle l'entendement ne donne aucune adhésion. Il nous passe tous les jours par l'esprit des choses dont nous ne disons ni *cela est*, ni *cela n'est pas*; et, cependant, c'est l'un ou l'autre. Voilà, selon l'ingénieuse expression de Fontenelle, des vérités qui ne sont point *nommées*.

La rondeur de la terre est une idée transmise, qu'on a communément sans l'affirmer. *La terre est ronde*, est un jugement que des demi-savants ont prononcé, et que le vulgaire répète encore.

La terre n'est pas ronde, elle est applatie vers les pôles; c'est le jugement d'Huyghens et de Newton : L'observation l'a constaté ; c'est une vérité *nommée*.

La loi de la gravitation est une vérité dont les anciens se doutaient : *Suapte naturâ gravia descenderint, evolaverint levia ; an præter nisum pondusque corporum, altior aliqua vis legem singulis dixerit.* Tel est le doute que proposait Sénèque ; tel était aussi le problème qu'Horace donnait à résoudre, et sur lequel Newton a prononcé :

> *Quæ mare compescant causæ, qui temperet annum;*
> *Stellæ sponte suâ, jussæne, vagentur et errent.* (Hor.)

Ainsi la loi de la gravitation est une vérité que Newton a *nommée*.

Dans la conception de l'idée, l'entendement est passif ; il la reçoit comme l'œil reçoit la lumière. Dans le doute, il est en suspens, et comme en équilibre ; c'est une inaction inquiète. Dans le jugement, il est actif ; et cette action consiste dans une assertion mentale. Le jugement est dans la pensée ; la proposition ne fait que l'énoncer. Le mot qui exprime l'assertion, est le verbe (je vous répète ici ce que je vous ai dit dans nos leçons sur la Grammaire); et quand la négation s'y joint, l'assertion est négative.

Je vous ai dit aussi que le verbe *être* est le seul véritable. Tous les autres ne sont que des locutions abrégées : *Pluit, pluvia est cadens. Lu-*

cet, sol est lucens. Je gémis, je suis gémissant.
Toute proposition peut se résoudre ainsi par l'analyse.

Des deux termes dont la proposition est composée, vous avez vu que l'un est le *sujet*, et que l'autre en est l'*attribut* (j'aimerais mieux dire l'*objet*, car l'*attribut*, à la négative, est un mot pris à contre-sens; mais il est reçu). Le *sujet* donc est ce dont on affirme, ou dont on nie quelque chose. L'*attribut* est ce qui est affirmé ou nié. L'un est toujours une substance, soit réelle, soit idéale; et, si le mot est un adjectif, l'article s'y joint, pour marquer qu'il est pris substantivement : *Le vrai, le beau, le plein, le vide.* L'autre est toujours un mode, une qualité de sa substance; et, si le mot est un substantif, il est pris adjectivement et sans article : Le sage est *homme*; à moins qu'il ne soit défini : Le sage est l'*homme* qui réunit la connaissance et l'amour du bien.

Affirmer une idée d'une autre idée, c'est dire que l'une est dans l'autre. Mais une idée est dans une autre idée, ou en entier, comme *cercle* est dans *figure*, ou en partie seulement, comme *figure* est dans *cercle*. *Tout* cercle est une figure; *quelque* figure est un cercle. Deux idées sont aussi l'une dans l'autre, réciproquement et en totalité. Mais alors elles n'en font qu'une; et vous avez vu que cette identité est l'effet et la preuve d'une bonne définition.

Le triangle est *la* figure terminée par trois lignes droites ; la figure, terminée par trois lignes droites, est *le* triangle.

Ainsi, pour s'adapter à un sujet moins étendu que lui, l'attribut doit être restreint ; et le signe de cette restriction est l'adjectif individuel, *un* ou *une* : Le corbeau est *un* oiseau noir. Le cygne est *un* oiseau blanc. Quoique *noir* et *blanc* soient des qualités spécifiques du corbeau et du cygne, cependant, comme ces qualités ne leur sont pas exclusivement propres, et qu'il y a plus d'oiseaux blancs que de cygnes, plus d'oiseaux noirs que de corbeaux, c'est l'adjectif individuel, et non pas l'article qu'il faut joindre à ces attributs. Si l'on disait, le corbeau est l'*oiseau* noir, le cygne est l'*oiseau* blanc, la proposition serait fausse.

Mais, quand l'attribut défini est déjà restreint par lui-même à l'étendue de son sujet, il n'a plus besoin qu'aucun mot le particularise, et il peut recevoir l'article. Ainsi, quoiqu'on dise communément, le triangle est *une* figure terminée par trois lignes droites, vous venez de voir qu'on peut dire aussi, le triangle est *la* figure terminée par, etc. L'article annonce que l'attribut est pris dans un sens défini, qu'il convient à tout son sujet, et qu'il ne convient qu'à lui seul : Dieu est *l'être* par excellence.

Si l'attribut, vaguement énoncé, n'est marqué d'aucun signe, c'est le signe individuel qu'on y sous-entend : Dans le bien, la constance est *vertu*, signifie est *une vertu*.

Observez, mes enfants, que le sujet, lors même qu'il est pris universellement, n'est, à l'égard de l'attribut, qu'un individu spécifique. *Tout* triangle ne signifie que *chacun* des triangles sans exception. Ainsi tout triangle est une figure terminée par trois lignes droites, ne veut pas dire, est toute figure terminée par trois lignes droites; car tout triangle n'est pas rectangle, équilatéral, isoscèle, scalène, mais seulement *chaque* triangle est *quelqu'une* de ces espèces : *Nulla affirmatio vera erit, in quâ, cùm attributivum sit universale, universaliter attribuitur.* (ARIST. Analyt.) A moins donc que l'attribut ne soit individuellement propre au sujet, il est toujours plus étendu que lui, et, pour s'y adapter, il faut qu'il se réduise.

Mais la réduction de l'attribut ne porte que sur la totalité extensive de l'idée, sur l'*omnis* des Latins, et non sur la totalité compréhensive, sur le *totus*. L'idée *totale* de figure, c'est-à-dire d'espace circonscrit par des lignes, est comprise dans l'idée de cercle comme dans celle de triangle; mais l'idée de *toute* figure n'est ni dans celle de triangle, ni dans celle de cercle. C'est donc par la restriction de cette totalité extensive (*omnis*), que l'attribut se réduit au point d'être identique, et conversible avec le sujet.

Par des idées conversibles, on entend celles qui, réciproquement et avec la même vérité, peuvent être affirmées ou niées l'une de l'autre; en sorte que le sujet et l'attribut peuvent changer de place. Or, vous sentez que, pour cela, il faut que l'étendue en soit la même; et tant que l'un déborde l'autre, si j'ose m'exprimer ainsi, l'inverse porte à faux. Voilà pourquoi la véritable marque d'une bonne définition est que le sujet et l'attribut puissent être réciproquement affirmés l'un de l'autre; et tant que l'un des deux sera plus étendu, ils ne peuvent se convertir.

Si l'on dit, par exemple, que le quarré est une figure rectiligne, on dit vrai; mais il n'est pas vrai, à l'inverse, que la figure rectiligne soit le quarré : d'autres figures sont rectilignes. Si l'on dit que le quarré est un quadrilatère rectiligne, dont tous les côtés sont égaux, cela est vrai; mais l'inverse n'en est pas vraie : le lozange est aussi un quadrilatère rectiligne, dont tous les côtés sont égaux. Si l'on dit que le quarré est un quadrilatére rectiligne, rectangle, on dit vrai encore; mais, à l'inverse, on ne peut pas dire que le quadrilatère rectiligne, rectangle, soit un quarré : le quarré long est aussi quadrilatère rectiligne, rectangle. Si l'on dit même que le quarré est un quadrilatère rectiligne, rectangle, dont tous les côtés sont égaux, il n'est pas encore exactement vrai, à l'inverse, que le quadrilatère rectiligne, rectangle, dont tous les côtés sont égaux, soit le quarré; car c'est aussi le cube. Mais, si l'on dit enfin : le quarré est une figure plane, quadrilatère, rectiligne, rectangle, dont tous les côtés sont égaux, la définition est complète : les deux termes se correspondent, et ils peuvent se renverser. Cela bien entendu, passons à ce qu'on appelle, dans la proposition, sa *qualité* et sa *quantité*.

La proposition peut être *affirmative*, ou *négative* : c'est là sa *qualité*. Elle peut être *universelle, particulière* ou *singulière* : c'est là sa *quantité*. Mais la *singulière* ne fait point une classe distincte : je vous en dirai la raison. De ces différences de *qualité* et de *quantité*, se forment quatre espèces de propositions, qu'on distingue, dans les éléments de logique, par les quatre lettres, A, E, I, O, dont chacune en marque une espèce :

    A. L'universelle affirmative.
    E. L'universelle négative.
    I. La particulière affirmative.
    O. La particulière négative.

Ce qui est exprimé par ces deux vers techniques :

Asserit A, negat E; verùm generaliter ambo.
Asserit I, negat O; sed particulariter ambo.

Voyons, quant à la qualité, quel rapport la proposition peut avoir avec elle-même.

Ce rapport est de convenance ou de disconvenance entre les deux termes. Et d'abord il doit vous sembler que, le jugement ne faisant qu'affirmer ce que l'entendement conçoit, la vérité de l'assertion doive être une suite constante de la vérité des idées. En effet, cela est ainsi, lorsque le rapport des idées est bien exactement saisi et nettement déterminé. Mais il arrive bien souvent que, dans l'entendement, l'une des deux idées, quelquefois l'une et l'autre, est obscure, vague, confuse; ou que l'esprit ne les a pas assez attentivement considérées dans leur rapport de l'une à l'autre. Alors l'esprit peut y supposer une convenance qu'elles n'ont pas, ou ne pas y voir le point d'opposition qui les rend inconciliables : et de même il peut croire incompatibles des idées dont les rapports de convenance ne lui sont pas assez connus. De là, une assertion précipitée ou légèrement hasardée, soit à l'affirmative, soit à la négative.

Si l'on dit, par exemple, de la matière, qu'elle pense, on joint ensemble deux idées qui ne manquent pas de clarté, *substance étendue,* et *pensée.* Mais dans la pensée, on n'a pas assez nettement aperçu la qualité d'un acte indivisible et simple, et, dans la substance étendue, on n'a pas vu l'impossibilité de recevoir un mode simple et indivisiblement unique.

De même, lorsqu'on nie la création du monde, l'on n'aperçoit que le rapport d'incompatibilité du néant et de l'être, et l'on ne veut pas voir qu'entre la volonté d'un Dieu et sa toute-puissance, entre une cause infiniment féconde et les effets qu'elle produit, ce n'est plus le rapport de l'être et du néant. Non, sans doute, le néant n'a rien produit, et rien n'est sorti du néant. Mais rien n'a-t-il pu émaner de la source de l'Être, de l'Être par essence? Quoi de plus analogue que le fini créé, avec l'infini créateur? Et soit que le fini soit un atôme, ou un monde, ou des millions de mondes, si l'infini existe, oserais-je nier qu'il ait pu le produire? Le néant est, de toutes les idées, la plus creuse et la plus obscure; c'est une négation d'idée, comme l'idée des ténèbres; mais il n'y a rien de plus positif que l'idée de l'existence et de la puissance d'un Dieu. Ainsi, la convenance des idées, ou leur disconvenance, peut échapper à celui qui juge; et de là vient souvent que les idées sont vraies, et que le jugement est faux. A l'égard de la *quantité*, l'une des sources de nos erreurs est l'inattention qui nous fait confondre l'espèce avec le genre, l'individu avec l'espèce.

Par exemple, quoiqu'il soit vrai que quelque homme, que tel homme, que même un grand nombre d'hommes soient trompeurs, injustes, méchants, il n'est pas vrai qu'en général l'homme soit méchant, injuste, trompeur.

Vous savez l'histoire de cet étranger voyageur, qui, ayant trouvé à Blois une hôtesse laide, rousse et acariâtre, écrivit en note sur ses tablettes : « Les femmes de Blois sont laides, rousses et aca- « riâtres. » Combien de jugements qui ressemblent à celui-là!

Tout ce qu'on peut affirmer du genre, on peut

l'affirmer de l'espèce. Tout ce qu'on peut affirmer de l'espèce, comme qualité définitive, on peut l'affirmer de l'individu.

S'il est vrai que l'animal est sensible, il est vrai que l'insecte est sensible. S'il est vrai qu'il dépend de l'homme de vaincre ses passions, il est vrai qu'il dépend de moi de vaincre ma colère.

Il n'en est pas de même à l'inverse. Car tout ce qui est vrai de l'individu n'est pas vrai de l'espèce; tout ce qui est vrai de l'espèce n'est pas vrai du genre auquel elle appartient. Quoiqu'il soit vrai que tel corps est vivant, il n'est pas généralement vrai que les corps soient vivants. Quoiqu'il soit vrai que telle espèce d'animaux soient bipèdes, il n'est pas vrai en général que les animaux soient bipèdes.

Au contraire, tout ce qu'on peut nier de l'individu, on peut le nier de l'espèce. Tout ce qu'on peut nier de l'espèce, on peut le nier du genre auquel elle est soumise. S'il n'est pas vrai que tel homme soit juste, il n'est pas vrai en général que l'homme soit juste. S'il n'est pas vrai que la plante soit sensible, il n'est pas vrai en général que l'être vivant soit sensible.

Mais il n'en est pas de même à l'inverse. On peut nier du genre ce qu'on ne peut pas nier de l'espèce. On peut nier de l'espèce ce qu'on ne peut pas nier de l'individu. Nier que l'être vivant soit sensible, ce n'est pas nier que l'animal soit sensible. Nier que l'homme soit juste, ce n'est pas nier que tel homme soit juste.

Ces différences viennent de ce que le genre est essentiellement compris dans l'espèce, l'espèce dans l'individu ; au lieu que ni l'individu, avec ses propriétés, n'est compris dans l'espèce ; ni l'espèce, avec ses différences, n'est comprise dans la simplicité du genre.

Ce n'est pas que, dans son extension, le genre n'embrasse l'espèce, et l'espèce l'individu. Mais les propriétés de l'espèce, le genre ne les comprend pas, mais les propriétés de l'individu ne sont pas non plus dans l'espèce.

C'en est assez pour vous faire comprendre pourquoi telle proposition est conversible, et pourquoi telle autre ne l'est pas.

A ne peut l'être, vous l'avez vu, qu'autant que l'attribut en est défini et restreint. Si l'on dit simplement, *tout* triangle est une figure, on ne peut pas dire à l'inverse *toute* figure est un triangle. Alors c'est I, qui est l'inverse d'A. *Quelque* figure est un triangle.

I est inverse d'elle-même, parce que les deux termes peuvent répondre à la même idée; et les deux *quelque* peuvent s'entendre de la même personne ou de la même chose. Si *quelque* élément est un fluide, *quelque* fluide est un élément. *Affirmativarum utraque convertitur in parte.* (Arist. Analyt.)

E peut se convertir universellement : *Universalis privativa universaliter convertitur* (Arist. Analyt.). Car, à la négative, tout l'attribut étant exclu de tout le sujet, l'exclusion est réciproque : *Aucun* monde n'est un soleil; *aucun* soleil n'est un monde. *Rien* de matériel ne pense; *rien* de pensant n'est matériel.

O se renverse entre deux termes, dont l'un n'est ni le genre, ni l'espèce de l'autre. *Tout* Français n'est pas soldat; *tout* soldat n'est pas Français. Mais du genre à l'espèce, O n'est point conversible; et, quoiqu'il soit vrai que *quelque* arbre n'est pas un chêne, il n'est pas vrai que *quelque* chêne ne soit pas un arbre.

C'est par le sujet qu'une proposition est universelle, particulière, ou singulière.

Elle est universelle, si le sujet en est pris dans toute son étendue générique ou spécifique; ce qui, à l'affirmative, se marque de deux manières, ou simplement par le nom générique ou spécifique, précédé de l'article : *La* matière, *l'*être vivant, *l'*homme, *le* vice, *la* vertu, *le* bien, *le* mal; ou par le mot qui signifie totalité, soit générique, soit numérique : *Tout* homme, *tous* les hommes; avec cette différence que *tout* homme exprime une généralité absolue, au lieu que *tous* les hommes n'exprime qu'une généralité morale, une grande pluralité.

A la négative, l'universalité s'énonce par les mots *nul*, *aucun* : *Nul* homme, *aucun* homme. Observez qu'à la négative, *tout* n'est pas synonyme d'*aucun*. *Tout* homme n'est pas juste, ne veut pas dire, *aucun* homme n'est juste; mais seulement *quelque* homme n'est pas juste.

La proposition est particulière, quand le sujet, indéfini, ne prend du genre ou de l'espèce qu'une partie quelconque, vaguement désignée : *Quelqu'un*, *quelque* homme, *plus d'un* homme, *certains* esprits.

La proposition est singulière, lorsque le sujet en est individuellement déterminé, soit comme unique et simple, soit comme collectif, soit comme abstraitement conçu : *César, Rome, l'armée, le peuple, le sénat, la matière, l'esprit, le temps, le mouvement, le monde*. La singulière a cela de commun avec l'universelle, que le sujet en est pris dans sa totalité. Mais la totalité n'en étant qu'individuelle, ou comme individuelle, on n'en peut rien conclure que de particulier; et, en opposition avec l'universelle, ce n'est jamais qu'en particulier qu'elle est prise.

De la *qualité* et de la *quantité* des propositions, diversement combinées, résultent quatre espèces d'oppositions, connues sous le nom de *contradictoires*, de *subalternes*, de *contraires*, et de *sous-contraires*.

Les contradictoires, A-O, E-I, sont opposées en *qualité* et en *quantité*. Elles ne peuvent être ni toutes les deux vraies, ni toutes les deux fausses.

Si A est vraie, O ne l'est pas. Si O est fausse, A sera vraie : *Toute* partie de matière est divisible. *Quelque* partie de matière n'est pas divisible.

Si A est fausse, O ne peut l'être. Si O est vraie, A sera fausse : *Tout* homme est trompeur. *Quelque* homme n'est pas trompeur.

Lorsqu'E sera vraie, I sera fausse. Lorsqu'I sera fausse, E sera vraie : *Aucun* bonheur n'est sans mélange. *Quelque* bonheur est sans mélange.

E étant fausse, I sera vraie. I étant vraie, E sera fausse : *Aucun* espace n'est vide. *Quelque* espace est vide.

Les subalternes A-I, E-O, ne diffèrent que par la quantité. Elles peuvent être toutes les deux vraies, elles peuvent être toutes les deux fausses : avec ces différences, que la vérité de l'universelle emporte la vérité de la particulière; que la fausseté de la particulière emporte la fausseté de l'universelle, sans que cela soit réciproque.

Si A est vraie, I l'est de même : *Tout* métal est fusible. *Quelque* métal est fusible.

A étant fausse, I peut être vraie; mais I étant vraie, A peut ne pas l'être : *Toute* erreur est volontaire. *Quelque* erreur est volontaire.

I étant fausse, A l'est aussi : *Quelque* songe est un présage. *Tout* songe est un présage.

E étant vraie, O le sera : *Aucune* étoile n'est errante. *Quelque* étoile n'est pas errante.

E étant fausse, O ne peut pas l'être : *Aucune* vérité n'est certaine. *Toute* vérité n'est pas certaine, ou *quelque* vérité n'est pas certaine.

Si O est fausse, E le sera : *Quelque* volonté n'est pas libre. *Aucune* volonté n'est libre.

O étant vraie, E peut ne pas l'être : *Tout* homme n'est pas sincère. *Aucun* homme n'est sincère.

Les contraires, A-E, sont toutes les deux universelles, et ne sont opposées que par la qualité. Elles ne peuvent pas être toutes deux vraies : *Tout* homme est bon. *Aucun* homme n'est bon. Mais elles peuvent être toutes deux fausses; il suffit pour cela que *quelque* homme soit bon, et que *quelque* homme ne soit pas bon.

Les sous-contraires, I-O, ne diffèrent de même que par la qualité; et, comme elles sont toutes les deux particulières, elles peuvent être toutes les deux vraies : *Quelque* homme est sincère, *quelque* homme n'est pas sincère. Mais elles ne peuvent pas être toutes les deux fausses; car, s'il est faux que *quelque* homme soit accompli, il sera vrai que *quelque* homme ne l'est pas.

Parmi ces rapports d'opposition, vous devez remarquer qu'il y en a de nécessaires, et qu'il y en a d'accidentels. Lorsque je dis, par exemple, si A est vraie, O ne l'est pas; si A est fausse, O ne peut l'être; cela est ainsi nécessairement. Mais lorsque je dis A étant fausse, I peut être vraie; I étant vraie, A peut ne pas l'être, cela n'est que possible, et non pas nécessaire.

C'en est assez sur les propositions, qui, ayant même sujet et même attribut, ne diffèrent que du général au particulier, ou de l'affirmative à la négative. Mais le changement d'attribut peut produire une autre sorte d'opposition.

Il y a des attributs qui ne sont que divers, et non pas inconciliables, comme jeune et fort, dur et froid, sage et vaillant. Ceux-là n'affirment rien, ne nient rien les uns des autres; et, de leur différence, il n'y a rien à conclure.

Parmi les attributs incompatibles et réciproquement exclusifs, il en est qui ne peuvent être ni vrais ni faux en même temps, et ceux-là sont contradictoires; comme pair ou impair, malade ou sain, mort ou vivant; il n'y a point de milieu : affirmer l'un, c'est nier l'autre. Mais rond et quarré, jeune et vieux, doux et amer, noir et blanc, triste et gai, quoique nécessairement faux l'un ou l'autre, ne sont pas, l'un ou l'autre, nécessairement vrais. Ceux-ci ne sont que des contraires. Il n'est pas possible qu'en même temps un même corps soit rond et quarré; mais il peut n'être ni quarré ni rond : Virgile et Horace ne moururent ni vieux, ni jeunes; bien des liqueurs ne sont ni douces, ni amères; mille couleurs occupent l'intervalle entre le blanc et le noir; et dans la sérénité d'un esprit sage, il n'y a ni gaieté, ni tristesse.

Vous aurez soin de distinguer aussi l'attribut essentiel et propre de l'attribut accidentel; car l'un est vrai dans tous les temps; l'autre, selon les temps, peut être vrai, ou ne l'être pas; à moins qu'il ne soit tel qu'après avoir été il ne puisse plus cesser d'être; comme quand Phocion disait aux Athéniens : « S'il est vrai aujourd'hui qu'A-

« lexandre soit mort, cela sera vrai encore de-
« main. »

Mais si, d'un temps à l'autre, les accidents sont variables, la vérité dépendra du temps : Rome fut libre, Rome fut asservie. Octave fut cruel, Octave fut clément. Néron fut doux, Néron fut inhumain. Selon les temps, l'un et l'autre sont vrais; et, de même, selon les lieux, l'homme est libre, l'homme est esclave.

Nous allons bientôt voir, à l'égard des possibles, des probables, des vraisemblables, de quelles manières les propositions peuvent être opposées.

Mais sur les futurs contingents, c'est-à-dire sur ce qui peut arriver, ou ne pas arriver, y a-t-il entre les deux contradictoires une opposition réelle, et qui, dès-à-présent, rende l'une des deux vraie et l'autre fausse? Par exemple, si quelqu'un dit que, dans mille ans, l'Europe et l'Amérique seront en guerre, et que quelque autre dise qu'elles seront en paix, la proposition qui, dans mille ans, se trouvera conforme à l'événement, est-elle vraie dès-à-présent, et dès-à-présent la contradictoire en est-elle fausse?

Cette question, qui semble oiseuse, est d'une grande importance pour les fatalistes; car tout ce qui est vrai, disent-ils, est nécessaire; et si, dès-à-présent, tout l'avenir est vrai, il n'y a plus rien de contingent. C'est leur argument familier contre la liberté morale.

On peut dire, je crois, qu'entre deux contingents, aucun des deux n'est plus vrai que l'autre. Qu'est-ce en effet que la vérité? Un rapport de conformité de la pensée avec ce qui est, ce qui a été, ou ce qui doit être. Mais ce qui *peut* être ou n'être pas, n'est point ce qui *doit* être; et cette alternative de *pouvoir* être, ou n'être pas, réduit l'avenir à zéro, par rapport à la vérité. La vérité, comme la boussole, suppose nécessairement un point fixe, et il n'y en a point dans un avenir contingent.

Il est, pour moi, plus que moralement sûr que le soleil se levera demain, et même dans mille ans. Je puis donc regarder, comme une vérité, une si forte vraisemblance. Mais, dans ce qui dépend du caprice et de l'inconstance des volontés humaines, de la fluctuation perpétuelle de cette liberté de l'homme, si mobile et si variable au gré du vent des passions, quel point fixe peut-il y avoir? Et si, à la distance de mille ans, ou de dix mille ans (car l'hypothèse des contingents embrasse tous les siècles), s'il n'y a, dis-je, entre le présent et l'avenir, aucun point de rapport fixe et déterminé, comment la vérité, qui n'est que le rapport de l'objet avec la pensée, existerait-elle de l'un à l'autre?

« Il est nécessaire, dit Aristote, qu'on fasse de-
« main, ou qu'on ne fasse pas la guerre navale,
« et il faut bien que l'un des deux se trouve vrai;
« mais non pas l'un plutôt que l'autre; et il n'est
« pas nécessaire que dès-à-présent l'un des deux

« soit vrai, et l'autre faux dès-à-présent. » *Ex his necesse est alteram partem contradictionis esse veram vel falsam; non tamen hoc vel illud, sed utramvis; nec tamen esse jàm veram aut falsam.*

Et ce n'est point là un sophiste qui parle ; c'est le plus exact et le plus profond raisonneur de l'antiquité ; c'est celui dont Cicéron lui-même a dit : *Inveniendi, judicandi, utriusque princeps, ut mihi quidem videtur Aristoteles.* (Topica.) Et ailleurs : *Quis omnium doctior, quis acutior, quis, in rebus vel inveniendis, vel judicandis, acrior Aristotele ?* (Orat.)

On peut dire, il est vrai, que rien n'est incertain pour l'intelligence suprême. La vérité, pour elle, n'est que cette pensée éternelle, infinie, immuable, dans laquelle les temps, les mondes, l'immense collection des êtres et des événements, soit réels, soit possibles, tout n'est qu'un point. Il n'y a donc point d'alternative de pouvoir être, ou n'être pas, à l'égard de l'Être suprême ; et, comme rien n'est *futur* devant lui, devant lui rien n'est *contingent*. Mais la vérité qui lui est *présente* n'en aura pas moins dépendu des causes morales qu'il laisse agir ; et, quoi qu'en disent les sophistes, l'infaillibilité de sa vue ne gêne en rien la liberté de l'action dont il est témoin. C'est un point dont j'espère que vous serez bientôt aussi persuadés que moi.

Quant-à-présent, il ne s'agit que de l'intelligence humaine ; car c'est pour elle qu'il y a des futurs. Or, je dis que, pour elle, ce qui est contingent, ce qui, dans l'avenir, peut être ou n'être pas, n'a de vrai que l'alternative, c'est-à-dire que la nécessité d'être, ou de ne pas être.

« Si, dans l'avenir, tout est vrai, dès-à-présent, « vous disent les sophistes, dans l'avenir, tout « est nécessaire. » Répondez-leur : « Si dans l'a-« venir tout n'est pas nécessaire, dans l'avenir « tout n'est pas vrai. » Or, un sentiment irrésistible nous porte à croire que, dans ce qui dépend des volontés humaines, il n'y a point de nécessité.

Jusque ici nous n'avons regardé la proposition que sous le rapport de ses deux termes, et je vous l'ai montrée aussi simple qu'il m'a été possible, pour vous en faire plus nettement concevoir la construction. Mais il est rare que dans le discours elle ait cette simplicité. Les termes se compliquent, le verbe s'accommode aux circonstances d'où dépend la vérité de l'assertion ; et tantôt la vérité tient aux idées accidentelles qui modifient l'un ou l'autre, ou l'un et l'autre des deux termes ; tantôt elle dépend de la manière dont le verbe s'énonce, pour modifier l'assertion.

Ceci demande une attention nouvelle ; et la mienne, comme la vôtre, a besoin de se reposer.

LEÇON CINQUIÈME.

Des formes et des modes de la proposition. Elle est simple, composée, ou complexe. Elle est modifiée par des idées accessoires. L'idée accessoire est explicative, ou définitive. Elle s'attache aux termes ou aux signes de l'assertion. Souvent c'est la phrase incidente qui exprime l'idée accessoire.

Dans l'exercice de la raison, la grande affaire, ou plutôt la seule dont il s'agit, c'est de bien juger. L'objet en question est toujours le rapport de deux idées l'une avec l'autre. Le commerce de la pensée n'est que la communication réciproque ou de la vérité, ou de sa ressemblance. La proposition est donc, pour ainsi dire, la monnaie de ce commerce, tantôt reçue sans examen, tantôt examinée et souvent rebutée. Le raisonnement est donc comme la balance, le creuset, la pierre de touche, où l'on éprouve la bonté, la vérité du jugement.

Lorsque le jugement a sa preuve en lui-même, soit par la clarté des idées et l'évidence de leur rapport, soit par des modifications qui le réduisent à son point de justesse et de vérité, le raisonnement est inutile et serait superflu. Je vous l'ai déjà dit. Aussi n'est-il pniot rare d'entendre de longs discours très-raisonnables, où rien n'est raisonné. Le raisonnement n'est donc qu'un moyen de constater, de certifier le jugement; et, quand la vérité est bien établie, bien affermie sur sa base, elle ressemble à la colonne qui n'a besoin d'aucun appui.

C'est donc sur-tout à la solidité du jugement et à sa rectitude qu'il faut nous attacher; et, après avoir vu, dans sa simplicité, la proposition qui l'énonce, il nous reste à considérer les formes et les modes dont elle est susceptible, pour se donner à elle-même la clarté, la justesse, la précision que doit avoir l'expression de la vérité.

Une proposition pour être simple, doit l'être dans les termes, et doit l'être dans l'assertion : *Dieu est juste, Dieu n'est point trompeur.* Elle n'est donc plus simple, si l'un des deux termes est composé, ou si l'un des deux est complexe. Elle n'est plus simple, si l'assertion en est modifiée par quelque autre proposition, ou par quelque idée incidente.

Lorsque deux ou plusieurs idées, sans appartenir l'une à l'autre, ne font que se ranger distinctement sous un commun rapport, pour être ensemble, ou le sujet, ou l'attribut d'une proposition, c'est là ce qu'on appelle un terme composé; et les deux termes peuvent l'être : « De « bonnes lois et de bonnes mœurs sont, pour un « peuple, des sources abondantes de gloire et de

« prospérité. » Il faut que tout cela soit vrai dans tous les points.

Si l'on disait, « la liberté, la sûreté, l'oisiveté sont les plus grands biens de la vie, » l'assertion serait fausse, au moins quant à l'oisiveté; et, à tous égards, la paix de l'ame, l'innocence, la vertu, la sagesse, sont encore de plus grands biens.

Ainsi, quel que soit le nombre des sujets ou des attributs, dès que l'affirmation leur est commune, elle doit leur convenir à tous. C'est de la justesse de tous ces rapports que résulte la vérité; et il en est de même à la négative:

Non domus ac fundus, non æris acervus et auri,
Ægroto domini deduxit corpore febres,
Non animo curas. (HORAT.)

Mais la correspondance d'un terme à l'autre n'est pas toujours commune, et la même entre les idées dont les termes sont composés. Souvent elles se correspondent une à une, et dans ce rapport que nous appelons *vis-à-vis*. Si je dis, par exemple: « Le frein et l'aiguillon sont nécessaires « avec la jeunesse, » le rapport est unique. Mais si je dis: « Le blâme et la louange sont le frein « et l'aiguillon dont il faut user avec la jeunesse, » le rapport est double; le *frein* répond au *blâme*, et la *louange* à *l'aiguillon*. On peut dire de même: « Le printemps et l'hiver sont la jeunesse et la « vieillesse de l'année; l'été et l'automne en sont

« l'âge viril et l'âge mûr. » Chacune des idées a sa corrélative ; la vérité résulte de leur correspondance.

Lorsqu'une ou plusieurs idées accessoires se réunissent, pour former, avec l'idée principale, une seule conception, leur ensemble est ce qu'on appelle en logique un terme *complexe*. Or, il y a trois manières d'exprimer l'idée accessoire.

1° Par un simple adjectif, ou par un participe avec régime, ou sans régime : « L'homme juste. » « L'homme vivant de peu. » « L'homme éprouvé « par le malheur. » « Le vieillard expirant. » « L'or- « phelin délaissé. »

2° Par une préposition, avec son complément, faisant office d'adjectif : « Un temps d'orage. » « Une mer en furie. » « Le ciel dans sa colère. » « Le jour sur son déclin. » « Un homme sans foi, « sans pudeur. » « Un ami à l'épreuve. » « Un vieil- « lard au bord du tombeau. »

3° Par une proposition incidente liée à l'un des termes, au moyen du *qui* relatif : je vous en ai donné ci-devant des exemples ; vous en aurez bientôt encore un plus grand nombre sous les yeux.

Quant au participe, observez que son régime ou celui de son verbe, soit actif, soit passif, ne forme avec lui qu'une idée complète et définie : « Aimant la gloire, appliqué à l'étude, piqué d'é- « mulation ; » et il en est de même de l'adjectif : « Prodigue de conseils, avide de richesses, avare

« de louanges. » Le régime ne fait que compléter l'idée de l'existence ou de l'action modifiée.

Dans la complexion du terme, l'idée accessoire qui modifie l'idée principale est ou définitive, ou simplement explicative.

Elle est définitive, lorsqu'elle ajoute à l'idée principale une particularité qui spécifie la nature ou la qualité de l'objet : « L'homme insolent dans « la prospérité, sera rampant dans l'infortune. » Vous sentez que la vérité de la pensée porte sur l'idée adjective, *insolent dans la prospérité.*

Si l'on disait : « L'homme consulte le passé pour « bien juger de l'avenir ; » « l'homme se prémunit « de patience et de courage contre les accidents « de la vie ; » ces assertions vagues manqueraient de justesse ; mais si l'on dit : « L'homme *sage* con-« sulte, etc. ; » « l'homme *sage* se prémunit, etc. ; » la qualité de *sage* donne à l'idée son juste et vrai rapport, et il en est de même, quand c'est à l'attribut que se joint la définitive : « La tempérance « est une vertu, » serait bien une vérité, mais une vérité commune. « La tempérance est une vertu « nécessaire aux vieillards ; la tempérance est la « vertu qui contient les appétits sensuels dans les « bornes de la raison ; » voilà des vérités moins vagues, mieux déterminées.

Si Aristote eût dit simplement : « Les bonnes « mœurs sont une habitude : » ce n'eût été qu'une vérité vague, incomplète et indéfinie. « Les bonnes « mœurs sont une habitude honnête et louable,

« qui règle les mouvements de notre ame et les
« dirige au bien ; » voilà ce qui présente un sens
clair, précis et complet.

La vérité de la proposition ne dépend pas de même de l'explicative. Celle-ci n'est pas une idée accidentelle ; elle est dans la nature du sujet ou de l'attribut ; elle y est prise, elle en est extraite ; ce n'est que pour aider à l'y apercevoir, qu'on l'énonce ; et, sans être énoncée, elle y serait encore implicitement contenue. Ce développement de l'idée principale ne détermine donc pas la vérité de la proposition, mais il la rend plus vive, plus sensible, plus apparente :

Vitæ summa brevis spem nos vetat inchoare longam.
(HORAT.)

Voyez combien ce mot *brevis* rend cette vérité frappante, en réduisant le *vitæ summa*, à quelques heures fugitives.

Et dans ces beaux vers du même poëte :

AEquam memento rebus in arduis
Servare mentem ; non secùs in bonis,
Ab insolenti temperatam
Lætitiá, moriture Delli.

A quoi tient la force de la pensée, si ce n'est à cet énergique et profond *moriture?*

Et dans cette pensée de Pascal : « Entre nous
« et le ciel, l'enfer, ou le néant, il n'y a que la
« vie qui est la chose du monde la plus fragile. »

Quoi de plus effrayant que la *fragilité* de ce fil qui nous tient suspendu entre le ciel et deux abymes?

« L'homme a besoin des secours de l'homme, » est une vérité vaguement exprimée; mais si vous dites: « L'homme jeté nu sur la terre, faible, im-
« bécille, désarmé, entouré d'ennemis, manquant
« de tout dans une longue enfance, a besoin des
« secours de l'homme; » combien ces idées explicatives de la misère humaine n'ajoutent-elles pas de lumière et de force à cette simple assertion :
« L'homme a besoin des secours de l'homme? »
Nudum et infirmum societas munit. (SEN.)

Lorsque vous dites : « L'homme dont les sens
« sont si faibles, les moyens si bornés, a mesuré
« les cieux, fertilisé la terre, et traversé les mers; »
quelle étonnante idée de l'industrie humaine ne résulte-t-il pas de l'opposition des incidentes explicatives?

« L'espèce humaine, à qui sont accordés les plus
« grands biens de la nature, est aussi celle à qui
« sont attachés les plus grands maux. »

« La prévoyance, qui est si souvent utile, est
« quelquefois funeste. » « Le souvenir qui perpé-
« tue les plaisirs, perpétue aussi les regrets. »

Ce sont encore là des exemples d'incidentes explicatives, qui, dans l'idée principale, marquent des singularités que l'esprit aurait pu ne pas y apercevoir.

Comme elles font sentir la force des contrastes,

elles font aussi concevoir plus vivement tous les autres rapports : « Le chêne, qui est de tous les « arbres le plus lent à croître et à se former, est « aussi le plus dur, le plus fort, et le plus du- « rable. »

Animum rege, qui, nisi paret,
Imperat. (Horat.)

Ainsi, pour l'attribut comme pour le sujet, l'explicative est toujours la même : elle n'y ajoute rien, elle n'y change rien; elle en développe l'idée, et en fait sentir les rapports.

Je vous ai dit que l'incidente est jointe à l'un ou à l'autre terme par le *qui* relatif ; et, au moyen de cette liaison, combien d'idées définitives ou explicatives ne voit-on pas se réunir comme dans un même foyer ! vos lectures vous en présentent des exemples sans nombre.

Cependant la phrase incidente étant une locution moins concise et moins vive que l'adjectif ou que le participe, ce n'est qu'en supplément ou de l'un ou de l'autre qu'elle s'est introduite; et plus une langue est abondante en adjectifs et en participes, moins elle est obligée de recourir à la phrase incidente; avantage considérable des langues anciennes sur les langues modernes.

Je ne parle du grec que par ouï dire. Mais dans le latin même, combien de fois ne rencontré-je pas des adjectifs, des participes, qu'il me semble impossible de traduire passablement, sans la phrase incidente et le *qui* relatif ? Par exemple, comment rendrai-je le *tempus edax rerum ?* ou, l'*indocilis pauperiem pati ?* ou le *gravem Pelei stomachum cedere nescii*, d'Horace ?

Et, lorsque je lis dans le même poëte,

> *Nec quidquam tibi prodest*
> *Aerias tentâsse domos, animoque rotundum*
> *Percussisse polum, morituro.*

ne suis-je pas obligé, en traduisant *tibi morituro*, de dire, *à toi qui allais mourir ?*

Lorsque je lis,

> *....Neque harum, quas colis, arborum,*
> *Te, præter invisas cupressos,*
> *Ulla brevem dominum sequetur.*

puis-je rendre en français, le *brevem dominum*, sans dire, *le possesseur qui aura si peu vécu ?*

Boileau, pour suppléer à un participe, en traduisant ces mots :

> *.......Facili sævitiâ negat,*
> *Quæ poscente magis gaudeat eripi.*

n'a-t-il pas été obligé de dire,

> Qui mollement résiste, et, par un doux caprice,
> Quelquefois le refuse, afin qu'on le ravisse ?

N'en est-il pas de même du

> *........Ver proterit æstas*
> *Interitura ?*

et du

> *Virtus recludens immeritis mori*
> *Cœlum?*

et du

> *Mortis faciles animos*, de Lucain?

et du

> *Nescia fallere vita*, de Virgile?

et du

> *Pallida morte futurâ*, du même?

et de l'*accepimus peritura perituri;* et de *ducunt volentem fata, nolentem trahunt*, de Sénèque?

Mais les idées qui modifient celle de l'existence et de l'action, sont en si grand nombre, que les langues même les plus riches ne peuvent y suffire, sans le secours de la phrase incidente. Consolons-nous donc d'en avoir un peu plus fréquemment besoin, et tâchons d'en faire oublier, ou d'en faire aimer la lenteur, par l'agrément d'un tour élégant et nombreux, et sur-tout par la netteté d'une expression facile et pure.

Il peut quelquefois être douteux si l'incidente est explicative, ou si elle est définitive. Si je dis, par exemple : « L'homme dominé par ses passions « ne peut répondre de lui-même. » Il est douteux si je parle de l'homme en général, que je crois naturellement dominé par ses passions ; ou seulement et en particulier, de celui des hommes que ses passions dominent.

L'équivoque se lève en disant, pour l'explicative : « L'homme dominé, comme il l'est, par ses « passions; » et pour la définitive : « Celui des « hommes qui se laisse dominer par ses passions. »

Comme la vérité de la proposition dépend de l'incidente définitive, on ne la laisse guère passer sans examen. C'est là que l'attention s'arrête. Si, par exemple, on entend dire : « L'homme sage, « qui ne vit que pour soi, s'abstient de se mêler « de la chose publique. » « La doctrine qui met « le souverain bien dans la volupté, est une saine « philosophie; » un bon esprit sera d'abord frappé du faux rapport de convenance que ces assertions établissent entre la sagesse et l'égoïsme, entre une saine morale et la doctrine d'Épicure. Aussi vous ai-je dit que, quel que soit le nombre des idées qui forment ensemble l'incidente définitive, on y exige sévèrement la justesse dans tous les points : « Une religion qui console et « soutient l'homme dans le malheur, et qui, dans « la prospérité, le rend juste, modeste, compa- « tissant et secourable, ne peut être qu'un don « du ciel, et un très-grand bien pour la terre; » voilà de ces rapports dont tout bon esprit est frappé, et sur lesquels il se repose.

On ne regarde pas d'aussi près à l'incidente explicative, parce qu'elle est communément sans conséquence.

« L'homme, qui est le jouet de la fortune « et l'esclave de la destinée, n'est jamais assuré d'un bonheur durable. » Comme dans cet exemple il s'agit de l'incertitude et de l'instabilité du bonheur, et que cette idée principale est vraie en elle-même, indépendamment de l'incidente, on passe légèrement sur celle-ci.

Mais, si l'on donne à l'incidente explicative une force de preuve, comme il arrive assez souvent; si, par exemple, on dit : « L'homme esclave « de la destinée n'est jamais digne ni de louange « ni de blâme ; » c'est alors qu'on arrête le raisonneur à l'incidente ; et c'est une attention qu'il faut avoir avec les sophistes ; car ils ne manquent pas de glisser dans leurs raisonnements des incidentes frauduleuses, et de s'en prévaloir lorsqu'on les passe sous silence, comme si on les leur accordait.

Par exemple, ils vous disent : « La matière qui « est susceptible de sensibilité, peut l'être aussi « d'intelligence ; le corps organisé qui sent, peut « aussi penser. » Rien de plus captieux ; car la proposition principale est incontestable, si vous accordez l'incidente.

Ils vous disent de même : « Les sciences et les « arts, qui ont engendré le luxe, ont aussi en- « gendré les vices. » Cette incidente est un piége qu'ils tendent ; car ils supposent incidemment comme vrai ce qui ne l'est pas, que les sciences et les arts ont été les sources du luxe. C'est l'opulence qui l'a produit, et qui a été l'aliment des vices, comme des sciences et des arts.

Encore n'est-ce pas assez que l'incidente ait sa vérité propre : il faut qu'elle soit juste et vraie dans le rapport qu'on y suppose ; si l'on dit, par exemple : « L'homme qui est un être périssable, « n'est pas doué d'une ame impérissable. » L'incidente est vraie en elle-même ; mais on y suppose un rapport qu'elle n'a point avec l'assertion directe ; car ce composé, qu'on appelle *homme*, peut périr, c'est-à-dire que le lien des deux substances qui le composent peut se dissoudre, sans que l'une des deux se ressente de cette dissolution. Dans la décomposition même des corps mixtes, ne voit-on pas que leurs éléments se séparent sans changer de nature ? Le bois brûlé est réduit en cendres, mais les sels s'y conservent ; l'air et l'eau s'en détachent sans aucune altération. Si donc la mort, dans l'homme, n'est qu'une désorganisation, une division d'éléments, pourquoi le principe de la pensée serait-il seul anéanti, tandis que tous les autres restent inaltérables ?

Voulez-vous un exemple moins abstrait, plus sensible, de la justesse du rapport que l'incidente doit avoir ? Supposons d'abord que l'on dise : « Caton, le plus vertueux des Romains, ne « put survivre à la liberté. » Le rapport est juste et frappant ; car ce fut en effet, par une inflexible vertu, que Caton ne put survivre à la liberté de Rome :

Et cuncta terrarum subacta,
Præter atrocem animum Catonis. (Horat.)

Mais, si l'on dit : « Caton, le plus sage des Ro-
« mains, ne put survivre à la liberté, » l'explicative est déplacée; car ce ne fut point par sagesse
que Caton se donna la mort. Rien ne distingue
plus sûrement l'esprit juste de l'esprit faux, que
la façon d'user, bien ou mal, de ces incidentes.
Je conviens cependant que l'explicative n'est bien
souvent qu'un ornement de luxe dans le style :
elle ne rend l'idée ni plus claire ni plus sensible;
mais elle l'ennoblit, l'embellit, la colore; elle y
ajoute plus de finesse, d'agrément, d'intérêt; elle
l'environne d'images que l'on aime à se retracer,
ou l'associe à une idée qui l'élève et qui l'agrandit.
Les poëtes sur-tout sont pleins d'incidentes de
cette espèce : mais ce n'est pas ici le lieu de parler
des beautés du style; il s'agit de la vérité.

Or, si la vérité de la proposition tient souvent
aux idées qui modifient les deux termes, souvent
aussi elle dépend de la manière dont l'assertion
se modifie en s'énonçant.

Car ce n'est pas toujours à la vérité de la chose
que tient la vérité de la proposition. Par exemple,
si elle n'affirme que la vraisemblance, la possibilité, la probabilité, elle dit vrai, pourvu qu'en
effet il y ait vraisemblance, possibilité, probabilité, dans ce qu'elle affirme. Si je dis : « Il est
« vraisemblable que d'autres mondes que le nôtre
« sont habités. » « Il est possible que d'autres ani-
« maux que ceux de notre globe soient différem-
« ment organisés, et que la nature leur ait donné

« quelque sens que nous n'avons pas. » « Il est
« probable que le chien a compris ce que lui a
« dit son maître, lorsqu'après l'avoir écouté, il
« obéit à la parole. »

Quand je m'exprime ainsi, il est égal que ce
que je dis être vraisemblable, possible, ou probable, soit réellement vrai, ou qu'il ne le soit
pas : ma proposition n'en a pas moins sa vérité,
s'il y a ce que j'affirme, c'est-à-dire possibilité,
probabilité, vraisemblance.

Mais, dans la négative, il faut bien prendre
garde à la manière dont le signe de la négation
est placé.

Si je dis : « Il est possible que cela soit; il est
« vraisemblable, il est probable, il est croyable
« que cela est; » et qu'on dise : « Il n'est pas possible, il n'est pas vraisemblable, il n'est pas probable, il n'est pas croyable que cela soit; » l'opposition est contradictoire.

Mais si je dis : « Il est possible que cela soit; »
et qu'on dise : « Il n'est pas possible que cela ne
« soit pas; » il n'y a de différence qu'en ce que
l'un dit plus que l'autre, et en ce que le moins
peut être vrai, quoique le plus ne le soit point.
Si je dis : « Il est possible que cela ne soit pas; »
« il n'est pas nécessaire que cela soit; » je dis la
même chose.

Je ne fais que vous indiquer comment, dans
cette espèce de propositions qu'on appelle modales, la négation différemment placée, ou re-

doublée, change le sens de l'assertion. Vous épuiserez, si vous voulez, les combinaisons qui résultent des différentes oppositions d'A, E, I, O, ainsi modifiées; mais, avec un peu d'attention à ce qu'on nie, ou à ce qu'on affirme, il est aisé, je crois, de suppléer à cette analyse qui, d'ailleurs, resterait difficilement dans l'esprit.

Vous trouverez encore bien des manières dont l'assertion se modifie. D'abord vous savez que l'adverbe sert à qualifier ou l'existence ou l'action : comme lorsqu'on dit : « L'homme qui n'a « jamais été malheureux, est faiblement touché « des malheurs d'autrui; » l'adverbe sert de même à caractériser l'affirmation ou la négation, soit pour le degré d'assurance qu'on entend lui donner, soit pour les circonstances dont on la fait dépendre.

Il n'est pas égal d'affirmer qu'une chose arrive souvent, ou qu'elle arrive rarement; qu'une espérance est bien fondée ou assez fondée, ou peu fondée; qu'on n'est pas toujours libre, ou qu'on n'est jamais libre; que l'on croit fortement ou qu'on a lieu de croire;

Et par comparaison :

Je le désire assez, pour le croire aisément.
Ah! je l'ai trop aimé pour ne le point haïr. (RACINE.)

Les inflexions du verbe ont aussi pour objet, de circonstancier ou l'action ou l'existence; ceci n'a pas besoin d'exemple : vous avez assez vu quel était le rapport des temps d'un verbe avec les verbes corrélatifs, quand vous avez appris à les faire accorder.

Enfin, par le moyen des conjonctions prépositives, et des rapports qu'elles expriment, la proposition varie et se conforme au caractère de la pensée; mais ceci nous menerait trop loin; et, dans nos études, je ne dois pas oublier ce principe d'économie du temps et du travail : *Hâte-toi lentement.*

LEÇON SIXIÈME.

Des conjonctions prépositives et des différentes manières dont elles modifient la proposition. De la sentence motivée, ou de l'enthyméme oratoire.

Dans le nombre des conjonctions prépositives qui modifient l'assertion, l'on distingue en logique la copulative, la disjonctive, la conditionnelle, la causale, la relative, la discrétive, l'exclusive ou l'exceptive, et la comparative.

Vous savez que les particules copulatives (*et* pour l'affirmation, *ni* pour la négation) rangent plusieurs idées sous un même rapport, ou sous des rapports symétriques; et que, sous ces rapports, tout doit en être vrai : « L'immensité et « l'éternité sont des attributs de l'Être suprême. » « Ni le temps, ni l'espace, ne sont des substances « réelles. » « Naître, vivre et mourir, c'est par-« courir un cercle tracé par la nature. » « L'en-« fance et la vieillesse sont deux objets sacrés. »

La disjonctive, dont le signe est *vel* en latin, et *ou* dans notre langue, affirme, non pas que telle chose soit, mais que de deux choses qu'elle énonce, il y en a une qui doit être, sans décider laquelle, et en faisant entendre qu'elles ne sauraient être l'une et l'autre à-la-fois.

Elle peut donc être fausse de trois manières, savoir : si aucun des deux ne peut être ; s'ils peuvent être l'un et l'autre ; ou s'il y a un milieu possible.

Pour qu'elle soit rigoureusement vraie, il faut que l'alternative en soit immédiate et nécessaire : « La terre tourne autour du soleil, ou le soleil tourne autour de la terre. » « Ou l'homme est libre, ou il n'est digne, ni de louange, ni de blâme. » « Le faux dévot ne croit pas en Dieu, ou il se moque de Dieu. » (La Bruyère.) « Nos passions sont nos maîtres, ou nos esclaves ».

Elle n'est que moralement vraie, lorsqu'il n'est que probable que ce soit l'un ou l'autre :

Quiconque se déguise est faible, ou veut tromper.
(Voltaire.)

« Ou celui qui me flatte m'aime trop, ou il ne m'estime pas assez. »

L'alternative en est souvent de l'affirmation à la négation.

« Ou Dieu ne serait pas juste, ou l'homme de bien sera heureux. » « Ou il y a du vide dans la nature, ou il n'y a point de mouvement. »

Dans la proposition suppositive et dans la conditionnelle, la vérité est dépendante ; et ce rapport de dépendance est exprimé par *si*, ou par quelque autre particule prépositive.

« Quand la vertu n'aurait pour récompense
« qu'elle-même, elle serait préférable à tout. »

« Si, par une lumière prophétique, les Athé-
« niens avaient prévu les événements futurs,
« Athènes, même dans un tel cas, aurait dû faire
« ce qu'elle a fait, s'armer contre Philippe pour
« la défense de la Grèce. » (Démosth. pour la
Couronne.)

La conditionnelle se résout quelquefois par la disjonctive, ou par la restrictive. Comme on dit par exemple : « Si le peuple ne tremble, il fait « trembler; » on peut dire de même : « Ou le « peuple tremble, ou il fait trembler; » et de même encore : « Le peuple fait trembler, à moins « qu'il ne tremble. »

Dans la conditionnelle, la vérité consiste en ce que l'une des parties de la proposition, c'est-à-dire la subséquente, dépend de l'antécédente.

« Dès qu'un corps grave n'est pas soutenu, il
« tombe; » voilà une vérité physique.

« Tant que l'on craint la mort ou l'infortune,
« on n'est pas vraiment courageux; » voilà une
vérité morale.

Il y a aussi dans la proposition causale un rapport de dépendance, mais ce rapport est positif, et le mot qui l'exprime ne fait qu'appuyer l'assertion.

« J'existe, puisque je pense. » « Dieu est éternel,
« puisqu'il est. » « La vertu est rare, parce qu'elle
« est pénible. » « Le mouvement n'est pas essen-

« tiel à la matière, car je puis concevoir la ma-
« tière en repos. » « Le monde a un moteur, puis-
« qu'il n'a pu se donner lui-même le mouvement. »
« Le mouvement a un législateur, un régulateur,
« puisqu'il est soumis à des lois qu'il n'a pu s'im-
« poser lui-même. »

Si l'une des deux parties de la proposition ne tient pas à l'autre, quand même l'une et l'autre est vraie, l'assertion qui les lie est fausse. Si l'on dit par exemple d'un homme : « Puisqu'il est jaloux, il est amoureux; » on peut fort bien nier que l'un soit la preuve de l'autre; car on est jaloux sans amour.

Mais dans ces sortes de maximes, il suffit que ce que l'on donne pour vrai le soit moralement :

Il n'est pas condamné, puisqu'on veut le confondre.
Si Titus est jaloux, Titus est amoureux. (RACINE.)

La causale porte communément sa préposition avec elle :

Tolluntur in altum
Ut lapsu graviore ruant.

De même, Cicéron, en parlant de Calpurnius : *A quo nihil speres boni Reipublicæ, quia non vult; nihil metuas mali, quia non audet.*

Mais, lorsque le rapport des deux parties de la causale se fait assez sentir par son intimité, on peut se dispenser de le marquer par aucun signe; et l'expression en est plus vive.

Vous en avez un bel exemple dans la lettre

que le duc de Montausier, gouverneur du dauphin, fils de Louis XIV, lui écrivit après le siége de Philisbourg, où ce prince avait commandé : « Monseigneur, je ne vous fais pas de compliment « sur la prise de Philisbourg; vous aviez une bonne « armée, des bombes, du canon, et Vauban. Je « ne vous en fais pas aussi sur ce que vous êtes « brave; c'est une vertu héréditaire dans votre « maison. Mais, je me réjouis avec vous de ce « que vous êtes libéral, généreux, humain, etc. »

Ce qui, dans la proposition, exprime connexion, parité, ou comparaison graduelle, est encore un mode de la pensée, et c'est ce qu'on appelle des propositions relatives, ou comparatives :

La patrie est par-tout où l'ame est attachée. (Volt.)

« Il n'y a point d'engagement, où il n'y a point « eu de liberté. » (Cicér.)

« Plus on fait de bien aux ingrats, plus la re- « connaissance leur est pénible. »

« Autant une vérité dure est offensante dans « la bouche d'un ennemi, autant elle est géné- « reuse et touchante dans la bouche d'un ami « tendre. »

« Plus on se pique d'avoir de l'esprit, plus on « croit manquer de mémoire. »

« Moins on est riche de son fonds, moins on « veut convenir de ce que l'on emprunte. »

« Un bon esprit n'est pas aussi reconnaissant « des éloges flatteurs que des conseils utiles. »

« Tous les jours vont à la mort, le dernier y
« arrive. » (Montaigne.)

« *Citò arescit lacryma, præsertim in alienis*
« *malis.* » (Cic. Orat. Part.)

« *In nullum avarus bonus est; in se pessimus.* »
(Seneca.)

« *Ignis aurum probat, miseria fortes viros.* »
(Seneca.)

Si cette relation d'un terme à l'autre n'est pas exacte, on a droit de nier la proposition ; comme si l'on disait : « Tel est le langage, telle est la « pensée. » « Tels sont les écrits d'un homme, « telles sont ses mœurs. » « Plus on est riche, « plus on est heureux. »

Ce qu'on affirme par comparaison, doit être vrai au degré qu'on l'exprime ; car l'assertion porte sur *le plus* ou *le moins*; ainsi, pour qu'il soit vrai que la douleur est *le plus* grand des maux, il ne suffit pas qu'elle soit un mal; il faut qu'elle soit *le plus* grand mal.

Mais on demande si ce qu'on affirme au comparatif doit commencer par être vrai au positif : si, par exemple, pour pouvoir dire qu'un corps est plus dur qu'un autre, il faut d'abord qu'ils soient durs tous les deux; et si de deux actions, dont l'une est juste, et l'autre injuste, on peut dire que celle-là est plus juste que celle-ci. Je ne pense point que cela soit exact; et, quoique *mieux* et *meilleur* se disent communément du *bien* au *mal*, c'est un abus sans conséquence.

Les discrétives sont celles qui partagent l'assertion en deux parties, dont l'une est opposée à l'autre, et s'en détache.

« Un honnête homme peut être fin, mais non
« pas rusé. » (La Rochef.)

« La probité permet quelquefois de dissimuler,
« jamais de feindre. »

« L'utilité de vivre n'est pas dans l'espace, mais
« dans l'usage. » (Montaig.)

« Ce n'est pas aimer la vérité que de ne l'aimer
« que flatteuse et agréable; il faut l'aimer âpre
« et dure, affligeante et sévère; il faut en aimer
« les épines et les blessures. » (Montaig.)

« *Semper in fide quid senseris, non quid dixe-*
« *ris cogitandum.* » (Cic. de Offi.)

« Il faut agir selon la loi, mais il faut penser
« d'après les sages. » (Arist.)

  Il est bon d'être charitable;
  Mais envers qui? voilà le point. (La Font.)

Je suis ta prisonnière, et non pas ton esclave.
       (*Cornélie à César.*)

Mon cœur aime Orosmane, et non son diadème.
       (*Zaïre.*)

« Le dernier pas ne fait pas la lassitude, il la
« déclare. » (Montaigne.)

Cœlum, non animum mutant, qui trans mare currunt.
       (Horat.)

« *Multos fortuna liberat pœnâ (nocentes) metu*
« *neminem.* » (Seneca.)

Ces propositions peuvent se réfuter de trois manières. Si par exemple, quelqu'un dit : « C'est « la naissance et non pas la fortune qui distingue « les hommes; » on peut, selon les lieux, et selon les temps, lui répondre que c'est la fortune et non pas la naissance qui distingue les hommes; ou que c'est l'une et l'autre; ou que ce n'est ni l'une ni l'autre, mais le mérite et la vertu.

Les exceptives, ou restrictives, sont marquées par le mot *seul* ou par *si ce n'est, hormis, ne* et *que, à moins que*, etc.

> Les jardins parlent peu, si ce n'est dans mon livre.
> (La Fontaine.)

« Je ne vois que des infirmités de toutes parts, « qui m'engloutissent comme un atôme. » (Pascal.)

« On ne souhaite l'estime que de ceux qu'on « aime et qu'on estime. » (Sévig.)

« On ne devrait s'étonner que de pouvoir en- « core s'étonner. » (La Rochef.)

« On n'arrive à la vérité que par un chemin, « et l'on s'en écarte par mille. » (La Bruyère.)

> *Una salus victis, nullam sperare salutem.* (Virg.)

Vous concevez que ces propositions affirment et la chose et la restriction qu'on y met, et que par conséquent elles peuvent être attaquées des deux manières.

« L'homme juste et sage est seul en paix avec
« lui-même; » cela est vrai dans l'un et l'autre
point.

Mais si l'on dit : « L'homme juste et sage est
« seul honoré dans le monde; » cela est faux
comme exceptive; car des hommes sont honorés,
qui ne sont ni sages, ni justes.

Les inceptives et les désitives marquent le temps
auquel une chose commence, et le temps où elle
finit. Mais à moins qu'elles ne soient comparatives, elles ne sont pas plus composées dans le
sens que toutes les propositions dont l'attribut est
déterminé. Commencer ou finir n'est qu'une circonstance ajoutée à l'idée principale de l'existence ou de l'action, comme dans: *Naître, vivre, mourir*, etc.

On aurait beau vouloir complètement diviser
et classer les propositions ainsi modifiées, la diversité en est incalculable, par le nombre infini
de tours dont l'expression est susceptible, et des
degrés ou des nuances que la pensée peut recevoir de l'accession des idées, et de l'alliance des
mots.

Dans l'économie du discours, comme dans celle
du corps humain, il y a des contextures et des
ressorts imperceptibles dont les effets se font sentir, mais auxquels l'anatomie ne peut atteindre.
Et plus la proposition se ramifie et s'entrelace
d'explicatives, d'exceptives, de discrétives, etc.,
plus il est difficile d'y démêler la vérité d'avec

l'erreur. Cette complexion d'idées, dont le mélange échappe à l'analyse, est en éloquence le jeu et l'artifice des sophistes. La pensée en est plus brillante; mais sa lumière ainsi brisée et divisée, comme dans le verre à facettes, éblouit plus qu'elle n'éclaire, et n'a plus de foyer, ni de centre commun.

Plus la proposition est simple dans ses rapports, plus la clarté en est pure et vive; et c'est par-là que ce que les anciens appelaient l'enthymême oratoire, ou la sentence enthymématique, frappe si vivement, si soudainement les esprits.

La sentence est une proposition universelle, qui porte sa clarté, son évidence en elle-même; et qui a pour objet une vérité morale ou politique : *Sententia enuntiatio est, non de singularibus, sed de universalibus, de his quæ in agendo expetenda vel fugienda sunt.* (Arist. Rhet.)

Et de la sentence, dit-il, on fait un enthymême en ajoutant la cause, *additâ causâ fit enthymema.*

Vous avez vu ci-devant un grand nombre d'exemples de la sentence simple. Je ne tarirais pas à vous en citer de nouveaux : « Dieu accorde « le sommeil aux méchants, afin que les bons « soient tranquilles. » (Sadi.)

Cùm laudare velis, vide quid præciperes; cùm præcipere, quid laudares. (Arist.)

Si juvenis, spera; si senex, recordare. (Arist.)

« La jeunesse vit d'espérance, la vieillesse de « souvenir. » (Montaigne.)

Profusissimi in eo sumus, cujus unius (scilicet temporis), *honesta avaritia est.* (Senec.)

Facere et pati fortia Romanum est. (Scœvol. in Tit.-Liv.).

In nullá re propiùs accedunt homines ad deos, quàm in salute hominibus dandá. (Cic.)

« Il est au pouvoir des plus vils, comme des
« plus féroces des animaux, d'ôter la vie; il n'ap-
« partient qu'aux dieux et aux hommes de l'ac-
« corder. » (Métastase.)

« Ceux qui ôtent l'honneur à la vertu, ôtent
« la vertu à la jeunesse. » (Le vieux Caton.)

« J'aime mieux avoir à me repentir de ma for-
« tune, que d'avoir à rougir de ma victoire. »
(Mot d'Alexand.)

Eam vir sanctus et sapiens sciet veram esse victoriam, quæ salvá fide et integrá dignitate parabitur. (Cic.)

Mais, quoique la sentence ainsi modifiée, ou par des idées accessoires, ou par des incidentes explicatives, porte sa raison en elle-même, la preuve n'y est pas aussi distinctement articulée que dans l'enthymême oratoire :

Ainsi que la vertu, le crime a ses degrés.

c'est ce qu'on appelle sentence;

Dans le crime une fois il suffit qu'on débute.
Une chûte toujours entraîne une autre chûte.

c'est ce qu'on appelle enthymême, *additá causá*.

« S'il n'est pas juste d'être en colère du mal
« qu'on nous fait sans le vouloir, il n'est pas
« juste d'être reconnaissant du bien qu'on nous
« fait malgré soi. » (ARISTOTE.)

« Il faut aimer, non pas comme devant haïr
« un jour, mais comme devant toujours aimer ;
« car l'autre maxime tient de la perfidie. » (ARIST.)

« Les lois ont besoin d'une loi qui les conserve,
« comme l'olive a besoin d'huile : *Indigent leges*
« *lege, ut olivæ oleo.* » (ARISTOTE.)

Iphicrates aux Athéniens, après son expédition
sur les Thraces : « *Si priusquàm facerem, postu-*
« *lassem ut statuâ donarer si fecissem, concedis-*
« *setis ; cum fecerim, cur non conceditis ?* » (ARIS-
TOTE.)

« Les conquêtes sont faciles à faire, parce
« qu'on les fait avec toutes ses forces ; elles sont
« difficiles à conserver, parce qu'on ne les défend
« qu'avec une partie de ses forces. » (MONTESQ.)

Vous venez de voir en sentence ce mot de
Montaigne : « L'utilité de vivre n'est pas dans l'es-
« pace, mais dans l'usage. » Il en a fait un enthymême en y ajoutant cette incise : « Tel a vécu
« long-temps qui a peu vécu. » Et c'est communément l'incise qui fait la preuve de l'enthymême.
Exemples :

« Les mêmes défauts, qui dans les autres sont
« lourds et insupportables, sont chez nous comme
« dans leur centre ; ils ne pèsent plus, on ne les
« sent pas. » (LA BRUYÈRE.)

« C'est une grande misère que de n'avoir pas
« assez d'esprit pour bien parler, ni assez de
« jugement pour se taire; voilà le principe de
« toute impertinence. » (La Bruy.)

« Ceux qui, sans nous connaître assez, pen-
« sent mal de nous, ne nous font aucun tort; ce
« n'est pas nous qu'ils attaquent, c'est le fan-
« tôme de leur imagination. » (La Bruy.)

« Il n'y a que de l'avantage pour celui qui
« parle peu; la prévention est qu'il a de l'esprit;
« et, s'il est vrai qu'il n'en manque pas, la pré-
« vention est qu'il l'a excellent. » (La Bruyère.)

Nihil habet fortuna tua majus quàm ut pos-sis, nihil natura tua melius, quàm ut velis servare quàm plurimos : tu qui nihil oblivisci soles, nisi injurias, dit Cicéron à César; et de la plus belle des sentences, l'incidente fait le plus parfait des enthymêmes oratoires.

La force de la pensée enthymématique consiste dans la connexité de la sentence avec sa raison. Comme dans ces mots de La Bruyère : « La finesse
« est l'occasion prochaine de la fourberie; de
« l'une à l'autre le pas est glissant. »

Aristote regarde l'enthymême oratoire comme la plus puissante des preuves, en ce qu'il frappe les esprits d'une lumière imprévue et soudaine; et comme la plus séduisante, en ce qu'il flatte la vanité des auditeurs.

« Car les hommes, dit-il, aiment à voir établir
« en maximes générales leurs opinions particu-

« lières, et leurs sentiments personnels. Celui
« qui a de mauvais voisins ou des fils dénaturés,
« aime à entendre dire qu'il n'y a rien de plus
« fâcheux que le voisinage, rien de plus insensé
« que de mettre au jour des enfants. » *Gaudent
auditores, propter vanitatem, cùm universaliter
dicitur quod priùs in parte verum existimabant.
Ut si quis vicinis utatur, aut filiis improbis, nihil vicinitate molestius, nihil dementius filiorum
procreatione.* (RHET.)

Mais il faut que la vérité énoncée dans l'enthymême ne soit, ajoute-t-il, ni trop commune,
ni trop éloignée des notions communes : *Quare,
conjicere oportet oratorem quales opiniones auditores priùs conceperint.* (RHET.)

Et, si une partie de la pensée est connue, il
veut qu'on laisse à l'auditeur le plaisir de l'y
ajouter lui-même : *Si aliqua pars nota, hanc
enuntiare non est opus, quoniam hanc ipse auditor adjunget.* C'est là, comme nous le verrons
bientôt, le principe de l'enthymême philosophique, lequel n'est qu'un raisonnement dont une
partie est sous-entendue. Mais celui-ci sort bien
souvent de l'ordre des idées communes; il suppose des connaissances, des lumières; il laisse à
l'auditeur des milieux à franchir, au lieu que
l'enthymême oratoire s'en tient à des idées voisines de l'opinion, nouvelles cependant, mais faciles à concevoir : point de conséquences intermédiaires à suppléer; point de grands intervalles;

ce que personne ne pensait avant de l'entendre dire; ce que tout le monde pense après l'avoir entendu :

> De ce vrai dont tous les esprits
> Ont en eux-mêmes la semence,
> Qu'on ne cultive point, et que l'on est surpris
> De trouver vrai, quand on y pense.
>
> (La Motte.)

A la faveur de la rapidité avec laquelle passe la sentence enthymématique, de la surprise qu'elle cause, et de ce qu'elle a de séduisant pour le commun des esprits, il arrive souvent que, plus brillante que solide, elle fait prendre, pour la vérité, ce qui n'en est qu'une fausse apparence, et alors elle est sophistique.

Si la mort n'était pas un mal, disait Sapho, les dieux ne s'en seraient pas exemptés : *Mori malum, sic enim dii judicarunt : Alioqui mortem obirent.* Sapho raisonnait mal; car la mort pourrait être un bien pour les hommes, quoiqu'elle eût été un mal pour les dieux.

« La mort ne me concerne, ni mort, ni vif, « nous dit Montaigne : vif, car elle n'est point encore; mort, car elle ne sera plus. » Autre sophisme. Pour raison, il aurait fallu pouvoir dire : « mort, car je ne serai plus. » Et qui peut l'assurer ?

« A Thèbes, nous dit Aristote, un meurtrier « voulait qu'on jugeât si celui qu'il avait tué ne « méritait pas la mort. » *Quasi non injustum esset interficere eum qui mori dignus fuisset.* Nous verrons dans la suite quel parti Cicéron tira de ce raisonnement dans la défense de Milon.

Dans l'Oreste de Théodocte, le parricide plaidait ainsi sa cause : « Si une femme a tué son mari, « il est juste qu'elle meure; il est juste qu'un fils « venge le meurtre de son père; c'est ce qui a « été fait. » Mais par qui, et sur qui? c'est ce qu'Oreste supprimait.

« L'administration de Démosthènes a été la « source de tous nos maux, disait Démadès en « l'attaquant; car la guerre s'en est suivie. » « Il « donnait pour cause, dit Aristote, ce qui n'était « pas cause. » Ce fut aussi le sophisme d'Eschine, que Démosthènes réfuta et mit en poussière dans sa défense; le même sophisme a été celui de J. J. Rousseau, contre les sciences et les arts.

Une attention continuelle qu'on doit avoir dans ses lectures, c'est de bien discerner, parmi les assertions sentencieuses et enthymématiques, celles qui ont de la vérité, de celles qui n'en ont qu'une apparence séduisante; d'autant que presque tous les livres de politique et de morale affectent ce tour de pensée; et que dans tous les styles, grave, léger, sublime, familier, populaire, le philosophe, l'orateur, l'homme du monde, l'homme du peuple, chacun parle par enthymêmes. Nos écrivains les plus estimés en sont pleins. La plupart des pensées de la Rochefoucault, de Montaigne, de Pascal, de La Bruyère, de Vauvenargue, de Montesquieu, et chez les anciens, d'Aristote, de Sénèque, d'Horace, presque tous les dits de Lacédémoniens et des philosophes de la Grèce, sont des sentences enthymématiques; or, dans le nombre il y en a souvent de hasardées, d'exagérées, quelquefois d'absolument fausses.

Lorsque Sénèque a fait dire à la nature, parlant aux gens de bien des accidents qu'ils auraient à souffrir : *Ferte fortiter; hoc est quo deum antecedatis : ille extrà patientiam malorum est; vos suprà patientiam;* il a fait dire une chose outrée. Et en ajoutant : *Contemnite paupertatem; nemo tam pauper vivit quàm natus est : contemnite dolorem; aut solvetur, aut solvet : contemnite mortem quæ vos aut finit, aut transfert;* il a des enthymêmes sophistiques. Car ce sont là de mauvaises raisons pour mépriser la pauvreté, la douleur et la mort.

Lorsque La Rochefoucault a dit : « La nature « fait le mérite, la fortune le met en œuvre, » il n'en a rien laissé à la vertu; et cela n'est ni vrai, ni juste.

Lorsqu'il a dit : « A une grande vanité près, « les héros sont faits comme les autres hommes, » il a trop rabaissé Épaminondas, Scipion, Turenne, Catinat, et même César.

Lorsque La Bruyère a dit : « Toute révélation « d'un secret est la faute de celui qui l'a confié. » S'il n'a pas dit une niaiserie (et il en était incapable), il a dit une chose fausse.

Il est bien vrai qu'un secret ne serait jamais

révélé, s'il n'était jamais confié. Mais pour que ce fût toujours la faute de celui qui l'a confié, il faudrait que toute confiance fût imprudente, que toute confidence fût indiscrète; et cela n'est vrai que du secret d'autrui; car, pour le sien propre, on peut croire, et quelquefois même on doit croire le confier à un ami sûr; et, s'il ne l'est pas, la faute n'en est qu'à lui seul.

C'est ainsi que pour être plus concis, plus tranchant, dans un maxime générale, on passe le but et les bornes :

Quos ultrà citràque nequit consistere rectum.
(HORAT.)

Si La Bruyère eût dit : « La révélation d'un « secret est bien souvent la faute de celui qui « l'a confié, » il aurait dit la vérité, mais une vérité commune. On aime souvent mieux avoir, dans ses pensées, moins de justesse, et plus de singularité.

Cependant, loin de perdre de sa valeur à être moins aiguë et moins piquante, la sentence enthymématique acquiert souvent plus de force et d'éclat à développer son motif; et c'est un des plus grands moyens de l'éloquence oratoire et philosophique.

Ecoutez Montaigne sur ces mots de Sénèque: *Calamitosus est animus futuri anxius*; comme il en explique la cause : « La vanité, le désir, l'es- « pérance, nous élancent vers l'avenir, et nous

« dérobent le sentiment et la considération de ce
« qui est, pour nous amuser de ce qui sera,
« voire (même) quand nous ne serons plus. »

Ecoutez Lucrèce, développant la même idée :

Nam veluti pueri trepidant, atque omnia cæcis
In tenebris metuunt, sic nos in luce timemus
Interdùm nihilò quæ sunt metuenda magis, quàm
Quæ pueri in tenebris pavitant fugiuntque futura.

(De Rer. Nat.)

Et Montaigne encore sur le même sujet : « Un « des principaux bienfaits de la vertu, c'est le « mépris de la mort; moyen qui fournit notre « vie d'une molle tranquillité, et nous en donne « le goût pur et aimable, sans quoi toute autre « volupté est éteinte. »

C'en est assez sur la proposition, non pas pour vous faire connaître de combien de manières elle se modifie, car cela serait infini; mais pour vous mettre en état d'observer, soit dans les livres, soit dans l'expression habituelle de la pensée, à quelles nuances légères tient souvent la justesse du rapport qu'elle exprime, et combien peu de distance il y a quelquefois de la vérité à l'erreur.

Demain, nous entrerons dans la route frayée, mais toujours épineuse, de l'argumentation, ou du raisonnement en forme. Je vous demande encore, pour deux ou trois leçons, un peu d'ardeur et de courage; après quoi, arrivés au bout de la carrière, vous n'aurez plus qu'à marcher sans guides dans les sentiers de la raison.

LEÇON SEPTIÈME.

Que le raisonnement accuse la faiblesse de l'entendement, et suppose le doute. Idée générale du raisonnement en forme. Que cette forme dialectique serait importune, si elle était fréquemment employée. Qu'elle n'en est pas moins bonne et utile à connaître. Du syllogisme simple. Comment il se construit. Des trois termes qui le composent, et des trois propositions où ces termes sont en rapport. Règles du syllogisme. Ses formes. Ses figures. Qu'un bon syllogisme est celui dont la conclusion résulte nécessairement des prémisses.

Si l'homme avait l'œil parfaitement juste et sûr, il n'aurait besoin d'instrument ni pour mesurer les surfaces, ni pour estimer les distances, ni pour comparer les grandeurs. L'équerre, la règle, le compas, sont dans ses mains des témoignages de l'imperfection de sa vue. Il en est de même du raisonnement à l'égard de l'esprit humain.

Si, dans ses premières conceptions, l'entendement était sûr de lui-même; si, comme d'un coup-d'œil, il saisissait toujours le juste rapport des idées, il n'aurait besoin d'aucune mesure commune, d'aucun moyen de vérifier, de certifier ses jugements. L'intelligence suprême ne raisonne point; elle voit. Il est même plus que probable que les intelligences pures jouissent de la vérité comme nos yeux de la lumière.

L'instrument, le moyen que la raison emploie à vérifier la pensée, est donc pour elle ce qu'est pour l'œil l'équerre ou le compas; et la manière d'opérer par ce moyen, l'opération même dans laquelle on l'emploie, s'appelle *le raisonnement.*

Le raisonnement suppose, ou pour soi-même, ou pour les autres, un doute à éclaircir, une opinion à fixer, une question, un problème à résoudre : *Argumentum, ratio quæ rei dubiæ faciat fidem* (Cic. Top.). Et la solution consiste à trouver le rapport de deux idées, par l'entremise d'une troisième, avec laquelle on les compare ou implicitement, ou explicitement.

Dans la sentence enthymématique, vous avez vu assez d'exemples du raisonnement implicite. Je n'ai plus qu'à vous faire entendre comment il prend la forme régulière et complète d'un syllogisme, c'est-à-dire d'un argument développé. Pour cela, écoutons d'abord la chauve-souris de la fable.

Il s'agit pour elle de persuader, tantôt qu'elle est oiseau, et tantôt qu'elle ne l'est pas. Quels sont les moyens qu'elle y emploie? Pour prouver l'un, elle fait voir en elle quelque chose qui est de l'oiseau :

> Je suis oiseau, voyez mes ailes;
> Vive la gent qui fend les airs!

Pour prouver l'autre, elle fait voir dans l'oiseau quelque chose qui n'est pas en elle :

> Qui fait l'oiseau? c'est le plumage.
> Je suis souris : vivent les rats!

Dans ces deux petits plaidoyers, le raisonnement est implicite. Mais rien n'est plus facile que d'en faire un argument en forme ; car c'est comme si elle avait dit, à l'affirmative :

> Tout animal qui a des ailes, est un oiseau.
> Or, j'ai des ailes;
> Donc je suis un oiseau.

Et à la négative :

> Tout oiseau a des plumes.
> Or, je n'ai pas des plumes;
> Donc je ne suis pas un oiseau.

Ailes et *plumes* sont les moyens des ces deux arguments; et quelles que soient les idées qu'on veut unir ou séparer, l'instrument est toujours le même.

Si je veux prouver, par exemple, que toute bonne loi doit être égale, je dirai : L'idée de justice est dans celle de bonne loi. L'idée d'égalité est dans celle de justice; donc l'idée d'égalité est dans celle de bonne loi. Et en d'autres termes :

Une loi n'est *bonne* qu'autant qu'elle est *juste*.
Une loi n'est *juste* qu'autant qu'elle est *égale;*
Donc une loi n'est *bonne* qu'autant qu'elle est *égale.*

Juste est le moyen que j'emploie à montrer le rapport de loi *égale* et de *bonne* loi.

Si, à la négative, je veux prouver que l'avare n'est jamais riche : *Desunt inopiæ multa, avaritiæ omnia.* (Senec.), je prends pour moyen *jouissance*, et je dis : La *richesse* est dans la *jouissance*. Or, la *jouissance* n'est pas dans l'*avarice*. Donc la *richesse* n'est pas dans l'*avarice*. Ou en d'autres termes :

L'homme *riche* est celui qui *jouit.*
Or, l'*avare* ne *jouit* point;
Donc l'*avare* n'est point *riche.*

Je ne dois pas vous dissimuler que cette manière de discourir est presque réservée aux sciences exactes; que rien ne serait plus contraire à l'aisance, à la liberté, à la facilité du langage et du style, si elle y revenait fréquemment; et qu'un homme, qui dans le monde raisonnerait par syllogismes, serait renvoyé aux écoles. Cependant c'est à cette forme régulière que tout raisonnement doit être réductible, et qu'il est réduit en effet toutes les fois que la discussion devient rigoureuse et pressante. Ainsi, autant il serait ridicule et maussade d'affecter en parlant le syllogisme en forme et d'en user à tout propos, autant il est utile de savoir au besoin, et s'en servir et s'en défendre.

Je crois vous avoir dit ailleurs quelle solidité, quel nerf il donne à l'éloquence, lorsque la forme en est ressentie sans dureté, sans sécheresse, sous les ornements oratoires, et dans les mouvements dont le discours est animé. Un seul argument quelquefois est la charpente d'un plaidoyer. Dans les harangues de Cicéron et dans celles de Démosthènes, la preuve n'est souvent qu'un syllogisme amplifié. La réfutation n'a pas de meilleure arme; et le talent de la manier avec adresse et avec vigueur fait une partie essentielle de l'éloquence du barreau et de la tribune.

C'est aussi le talent et presque tout l'art du sophiste, c'est-à-dire du raisonneur de mauvaise foi. Mais lui, c'est dans le défilé d'une argumentation captieuse et serrée qu'il engage son adversaire; et il n'est pas aisé de s'échapper du piége, quand on n'a pas su l'éviter. C'est contre cet art frauduleux que l'art nous prémunit, en nous donnant des règles sûres, non-seulement pour connaître le vice d'un faux raisonnement, mais pour marquer au juste le point défectueux, l'endroit où se cache la fraude : *Est autem officium in quáque re scientis, nec mentiri ipsum in iis quæ novit, et posse alium mentientem patefacere.* (ARIST. de Sophist. Elenchis.) Et ce discernement acquis, ce coup-d'œil exercé, changé en habitude, est, en affaires, en politique, en toute espèce de discussion, un avantage bien plus grand qu'on ne pense.

Mais c'est sur-tout avec soi-même qu'il est bon d'avoir ce moyen de réfuter les arguties de la vanité, de l'amour-propre, de l'intérêt personnel, des passions en général. Car de tous les sophistes, ce sont là les plus dangereux : *Qui ab aliis facilè paralogismo decipitur, nec animadvertit, ipse quoque a semet ipso hoc pati sæpenumerò potest.* (Arist. de Scop. Sophist.) Ne regrettez donc pas le temps que vous aurez employé à vous pourvoir d'une logique ferme et d'un bon sens inaltérable.

Le syllogisme simple, celui qui contient en essence tous les autres raisonnements, et auquel se résout en dernière analyse presque tout l'art du dialecticien, n'est composé que de trois termes et de trois propositions.

Des trois termes, il y en a deux à comparer; il y en a un avec lequel on les compare.

Les deux termes à comparer s'appellent les *extrêmes*. Le terme auquel on les compare s'appelle le *milieu* ou le *terme moyen;* ici *comparer* signifie, voir si l'un est dans l'autre : *Voco medium quod ipsum est in alio, cùm aliud in ipso sit. Majus extremum appello in quo medium est, minus autem quod est sub medio.* (Aristote, Analytique.)

Il y a donc l'un des deux extrêmes qui contient le milieu; et c'est là le grand terme. Il y en a un que le milieu contient; et c'est là le petit terme. Retenez bien cette distinction; elle est la clef du syllogisme; et, pour la mieux comprendre, rappelez-vous ce que nous avons dit ailleurs, que, dans la proposition, l'espèce de l'attribut est plus étendue que celle du sujet; que celle-ci lui est inférieure, *subjecta*; qu'elle y est comprise toute entière, comme *triangle* l'est dans *figure*, *lion* dans *animal*; au lieu que l'espèce de l'attribut n'est qu'en partie dans celle du sujet, comme *figure* est dans *triangle*, *animal* dans *lion*. Ainsi, vous ai-je dit, hormis les cas où les deux termes, définis l'un par l'autre, sont rendus conversibles, c'est toujours l'attribut qui est le plus étendu, et qui, par conséquent, ne s'adapte au sujet qu'autant qu'il est réduit par sa définition, ou par le sens qu'on y attache. L'attribut de la proposition en est donc toujours le grand terme; et, à l'affirmative, il n'est jamais pris qu'en partie : Le plomb est *un* minéral, est *l'un des* minéraux. La mousse est *une* plante, est *l'une des* plantes. Le cercle est *la* figure curviligne *dont* tous les rayons sont égaux.

L'attribut de la négative en est aussi le terme le plus étendu, le grand terme. Mais, comme la négation l'exclut tout entier du sujet, il est pris universellement.

Le plomb n'est point *un* végétal, signifie,

n'est *aucun* des végétaux. Le corail n'est point *une* plante, signifie, n'est *aucune* des plantes. *Plante* et *végétal* sont niés dans toute leur extension.

Des trois propositions, les deux premières s'appellent les prémisses, *præmissæ*, parce qu'on les met en avant. La troisième est la conclusion, la conséquence des prémisses.

C'est dans les deux prémisses que se fait la comparaison des deux extrêmes avec le milieu. C'est dans la conclusion que les deux extrêmes sont comparés ensemble. Ainsi le milieu, employé deux fois dans les prémisses, n'a plus lieu dans la conclusion.

Celle des deux prémisses où est l'attribut de la conclusion, le grand terme, est la *majeure*. Celle des deux où est le sujet de la conclusion, le petit terme, est la *mineure*. Souvent les deux prémisses sont transposées; mais ce déplacement n'y change rien; et la *majeure* est toujours celle où est l'attribut de la conclusion.

Le syllogisme étant ainsi construit, vous voyez clairement qu'il n'est formé que de trois termes, à moins que l'on n'enchaîne plusieurs arguments l'un à l'autre, pour en tirer une seule conclusion : *Fieri per tres terminos, nec plures; nisi per alia atque alia argumenta efficiatur eadem conclusio.* (Arist. Analyt.) Vous devez voir de même qu'il n'est formé que de deux prémisses, à moins qu'on n'y ajoute quelque incidente auxiliaire :

Planum est etiam syllogismum constare ex duabus propositionibus, non pluribus, nisi quid assumatur. (ARIST. Analyt.)

Si le rapport des deux extrêmes, l'un à l'autre, était d'une évidence incontestable, le syllogisme serait oiseux. La conclusion doit énoncer une vérité mise en doute, et différente des prémisses, mais prouvée par les prémisses : *Aliquid ab iis quæ sunt posita diversum colligatur, ob ea quæ posita sunt.* (ARIST. Analyt.)

Puisque la conclusion est le résultat des prémisses, les prémisses doivent être accordées avant qu'on en vienne à la conclusion. Si l'une des deux est douteuse et reste à prouver, la conclusion est en suspens.

La conclusion, avant d'être prouvée, s'appelle la *question* ou la *thèse*. C'est la même proposition qui vient d'être avancée, à laquelle on revient après avoir passé par les prémisses. Aussi a-t-on comparé le syllogisme à un serpent replié sur lui-même et se mordant la queue.

Un bon syllogisme est celui dont la conclusion résulte nécessairement des prémisses.

Trois propositions, dont chacune serait vraie en elle-même, mais dont la dernière ne serait pas la conséquence des deux autres, feraient un mauvais syllogisme :

> La vertu est une qualité rare.
> La prudence est une qualité rare ;
> Donc la prudence est une vertu.

Tout cela est vrai, mais n'est pas concluant; car le génie est aussi une qualité rare; et le génie n'est point une vertu :

> Quelque habitude est vicieuse.
> Or, l'oisiveté est une habitude ;
> Donc l'oisiveté est vicieuse.

Voilà encore trois vérités qui ne font qu'un paralogisme; car il serait le même si, à la place de l'oisiveté, on avait mis la tempérance; et si l'on eût dit : Donc la tempérance est vicieuse.

Trois propositions, au contraire, dont chacune serait fausse, ne laisseraient pas de faire un syllogisme régulier, si la dernière était conséquente :

> Tout sentiment courageux est louable.
> Or, l'impudence est un sentiment courageux ;
> Donc l'impudence est un sentiment louable.

Tout cela est faux; mais l'argument est bon; car si les prémisses en étaient vraies, la conclusion qui en est tirée le serait nécessairement, et le courage de la honte serait un sentiment louable.

C'est donc à rendre la conclusion nécessaire et incontestable que se réduisent toutes les règles du syllogisme; et, soit que l'on accorde ou que l'on nie les prémisses, le syllogisme est bon dès qu'il est concluant. Son principe fondamental, c'est que la conclusion ne dise rien qui ne soit dit dans les prémisses.

Elle peut dire moins, mais jamais plus, ni jamais autre chose; de là toutes les règles de l'art de raisonner.

Commencez donc par bien entendre comment la conclusion doit être contenue dans les prémisses, et ne dire jamais que ce qu'elles ont dit.

Vous venez de voir que le terme moyen, avec chacun des deux extrêmes, forme chacune des prémisses, et que les deux extrêmes forment la conclusion. Celle-ci donc ne doit affirmer ou nier des deux termes qui la composent, que ce que les prémisses en ont affirmé ou nié, non pas formellement, mais implicitement. Si je dis, par exemple :

 Tout homme est mortel;
 Paul est homme.

c'est implicitement dire : Paul est mortel; car Paul est compris dans *tout homme*. Mais si je dis:

 Quelque homme est sage;
 Paul est homme.

ce n'est pas dire que Paul est sage; car celui dont j'affirme vaguement qu'il est sage peut ne pas être Paul. Ici la conclusion n'est pas contenue dans les prémisses.

Si je dis :

Aucun homme n'est infaillible ;
Paul est homme.

c'est dire que Paul n'est pas infaillible ; car il est compris dans aucun. Mais si je dis :

Tout homme n'est pas juste,

ou

Quelque homme n'est pas juste ;
Paul est homme.

ce n'est pas dire que Paul ne soit pas juste ; car il peut l'être, quoique tout homme ne le soit pas. Vous devez déja voir que ces rapports de la conclusion avec les prémisses tiennent à la nature des trois propositions. Ici ne perdons pas de vue ce que nous avons dit plus haut.

1° Que c'est par le sujet qu'une proposition est universelle ou particulière : universelle, si le sujet en est pris dans toute son étendue générique ou spécifique : l'homme, tout homme, à l'affirmative ; aucun homme, à la négative : particulière ; si le sujet n'en est pris qu'individuellement ou qu'indéfiniment, dans quelqu'une de ses parties : tel homme, ou quelque homme, à l'affirmative ; tout homme, ou tel homme, ou quelque homme, avec la négation.

2° Que le sujet, pris universellement à l'affirmative, reçoit de l'attribut ce qui lui en convient, c'est-à-dire qu'il le reçoit en entier, s'il lui est identique ou exclusivement propre ; qu'il n'en reçoit que la partie correspondante à sa propre étendue, quand l'attribut, dans son espèce ou dans son acception, serait plus étendu que lui. Le cercle est une figure curviligne; *curviligne* est plus étendu que *cercle* : mais si vous ajoutez, dont tous les rayons sont égaux, le définissant devient égal et identique au défini.

3° Que le sujet, pris universellement à la négative, exclut de toute son étendue toute l'étendue de l'attribut. Aucune plante n'est sensible; aucun nombre n'est infini; aucun vice n'est donné à l'homme par la nature.

4° Que le sujet, pris particulièrement à l'affirmative, ne reçoit de l'attribut que ce qui convient à quelque partie indéfinie de son espèce : *Quelque* homme est sage. *Quelque* triangle est rectangle. *Sage* et *rectangle* sont restreints à l'idée partielle et vague de quelque homme et de quelque triangle.

5° Que le sujet, pris particulièrement à la négative, exclut tout l'attribut, mais l'exclut seulement de cette partie de lui-même, qui est énoncée indéfiniment : *Toute* loi n'est pas juste. *Tout* homme n'est pas sage. *Juste* et *sage* ne sont niés que de *quelques* lois et de *quelques* hommes; mais ils le sont absolument.

6° Que l'attribut de la conclusion en contient le sujet, et que, par conséquent, c'est toujours le grand terme.

Si ces principes vous sont présents, il vous

sera facile de vous rendre raison des règles qui en vont dériver. Ces règles sont en petit nombre.

1re Si la conclusion est universelle, les deux prémisses doivent l'être. Mais, quoique les deux prémisses soient universelles, la conclusion ne l'est pas nécessairement. *Si conclusio est universalis, necesse est etiam terminos esse universales. Si verò termini sunt universales, fieri potest ut conclusio non sit universalis.* (Arist. Analyt.)

>Tout ce qui est étendu est divisible.
>Or, tout ce qui est matériel est étendu;
>Donc tout ce qui est matériel est divisible.

Et en particulier :

>Donc un atôme est divisible;
>Donc une ame matérielle serait divisible.

2e Le moyen terme, répété dans les deux prémisses, y doit être pris au moins une fois universellement; car, s'il était pris deux fois en partie, ce ne serait plus nécessairement le même terme. Dans ce sophisme, par exemple :

>Quelque passion est généreuse.
>Or, l'avarice est une passion;
>Donc l'avarice est généreuse.

Vous sentez que la passion dont on peut dire qu'elle est généreuse, n'est pas la même que l'avarice. Quelque figure est un triangle; quelque figure est un cercle, et aucun cercle n'est un triangle. Au lieu que quelque figure et toute figure sont une même idée partielle dans l'un, et totale dans l'autre. C'est ainsi que le moyen terme ne doit différer de lui-même que du général au particulier.

3ᵉ Puisque le moyen terme doit être pris au moins une fois universellement, il ne peut donc pas être deux fois l'attribut de l'affirmative, à moins qu'il n'y soit une fois exclusivement propre au sujet; car alors il est pris dans sa totalité :

>L'être vivant est le seul qui se reproduise.
>Or, la plante se reproduit;
>Donc la plante est un être vivant.

Par la même raison, hormis le cas de l'identité, il faut que, dans le syllogisme affirmatif, le moyen terme soit le sujet de l'une des prémisses, et que celle-là soit universelle :

>Tout homme, tourmenté de craintes et de désirs, est misérable.
>Or, l'ambitieux est tourmenté de craintes et de désirs;
>Donc l'ambitieux est misérable.

4ᵉ Les termes de la conclusion ne peuvent y avoir que la même étendue qu'ils ont dans les prémisses :

>Tout ce qui est nuisible est un mal.
>Or, quelque plaisir est nuisible;
>Donc quelque plaisir est un mal.

Si je concluais, donc le plaisir est un mal, je dirais plus que n'ont dit les prémisses.

5ᵉ Si la conclusion est négative, le grand terme, qui en est l'attribut, y est pris universellement. Il doit donc avoir été pris de même dans la majeure. Donc la majeure d'un syllogisme négatif ne peut pas être particulière affirmative; car, dans celle-ci, les deux termes seraient pris en particulier. Vous ne direz donc pas :

>Quelques vérités sont déplaisantes.
>Or, aucune louange n'est déplaisante;
>Donc aucune louange n'est une vérité.

6ᵉ De deux négatives, il n'y a rien à conclure; car de ce que deux choses ne conviennent ni l'une ni l'autre avec une troisième, il ne s'ensuit ni qu'elles se conviennent, ni qu'elles ne se conviennent pas :

>Aucune étoile n'est un monde.
>Aucune planète n'est une étoile.

Cela ne prouve ni qu'une planète soit un monde, ni qu'une planète ne soit pas un monde : *Cum ambo dicentur de nullo, non erit syllogismus.* (Arist. Analyt.)

Il faut donc qu'au moins l'une des deux prémisses soit affirmative.

Observez cependant que, sous une forme négative, une proposition est assez souvent affirmative dans la pensée. Alors le syllogisme qui semble avoir pour prémisses deux négatives, ne laisse pas d'être concluant :

Nihil eripit fortuna nisi quod dedit.
Virtutem autem non dat;
Ideò non detrahit. (Seneca.)

La fortune ne nous ôte que ce qu'elle nous a donné.
Or, elle ne nous donne pas la vertu;
Donc elle ne nous l'ôte point.

Dans cet argument, la majeure est affirmative sous une forme négative. *La fortune n'ôte que*, signifie, *ôte seulement.*

Si, d'après cette sentence du même philosophe, *nulla servitus turpior est quàm voluntaria*, je raisonne ainsi :

Il n'y a point de servitude plus honteuse que la servitude volontaire.
Or, la servitude de l'homme esclave de ses passions est volontaire;
Donc l'une des plus honteuses servitudes est celle de l'homme esclave de ses passions.

Je semble avoir pris pour majeure une proposition négative; mais elle est bien réellement affirmative dans le sens. Il en est de même si je dis :

Il n'y a point de bonheur sans le repos de la conscience.

Or, il n'y a point de repos pour la conscience du criminel;
Donc, etc.

Ici, au contraire, c'est la mineure qui est affirmative :

Ce qui n'a point de parties ne peut périr par la dissolution des parties.
Or, notre ame n'a point de parties;
Donc, etc.

Vous sentez que cette mineure signifie, or, notre ame *est* une substance qui n'a point de parties; ce qui est un sens affirmatif.

7ᵉ Il n'y a rien à conclure de deux prémisses particulières. Si elles étaient affirmatives, les trois termes y seraient pris particulièrement. Or, le milieu doit avoir été pris universellement au moins dans l'une des deux prémisses. Et, quand même l'une des deux serait négative, l'attribut de celle-ci devant être celui de la conclusion, ce serait le grand terme; et le moyen ne laisserait pas d'être pris deux fois particulièrement. Il faut donc qu'au moins l'une des deux prémisses soit universelle.

8ᵉ La conclusion doit suivre ce qu'on appelle la plus faible partie, *debiliorem partem*; c'est-à-dire que, si l'une des deux prémisses est particulière, la conclusion sera particulière, et que, si l'une des prémisses est négative, la conclusion sera négative.

Vous savez déja que les termes de la conclusion ne peuvent avoir que la même étendue qu'ils ont eue dans les prémisses ; qu'elle a pour sujet le petit terme, et le grand terme pour attribut ; que l'attribut d'une négative est toujours pris universellement, et celui d'une affirmative toujours pris en particulier.

Cela posé, si l'une des prémisses est particulière, la conclusion ne peut être ni universelle affirmative, ni universelle négative.

Si la conclusion était universelle affirmative, le petit terme y serait pris universellement : il le serait donc aussi dans la mineure dont il est le sujet, et la rendrait universelle. Donc le moyen qui en serait l'attribut, y serait pris particulièrement. Donc, pour être pris une fois universellement, il devrait être le sujet d'une majeure universelle. Donc les deux prémisses seraient universelles.

Si la conclusion était universelle négative, elle serait formée de deux termes universels. Ils devraient donc tous deux l'être dans les prémisses. Donc l'une des prémisses étant affirmative, aucun de ces deux termes n'en serait l'attribut. Et l'un des deux en étant le sujet, il la rendrait universelle.

Ce serait donc le moyen terme qui, étant l'attribut de cette affirmative, y serait pris particulièrement. Il serait donc pris généralement dans la prémisse négative, et, dans celle-ci, l'autre terme étant aussi universel, il s'ensuit qu'elle serait nécessairement universelle.

Il est encore plus évident que, si l'une des prémisses est négative, la conclusion doit l'être ; car, dès qu'il est dit dans les prémisses que l'un des termes de la conclusion est dans le milieu, et que le milieu n'est point dans l'autre terme, il s'ensuit nécessairement que l'un des termes n'est point dans l'autre. Mais l'exclusion sera totale ou partielle, selon l'étendue partielle ou totale qu'on aura donnée dans les prémisses au sujet de la conclusion.

Vous concevez que, par ces règles, un grand nombre de combinaisons sont interdites au syllogisme. C'est ce qui, demain, vous demandera un peu d'application ; car la raison des règles est souvent un rapport difficile à saisir ; mais c'est un pas inévitable, et il sera bientôt passé.

LEÇON HUITIÈME.

Suite des règles du syllogisme.

Dans les formes du syllogisme, de soixante-quatre modes, ou manières de combiner A, E, I, O, pris trois à trois, il n'y en a que douze qui soient selon les règles, même en y comprenant les modes où les prémisses sont transposées, et ceux où de l'universel on conclut au particulier ; et c'est ainsi qu'au lieu de dix modes qui, selon Port-Royal, sont les seuls réguliers, j'en admets douze, savoir, quatre, dont la conclusion est affirmative, et huit, dont elle est négative :

AFF. $\begin{cases} \text{A. A. A.} \\ \text{A. A. I.} \\ \text{A. I. I.} \\ \text{I. A. I.} \end{cases}$ NÉG. $\begin{cases} \text{E. A. E.} \\ \text{E. A. O.} \\ \text{A. E. E.} \\ \text{A. E. O.} \end{cases}$ NÉG. $\begin{cases} \text{A. O. O.} \\ \text{O. A. O.} \\ \text{E. I. O.} \\ \text{I. E. O.} \end{cases}$

En vous rappelant ces deux vers :

Asserit A, negat E; verùm generaliter ambo.
Asserit I, negat O; sed particulariter ambo.

vous imaginerez sans peine des exemples de tous ces modes. Seulement, pour les deux que Port-Royal n'a point comptés, I, E, O ; A, E, O ; voici comme ils sont admissibles :

> I. Les malheurs d'Œdipe furent involontaires.
> E. Or, aucun crime n'est involontaire;
> O. Donc les malheurs d'Œdipe ne furent pas des crimes.

Vous devez voir que, dans cet exemple, on ne fait que déplacer la majeure :

> E. Aucun crime n'est involontaire.

et l'argument n'en est pas moins bon.
De même si l'on dit :

> A. Tout crime est volontaire.
> E. Or, aucun malheur fortuit n'est volontaire;
> O. Donc les malheurs d'Œdipe ne furent point des crimes.

on ne fait que substituer une conclusion particulière :

> O. Les malheurs d'Œdipe, etc.

à l'universelle :

> E. Aucun malheur fortuit, etc.

et vous savez qu'il est permis de conclure O pour E, comme de conclure I pour A.

Quant aux diverses combinaisons du milieu avec les extrêmes, Aristote en distingue trois, qu'il appelle figures : *In medii collatione figuram cognoscemus.* Et, en réduisant en axiômes les résultats du rapport des trois termes, il emploie à les exprimer une espèce d'algèbre très-commode pour lui, mais pénible pour ses lecteurs. Ce sont encore trois caractères alphabétiques dont chacun marque l'un des trois termes. Je ferai quelque usage de ces signes abstraits; mais j'aurai soin de vous les rendre plus sensibles par des exemples.

Dans la première figure, le moyen terme est le sujet de l'une des prémisses et l'attribut de l'autre.

Dans la seconde, le moyen terme est l'attribut des deux prémisses.

Dans la troisième, il en est le sujet.

Première figure.

Le moyen terme devant être le sujet de l'une des prémisses et l'attribut de l'autre, vous sentez que la majeure est celle dont il doit être le sujet; car elle est composée du grand terme et du moyen terme; et, par conséquent, le grand terme en sera l'attribut, puisqu'il est, comme vous savez, plus étendu que le moyen : *Majus extremum in quo medium.*

Dans cette première figure, la mineure doit être affirmative, et la majeure universelle.

La mineure doit être affirmative; car, si elle était négative, la majeure serait nécessairement affirmative, et la conclusion négative. Le grand terme, comme attribut, serait donc pris particulièrement dans la majeure, et universellement dans la conclusion, ce qui ne se peut pas.

La majeure doit être universelle; car la mineure étant affirmative, le milieu qui en est l'attribut, y est pris particulièrement. Il doit donc être pris universellement dans la majeure, dont il est le sujet. Vous allez voir ces règles observées dans les exemples :

  A. Tout homme inhumain est odieux.
  A. Or, tout avare est inhumain;
  A. Donc tout avare est odieux.

Si a *attribuitur omni* b, *et* b *omni* g; *necesse est* a *attribui omni* g.

  E. Rien de violent n'est durable.
  A. Or, toute loi injuste est violente;
  E. Donc aucune loi injuste n'est durable.

Si a *attribuitur nulli* g, *et* b *omni* g; *nulli* g, a *inerit*.

  A. Tout ce qui est innocent est permis.
  I. Or, quelques plaisirs sont innocents;
  I. Donc quelques plaisirs sont permis.

Si insit a *omni* b *ac* b *alicui* g; *necesse est* a *alicui* g *inesse*.

  E. Aucun soleil n'est un monde.
  I. Or, une étoile est un soleil;
  O. Donc une étoile n'est pas un monde.

Si a *nulli* b *inest, ac* b *inest alicui* g ; *necesse erit* a *alicui* g *non inesse*. (Arist. Analyt.)

Vous devez vous apercevoir que la première figure est celle qui se présente le plus naturellement à l'esprit; en même temps qu'elle est la plus régulière, elle est aussi la plus variée dans ses formes, et la seule qui est susceptible de l'affirmative universelle, A. A. A. C'est apparemment pour cela qu'Aristote la donne comme la plus propre à la recherche de la vérité : *Ex figuris prima est ad scientiam aptissima. Quid res sit per hanc solam figuram potest investigari.* (Arist. Analyt.)

Nous venons de voir que l'attribut de l'affirmative n'étant pris d'abord que particulièrement dans les prémisses, ne peut être pris universellement dans la conclusion, et ne peut être, par conséquent, l'attribut d'une négative. On ferait donc un sophisme en disant :

    A. Tout animal est vivant.
    E. Or, aucune plante n'est animal;
    E. Donc aucune plante n'est vivante.

Il y a cependant un moyen de rendre concluant un pareil syllogisme; c'est de donner à l'attribut de l'affirmative un caractère exclusivement propre et comme universel, en mettant *le seul* à la place de *tout* :

A. Le seul animal est sensible.
E. Or, aucune plante n'est animal;
E. Donc aucune plante n'est sensible.

Je vous ai dit aussi que, dans la première figure, la majeure doit être universelle, et que, dans aucun cas, il n'y a rien à conclure de deux prémisses particulières. Voici cependant un exemple qui semble démentir cette règle :

I. Quelque figure est un triangle.
I. Or, quelque triangle est rectangle;
I. Donc quelque figure est rectangle.

Mais, quoique ici la conclusion soit vraie, ce n'est qu'accidentellement, et parce que le moyen terme, pris deux fois en particulier, se trouve convenir universellement à l'un des deux extrêmes :

I. Quelque figure est un triangle,

est l'inverse de

Tout triangle est une figure.

Or, cette conversion d'I en A n'est pas toujours possible, comme vous l'allez voir. Lors donc que l'une des prémisses particulières n'est pas convertible en l'universelle, le moyen terme n'étant pris que deux fois en partie, ce sont deux termes différents dont le rapport est équivoque, et de cette ambiguïté de rapports il n'y a rien à conclure :

Le chêne est un arbre.
Or, quelqu'arbre est un pin;

conclurez-vous?

Donc le pin est un chêne.

Quelque liqueur est un remède.
Or, quelque remède est une plante;

conclurez-vous?

Donc quelque plante est une liqueur.

Quelque vice est une habitude.
Or, quelque habitude est une vertu;

conclurez-vous?

Donc quelque vertu est un vice;
Donc quelque vice est une vertu.

Examinez tous les sophismes dont les deux prémisses sont particulières, ou dans lesquels le moyen terme est pris deux fois particulièrement; vous trouverez ou que la conclusion en sera évidemment fausse, ou que l'une des deux prémisses n'est qu'une proposition universelle renversée; et ce renversement n'a lieu que lorsque, d'une proposition universelle,

A. Toute colombe est un oiseau,

on fait, par conversion, une particulière,

I. Quelque oiseau est une colombe.

Deuxième figure.

Le moyen terme étant l'attribut des deux prémisses, il s'ensuit que l'une des deux doit être négative, et la majeure, universelle. Si elles étaient toutes les deux affirmatives, le moyen terme, comme attribut, y serait pris deux fois particulièrement. Si la majeure était particulière, le grand terme, y étant pris particulièrement comme sujet, ne pourrait être l'attribut d'une conclusion négative. Pour bien conclure, il faut donc dire :

 A. Tout animal est sensible.
 E. Or, aucune plante n'est sensible ;
 E. Donc aucune plante n'est animal.

Si m *insit omni* n, *et nulli* x; *etiam* x *inerit nulli* n.

 E. Aucun métal ne se reproduit lui-même.
 A. Or, tout végétal se reproduit lui-même ;
 E. Donc aucun métal n'est un végétal.

Si m *attribuatur nulli* n, *et omni* x; n *inerit nulli* x.

Aristote n'admet pas, dans cette seconde figure, le syllogisme affirmatif. *In mediâ figurâ non fit attributivus syllogismus.*

Mais il faut excepter de cette règle le cas où l'attribut de l'une des deux prémisses est exclusivement propre au sujet ; car alors le terme moyen y est pris universellement. On fera un sophisme, si l'on dit :

A. Tout animal est vivant.
A. Or, tout végétal est vivant ;
A. Donc tout végétal est animal.

Car le moyen terme étant l'attribut de deux prémisses affirmatives, il y est pris deux fois particulièrement ; d'où il n'y a rien à conclure. Mais si l'on dit :

A. Le seul animal est sensible.
A. Or, tout insecte est sensible ;
A. Donc tout insecte est animal.

le syllogisme est bon ; car le moyen terme, *sensible*, étant dans l'une des prémisses exclusivement propre au sujet, il y est comme universel.

Troisième figure.

Le moyen terme étant deux fois le sujet des prémisses, il s'ensuit que la mineure doit être affirmative et la conclusion particulière. Car, 1° si la mineure était négative, la majeure serait affirmative, et la conclusion négative. Donc le grand terme étant l'attribut de l'une et de l'autre, serait pris universellement dans la conclusion, et particulièrement dans la majeure. 2° Le petit terme étant l'attribut de la mineure affirmative, y est pris particulièrement. Il doit donc être pris particulièrement dans la conclusion dont il est le sujet :

   A. Tout riche avare est envié.
   A. Tout riche avare est misérable ;
   I. Donc quelque misérable est envié.

Cum et p *et* r *inest omni* s; *necessariò colligitur* p *inesse alicui* r.

   A. Tous les grands exploits sont applaudis.
   I. Or, quelques grands exploits sont de grands crimes ;
   I. Donc quelques grands crimes sont applaudis.

Si r *insit omni* s *et* p *alicui*; *necesse est* p *alicui* r *inesse.*

   A. Toute plante est vivante.
   E. Or, aucune plante n'est sensible ;
   O. Donc tout ce qui est vivant n'est pas sensible.

Si r *omni* s, p *nulli* s *insit; necessariò colligetur* p *cuidam* r *non inesse.*

   E. Rien de nécessaire n'est injuste.
   I. Or, quelque chose de nécessaire est un mal ;
   O. Donc quelque mal n'est pas injuste.

Si p *nulli* s, *ac* r *cuidam* s *insit;* p *cuidam* r *non inerit.*

Aristote n'admet point, dans la troisième figure, le syllogisme affirmatif universel : *In ultimâ*, dit-il, *fit quidem syllogismus attributivus, at non uni-*

versalis. Mais il faut encore excepter de cette règle le cas où, dans l'une des deux prémisses, l'attribut est exclusivement propre au sujet, comme lorsqu'il en est la définition :

A. Le seul animal est un être sensible.
A. Or, tout animal est vivant ;
A. Donc tout être sensible est vivant.

Remarquez qu'on ne peut pas conclure, à l'inverse :

Donc tout être vivant est sensible.

parce que vivant n'a pas été pris universellement dans celle des prémisses dont il est l'attribut.

L'inverse n'aurait lieu que dans le cas où l'attribut des deux prémisses serait exclusivement propre au sujet, comme si l'on disait :

Dieu est l'être éternel.
Dieu est l'être infini ;
Donc l'être éternel est l'être infini ;
Donc l'être infini est l'être éternel.

Si, dans aucune des deux prémisses affirmatives universelles, l'attribut n'est exclusivement propre au sujet, il ne peut être pris universellement comme sujet de la conclusion. On fera donc un sophisme en disant :

A. Tout cristal est un corps transparent.
A. Or, tout cristal est un corps solide ;
A. Donc tout corps transparent est solide ;
A. Donc tout corps solide est transparent.

L'une de ces deux conclusions est aussi mauvaise que l'autre; et, quand même elle serait vraie, elle serait mauvaise encore, comme dans cet exemple :

>   A. Tout métal est un corps solide.
>   A. Or, tout métal est divisible;
>   A. Donc tout corps solide est divisible.

Tout cela est vrai en soi, et le raisonnement est mauvais; car, au lieu de *divisible*, si l'on dit *malléable*, les deux prémisses seront vraies, et la conclusion sera fausse.

De même la conclusion universelle négative n'est bonne dans cette troisième figure, qu'autant que, dans celle des prémisses qui est affirmative, l'attribut est universel, c'est-à-dire, propre au sujet. Vous ne direz donc pas :

>   A. Tout végétal est vivant.
>   E. Or, aucun végétal n'est sensible;
>   E. Donc aucun être vivant n'est sensible.

car l'animal est vivant, et l'animal est sensible. Mais vous direz :

>   A. Le seul être vivant se reproduit lui-même.
>   E. Or, aucun être vivant n'est un minéral;
>   E. Donc aucun minéral ne se reproduit lui-même.

Notez que la mineure est conversible, et qu'en disant :

>   Or, aucun minéral n'est un être vivant,

vous faites un syllogisme de la première figure; et c'est ainsi que la conversion peut changer la figure du syllogisme, toutes les fois que l'une des prémisses est I ou E; car vous savez que l'un et l'autre se renversent.

En transposant les deux prémisses du syllogisme, vous semblez en changer la forme; mais soit que vous disiez :

A. Tout ce qui est innocent est permis.
I. Or, quelques plaisirs sont innocents;

ou que vous disiez :

I. Quelques plaisirs sont innocents.
A. Or, tout ce qui est innocent est permis;

la conclusion sera la même :

I. Donc quelques plaisirs sont permis.

La conclusion particulière, substituée à l'universelle, n'est qu'une induction du plus au moins. O est dans E comme I est dans A. Lorsqu'on peut dire : Aucune plante n'est sensible, on peut dire aussi : Quelque plante n'est pas sensible. Comme lorsque l'on peut dire : Toute plante est vivante, il est clair qu'on peut dire : Quelque plante est vivante. Quel que soit donc le mode du syllogisme, ou quelle qu'en soit la figure, il est bon ou il est mauvais, selon que, dans l'acception des termes et dans leur rapport réciproque, la règle de ne jamais dire dans la conclusion plus que dans les prémisses, ni autre chose que dans les prémisses, est observée ou qu'elle ne l'est pas.

Quant à la vérité des prémisses, c'est-à-dire, quant au rapport du milieu avec les extrêmes, celui qui raisonne en répond, et celui qui conteste a droit d'en demander la preuve.

C'est tantôt l'une, tantôt l'autre des deux prémisses qui est contestée. Quelquefois même c'est l'une et l'autre :

> Tout être sensible est pensant.
> Or, tout animal est un être sensible ;
> Donc tout animal est un être pensant.

Parmi les philosophes, les uns ont accordé la mineure de cet argument, et nié la majeure ; d'autres, en accordant la majeure, ont nié la mineure. Avec ceux-là, il fallait prouver que le sentiment et la pensée appartenaient à la même substance, et que l'ame sensitive et l'ame pensante étaient la même : avec ceux-ci, ce qui est contesté, c'est que la sensibilité soit de l'essence de l'animal.

Enfin, selon les règles du doute méthodique, on peut être obligé de prouver à-la-fois, et que l'animal est sensible, et que tout ce qui est sensible est pensant.

Ainsi celui qui avance les prémisses a beau les croire indubitables, dès qu'on les lui conteste, il n'en peut rien conclure, à moins de remonter à quelque principe antérieur qui les prouve telles qu'elles sont énoncées, c'est-à-dire comme évidentes, s'il veut conclure à l'évidence, ou seulement comme vraisemblables, s'il n'en déduit que possibilité, probabilité, vraisemblance; car on n'est obligé de donner aux prémisses que le degré de certitude qu'on veut donner à la conclusion, comme dans ces exemples :

> Ce qui n'est pas contraire aux lois de la nature est naturellement possible.
> Or, il n'est pas contraire aux lois de la nature que d'autres planètes que la terre soient habitées;
> Donc il est naturellement possible que d'autres planètes que la terre soient habitées.

> Il est vraisemblable que ce qui, dans tous les temps, a été, sera dans tous les temps.
> Or, dans tous les temps, le peuple a été crédule, superstitieux, inconstant, ami des nouveautés, etc.;
> Donc il est vraisemblable que, dans tous les temps, le peuple sera crédule, superstitieux, etc.

Si l'une des prémisses est si évidemment sous-entendue, qu'elle n'ait pas besoin d'être énoncée, on la supprime, et c'est ce qui fait du syllogisme l'enthymème philosophique dont je vous ai déjà parlé. Demain, nous joindrons cet article à ceux des arguments complexes et conjoints dont il me reste à vous entretenir.

LEÇON NEUVIÈME.

De l'enthymême philosophique. Que celle des prémisses qui est sous-entendue, n'est pas moins soumise à la preuve que celle qui est énoncée. Comment on procède à la preuve de ce qui est contesté dans les prémisses. Syllogisme complexe où les prémisses portent leurs preuves avec elles. Syllogisme conjoint, où l'une des prémisses est conditionnelle, ou disjonctive, ou exclusive. Du dilemme, et en quoi il diffère du syllogisme disjonctif. Du syllogisme appelé sorite. De l'épichérême. De l'exemple. De l'induction.

Dans l'expression de la pensée, se croire obligé de tout dire, c'est souvent trop mal présumer de l'entendement de ceux qui nous écoutent, et offenser leur amour-propre, ou du moins abuser de leur attention. Voilà pourquoi serait pédantesque et maussade l'usage trop fréquent du syllogisme régulier. Le bon sens et la bienséance veulent qu'on laisse penser aux autres ce qu'ils doivent avoir aussi-bien que nous dans l'esprit.

Or, sur les questions familières, il y a peu de raisonnements où l'une des prémisses ne soit pas une vérité si connue, qu'il serait inutile et importun de l'énoncer; et le propre de l'enthymême philosophique est de la sous-entendre: *Si aliqua pars nota, hanc enuntiare non est opus, quoniam hanc ipse auditor adjunget.* (Arist. Analyt.)

Quand Montesquieu a dit :

« L'air froid augmente le ressort et la force « des fibres; l'air chaud, au contraire, les relâche « et diminue leur ressort; on a donc plus de « vigueur dans les climats froids. »

Il y a sous entendu la majeure, savoir, que la vigueur dépend de la tension des fibres et de leur ressort.

Rien n'est plus fréquent, dans les sciences, que ces arguments elliptiques.

« Le baromètre monte dans les vallées, disait « Pascal, et il baisse sur les montagnes; donc « l'air pèse sur le mercure.

« Les espèces se reproduisent toujours les « mêmes, disait Gassendi; donc leurs principes « sont invariables.

« Les corps qui ne sont pas soutenus se pré« cipitent vers la terre d'un mouvement accé« léré, disait Newton; donc la terre et les corps « s'attirent réciproquement en raison de leur « masse et de leur distance.

« Le degré du méridien terrestre est plus long « vers les pôles que sous l'équateur, ont dit nos « astronomes; donc la surface de la terre est ap« platie vers les pôles. »

Ainsi la proposition sous-entendue n'est pas toujours facile à suppléer. Souvent elle suppose des connaissances particulières, souvent aussi une pénétration peu commune. Il faut donc bien se mesurer, en parlant ou en écrivant, à l'intelligence et aux lumières de ceux à qui on parle ou pour qui l'on écrit.

Lorsque Pascal a fait cet enthymême : « Sem « qui a vu Lamech, qui a vu Adam, a vu au « moins Abraham, et Abraham a vu Jacob, qui « a vu ceux qui ont vu Moïse. Donc le déluge « et la création sont vrais. » Pascal, dis-je, a laissé, entre l'antécédent et le conséquent, un intervalle qu'il n'est pas permis à tous les esprits de franchir. Aussi cet argument n'est-il pas fait pour tout le monde.

Lorsque Médée dit, en parlant de Jason :

Servare potui, perdere an possim rogas?

et Acomat, en parlant de Bajazet :

Il n'est point condamné, puisqu'on veut le confondre.

et Prométhée, dans Lucien :

Tu prends ta foudre, Jupiter, tu as donc tort.

ce sont là des enthymêmes vivement exprimés, et dont on est flatté de pénétrer le sens. Mais, en exerçant l'intelligence du lecteur ou de l'auditeur, il ne faut ni la fatiguer, ni la mettre en défaut ; car c'est là que, de peur d'être diffus, on risque d'être obscur :

Brevis esse laboro; obscurus fio.

et le grand art de celui qui emploie l'enthymême est de bien pressentir ce qu'il peut sous-entendre, sans en être moins entendu.

La réticence de l'enthymême est sur-tout commode aux sophistes, pour dérober au commun des esprits le vice de leurs arguments, et l'endroit faible ou faux qu'eût présenté le syllogisme. Dans le syllogisme développé, vous avez vu que les trois termes se correspondent et sont en évidence. Ainsi, par des règles certaines, on peut juger infailliblement le résultat de leurs rapports; au lieu que, dans l'enthymême, l'une au moins de ces relations est dérobée à l'examen et laissée comme dans l'ombre. C'est donc sur-tout à la réticence que doit s'attacher l'attention. Mais, soit que les deux prémisses soient énoncées, ou que l'une des deux soit sous-entendue, je vous l'ai déja dit, il est indispensable d'en établir la vérité avant que d'en tirer aucune conséquence.

Or, la vérité des prémisses dépend quelquefois d'un principe antérieur, auquel il faut que l'on remonte lorsqu'il n'est pas assez connu.

J'ai mis au nombre des sophismes ce raisonnement d'un meurtrier: *Je l'ai tué justement, car il méritait de mourir.* C'est pourtant l'un des arguments que Cicéron, dans la défense de Milon, fait venir à l'appui du moyen pris du droit de la défense personnelle, sur lequel vraisemblablement il ne se croyait pas assez bien affermi, lorsqu'après avoir prouvé, autant qu'il lui a été possible, que Milon, en tuant Clodius, n'a fait que défendre sa propre vie, il ajoute qu'au reste il a délivré Rome d'un scélérat digne de mille morts. Mais comment a-t-il légitimé ce moyen qu'Aristote appelle sophistique? S'il eût dit seulement :

> Celui qui délivre sa ville d'un furieux chargé de crimes, et pour qui rien n'était sacré, fait une action louable et méritoire.
> Or, Milon, en tuant Clodius, a délivré Rome, etc.;
> Donc il a fait, etc.

on lui eût répondu que ce n'était pas à Milon, mais aux lois d'en faire justice, et, en accordant même que Clodius méritât mille morts, on eût dit : Mais ce n'était point de la main de Milon qu'il devait mourir.

Il y avait donc, dans le raisonnement de Cicéron, deux choses à prouver; l'une, que Clodius méritait la mort; l'autre, que Milon, en tuant Clodius, avait pu justement faire l'office de la loi.

Il prouvait l'une par l'accumulation des attentats que l'audace, la violence, l'impiété de Clodius lui avaient fait commettre dans Rome; c'était le plus facile. L'autre point était le côté faible, l'endroit critique et périlleux. Mais, si telle était l'arrogance et l'impunité du coupable, son crédit, son pouvoir, le nombre et la force de ses complices, que, par l'effroi qu'il inspirait, il fît taire les lois et qu'il enchaînât leur action, chacun, à son égard, ne rentrait-il pas dans le droit naturel et commun de pourvoir au salut de tous? Cicéron avait donc à raisonner ainsi:

> Lorsque les lois sont impuissantes pour réprimer le crime, et que le criminel est l'ennemi commun, tout citoyen est autorisé à venir au secours des lois.
> Or, c'est là ce qu'a fait Milon en tuant Clodius;
> Donc il a fait une action louable et méritoire.

Ainsi, de principe en principe, l'argumentation remonte jusqu'à celui qui est incontestable; et de là elle redescend jusqu'à la conclusion qu'il s'agit de prouver.

Supposons encore que, dans la défense du jeune Fabius, son père eût raisonné ainsi:

> L'on n'est point coupable pour avoir fait son devoir.
> Or, mon fils a fait son devoir;

Je le prouve.

> Lorsque la lettre de la loi est en contradiction avec l'esprit qui l'a dictée, c'est à l'esprit et non à la lettre que l'on doit obéir:
> Or, telle a été la conjoncture où s'est trouvé mon fils;

Je le prouve.

> L'esprit, l'intention d'une bonne loi est de procurer le plus grand avantage de la république;
>
> Or, ici la défense, la gloire, le plus grand bien de la république consistait à faire ce qu'a fait mon fils, en désobéissant au dictateur, pour saisir l'occasion de battre les Samnites;
>
> Donc mon fils a fait son devoir, et il l'a fait au péril de sa tête; car, si l'événement ne l'avait pas justifié, il était perdu, et il devait l'être; mais, puisqu'en se dévouant pour sa patrie, il l'a servie le mieux possible, il est absous par la victoire, qui a rempli le vœu de la loi.

Ce fut ainsi que le roi de Prusse, Frédéric II, jugea digne de grâce l'aide-de-camp qui, par un mouvement de l'ennemi, ayant pensé qu'il fallait changer l'ordre, avait pris sur lui d'en donner un tout différent de celui qu'il avait reçu.

Le plus souvent celle des prémisses qui est contestée n'a besoin, pour être prouvée, que d'une incidente définitive ou d'une proposition qui en détermine le rapport; et c'est ainsi que le syllogisme est complexe :

> L'homme ne peut répondre de lui-même qu'autant qu'il est sûr de se posséder.
>
> Or, l'homme que ses passions dominent n'est jamais sûr de se posséder;
>
> Donc l'homme que ses passions dominent ne peut jamais répondre de lui-même.

Dans ces raisonnements complexes, c'est sur-tout aux incidentes définitives que doit se porter l'attention; car ce sont elles qui déterminent le sens et le rapport des termes.

Rien de ce que renferme la proposition complexe, ni les noms, ni leurs adjectifs, ni les verbes, ni leurs régimes, ni aucun de leurs compléments, n'est à négliger; car chacun de ces traits fait partie de l'expression, et peut contribuer ou nuire à la vérité du principe ou à la justesse de la conséquence. Exemple :

> La raison nous dit de préférer ce qui nous est utile à ce qui nous serait nuisible.
> Or, bien souvent ce qui nous est utile nous déplaît; souvent aussi ce qui nous est nuisible nous est agréable;
> Donc la raison nous dit souvent de préférer ce qui nous déplaît à ce qui nous est agréable.

Voilà un raisonnement complexe dont tous les mots intéressent la vérité de la pensée; mais ce qui en fait la précision et la justesse, c'est l'adverbe *souvent*.

Le syllogisme et l'enthymême affectent fréquemment de poser en principe une proposition *conditionnelle*, ou *disjonctive*, ou *exclusive*; et c'est-là ce qui forme le syllogisme qu'on appelle *conjoint*.

Dans ce raisonnement, la majeure contient ensemble la mineure et la conclusion, mais sous divers rapports.

1° Sous le rapport de dépendance du conséquent à l'antécédent.

2° Sous le rapport d'alternative immédiate et nécessaire.

3° Sous le rapport d'incompatibilité et d'exclusion réciproque.

De là trois nouvelles espèces de syllogisme, savoir : le *conditionnel*, le *disjonctif*, et l'*exclusif*.

Dans l'argument *conditionnel*, la majeure se compose de deux propositions dont l'une dépend de l'autre :

> S'il y a du mouvement, il y a du vide dans la nature.

Je n'affirme point encore qu'il y ait du mouvement, je n'affirme point qu'il y ait du vide ; j'affirme que, sans le vide, il n'y a point de mouvement, et que, si l'on admet le mouvement, il faut qu'on admette le vide :

> Si l'homme n'est pas libre, il n'y a ni vices ni vertus.

Je n'affirme point que l'homme soit libre, je n'affirme point qu'il y ait des vices et des vertus, je ne nie rien de tout cela ; mais je dis que de la liberté morale dépend la réalité des vertus et des vices, et que, si on refuse la liberté à l'homme, il n'y a plus pour lui ni vices ni vertus.

Le syllogisme conditionnel se forme de deux manières :

1° Lorsque, dans la mineure, on résume l'antécédent pour conclure le conséquent :

> S'il y a du mouvement dans la nature, il y a du vide.
> Or, il y a du mouvement dans la nature ;
> Donc il y a du vide.

2° Lorsqu'on rejette le conséquent pour admettre l'antécédent :

> Si je ne suis pas libre, Dieu me trompe.
> Or, Dieu ne peut me tromper ;
> Donc je suis libre.

> Si l'homme de bien n'était jamais heureux, Dieu ne serait pas juste.
> Or, il est faux que Dieu ne soit pas juste ;
> Donc l'homme de bien sera heureux.

Ici doit s'appliquer une règle importante dont je vous ai déja parlé, savoir, que, si, de deux contradictoires, l'une est évidemment fausse, l'autre, fût-elle incompréhensible, ne laisse pas d'être nécessairement vraie. Ainsi, quoique la création soit inconcevable pour moi, s'il m'est évident que ni le monde, tel qu'il est, n'a pu exister éternellement par lui-même, ni que la matière, supposée éternelle, n'a pu se donner à elle-même le mouvement et les formes que je lui vois ; s'il ne m'est pas moins évident que, de deux êtres coéternels, l'un n'aurait eu aucune action sur l'autre, il m'est démontré que celui qui a reçu de l'autre sa forme, son ordre et ses lois, ne lui est pas co-éternel; qu'ainsi Dieu seul existe de toute éternité, et que le monde, la matière, tout le reste, a été créé.

Ce que le syllogisme conditionnel laisse à examiner, c'est de savoir si, des deux parties de la majeure, l'une dépend ou ne dépend pas absolument de l'autre.

Par exemple, en disant :

> Si l'homme n'est pas libre, il n'y a dans l'homme ni vices ni vertus;

je m'engage à prouver que, dans l'homme, vice et vertu supposent liberté, et qu'ils en sont inséparables.

Il vous est aisé de concevoir comment le syllogisme conditionnel peut se réduire en enthymême ou en sentence enthymématique. Exemple :

> Si je ne suis pas libre, Dieu me trompe; car il a mis en moi le sentiment de la liberté.
> Si l'ame de l'homme n'est pas immortelle, la vertu reste souvent sans récompense et le vice sans châtiment. Dieu n'est pas juste.

L'argument conditionnel est un vaste champ pour la controverse; car il donne à contester et à soutenir deux propositions, une majeure hypothétique, et une mineure absolue. Voici comment la dispute s'engage par des arguments opposés :

S'il y a du mouvement dans la nature, il y a du vide.
Or, il y a du mouvement dans la nature;
Donc il y a du vide.

Argument opposé :

S'il y a du vide dans la nature, il y a un mode sans substance, et le néant est étendu.
Or, il ne peut y avoir de mode sans substance, et il ne peut y avoir d'étendue dans le néant;
Donc il n'y a point de vide dans la nature.

Dans la dispute sur la question, s'il y a du vide, l'un a donc à prouver que, dans le plein, il peut y avoir du mouvement, et que le vide est une chimère; c'est ce que soutenait l'école de Descartes. L'autre doit démontrer que, dans le plein, tout serait immobile; que l'*étendue*, ou le *lieu* des corps, est distinct et indépendant de la matière; qu'il la contient; qu'il est pénétrable, indivisible, immense, incréé; qu'en un mot, c'est l'un des attributs de l'être simple, éternel, infini, et qui seul existe en lui-même. Telle est l'opinion de Gassendi et de Newton, et celle-ci a prévalu.

La proposition *disjonctive* vous a donné l'idée du syllogisme *disjonctif.* Elle en est la majeure; on l'y pose en principe, et de sa vérité dépend essentiellement celle de la conclusion.

Or, la *disjonctive* n'est vraie qu'autant que,

dans l'alternative, il n'y a point de milieu, et que les termes en sont incompatibles. Telle est aussi la règle du syllogisme *disjonctif.*

Quant à sa forme, elle consiste à résumer, soit à l'affirmative, soit à la négative, l'une des deux parties de la majeure, et à conclure l'autre en opposition à celle qu'on a résumée.

Pour reconnaître si la majeure est réellement *disjonctive*, vous n'avez qu'à voir si elle se résout en deux conditionnelles. Quand je dis, par exemple :

    Ou je suis libre, ou Dieu me trompe;

cela peut se traduire :

    Si je ne suis pas libre, Dieu me trompe;

ou bien :

    Si Dieu ne me trompe pas, je suis libre.

De même quand je dis :

    Ou il y a pour l'homme une autre vie, ou Dieu n'est pas juste;

cela peut se traduire :

    Si Dieu est juste, il y a pour l'homme une autre vie;

ou bien :

    S'il n'y avait pas pour l'homme une autre vie, Dieu ne serait pas juste.

Et la vérité de la *disjonctive* emporte la vérité des deux *conditionnelles*.

Mais si je dis :

> L'homme est esclave ou de ses passions, ou de la fortune,

je ne puis pas changer de même la disjonctive en deux conditionnelles; car je ne puis pas dire :

> Si l'homme est esclave de la fortune, il ne l'est pas de ses passions;

ni à l'inverse :

> Si l'homme est esclave de ses passions, il ne l'est pas de la fortune;

car il peut être en même temps esclave de la fortune et de ses passions, comme aussi il peut ne pas l'être. Les deux n'ont rien d'incompatible, et, dans leur différence, il n'y a point d'exclusion.

> L'homme est esclave ou de ses passions, ou de la fortune,

ne fait donc pas un syllogisme; car vous ne pouvez pas en inférer :

> Or, il est esclave de ses passions;
> Donc il n'est pas esclave de la fortune;

ni à l'inverse :

> Or, il est esclave de la fortune;
> Donc il n'est pas esclave de ses passions.

et c'est dans cette opposition de la mineure et de la conséquence que consiste l'essence du syllogisme *disjonctif.*

Que sera-ce donc que cet argument?

> Ou l'homme est esclave de ses passions,
> Ou il est esclave de la fortune;
> Donc il n'est jamais libre.

ce sera un simple enthymême, un syllogisme dont la majeure est sous-entendue, et dont la mineure affirme de deux choses l'une, sans que, de l'une à l'autre, il y ait aucune opposition:

> L'homme est toujours esclave, soit de la fortune, soit de ses passions;
> Donc il n'est jamais libre.

Supposez même que la majeure soit réellement disjonctive, c'est-à-dire formée de deux contradictoires, si la mineure et la conséquence ne sont pas en contradiction, l'argument n'est pas disjonctif:

> En se mêlant des affaires publiques, on est sûr d'offenser ou les hommes ou les dieux; les hommes, si on est juste; les dieux, si on est injuste.
> Or, on fait sagement d'éviter l'un et l'autre;
> On fait donc sagement de ne pas se mêler des affaires publiques.

Quoi qu'il en soit des deux prémisses que l'on

peut au moins contester, ce n'est là qu'un pur syllogisme qui suppose dans la mineure ce que la majeure a posé, pour conclure du tout ce qui est dit de chaque partie.

Comme l'argument disjonctif n'admet aucun milieu dans son alternative, celui-ci, dans ce qu'il propose, n'admet aucune exception ; et c'est ce qu'on appelle, dans l'école, un *dilemme*.

Souvenez-vous du raisonnement par lequel je vous ai conté qu'un avocat gascon avait prouvé qu'un pauvre peintre, excessivement sot et laid, n'avait pu séduire une jeune fille.

Messieurs, dit-il aux juges :

> On ne séduit que par l'argent, par l'esprit ou par la figure.
> Or, ma partie n'a pu séduire par l'argent, puisque c'est un gueux ; par l'esprit, puisque c'est un sot ; par la figure, puisque c'est un laid, et le plus laid de tous les hommes ;
> Donc il est faussement accusé de séduction.

Telle est la forme du dilemme. Sa force et sa bonté consistent en ce que, dans la disjonctive, la division soit complète. Si, par exemple, je veux montrer que, dans toute supposition, il y a de la sagesse à parler peu de soi, voici comment je raisonnerai.

> En parlant de soi, ou l'on n'en dit que du bien, et c'est un orgueil importun, une vanité ridicule, qui offense plus qu'elle ne persuade.

Ou l'on n'en dit que du mal, et la malignité d'autrui sera toujours disposée à le croire.

Ou l'on en dit un peu de mal, en y mêlant beaucoup de bien, et c'est un artifice de l'amour-propre qui n'en impose à personne.

Ou l'on en dit moins de bien que de mal, et l'on sera puni de cette fausse modestie; car peu de gens diminueront du tort qu'on se fait à soi-même.

Ou l'on tient la balance égale; ce qui est encore difficile et rare; et l'on est presque sûr que l'opinion commune n'aura pas la même équité.

Enfin, ou en parlant de soi-même, on n'en dira ni mal ni bien, et ce sera toujours, au gré du plus grand nombre, une indiscrétion trop fatigante de les occuper trop de soi.

Vous voyez là une mineure divisée en autant de parties que la majeure en donne à résumer; et il faut que chacune de ces parties soit accordée, pour en conclure que, dans tous les cas, il y a de la sagesse à parler sobrement et rarement de soi.

Port-Royal semble tenir pour bon le dilemme suivant, d'où l'on conclut que l'homme ne peut être heureux en ce monde.

On ne peut vivre en ce monde, est-il dit, qu'en s'abandonnant à ses passions, ou en les combattant.

Si l'on s'y abandonne, c'est un état misérable,

parce qu'il est honteux, et qu'on ne saurait y être content;

Si on les combat, c'est aussi un état malheureux, parce qu'il n'y a rien de plus pénible que cette guerre intérieure qu'on est continuellement obligé de se faire à soi-même;

Il ne peut donc y avoir en cette vie de véritable bonheur.

Mais dans la majeure, l'énumération est-elle assez complète? J'y crois voir dans l'alternative, une circonstance oubliée; car si, par une première habitude de tempérance et de modération, on a soumis les mouvements de son ame aux lois de la raison, comme il est possible, on peut entretenir la paix en soi-même, et avec les autres, et trouver ainsi le bonheur dans la sagesse et la vertu.

Dans le syllogisme que j'appelle exclusif, et que Port-Royal appelle copulatif, on nie d'abord que deux choses soient compatibles, et qu'elles puissent être ensemble. On affirme ensuite l'une des deux, et on conclut par nier l'autre. Exemple:

Je ne puis pas être en même temps votre flatteur et votre ami.
Or, je suis votre ami;
Donc je ne puis pas être votre flatteur.

Vous sentez que cet argument peut se résoudre en un syllogisme conditionnel, dont la majeure soit négative et la négation réciproque :

> Si je suis votre ami, je ne serai point votre flatteur.
>
> Si j'étais votre flatteur, je ne serais point votre ami.
>
> Or, je suis votre ami;
>
> Donc je ne serai point votre flatteur.

Cette manière de traduire le raisonnement exclusif en est l'analyse et la preuve.

Vous voyez que, dans toute espèce de syllogisme, il s'agit de montrer le rapport de deux termes entre eux, par le rapport qu'ils ont chacun de son côté avec un moyen terme. Or, souvent il arrive que ce milieu n'a pas avec les deux extrêmes un rapport aussi évident, aussi étroit d'un côté que de l'autre. Que faites-vous alors? vous faites ce que vous feriez d'une chaîne à laquelle, pour être continue, il manquerait quelques chaînons. Vous y ajoutez dans l'intervalle un, ou deux, ou plusieurs anneaux. C'est cet enchaînement de plusieurs milieux l'un à l'autre pour réunir les deux extrêmes, qui forme l'argument qu'on appelle *sorite*.

Prenons pour exemple celui du renard dont parle Montaigne, que les Thraces, dit-il, lâchent devant eux sur une rivière gelée, pour savoir s'ils la peuvent passer en sûreté. On voit le renard approcher son oreille de la glace, et il semble dire:

Ce qui fait du bruit se remue;
Ce qui se remue n'est pas gelé;
Ce qui n'est pas gelé est liquide;
Et ce qui est liquide plie sous le faix;
Donc si j'entends, près de mon oreille, le bruit de l'eau, elle n'est pas gelée, et la glace n'est pas assez épaisse pour me porter.

Aussi voit-on le renard s'arrêter, et reculer lorsqu'il entend le bruit de l'eau.

Je veux prouver que, dans un état florissant comme l'ancienne Rome, les mœurs publiques sont corrompues par une longue paix. Je dirai :

Dans une longue paix, les tributs des peuples soumis, l'agriculture, le commerce, l'industrie et le temps amènent l'opulence.
Or, l'opulence corrompt les mœurs publiques;
Donc une longue paix corrompt les mœurs publiques.

Dans cet argument, vous sentez le rapport de l'opulence avec ses causes; mais vous pouvez ne pas sentir de même le rapport que je lui attribue avec la corruption des mœurs. C'est l'intervalle entre ces deux idées qu'il s'agit de remplir. Pour cela, j'y interpose d'autres milieux qui, d'un côté, tiennent à l'opulence, et qui, de l'autre, mènent à la corruption. Ces milieux sont le luxe, la cupidité, la mollesse, l'oisiveté, les vices de la prospérité, l'orgueil, la témérité, l'insolence, etc. Je dis donc :

>Une longue paix amène l'opulence,
>L'opulence engendre le luxe,
>Le luxe engendre la mollesse et la cupidité,
>La mollesse et la cupidité engendrent tous les vices dont la contagion gagne et corrompt les mœurs publiques.

La force et la solidité de cet argument dépendent, comme vous voyez, de l'étroite liaison de tous les anneaux de la chaîne. S'il y en a quelqu'un dont le nœud soit fragile, en le brisant on interrompt la continuité des rapports.

>Les dieux sont heureux, *disaient les épicuriens :*
>Nul ne peut être heureux sans la vertu.
>La vertu ne peut pas être où la raison n'est pas.
>La raison n'existe que sous la figure humaine.

C'est ici que la liaison manque : *A ratione ad humanam figuram quomodò accedis ?* demande le stoïcien Cotta à l'épicurien Velléius; *precipitare istud quidem est, non descendere.* (Cic. de Nat. Deorum).

Le sorite fut autrefois l'un des arguments les plus familiers des sophistes; les Pyrrhoniens l'employaient à faire voir que la dialectique n'avait aucune règle sûre; et vous entendez Cicéron défier les dialecticiens d'y répondre. L'exemple qu'il en donne est de savoir quelle est la limite des choses, comme si l'on demande quel grain de blé fait le monceau ? La question était de marquer *minutatim*, par le menu, ce qui faisait les différences dans les choses; *multa, pauca; magna, parva; longa, brevia; lata, angusta.* C'est ce que Cicéron appelle *lubricum locum*; et, à l'entendre, on y était fort embarrassé: *At vitiosi sunt soritæ, frangite eos si potestis, ne molesti sint: erunt enim ni caveatis.* Cependant il me semble qu'aux questions qu'il propose, il était aisé de répondre: « Tous ces mots signifient des choses vagues et « changeantes, dont les degrés et les limites n'ont « aucune précision, et dont, par conséquent, on « ne peut dire ponctuellement où finit l'une et « où l'autre commence. Déterminer ce qui varie « sans cesse, c'est tracer des figures sur un sable « mouvant, c'est tracer des lignes sur l'eau. »

Une manière simple et franche d'employer le sorite, c'est d'en motiver les moyens à mesure qu'on les emploie. Si je dis, par exemple:

>   Le sage peut seul être heureux;

comment le prouverai-je?

>   Être heureux, c'est jouir paisiblement et librement de soi-même et de la nature.
>   Or, cette paix et cette liberté sont des biens réservés au sage.

Et je le prouve.

Le sage seul est content de ce qu'il a: *Nisi sapienti sua non placent.* (SENECA.) Et lui seul ne dépend ni de la fortune, ni des hommes: *Quem nec extollant fortuita, nec frangant, qui nullum majus bonum eo quod sibi ipse dare potest, noverit.* (Seneca.)

Toute folie a ses dégoûts, ajouterai-je : *Omnis stultitia fastidio sui laborat.* (Seneca.)

Toute passion a ses inquiétudes, ses craintes, ses désirs trompés, ses espérances vaines, témoin l'amour, l'ambition, etc. Or, avec tout cela, nul homme ne peut être libre.

Qui metuens vivit, liber mihi non erit unquam.
(Horat.)

Gaudeat an doleat; cupiat metuatve; quid ad rem?
Si quidquid vidit melius pejusve suâ spe,
Defixis oculis animoque et corpore torpet. (Horat.)

Tel est l'enchaînement d'idées par lequel, de ce principe que j'ai posé, qu'être heureux c'est jouir de la nature et de soi-même, j'arrive à la conclusion :

Qu'il n'est donné qu'au sage d'être heureux.

Mais le sorite n'est pas le seul argument dans lequel, pour ne laisser aucun doute en arrière, on motive, en les énonçant, chacune des propositions. Cette méthode générale, singulièrement observée dans le syllogisme oratoire, est celle dont se servent tous les bons écrivains. Les Grecs appelaient cette forme de syllogisme *épichérême*.

L'épichérême, ou le syllogisme développé, est donc une suite de raisonnements qui, par dégrés, procèdent de preuve en preuve, de conséquence en conséquence, et tellement enchaînés l'un à l'autre, que la conclusion du premier sert de majeure au second, la conclusion du second sert de majeure au troisième, et qu'un long discours n'est souvent que la preuve graduelle de la question mise en avant, ou des prémisses, dont elle est la conséquence immédiate.

Il y a deux autres espèces de raisonnements qu'Aristote distingue du syllogisme, l'*exemple* et l'*induction*.

L'exemple n'est autre chose qu'un syllogisme dont la majeure est prouvée par un exemple qui est un quatrième terme.

Exemplum est, cum medio extremum inesse ostenditur persimile tertio. Oportet autem ut medium tertio, et primum simili, notum sit inesse.

Ce n'est ni le rapport d'un tout à sa partie, ni d'une partie à son tout, c'est le rapport de deux parties, dont l'une est plus connue que l'autre : *Cum ambo sunt sub eodem, alterum autem notius.*

Si l'on veut prouver que ce soit un mal pour Athènes de faire la guerre aux Thébains, on pose pour principe que c'est un mal pour un peuple de faire la guerre à ses voisins ; et c'est ainsi, dit-on, que les Thébains se sont mal trouvés d'avoir fait la guerre aux Phocéens.

Esto a malum; b contrà finitimos bellum suscipere; g Athenienses contrà Thebanos; d The-

banos contrà Phocenses : itaque b *inesse* g *et* d *perspicuum est ; utrumque enim est finitimis bellum inferre. Item* a *inesse* d *quia Thebanis non profuit bellum contrà Phocenses. Verum* a *inesse* b *per* d *probabitur.*

Cet argument a peu de force, attendu que l'exemple n'est jamais une preuve nécessaire et incontestable. Aussi n'est-il compté que pour syllogisme oratoire, et il convient particulièrement au genre délibératif.

Tout se prouve, nous dit Aristote, par syllogisme, ou par *induction*. Or, l'*induction* diffère du syllogisme en ce qu'il a un milieu, et qu'elle n'en a pas. C'est de l'énumération des parties qu'elle tire la conclusion du tout : *Inductio ex omnibus individuis probat* ; et, si l'énumération est complète, l'induction est concluante. Mais on peut la réduire encore à un syllogisme régulier.

Par exemple, au lieu de dire, comme Cicéron :

> Demandez à chacune des nations, aux Gaulois, aux Germains, aux Parthes, etc., quelle est la plus estimable après elle ; toutes répondront, *les Romains.*
> Donc les Romains sont, de l'aveu de toutes les nations, la nation la plus estimable.

Au lieu de faire cet enthymème, on peut, dis-je, en former un syllogisme développé dont la conclusion aura pour preuve l'énumération des parties.

La plus estimable des nations est celle à qui aucune des nations n'en préfère aucune qu'elle-même.

Or, aucune des nations ne préfère qu'elle-même aux Romains, témoin les Germains, les Gaulois, les Parthes, etc.;

Donc la plus estimable, etc.

Differt exemplum ab inductione : quoniam illa ex omnibus individuis probat extremum inesse medio; hoc verò non ex omnibus probat. (ARIST.)

Mais, comme dans l'induction même il est rare que l'énumération soit complète, il est rare que l'induction soit rigoureusement concluante. Et ce n'est guère aussi qu'un raisonnement oratoire : quoique dans les mathématiques il soit fréquemment employé pour conclure de la négative à l'affirmative, dans ce qu'on appelle la preuve par épuisement; et en morale même il est de quelque poids. Supposons qu'à propos de ces beaux vers de La Fontaine.

>Les vertus devraient être sœurs,
>Ainsi que les vices sont frères.

on mette en doute si en effet tous les vices ont une commune origine? comment le prouverai-je?

En faisant voir qu'ils naissent tous d'un aveugle amour de soi-même, ou, comme disaient les stoïciens, d'une erreur de calcul dans notre intérêt personnel. Vous concevez que cette preuve ne peut résulter que de l'énumération des vices analysés l'un après l'autre; et ce sera par induction que j'arriverai à conclure qu'ils ont tous cette même source.

En vous traçant les règles du raisonnement dans les différents modes dont il est susceptible, je vous ai plus d'une fois avertis de l'adresse qu'emploie la mauvaise foi des sophistes à tromper la raison, ou à l'embarrasser dans les filets de leurs faux arguments. Mais, comme ils ont plus d'un moyen de les falsifier, il est bon de savoir démêler tous leurs artifices; et ce sera pour nous, demain, une étude amusante que celle de ces tours d'adresse, qui, par comparaison des jeux de la parole avec ceux de la main, font que les sophistes ressemblent, lorsqu'ils sont habiles, à nos joueurs de gobelets.

LEÇON DIXIÈME.

Du sophisme. Différents tours d'adresse des sophistes, les uns pris dans les mots, les autres dans les choses. Autres moyens d'en imposer. Manége des sophistes dans l'éloquence. Sources des erreurs que nous causent les sophismes de l'amour-propre, des passions, et de l'intérêt personnel.

Chez les anciens, on appelait sophistes une espèce de charlatans qui gagnaient leur vie à contrefaire la sagesse et à donner au mensonge les couleurs de la vérité. *Sophista, qui quæstum capit ex sapientiá quæ videtur esse, et non est*, nous dit Aristote; et il définit le sophisme: *Argumentatio fucata quá sapientiæ opinio comparatur.* (De scopis. sophist.)

Cicéron en parle de même: *Sophistæ ii qui ostentationis aut quæstus causá philosophantur..... Sophismata fallaces conclusiunculæ.* (Acad. L. T.)

Il paraît que c'était sur-tout à mettre en défaut les disciples des philosophes que les sophistes exerçaient leur école; car c'est dans la dispute qu'Aristote fait voir de combien de manières les sophistes tendaient leurs piéges, et quels étaient, dans la réponse, les moyens de s'en garantir. Ces arguments contradictoires dans l'attaque et dans la défense, sont ce qu'ils appelaient *Elenchi.*

Dans les arguments des sophistes, il compte treize tours d'adresse : six dans les mots, sept dans les choses.

Ceux dans les mots étaient, l'équivoque, l'ambiguité, le sens divisé, le sens composé, l'altération dans les termes, l'abus des mots diversement accentués.

« Le nombre des choses est infini, nous dit le même, et celui des noms est borné. » *Nomina sunt finita, res autem numero infinitæ sunt.* Il faut donc nécessairement qu'un seul nom, qu'une même façon de parler signifie plus d'une chose. *Necesse est igitur ut eadem oratio, unumque nomen plura significet.* De là les *homonymes*, et les dictions *ambiguës*.

Les homonymes sont des mots pareils qui signifient des choses différentes. La diction ambiguë est celle dont la construction présente un double sens, à cause d'un double rapport. Dans notre langue, *voler*, en parlant de l'oiseau, et *voler*, en parlant du voleur; *son* de la voix et *son* du blé; *coin*, espace angulaire, *coin*, espèce de fruit, *coin*, dont on frappe les médailles; *méchant*, pervers, *méchant*, vil, usé, mauvais dans son espèce, sont des homonymes: *Je l'aime autant que vous; il assure qu'il l'aime; nous nous flattons; nous nous trompons ; devoir à quelqu'un de beaux jours, de sages conseils, des lumières,* sont des locutions ambiguës. C'est de ces deux espèces d'équivoque et de double sens que les sophistes abusaient.

Le sens divisé fait entendre comme distinct dans la pensée ce qui est réuni dans les termes : *L'esclave est libre, le malade est guéri.*

<blockquote>Le muet parle au sourd étonné de l'entendre.
(La Motte.)</blockquote>

Vous concevez que dans la pensée l'esclave qui est libre a cessé d'être esclave ; que le malade guéri n'est plus malade ; que le muet qui parle n'est plus muet ; que le sourd qui entend n'est plus sourd. *Non qui nunc, sed qui priùs.* (Arist.)

Le sens composé réunit ce que le sens divisé sépare.

Si je dis qu'il n'est pas possible que *le malade se porte bien*, que *celui qui parle se taise*, que *celui qui travaille se repose*, j'entends qu'il n'est pas possible que cela soit en même temps. C'est ainsi qu'en passant de l'un à l'autre de ces deux sens, les sophistes donnaient le change.

Cicéron fait valoir un de ces sophismes comme insoluble. *Si lucet, lucet ;* disait le sophiste. Est-ce bien conclu ? Oui, lui répondait-on. *Si mentiris, mentiris :* N'est-ce pas conclure de même ? demandait-il ensuite. Oui, sans doute ; l'un est connexe comme l'autre. Cependant si vous dites, *je mens*, et que vous disiez vrai, *vous mentez.* Et si vous dites, *je mens*, et que vous mentiez, *vous dites vrai.* Pour dénouer ce sophisme, il n'y a qu'à diviser *mentir* et *dire vrai.* Car ce sont deux choses que le sophiste confond et réunit en une seule. Si d'un homme que je méprise, je dis que je l'estime, et si j'ajoute que je mens, je dis vrai en ceci, et je mens en cela. Si je l'estime en effet, je mens en disant que je mens; et je dis vrai en disant que je l'estime, il n'y a rien de contradictoire.

Dans l'altération des termes, le manége des sophistes, dit Aristote, consistait à changer le masculin en féminin, le féminin en masculin; la qualité en quantité; le passif en actif, et réciproquement.

Enfin l'abus des mots diversement accentués, les rendait équivoques, ou en dénaturait le sens; et par là le sophiste troublait son adversaire et le déconcertait.

Si ces sortes de ruses n'étaient pas plus subtiles que dans les exemples cités par Aristote, bien peu subtil était lui-même celui qui s'y laissait surprendre.

Les jeux de mots, les équivoques, peuvent passer à la faveur d'un léger badinage, mais parmi nous il serait difficile d'en abuser sérieusement.

Dans l'altération des mots et des accents, la supercherie serait encore plus grossière; et, si les inflexions des verbes et des noms avaient dans le grec des différences assez déliées pour donner lieu à l'équivoque comme Aristote le fait entendre, (*propter exiguitatem discriminis fit captio*), il n'en serait pas de même dans notre langue.

Il peut y avoir plus d'artifice à substituer le sens divisé au sens composé, et réciproquement. Mais ce n'est pas dans les arguties dont nous parle Aristote qu'on trouve de l'adresse. Et quel sophiste oserait aujourd'hui proposer, même à des enfants, ces arguments à réfuter?

Cet homme est méchant : cet homme est peintre; donc cet homme est méchant peintre.

Hic canis tuus est : hic canis est pater; ergò hic canis est tuus pater.

Le même nombre est double et n'est pas double : car *deux* est double d'*un*, et il n'est pas double de *trois*.

Le même nombre est pair et impair : car *cinq* est *deux* et *trois*; or *deux* est pair et *trois* est impair.

On aurait de la peine à croire, si le témoin n'en était pas si grave, que dans les écoles d'Athènes on eût daigné entendre de semblables puérilités.

L'art de donner le change sur les choses était plus dangereux, et il le sera toujours. Cette sorte de tromperies, *fallaciæ extrà dictionem*, consiste, nous dit Aristote, 1° à prendre pour l'état naturel d'une chose, ce qui ne lui est qu'accidentel. 2° A donner pour vrai simplement et absolument ce qui ne l'est que de quelque façon, dans quelque lieu, quelquefois, à quelques égards. 3° A prouver autre chose que ce dont il s'agit. 4° A inférer d'un antécédent ce qui n'en est pas la conséquence. 5° A supposer vrai ce qui est en question. 6° A donner pour cause ce qui n'est pas cause. 7° A réunir dans une même interrogation ce qui demande des réponses distinctes.

Port-Royal, en suivant les traces d'Aristote, a négligé presque tous les sophismes qui jouent sur les mots, et il n'en a compté que neuf espèces que voici :

1° *Prouver autre chose que ce qui est en question.*

« La passion ou la mauvaise foi, observe Port-
« Royal, fait qu'on attribue à son adversaire ce
« qui est éloigné de son sentiment pour le com-
« battre avec plus d'avantage. »

Rien de plus ordinaire. Mais ce qui est singulier, c'est qu'en accusant Aristote de ce manque d'exactitude, Port-Royal est tombé lui-même dans la faute qu'il lui reproche.

« Il eût été à souhaiter, dit-il, qu'Aristote qui
« a eu soin de nous avertir de ce défaut, eût eu
« autant de soin de l'éviter..... Il réfute Parmé-
« nides et Mélissus pour n'avoir admis qu'un seul
« principe de toutes choses, comme s'ils avaient
« entendu par là le principe dont elles sont com-
« posées, au lieu qu'ils entendaient le seul et unique
« principe, dont toutes les choses ont tiré leur ori-
« gine, qui est Dieu. »

Non, ce n'était point là ce qu'entendaient Parménides et Mélissus. Il s'agissait dans leur opinion, non de l'origine des choses, mais de leur universalité, réduite à l'unité de l'être : *omnia esse unum.* Ils soutenaient donc l'un et l'autre que le tout n'était qu'un : *ens unum;* que ce tout était infini et qu'il n'avait point de principe. C'est cette opinion qu'Aristote réfute. Si l'être universel, dit-il, est un *tout* continu, comme l'entend Mélissus, ce tout est divisible en parties à l'infini, et ces parties sont elles-mêmes autant d'êtres particuliers. *Nihil prohibet sic esse multa entia.* Si l'être unique est individuel, comme le veut Parménides, nous voilà retombés dans l'opinion d'Héraclite. L'essence du bien est celle du mal; tout est bon, ou tout est mauvais; les espèces sont confondues; et l'on ne disputera plus pour savoir si tous les êtres ne sont qu'un, mais pour savoir s'ils sont quelque chose ou s'ils ne sont rien. *Eadem erit essentia boni et mali; idem erit et bonum et non bonum : nec non homo et equus; nec de hoc erit disputatio, an omnia entia sint unum, sed an nihil sint.* D'où il conclut que si l'unité de l'être universel est une opinion évidemment fausse, il reste vrai que l'univers est composé d'individus, et qu'il n'est infini ni dans le sens de Parménides, ni dans le sens de Mélissus. *Ergò ità ens unum esse non posse perspicuum est. Proindè ens non erit infinitum ut ait Melissus, nec infinitum ut inquit Parmenides.*

Où est donc là le sophisme dont Port-Royal

accuse Aristote? et où Port-Royal a-t-il pris qu'il fût question du principe des choses et de l'existence d'un Dieu?

2° *Supposer vrai ce qui est en question.*

Un exemple très-simple vous fera sentir quel est le vice de cette espèce de sophisme. S'il s'agit de prouver la justice de ce qu'une loi autorise ou condamne, sera-ce bien raisonner que de dire : Ce qui est conforme aux lois est juste; or, ceci est conforme aux lois? Non, sans doute, et c'est là poser la question en principe; car la question est de savoir si la loi elle-même est juste; et si elle n'est pas juste, ce qu'elle ordonne ne l'est pas.

Dans la nature tout s'enchaîne, tout est lié indissolublement, nous disent les matérialistes; donc tout est nécessaire; donc il n'y a point de liberté. C'est encore ici supposer ce qui est en question, savoir, que la pensée et que la volonté soient des chaînons indissolubles de cette chaîne universelle, et que, dans le physique même, il n'y ait point d'accidents qui ne soient causes en même temps qu'ils sont effets.

En parlant de ce vice dans le raisonnement, c'est encore Aristote que Port-Royal croit trouver en faute. Mais c'est encore ici une méprise de Port-Royal.

« Supposer pour vrai ce qui est en question, c'est, dit-il, ce qu'Aristote appelle pétition de principe. Cependant Galilée l'accuse, et avec justice, d'être tombé lui-même dans ce défaut, lorsqu'il veut prouver par cet argument que la terre est au centre du monde. »

« La nature des choses pesantes est de tendre
« au centre du monde, et des choses légères de
« s'en éloigner.

« Or, l'expérience nous fait voir que les choses
« pesantes tendent au centre de la terre, et que
« les choses légères s'en éloignent.

« Donc le centre de la terre est le même que
« le centre du monde. »

Cet argument n'est point d'Aristote; et Galilée ou Port-Royal a tort de le lui attribuer.

Aristote, dans son traité *de cœlo*, expose les différentes opinions des anciens philosophes sur la position, la figure et le mouvement de la terre. Le plus grand nombre, dit-il, la croient immobile au centre du monde: *Plurimi quidem in medio terram jacentem dicunt.*

D'autres (l'école de Pythagore) assurent le contraire: car ils placent le feu au centre, et disent que la terre est l'une des étoiles qui tourne autour du foyer. *Nam in medio ignem esse aiunt, terram autem esse unam stellarum, ferrique circà medium.* Enfin quelques-uns ont placé la terre au centre, roulant sur elle-même autour de l'axe du monde. *Quidam autem in centro ipsam jacentem volvi, et circà ipsum polum per universum extensum, moveri dicunt.* Il reconnaît que, soit qu'un corps monte ou descende, il faut qu'il y ait, selon les lois de la nature, une force active qui le porte, soit en haut, soit en bas. *Lationem verò ipsius esse quandam, secundum naturam, necesse est.* (De cœlo, liv. 2, cap. 13.)

Il ajoute que les corps pesants tendent vers le milieu; que les corps légers s'en éloignent, et que tel est l'ordre du monde. *Ea quidem quæ pondus habent ad medium, ea verò quæ levitatem, à medio suopte pergentia nutu. Hunc autem ordinem mundus habet.* (Liv. 3, ch. 2.) Que tous les corps ont de la pesanteur, excepté le feu. *Suo enim in loco gravitatem habent omnia præter ignem;* et que la terre, et tout ce qui pèse étant poussé en bas, suivant les mêmes angles, il faut nécessairement que le point vers lequel tous ces corps sont poussés, soit un centre commun. *Terra verò; et quidquid pondus habet seorsùm, similes ad angulos fertur: quare ad medium ipsum feratur necesse est;* mais que ce soit vers le centre de la terre, ou vers le centre du monde que se dirige cette tendance, ces deux centres étant le même, c'est, dit-il, une autre question. *Utrum autem ad terræ medium aut universi feratur quidquid pondus habet, cùm idem medium sit ipsorum; alia ratio est.* (De cœlo, liv. 4, chap. 4.)

Est-ce là le paralogisme qu'on vient d'attribuer à ce profond et sage raisonneur? et cependant tel est son langage à la lettre : je n'y ai rien changé, ni rien dissimulé.

3° *Prendre pour cause ce qui n'est point cause.*

C'est là sans doute une des plus fréquentes erreurs de l'esprit humain. Mais les raisonnements dont elle est le défaut, ne sont pas tous des sophismes : car le sophisme est un argument captieux et de mauvaise foi. Or, le plus souvent c'est de bonne foi et très-sincèrement que nous donnons pour cause ce qui n'est point cause. Port-Royal lui-même en indique assez d'exemples pour n'avoir pas dû s'y tromper. C'est donc toujours la ruse, *fallacia*, qu'il faut considérer dans ce sophisme, comme dans tous les autres.

Lorsqu'on a dit à J.-J. Rousseau : ce n'est pas des sciences, c'est du sein des richesses que sont nés de tout temps la mollesse et le luxe. « Je n'ai « pas dit non plus, a-t-il répondu, que le luxe « fût né des sciences, mais qu'ils étaient nés en- « semble, et que l'un n'allait guère sans l'autre. « Voici, ajoute-t-il, comment j'arrangerais cette « généalogie : des richesses sont nés le luxe et « l'oisiveté ; du luxe sont nés les beaux arts, et « de l'oisiveté les sciences. » Cela étant ainsi, tout le discours, où les maux et les vices que le luxe a produits sont attribués aux arts et aux sciences, n'est qu'un sophisme d'un bout à l'autre.

J'en ferais un moi-même, si en voyant bien clairement que le droit de propriété, l'espoir de l'acquérir, le désir d'en jouir soi-même et de l'exercer à son gré, a tiré l'homme de l'état d'inertie et de misère où il aurait langui ; qu'étant le prix de l'activité, du travail, et de l'industrie, ce droit est aussi juste qu'il est utile ; et que de là dépend l'ordre, la consistance et la stabilité de l'état social; si, dis-je, bien persuadé de l'équité de ce droit naturel, je m'efforçais d'en déguiser les avantages, d'en calomnier la justice, et de le donner pour la cause des maux dont il n'est point la cause : soit afin d'irriter l'envieuse cupidité de la classe indigente, soit pour me consoler et me venger moi-même d'un partage inégal de biens, dans lequel je me croirais lésé. C'est là ce qui serait un vrai sophisme de Cartouche : et plus j'y mettrais d'éloquence, plus ma mauvaise foi me rendrait criminel.

Mais, si en voyant, dans la nature, des phénomènes dont la cause est inaccessible à mes sens, impénétrable à ma raison, j'en imagine légèrement quelqu'une dont la vraisemblance m'abuse, mon erreur est de bonne foi. Descartes, en croyant que les rayons de la lumière se coloraient dans l'arc-en-ciel, n'était pas plus sophiste que Newton, lorsqu'il a dit que ces rayons venaient colorés du soleil.

Port-Royal est encore ici à la poursuite d'Aristote, et il me semble le critiquer encore assez mal-à-propos.

« Un corps est parfait, dit Aristote, en ce qu'il « a ses trois dimensions. » Et il le dit en comparaison de la ligne et de la surface, dont l'une n'a qu'une seule des dimensions du solide, et dont l'autre n'en a que deux. Il n'y a rien là de sophistique. Ce qui est parfait, dans le sens d'Aristote, est ce à quoi il ne manque rien ; et dans ce sens il a pu dire que le monde est parfait, puisqu'il est un tout accompli.

« Le ciel, a dit le même, est inaltérable, parce
« qu'il se meut circulairement, et que dans le mou-
« vement circulaire il n'y a rien qui se contrarie. »
Je ne vois point là de sophisme; car le ciel étant la limite du monde, et tournant autour de lui-même, ce mouvement une fois donné devait être égal, perpétuel, et sans obstacle. Et, lorsque Port-Royal a objecté qu'un mouvement circulaire pouvait être contrarié par un autre mouvement circulaire, il a oublié qu'il s'agissait d'un mouvement de masse, dirigé sur un même plan, et qu'au-delà du ciel, comme l'entendait Aristote, il n'y avait plus que le vide, ou que le néant.

Au reste, de tous les effets qu'on observe dans la nature, il n'y a presque jamais que les causes prochaines qui soient connues, les causes de ces causes n'étant que des notions confuses désignées par les noms vagues de qualités, de forces, de propriétés, de vertus. Nous savons que le ressort de la montre est la cause de son mouvement. Mais la cause du ressort quelle est-elle? L'élasticité de l'acier? Et qu'est-ce que l'élasticité? La force qu'ont les corps de se rétablir dans leur premier état dès qu'une force plus grande cesse de les fléchir ou de les comprimer. Et cette force de réaction quelle est-elle? Plus de réponse en physique. Il en est de même de la pesanteur; de l'électricité, etc.; mais les causes qu'on imagine et qu'on donne pour véritables, ne sont pas toujours des sophismes; car l'ignorance présomptueuse ne laisse pas souvent d'être de bonne foi.

A quoi donc reconnaîtrez-vous un sophiste? A l'adresse, à l'astuce, avec laquelle il éludera une bonne raison; au tour leste, subtil et prompt, qu'il fera pour esquiver une objection solide; à l'éloquence charlataneresque qu'il emploie à vous dérober le vice d'un faux argument; aux sophismes qu'il accumule pour en soutenir un dont on lui démontre l'erreur. C'est ce que je vous ferai remarquer souvent dans les écrits d'un homme au prix duquel tous les sophistes dont nous parle Aristote n'étaient que de mauvais jongleurs.

4° *Dénombrement imparfait.*

Vous avez déjà vu quel est ce vice du raisonnement, lorsqu'en parlant des propositions disjonctives, je vous y ai fait observer du vide et des milieux franchis; et c'est par là que pécherait le raisonnement dont Gassendi s'est servi pour prouver qu'*il y a du vide dans la nature,* si dans les suppositions l'un des possibles était omis, comme Port-Royal le prétend. Mais il me semble encore ici que c'est Port-Royal qui se trompe.

« Si tout est plein, a dit Gassendi, un corps
« ne saurait se mouvoir, à moins d'en déplacer
« un autre égal à soi. Or, cela ne peut arriver que

« de deux manières : l'une, que ce déplacement
« des corps aille à l'infini, ce qui est ridicule et
« impossible; l'autre, qu'il se fasse circulairement,
« et que le corps chassé occupe la place de celui
« qui aura pris la sienne. Mais cela même est im-
« possible encore; car le premier corps ne peut
« se mouvoir que le second ne se remue. Or,
« pour que le second se remue, il faut qu'il oc-
« cupe la place du premier, laquelle n'est pas
« encore vide. Partant, ni l'un, ni l'autre ne peut
« se remuer. Donc tout doit rester immobile.

« Cette supposition est fausse et imparfaite,
« dit Port-Royal : parce qu'il y a un cas dans le-
« quel il est très-possible que le corps déplacé se
« remue et prenne immédiatement la place que
« l'autre lui cède. Par ce moyen, sans qu'il y ait
« du vide, il y aura du mouvement. »

Mais Port-Royal a-t-il cru possible, par exemple,
que, si un cube se meut de face dans un fluide
où tout soit plein, la masse du fluide qu'il chasse
à-la-fois devant lui occupe en même temps les
bords et le milieu de l'espace que laisse le cube
après lui? Et ce reflux, réduit à un instant indivisible, est-il une supposition qu'ait dû admettre
Gassendi?

Celui-là ferait un sophisme de l'espèce dont
nous parlons, qui, pour prouver que l'homme
ne saurait être heureux, oublierait de compter au
nombre des moyens de l'être, la modération dans
les désirs, la paix de l'ame, la sagesse, et qui ne

parlerait que des plaisirs des sens et que des biens d'opinion.

5° *Juger d'une chose par ce qui ne lui convient que par accident.*

« Un fait isolé, rare, et sans conséquence, « donné comme constant; un abus passager et « particulier, pris pour l'état des choses habituel « et général, voilà le grand moyen des révolu- « tions, » a dit un sage observateur des fourberies politiques. En effet rien de plus facile, et de plus anciennement pratiqué par les chefs des séditions populaires.

« Nous cherchons une bonne place ; nous nous « tournons d'un côté sur l'autre, » a dit madame de Sévigné. Cela est vrai sur-tout du peuple, comme des malades; et c'est ce qui le rend si facile à tromper par de flatteuses espérances, si désireux de nouveautés, et si enclin au changement. Donnez à un sophiste déclamateur un état de choses à renverser, fût-ce le meilleur des possibles, il y supposera comme perpétuels, nécessaires et incurables les vices et les maux accidentels qui s'y rencontrent ; et, au changement qu'il propose, il supposera tous les biens désirables, comme assurés; sans que, d'un côté ni de l'autre, il soit fait mention d'aucun mélange, ni d'aucune compensation. Telle fut l'éloquence populaire dans tous les temps; et, ce qu'il est dur d'avouer, c'est que, si la droite raison, si la vérité impartiale met quelque restriction, quelque juste mesure dans l'estimation des objets comparés, il n'y a plus de cette éloquence qui entraîne les esprits d'une multitude inquiète. Il leur faut des couleurs tranchantes, des mouvements immodérés, de violentes émotions; et, contre cette espèce de sophisme, le raisonnement juste, sage et sincère, paraîtra toujours faible et froid.

6° *Passer du sens divisé au sens composé, et réciproquement.*

Ceci est plus subtil, plus propre à la dispute scolastique qu'à l'éloquence de la tribune; et la manière de réfuter ces sortes de sophismes, c'est d'y répondre en divisant ce que réunit l'adversaire, et en réunissant ce qu'il a divisé. Vous en avez vu des exemples.

7° *Passer de ce qui est vrai à quelques égards, à ce qu'on dit vrai simplement.*

Ce sophisme est fréquent lorsqu'on raisonne par induction, et que des faits et des exemples on tire des conséquences générales. C'est ainsi que l'impie attribue à la religion les crimes commis dans son sein, et à l'esprit du sacerdoce les vices qui l'ont profané. Ce sophisme n'est pas moins employé dans la louange que dans le blâme. Ce qui n'est juste ou injuste, bon ou mauvais que dans certains cas, quelquefois sous certains rapports, on le donne pour tel absolument et simplement.

Port-Royal donne encore de cette espèce de faux raisonnement un exemple que je ne crois pas juste. Cet exemple est tiré du 3ᵉ livre de Cicéron, *de la nature des dieux*. C'est un passage que Montaigne a traduit, et dans lequel l'un des interlocuteurs que Cicéron a mis en scène, après avoir confondu l'épicurien, qui donne aux dieux la figure du corps humain, bat de même le stoïcien, qui leur donne pour attributs des qualités purement humaines. Quant à son opinion sur l'existence des dieux, il n'y laisse aucun doute. *Nec me*, dit-il au stoïcien, *ex eâ opinione quam à majoribus accepi, de cultu deorum immortalium, ullius unquam oratio aut docti aut indocti dimovebit.... sed tu autoritates contemnis, ratione pugnas, remque, meâ sententiâ, minimè dubiam, argumento dubiam facis.... hæc Carneades aiebat*, ajoute-t-il, *non ut deos tolleret. Quid enim philosopho minus conveniens ; sed ut stoïcos nihil de diis explicare convinceret.* Et lui-même il résume ainsi son opinion. *Hæc ferè habui dicere de naturâ deorum, non ut eam tollerem, sed ut intelligeretis quam esset obscura et quam difficiles explicatus haberet.*

Vous voyez combien cette conclusion est éloignée de celle que Port-Royal suppose dans l'objection de Cotta, lorsqu'il le fait raisonner ainsi. « Il ne peut y avoir en Dieu de vertus semblables « à celles qui sont dans les hommes ; donc il n'y « a point de vertu en Dieu. Dieu n'a point d'in- « telligence, parce que rien ne lui est caché ; il « ne voit rien, parce qu'il voit tout. » Cette manière de raisonner, que Port-Royal a dû trouver *impertinente*, n'était ni celle de Cicéron, ni celle du souverain pontife Cotta, qu'il a fait parler. Ils pensaient l'un et l'autre que la raison humaine est impuissante à parler dignement d'un Dieu ; que c'est particulièrement sur cet article *que se fait*, comme dit Montaigne, *la plus subtile folie de la plus subtile sagesse*; que c'est savoir de Dieu le mieux possible que de n'en rien savoir, comme l'avoue saint Augustin : *Melius scitur deus nesciendo*; qu'enfin nous sommes faits pour y croire, pour l'adorer, l'aimer, le craindre, lui obéir, et pour n'en raisonner jamais.

8° *Abuser de l'ambiguité des mots.*

Port-Royal comprend avec raison dans cette espèce de sophisme les arguments où, par astuce, le moyen terme est pris deux fois particulièrement, et ceux où les extrêmes ont dans la conclusion un autre sens que dans les prémisses. Car le piége d'un raisonnement captieux peut également se cacher dans les prémisses ou dans la conclusion; et c'est pour l'y apercevoir distinctement, et comme d'un coup-d'œil, que sont faites les règles du syllogisme.

9° *Tirer une conclusion générale d'une induction défectueuse.*

« Quand vous connaîtriez, dit Aristote, tous
« les triangles existants, et que vous sauriez, à
« n'en pouvoir douter, que les trois angles de
« chacun d'eux sont égaux à deux angles droits,

« vous ne sauriez pas encore que c'est là une des « propriétés essentielles du triangle. » *Si quis singulatim ostendit unum quodque triangulum habere duos rectos, nondùm novit triangulum esse equale duobus rectis, nisi sophistico modo.* (Analyt.)

De ce que de tous les envieux que j'ai connus, il n'y en a aucun en qui le sentiment d'envie ne soit mêlé de haine, je puis bien conclure moralement et avec vraisemblance, mais non pas nécessairement, que cela soit toujours ainsi.

Il n'y a de susceptibles de démonstration que des vérités éternelles : *demonstratio rerum œternarum.* (Id.) Et, comme il n'y a dans la nature que des faits individuels, il s'ensuit que ce n'est jamais que dans la notion des essences que résident les vérités susceptibles de démonstration. L'induction même la plus complète n'est donc jamais démonstrative par elle-même, mais elle peut être incomplète sans être sophistique lorsqu'elle est faite de bonne foi, et donnée en preuve morale pour une simple vraisemblance. Car, je vous le répète, la marque du sophisme est de se donner pour ce qu'il n'est pas : *Sophisma argumentum fucatum.* (Id.)

Les sophistes avaient encore d'autres moyens d'en imposer. Et Aristote nous les indique : La promptitude, *celeritas.* La colère, *ira.* La chaleur de la dispute, *altercatio.* Le changement d'ordre dans l'interrogation, *perturbatio.* Et tout ce qui sert à empêcher qu'on n'aperçoive la *tromperie*, et *omnia quæ ad occultationem. Nam occultatio est latendi gratiá; latere autem fallendi causá.* La précipitation est un moyen d'ôter la réflexion au jugement. La colère l'offusque et le trouble encore plus; car il s'agit de la colère dans celui qu'on veut étourdir; et le moyen de l'exciter c'est de montrer de l'arrogance, de l'impudence dans la dispute : *Elementa verò ad iram, si quis voluntatem injustè et omninò impudenter agendi, præ se ferat.* Enfin par le désordre des interrogations, le sophiste jette le trouble dans l'esprit de son adversaire : *Fit enim ut adversarius à multis, aut à contrariis simul cavere sibi debeat.*

Encore n'est-ce point là tout le manége des sophistes; et, dans l'art oratoire, ils ont des tours d'adresse qu'Aristote n'a pas comptés. Les comparaisons, les images, les figures de toute espèce; l'air de sentence et de maxime qu'on donne à la proposition qu'on veut faire passer; enfin tout l'artifice d'une éloquence tantôt insinuante, *et fausse avec douceur,* tantôt véhémente et jouant la franchise et le courage de la vérité; ce sont là, mes enfants, les formes dont se revêt, non pas le sophisme des écoles, mais le sophisme de la tribune, celui du paradoxe en philosophie, en morale; et c'est par l'habitude de tout réduire au simple, de tout décomposer, et de tout définir, qu'on démêle ces artifices. Les fourbes comme les voleurs cherchent l'obscurité et craignent la lumière.

Je vous ai parlé des sophismes de l'amour-propre, de ceux des passions et de l'intérêt personnel. Port-Royal en a fait un chapitre excellent et que vous lirez avec fruit. On y a classé les erreurs qui nous sont personnelles; et, avec beaucoup de discernement, on en a indiqué les sources. Erreurs d'état, de profession, de nation : préjugés d'éducation, d'habitude, ou de vanité, qu'il faut toujours ramener et soumettre aux principes de la raison.

Erreur d'inclination ou d'aversion, et de faveur ou de disgrâce. Port-Royal les appelle *les sophismes du cœur.*

Erreur de présomption, lorsqu'on se persuade que tout ce qu'on pense est la vérité même et que personne n'en doit douter. C'est le sophisme de l'orgueil.

Erreur dans l'imputation réciproque des mêmes torts et de la même obstination. C'est une suite naturelle de la persuasion où l'on est d'avoir raison chacun de son côté.

Erreur d'envie et de malignité. « L'esprit des
« hommes n'est pas seulement amoureux de lui-
« même; il est aussi naturellement envieux, ja-
« loux, et malin à l'égard des autres. Il ne souffre
« qu'à peine qu'ils aient quelque avantage, parce
« qu'il les désire tous pour soi. Et comme c'en
« est un que de connaître la vérité et de porter
« aux hommes quelque nouvelle lumière, on a
« quelque passion secrète de leur ravir cette
« gloire. »

De là vient la sagacité et la vivacité de l'esprit de critique ; mais aussi sa mauvaise foi, son aigreur, et ses fausses subtilités.

C'est cette jalousie si naturelle aux hommes, qui fait qu'on doit avoir modestement raison, si l'on veut ménager à la vérité des accès faciles, et ne pas inspirer pour elle de l'aversion et du dépit.

Erreur dans l'esprit de dispute lorsqu'il est porté à l'excès ; car alors on n'est occupé qu'à soutenir son opinion. Vous trouverez dans le monde des gens qui n'attendent qu'un *oui* pour dire *non*, et qui jamais ne lâchent prise : ou qui, lorsque la vérité les presse, changent l'état de la question, confondent les idées et divaguent sans cesse, brouillant la voie comme le cerf qui ruse pour mettre les chiens en défaut. C'est le sophisme de la vanité.

Erreur de complaisance et d'adulation, lorsque, soit par indifférence et mépris pour la vérité, soit par un servile désir de plaire, on plie sa raison à une aveugle condescendance. Alors on se dissimule à soi-même la bassesse d'un acquiescement perpétuel, et, à ses propres yeux, on donne à l'opinion que l'on flatte les couleurs de la vérité.

Erreur d'obstination et d'entêtement, par répugnance de se dédire. Bien heureux et bien rare est l'homme à qui la vérité est également chère, soit qu'elle vienne de lui-même ou d'un autre ! lui seul est digne d'en jouir.

Erreur dans le manque de discernement dans les objets : comme du vrai parmi le faux, du faux parmi le vrai, de la vertu parmi les vices, des vices parmi les vertus. La justesse du bon esprit consiste à discerner les contraires dans ce mélange. Il est naturel cependant que le fort emporte le faible; et, dans les hommes comme dans les écrits,

>..... *Ubi plura nitent.... Non ego paucis*
>*Offendar maculis.*

Un grand homme ne laisse pas d'être admirable, avec quelques faiblesses. Un scélérat, avec quelque talent, ne laisse pas d'être odieux. Un fourbe, avec quelque génie, n'en est pas moins infâme, n'en est que plus infâme.

Erreur d'illusion. Et celle-ci a plusieurs causes. Les prestiges de l'éloquence, la pompe ou l'élégance de l'élocution, l'air imposant ou séduisant de celui qui parle; sa figure, sa voix, son âge, sa dignité, sa renommée; l'autorité qu'il s'est acquise sur les esprits, par son savoir, par ses lumières. Mais bien souvent aussi ceux qui nous trompent sont eux-mêmes dans l'illusion. « Leur « langage les éblouit; la magnificence de cer- « tains mots les attire, sans qu'ils s'en aperçoivent, « à des pensées si peu solides qu'ils les rejette- « raient sans doute, s'ils y faisaient quelque at- « tention. »

Et à ce propos, Aristote fait une observation

frappante. La parole, dit-il, séduit non-seulement ceux à qui on parle, mais encore celui qui se parle à lui-même. *Magis decipimur considerantes cum aliis, quam apud nosmet ipsos. Quia cum aliis per sermonem, apud nos per rem ipsam. Deindè et per nos deceptos ut fallamur accidit, cum in considerandis sermo adhibetur.*

Erreur dans les signes, lorsqu'on prend pour signe ce qui ne l'est pas, ou pour signe certain ce qui n'est qu'un signe équivoque : comme la brusquerie pour signe de la sincérité; la dureté de caractère pour signe de la droiture; la prudence pour signe de la timidité.

Erreur dans l'induction. Comme, lorsque de quelque nombre d'observations que l'on a recueillies, on bâtit des systèmes, et que, de certains faits connus en physique ou en morale, on conclut que c'est ainsi que la nature agit toujours, ou que les hommes se conduisent : nos sens nous trompent quelquefois; donc nos sens nous trompent toujours : quelques hommes n'ont pour vertus que des vices déguisés; donc toutes les vertus sont des vices dans l'homme.

Autre erreur dans les conséquences : lorsqu'on juge de l'entreprise, de la conduite, ou du conseil par l'événement qui les suit. Il n'a pas réussi; donc il a tort. Il est heureux; donc il est sage. C'est ainsi, nous dit Port-Royal, que l'on raisonne dans le monde. Et les exemples n'en sont que trop fréquents.

Je n'ai pris que les sommités de ce chapitre des erreurs personnelles. Mais ces indications suffisent pour vous donner à penser : c'est la tâche que je m'impose; et, c'est ce que je vais faire encore en vous indiquant, d'après Aristote et Cicéron, mes deux oracles, les sources de la preuve dans le raisonnement, en logique et en éloquence.

LEÇON ONZIÈME.

Des moyens de la preuve dans le raisonnement. Sources communes au dialecticien et à l'orateur.

Dans l'action de l'ame, comme dans celle des corps, il y a des mouvements réglés par la nature : les uns, purement spontanés et indépendants de la réflexion ; les autres, volontaires, quelquefois réfléchis, mais tels que, dans l'homme bien organisé, ils s'exécutent facilement et régulièrement d'eux-mêmes. Mais il y en a dont la justesse, la facilité, l'adresse, la force elle-même s'augmente singulièrement par les moyens que l'art présente à la nature.

Dans l'artiste, dans l'ouvrier, le travail de la main n'est pas seulement éclairé par les règles et par les principes de l'art; il est facilité par une connaissance exacte, par une collection complète des divers instruments dont il doit se servir : son atelier en est pourvu. Or, mes enfants, la dialectique est l'atelier du philosophe et de l'orateur.

La partie de la logique à laquelle Aristote a donné le nom de *Topiques*, est la description des instruments que l'atelier contient, et l'instruction nécessaire à celui qui en doit faire usage. Les instruments de l'art de raisonner et de persuader sont ce que les anciens appelaient *loci* ou *loca*. Il y en avait de propres à l'éloquence (les moyens d'émouvoir). Il ne s'agit ici que des moyens de convaincre; et ceux-ci sont communs à l'éloquence et à la logique.

Ainsi ce mot latin, *loci*, signifie sources communes. En le traduisant par *lieux communs*, on en a avili l'idée. Mais l'objet, en lui-même, n'en a pas moins son prix. Les *lieux*, ou les moyens de l'art, sont *communs* en ce qu'ils s'emploient ainsi que les couleurs du peintre, à tout un genre de travail. Mais l'habileté les rend propres à l'effet que l'on veut produire. La palette de Raphaël ou du Titien était la même que celle du plus mauvais peintre. Les *lieux* oratoires étaient les mêmes pour Cicéron que pour le plus mauvais raisonneur de son temps. Mais le Titien et Raphaël négligeaient-ils de bien connaître le nombre et l'effet des couleurs que l'on broyait pour eux, comme pour une foule de mauvais coloristes?

Tous les moyens de l'éloquence et de la dialectique sont dans la nature, il est vrai; et il est possible au génie de les y découvrir et de les en tirer, sans en avoir fait une étude méthodique et particulière. La cause, dit-on, les demande, le sujet les indique, l'occasion les suggère, et le talent consiste dans l'invention de ces moyens, comme le bon sens et le goût consiste à les bien mettre en œuvre. En deux mots, la nature, qui ne fait ni des peintres ni des horlogers, fait de bons raisonneurs et des hommes très-éloquents. Ainsi s'expliquent ceux qui dédaignent la théorie des *lieux communs*. Ils *ajoutent que l'attention qu'on y donne ne sert qu'à ralentir la chaleur de l'esprit, et à l'empêcher de trouver les raisons vives et naturelles.*

Port-Royal, que je cite, n'a pas assez distingué, ce me semble, l'attention que l'on donne, de l'attention que l'on a donnée; et le moment de l'étude des règles, du moment où sans y penser on les observe en travaillant. C'est pour y avoir pensé que l'on n'y pense plus, et qu'on ne laisse pas de les mettre en pratique.

Sans doute, les règles ne donnent pas le génie, et le génie peut se passer des règles, ou, pour mieux dire, il peut lui-même les inventer. Sans doute aussi que l'homme qui, pour être éloquent, aura besoin à tout moment de s'occuper des règles, ne le sera jamais; et saint Augustin a eu raison de dire, des hommes naturellement éloquents, et des préceptes de la rhétorique: *Implent illa quia sunt eloquentes. Non adhibent ut sint eloquentes.* Mais ce n'est pas ce dont il s'agit.

Quel est l'homme, quelque talent que la nature lui ait accordé, qui, par la force de sa conception, soit sûr d'avoir présents à tous propos tous les moyens de preuve et de conviction dont une cause est susceptible? Peut-être, si dans le silence et le recueillement, il la médite et la pénètre, puisera-t-il dans cette source, selon la méthode d'Antoine l'orateur, une riche abondance de sentiments et de pensées. Mais ce temps, ce loisir, cette méditation solitaire, est-on sûr de l'avoir, l'a-t-on dans la chaleur d'une controverse animée, dans les débats imprévus et soudains de la tribune ou des conseils? *Medium in agmen, in pulverem, in clamorem, in castra, atque aciem forensem?* (Cic. de Orat.)

Or, il s'agit ici, non pas de prescrire au dialecticien et à l'homme éloquent les moyens qu'il doit employer dans telle ou telle occasion; non pas de lui apprendre à les employer à propos; mais de les ranger sous ses yeux, comme le peintre, avant de se mettre à l'ouvrage, veut avoir ses couleurs disposées sur sa palette, afin que d'elles-mêmes elles s'offrent à ces pinceaux. Et certainement cette disposition préliminaire a son utilité, ou aucune espèce d'étude élémentaire n'est utile.

Qu'est-ce en effet que le fruit de l'étude? Une moisson d'idées qui, recueillies dans l'entendement, conservées dans la mémoire, se reproduisent au besoin, et en engendrent de nouvelles. Sans cette première culture, l'esprit même le plus naturellement disposé à devenir riche et fertile, le sera-t-il de son propre fonds? Il fécondera bien les germes; mais il faut qu'il les ait reçus; et, c'est sur-tout dans une ample récolte d'idées générales que consistera sa richesse. Pourquoi donc le plus pur, le plus substantiel aliment de la pensée, serait-il dédaigné comme inutile aux arts de la pensée? Si l'on veut que quelque homme privilégié ait naturellement présentes les idées que la logique distribue et dispose dans leur ordre et sous leurs rapports, je le veux bien aussi, et je l'en félicite. Mais, puisque les meilleurs esprits de l'antiquité ont fait cas de cette méthode; puisque Cicéron reprochait aux stoïciens de l'avoir négligée; et puisqu'il l'estimait assez lui-même pour en avoir fait son étude; Port-Royal aura beau me dire que *de traiter des lieux est une chose à-peu-près indifférente*, ce que Cicéron ne croyait pas indifférent pour lui, je ne le croirai pas inutile pour mes enfants.

Ce serait un travail bien puéril assurément que d'aller, sur chaque matière, tâter, l'un après l'autre, tous *les moyens communs*, pour savoir lequel y serait convenable. *Scrutanda singula, et velut statim pulsanda, ut sciant an ad id probandum quod intendimus fortè respondeant.* (Quintil.) Mais il y a loin de ce tâtonnement scolastique et pédantesque à l'assurance de l'homme habile, qui s'est donné comme un instrument dont toutes les touches sont sous sa main, et qui par habitude s'est rendu naturel le choix soudain, rapide et sûr des cordes qui doivent former les accords qu'il veut faire entendre. Or les *Topiques* ne sont autre chose que cet instrument de la raison et de l'éloquence, organisé sur tous les tons. Je me bornerai cependant à vous en donner une idée. Ce ne sera que dans vos lectures, que l'exemple des écrivains les plus judicieux et les plus éloquents vous apprendra quel usage on peut faire des moyens de la preuve, par l'usage qu'ils en ont fait.

Les moyens de la preuve, soit logique, soit oratoire, se divisent en deux espèces : les uns pris dans le sujet même, les autres tirés du dehors. *Ex his locis in quibus argumenta inclusa sunt, alii in eo ipso de quo agitur hærent; alii assumuntur extrinsecùs.* (Cic. Top.)

Les *moyens du dedans sont* :

1º La *définition*. La justice consiste à attribuer à chacun ce qui lui est dû : or, la faveur du ciel n'est pas due à l'impie; donc, si le ciel est juste, la prospérité de l'impie n'est point une faveur du ciel.

2º La *division*. Si, par exemple, dans la balance des biens et des maux de la vie, on met les plaisirs et les peines de l'esprit, de l'ame et des sens.

3º La *force des termes univoques.* Où il n'y a point de cité, il n'y a point de citoyens. Où une volonté absolue et changeante est l'arbitre de la liberté, l'homme n'est jamais libre.

4º La *liaison dans le sens des mots, le rapport*

de l'un avec l'autre. Si tromper son ami est une perfidie, le flatter c'est être perfide.

5° Le *rapport du genre avec les espèces.* Si la vertu est l'empire qu'une ame exerce sur elle-même pour régler tous ses mouvements, la tempérance est une vertu.

6° Le *rapport des espèces entre elles.* La bienfaisance est inséparable de la justice. Donc être libéral du bien d'autrui, ce n'est pas être bienfaisant.

7° La *Similitude.* Si vous avez plus de mémoire, ou d'intelligence qu'un autre, n'en soyez pas plus glorieux que vous ne devriez l'être d'avoir de meilleurs yeux que lui.

8° La *différence.* Bien souvent on s'amuse d'un caractère qu'on méprise : car autre chose est d'être estimable, autre chose est d'être plaisant.

9° Les *contraires.* La nature et les lois nous permettent d'user de nos facultés personnelles; mais nous défendent d'en abuser.

10° Les *adjoints.* Par tout ce qui se passe et hors de nous et en nous-mêmes, il nous est démontré qu'il y a un Dieu.

11° Les *antécédents.* Si votre ami vous a trompé une fois, c'est sa faute. S'il vous trompe une seconde fois, ce sera la vôtre.

12° Les *conséquents.* Si votre jeunesse a été dissolue, votre vieillesse sera honteuse. Si vous ne vous êtes pas fait des amis dans la prospérité, en aurez-vous dans l'infortune ? Si dans l'ivresse on commet un crime, c'est à l'intempérance qu'il faut l'attribuer.

13° L'*incompatibilité des idées*. La pensée est indivisible. Elle ne peut donc être le mode d'une substance divisible.

14° Les *causes*. Si la lumière est une émanation perpétuelle de la substance du soleil, il doit s'épuiser et s'éteindre.

15° Les *effets*. Si les corps tendent vers un centre, il y a une force qui les pousse, et une loi qui les dirige.

16° La *comparaison du plus au moins, du moins au plus, d'égal à égal.*

> Celui qui met un frein à la fureur des flots,
> Sait aussi des méchants arrêter les complots. (Rac.)

Si un insecte a le courage de défendre sa vie, quel homme ne doit pas l'avoir?

Si l'homme se doit au genre humain, à plus forte raison se doit-il à sa patrie, à sa famille, à ses amis.

Si la guerre doit épargner l'enfance, de même elle doit épargner la vieillesse, et un sexe faible et timide, et le paisible laboureur, et le citoyen désarmé.

Si consilio juvare cives et auxilio, æquâ laude ponendum est; pari gloriâ debent esse ii qui consulunt et ii qui defendunt. (Cic. de Off.)

Les moyens pris du dehors sont les autorités, les témoignages, les exemples, les usages, les lois, les circonstances, etc.; ceux-ci n'ont pas besoin de vous être expliqués. Mais ils sont susceptibles comme les précédents de quelques remarques utiles.

Cicéron, parmi les exemples et les autorités, admet des fictions. Elles sont, dit-il, plus permises à l'orateur et au philosophe qu'au sévère dialecticien. C'est là que l'éloquence peut faire parler les choses muettes et les morts. *In hoc genere oratoribus et philosophis concessum est ut muta etiam loquantur, et mortui ab inferis revocentur; aut aliquid quod fieri nullo modo possit, augendæ rei gratiá dicatur.* (Top.)

Sur les contraires, il observe que les choses opposées doivent être du même genre, comme la vîtesse et la lenteur, et non pas la faiblesse, laquelle est contraire à la force. *Si stultitiam fugimus, sapientiam sequamur; et bonitatem, si malitiam.* (Top.)

Il y a des contraires d'une autre espèce, comme le double et le simple, le grand et le petit. Mais ceux-là même doivent être du même genre.

> Je puis choisir, dit-on, ou beaucoup d'ans sans gloire,
> Ou peu de jours suivis d'une longue mémoire.
> (*Achille*, dans l'Iphigénie.)

Peu de plaisirs et beaucoup de peines ne sont pas des contraires : ils peuvent se trouver ensemble.

Aristote, sur cet article des contraires, donne

un conseil qui sent l'école et la dispute. « Si l'on
« vous allègue les lois, dit-il, appelez-en à la na-
« ture : et, si on fait parler la nature, rangez-
« vous du côté des lois. » De tous les préceptes
de la dialectique, c'est peut-être le plus communément suivi.

Ce qu'on appelle *adjoints*, ce sont des circonstances qui ont précédé, suivi, ou accompagné
le fait dont il s'agit, et qui servent, sinon de
preuves, au moins de probabilités. On en voit
mille exemples dans les questions conjecturales.
C'est par-là qu'en plaidant pour Milon, Cicéron
prouve qu'en tuant Clodius, Milon n'a fait qu'u-
ser du droit de la défense personnelle.

Mais ce qui est plus propre aux dialecticiens,
ce sont les *antécédents* et les *conséquents nécessaires*, les *privatifs*, les *incompatibles*, entre lesquels il n'y a point de milieu, en sorte qu'on
peut dire : *aut hoc, aut illud : hoc autem; non
igitur illud.* Ou bien : *aut hoc, aut illud : non
autem hoc; illud igitur. Non et hoc et illud : hoc
autem; non igitur illud.*

Cicéron distingue les causes qui sont *efficientes*
par elles-mêmes de celles qui ne le sont pas. La
sagesse par elle-même fait bien des sages. Mais
seule et par elle-même fait-elle des heureux?
*Sapientia efficit sapientes, sola per se. Beatos ef-
ficiat; nec ne, sola per se, quæstio est.* « Plût
« au ciel, disait Médée, que les sapins du mont
« Pélion ne fussent jamais tombés sous la hache! »

LOGIQUE.

Utinam ne in nemore Pelio securibus
Cæsa cecidissent abiegna ad terram trabes!

Mais quand les sapins de la forêt du Pélion ne fussent pas tombés, le vaisseau de Jason n'eût pas laissé d'être construit.

Les causes *morales* sont en grand nombre : volontaires, involontaires; les unes à dessein et les autres par accident. C'est l'égarement de l'esprit, c'est la force du naturel, c'est le préjugé, l'habitude, la séduction de l'exemple ou des mauvais conseils, l'opinion, le fanatisme, une passion violente, un premier mouvement; et de ces différences résulte la qualité de l'action. Il y en a qui sont en partie volontaires, et en partie involontaires. *Jacere telum voluntatis est; ferire quem nolueris fortunæ.*

Vous sentez que la question des causes doit être une source intarissable d'éloquence.

C'en est une non moins abondante pour les poëtes, les orateurs, les philosophes mêmes, que de prédire les effets par la nature des causes : *Hic locus suppeditare solet oratoribus et poëtis, sæpè etiam philosophis, sed iis qui ornatè et copiosè loqui volunt, mirabilem copiam dicendi, cùm denunciant quid ex quâque re sit futurum.*

Dans la comparaison, c'est ou le nombre, ou l'espèce et la qualité que l'on considère, comme pour savoir, par exemple, si un plus grand nombre de biens est préférable à un plus petit nombre, mais plus solides et plus purs; si ceux qui peuvent nous suffire, qui nous sont naturels, qui dépendent de nous, ne valent pas mieux que ceux qui nous sont étrangers, qui dépendent de la faveur des hommes ou des caprices de la fortune, et qui ont besoin, pour nous suffire, qu'il s'y joigne encore d'autres biens; si ce qui est honnête n'est pas préférable à ce qui n'est qu'utile; ce qui est nécessaire à ce qui ne l'est pas; ce qui coûte peu de peine à acquérir, peu d'inquiétude à conserver, à ce qui ne s'obtient que difficilement et ne se garde qu'avec peine; ce qui est vraiment désirable pour nous, à ce dont nous pouvons aisément nous passer. Ainsi de mille autres questions ou morales ou politiques.

Quant aux arguments que l'on tire des témoignages et de la qualité des témoins, Cicéron convient que leur force ne dépend pas toujours de la réalité, mais souvent de l'opinion; car cette autorité, qui appartient essentiellement à la vertu, dit-il, l'opinion l'attribue à la dignité, aux richesses, à un caractère que l'on suppose éprouvé par l'âge : *Non rectè fortassè. Sed vulgi opinio mutari vix potest; ad eamque omnia dirigunt et qui judicant et qui existimant.*

Je dirai cependant qu'un homme long-temps irréprochable, sans ostentation de vertu, me semble avoir le droit d'obtenir, pour son témoignage, l'estime et la confiance due à une longue intégrité.

Enfin les exemples, les faits, les inductions tirées du passé peuvent donner au raisonnement plus ou moins de force à l'égard du présent et de l'avenir. Mais ce ne sont que des rapports d'analogie et de ressemblance, et que des calculs de possibilité, de probabilité, qui ont toujours de la latitude, rarement de la précision; et c'est encore dans le genre oratoire que ces moyens sont le mieux placés.

Il n'y a, résume Cicéron, aucun de ces moyens qui ne convienne à quelque espèce de questions ou de causes, il n'y en a aucun qui leur convienne à toutes. Mais tel moyen est applicable à une cause, tel à une autre; et, sous ce rapport, il distingue trois sortes de questions : *An sit, quid sit, quale sit.* L'homme a-t-il une ame? Qu'est-ce que l'ame? L'ame est-elle immortelle?

Selon le but de l'éloquence et l'objet qu'elle se propose, les *lieux* où les *moyens* sont encore différents pour l'attaque et pour la défense : *Judicii finis est jus; deliberandi finis utilitas; laudationis finis honestas.* Ainsi le *juste*, l'*utile* et l'*honnête* sont les sources communes où l'éloquence doit puiser.

De tous les moyens de la preuve, celui que je vous recommande le plus expressément, c'est la définition.

Vous venez de voir que la validité de la conclusion tient au rapport intime et nécessaire des prémisses l'une avec l'autre, et à leur liaison avec elle; mais cette forme régulière, cette exacte construction du raisonnement n'en fait pas la solidité.

L'architecte aura beau exceller dans l'appareil de la pierre et du bois, et dans l'art de les mettre en œuvre, si ces matériaux n'ont pas leur solidité propre, la charpente la mieux construite, la voûte dont la coupe sera la plus savante et la plus régulière, menacera ruine. Qu'une pierre se brise, qu'une poutre fléchisse, l'édifice va s'ébranler. Il en est de même dans la construction du raisonnement; les termes en sont les matériaux; chacun d'eux doit avoir sa force, sa consistance inaltérable. Or, l'épreuve à laquelle on doit les mettre avant de s'en servir, c'est la définition.

Cependant (qu'il me soit permis de suivre la comparaison) comme la force de la voûte n'a besoin que d'être proportionnée au fardeau qu'elle va porter, la force du raisonnement ne doit, pour ainsi dire, se mesurer qu'au poids de la conclusion qu'il soutient : *Quod probandum incumbit.* Je vous l'ai déja fait entendre. Or, ce qu'on veut conclure des prémisses n'est souvent que la vraisemblance, la probabilité, la possibilité; et de là les degrés de certitude qui balancent l'opinion ou déterminent la croyance.

La certitude a des degrés selon les forces de la preuve. Quand la preuve est irrésistible, c'est la pleine conviction, le caractère de l'évidence.

Lorsque le vérité n'a pas besoin de preuve, et que, par sa propre lumière, elle frappe tous les esprits, c'est l'évidence des principes. Lorsque, dans nos perceptions, elle a cette clarté, c'est l'évidence des objets sensibles. Lorsqu'elle est dans la conscience de ce qui se passe en nous-mêmes, c'est l'évidence du sens intime, l'évidence du sentiment.

Si l'évidence est directe, immédiate, indépendante de la réflexion, elle est, pour l'ame, ce que le soleil est pour les yeux; et, pour ne pas la voir, il faut en détourner la vue. C'est ainsi qu'il m'est évident que ce qui pense existe, que j'existe moi-même.

La vraisemblance est conjecturale, et ce qu'elle a de certitude n'est, à l'égard du vrai, qu'une approximation.

La probabilité est le poids que donnent à l'opinion les motifs de croyance que la question présente ou que l'on croit y apercevoir.

La science est la connaissance du vrai, acquise par les procédés d'une raison progressivement éclairée. Ce qui est d'une évidence immédiate et comme intuitive, n'est point l'objet de la science. Le savant en astronomie n'est point celui qui est visiblement assuré de l'existence des corps célestes, mais celui qui, par ses études, ses observations, ses calculs, est parvenu à connaître leurs mouvements réels, leurs grandeurs, leurs distances, leurs révolutions.

Ainsi la science réunit l'incertitude dans ses recherches, la sûreté dans ses moyens, la méthode dans ses progrès, l'évidence dans ses résultats, ou, du moins, une grande apparence de vérité dans les inductions qu'elle en tire.

L'opinion est une croyance plus ou moins fondée en probabilités, mais dénuée d'évidence, et toujours à côté du doute.

Le doute est l'irrésolution d'un esprit en suspens entre des opinions contraires, soit que, d'un côté ni de l'autre, aucune raison ne l'incline, soit que les probabilités se trouvent égales des deux côtés. Ce sera pour nous le sujet d'une étude particulière.

Quant-à-présent, vous avez sous les yeux tous les degrés d'assertion où peuvent s'élever les forces de la preuve, c'est-à-dire les caractères de vérité, de vraisemblance, de probabilité que les prémisses donnent à la conclusion. Appliquez donc ici encore cette règle que la conclusion ne peut jamais dire plus que n'ont dit les prémisses. Elle en tire toute sa force; c'est de là que lui vient tout ce qu'elle a de certitude; évidente, si le principe d'où elle découle est évident; seulement vraisemblable, s'il n'y a dans le principe qu'apparence de vérité; et toujours pareille au jet d'eau, qui jamais ne s'élève au-dessus de sa source.

LEÇON DOUZIÈME.

Disposition où doit être l'esprit dans la recherche de la vérité. Méthode à suivre dans cette recherche.

Descartes a fondé sa méthode sur le doute philosophique, c'est-à-dire sur le principe de *ne rien admettre comme vrai que ce qui nous est démontré*; et, dans les sciences exactes, rien de plus important que cette règle, dont Descartes lui-même aurait dû ne pas s'écarter. Mais, dans les choses de la vie, dans les connaissances usuelles, nous sommes obligés d'être moins rigoureux. Examiner avant de croire, ne pas se fier trop aisément à l'apparence, à l'opinion commune, au préjugé vulgaire, c'est tout ce que peut l'homme sage. « Qui a démontré qu'il sera demain jour et « que nous mourrons, dit Pascal? et qu'y a-t-il « de plus évidemment reçu? C'est donc la cou- « tume qui nous persuade. »

Oui, si, par la coutume, on entend la perpétuité, l'universalité d'une expérience unanime que tout confirme et que rien ne dément. Mais ce n'est point là cette coutume variable et diverse selon les lieux, selon les temps, dont l'origine et la raison sont également inconnues, et de laquelle on peut dire ce qu'on a dit du caprice, qu'il vient on ne sait d'où, qu'il dure on ne sait combien, et qu'il change on ne sait pourquoi.

Douter de tout et ne douter de rien, ne rien admettre, ne rien croire que ce qu'on peut se figurer, ou croire tout ce qu'on s'imagine, sont deux travers de l'esprit humain qui en accusent également la faiblesse et la vanité. Affirmer tout ce qu'on suppose, et donner pour vrai tous les songes de l'imagination, tous les rêves de la pensée, a été de tout temps la maladie de l'esprit dogmatique, de l'esprit de système. Douter de tout, se refuser à toute espèce de croyance, fut le délire de ces esprits raffinés et subtils, qui, chez les anciens, tenaient école d'incrédulité absolue sous le nom de *sceptiques* et de *pyrrhoniens*.

Pascal a montré la droiture d'un jugement exquis, lorsqu'il a dit, en parlant de ces deux excès : « La nature confond les pyrrhoniens, et la raison « confond les dogmatistes. » Il ne croyait pas même à la sincerité de ceux qui professaient l'incrédulité absolue et universelle. « Je mets en fait, di- « sait-il, que jamais il n'y a eu de pyrrhonien ef- « fectif et parfait. » Cela me semble évident comme à lui.

Cependant elle a existé cette étrange école du doute, et dans laquelle on soutenait *affirmativement* qu'on ne pouvait rien *affirmer*. On y disputait à Socrate d'*avoir su* qu'il ne savait rien :

Hoc unum scio me nihil scire; et l'on y soutenait que, non-seulement personne ne savait s'il savait quelque chose, ou s'il ne savait rien, mais que l'on ne savait pas même s'il y avait quelque chose ou s'il n'y avait rien de réel. *Nego scire nos sciamus ne aliquid, aut nihil sciamus*, disait le sceptique; *ne id ipsum quidem nescire aut scire, scire nos; nec omninò sit ne aliquid an nihil sit.* Tel était le symbole du pyrrhonisme.

Entre la présomption du savoir et cette profession d'une ignorance absolue et universelle, il y avait un milieu à prendre. Mais qui l'avait pris ce milieu? C'est là ce qui était contesté entre les sectateurs de l'ancienne académie et ceux de la nouvelle.

L'ancienne académie, c'est-à-dire, l'école de Platon (y compris celle d'Aristote au lycée, et celle de Zénon au portique), sans croire indubitable tout ce qui semble vrai, reconnaissait des vérités certaines et susceptibles d'évidence.

La nouvelle académie, c'est-à-dire l'école de Carnéade, et d'Arcésilas avant lui, n'admettait rien de vrai que l'homme pût apercevoir distinctement et connaître à n'en pas douter. Ils croyaient avoir seulement des probabilités d'après lesquelles, disaient-ils, le sage pouvait se conduire, le faux ayant ses probabilités comme le vrai, et n'y ayant jamais aucun signe certain pour les distinguer l'un de l'autre.

On voit ces deux opinions vivement débattues

dans le livre de Cicéron, intitulé *Lucullus*. Cicéron avait adopté la doctrine de Carnéade, comme la plus commode pour sa manière libre, aisée et variable de penser et de discourir : *Nostra quidem causa*, dit-il, *facilis est, qui verum invenire sine ullá contentione volumus, idque summá curá studioque conquirimus.* (Acad. L. 2, C. 3).

Rien de plus raisonnable, à l'égard des systêmes dont aucun n'avait jusque-là un caractère de vérité. Mais étendre celui du doute jusques aux vérités les plus indubitables, prétendre que le vrai n'eût jamais aucun caractère qui, dans le faux, ne fût souvent le même, c'est ce que Cicéron avait, je crois, autant de peine à se persuader, qu'il a mis d'artifice et d'adresse à le soutenir.

Vous venez de voir qu'il débute par se contredire lui-même; car, si le vrai n'avait aucun signe qui pût le distinguer du faux, pourquoi lui et les siens cherchaient-ils avec tant d'ardeur ce qu'ils ne pouvaient reconnaître? *Tam vera quàm falsa cernimus; percipiendi signum non habemus... Quod autem verum visum est, id omne tale est, ut ejus modi falsum etiam possit videri.... Verum esse aliquid non negamus; percipi posse negamus.* Ils se condamnaient donc au tourment de Tantale, en recherchant ce vrai qu'ils ne pouvaient saisir.

Le sage, disaient-ils, a un corps, a une ame; il est ému et dans son ame et dans ses sens, et il l'est de manière que bien des choses lui semblent vraies. Cependant il n'en peut avoir cette marque distincte et propre qui décide la perception; et c'est pour cela qu'il s'abstient d'y donner son assentiment : *Habet corpus, habet animum; movetur mente, movetur sensibus; neque tamen habere insignem et propriam percipiendi notam: eoque sapientem non assentire; quia possit ejusmodi existere falsum aliquod cujusmodi verum.*

Mais dire que le sage avait un corps, avait une ame, avait des sens, c'était *affirmer* quelque chose; et en cela, du moins, Cicéron démentait le principe de son école, qu'on ne pouvait rien *affirmer*.

Il se tirait de ce détroit en se désavouant lui-même : « Je ne suis pas homme, disait-il, à ne
« jamais admettre rien de faux, à me refuser à
« tout ce que je vois, à n'avoir d'opinion sur
« rien ; mais c'est du sage qu'il est question, et
« je ne suis point sage ; je suis un grand opina-
« teur. Quand les choses ont vivement frappé mes
« sens, je les admets, j'y donne même quelque-
« fois mon assentiment, mais sans en avoir une
« perception distincte ; car je prétends qu'on ne
« l'a sur rien. » *Nec tamen ego is sum qui nihil unquam falsi approbem, qui nunquam assentiar, qui nihil opiner. Sed quærimus de sapiente. Ego verò ipse et magnus quidem sum opinator : non enim sum sapiens.... Visa enim ista cum acriter mentem sensumque pepulerunt, accipio, hisque interdum etiam assentior. Nec percipio tamen; nihil enim arbitror posse percipi.*

Mais si chacun, dans son académie, opinait comme lui, chacun, de même, était obligé de dire pour soi, *il s'agit du sage, et je ne suis point sage*; d'où il résultait que le sage n'était de l'avis de personne, non pas même du sien ; car il cherchait le vrai, en ayant pour principe qu'on ne l'apercevait jamais.

Que faisait donc Carnéade lui-même, lorsqu'à table, tout occupé de la recherche de la vérité, il oubliait de porter la main sur les mets qu'on lui avait servis? *Ità quidem se inquirendæ veritati addiderat, ut cùm recubuisset cibi capiendi causá, manum ad mensam porrigere oblivisceretur.* (Val. Max.).

Cicéron prétendait que son école ne disait rien que n'eût pensé l'ancienne académie, et il croyait avoir pour lui l'exemple de Socrate et de Platon lui-même : « Car le langage de Socrate était le « langage du doute, et Platon, en le faisant par-« ler, avait fait assez entendre qu'il pensait comme « lui. »

Il est possible que Socrate, sur la physique et la métaphysique, à l'étude desquelles il avait renoncé, crût tout de bon, en homme sage, avoir vu qu'il ne savait rien, et que, sur la nature et l'essence des choses, il fît sincèrement le même aveu que Démocrite. Mais, sur les choses de la vie, sur la morale, sur les moyens de bien vivre, de vivre heureux, sur la vertu qu'il professait, qu'il enseignait, a-t-il pu dire ou vouloir faire entendre qu'il ne savait ce qu'il disait? Cicéron reconnaît lui-même que Socrate affectait l'ignorance et le doute, pour se jouer de la suffisance et de la vanité de ceux qui croyaient tout savoir : *Socrates autem de se ipse detrahens in disputatione, plus tribuebat iis quos volebat refellere. Ità cùm aliud diceret atque sentiret, libenter uti solitus est eâ dissimulatione quam Græci* ironiam vocant.

Platon ne s'y était pas mépris; et, lorsque, dans ses dialogues, il répétait ce qu'avait dit son maître, il ne confondait pas le ton moqueur de ses questions et de ses ironies avec le ton sérieux et sincère de son apologie et de ses derniers entretiens.

Le nombre, la diversité, la contrariété des opinions parmi les anciens philosophes, semblaient mieux conclure en faveur du système du doute; et c'est en déployant toutes les forces de ce moyen, que Cicéron croit triompher; mais, en cela, vous allez bientôt voir qu'il a changé l'état de la question.

Quant au point véritable de la difficulté, quoique les objections qu'il se fait faire par Lucullus ne soient pas aussi pressantes qu'elles auraient pu l'être, il a souvent besoin d'artifice pour y répondre.

D'abord, sur les perceptions qui nous viennent des sens, si Lucullus demande : « N'y a-t-il jamais « rien de vrai à quoi rien de faux ne ressemble? » « Non, répond-il, jamais; » et, de l'aveu qu'on lui fait, que quelquefois les sens nous trompent, il conclut qu'il est donc possible que les sens nous trompent toujours, et qu'on ne sait jamais s'ils ne nous trompent pas. Or, dans les exemples qu'il cite des erreurs de nos sens, il prend soin de les isoler, et s'attache sur-tout aux erreurs de la vue. Il cite pour exemple la rame, qui, à demi-plongée dans l'eau, paraît coudée, le col changeant de la colombe, l'eau de la mer diversement colorée par la lumière, la petitesse apparente du disque du soleil, la ressemblance de deux jumeaux, etc.

Lucullus répond faiblement qu'on a soin d'écarter ce qui peut faire illusion ; mais quand, sur l'apparence, quand, sur la ressemblance, l'erreur serait souvent inévitable, quand le sage ne saurait pas pourquoi le vaisseau qui se meut lentement en pleine mer nous paraît immobile; pourquoi le même objet nous paraît plus petit ou plus grand selon la distance; pourquoi la rame à demi-plongée dans un autre milieu que l'air nous paraît coudée; pourquoi l'eau de la mer paraît teinte des couleurs de l'aurore ou du soleil couchant; pourquoi le col de la colombe nous paraît aussi peint de diverses couleurs; ce même sage doutera-t-il si le soleil existe? doutera-t-il de l'existence de cette mer que le soleil colore, et du vaisseau qu'il croit voir immobile? Et, parce que la ressemblance de deux jumeaux lui aura fait prendre l'un pour l'autre, hésitera-t-il à reconnaître son père, sa mère, sa femme, ses enfants, ses amis? S'il répond qu'il ne sait qu'en croire, et qu'il n'en peut rien affirmer, il renchérit sur le ridicule du philosophe pyrrhonien que Molière a si plaisamment joué sur son théâtre.

Pour ne voir dans les sens que des témoins suspects, aurais-je dit à Cicéron, vous les prenez séparément; mais quand leur témoignage se réunit, s'accorde pleinement, constamment sur le même objet, cette unanimité constante, invariable, est-elle un signe équivoque du vrai? Douterai-je de l'existence de cet instrument de musique, que je vois, que je touche, et qui me rend des sons, lorsque mes yeux, ma main et mon oreille s'accordent pour me l'attester? et, si trois sensations réunies ne forment pas un signe de vérité indubitable, dites-moi donc quel est le cas où trois sens soient ainsi d'accord pour me tromper.

Mais faut-il vous presser encore; hé bien! si tout un peuple, si tous les peuples du monde ont reçu la même impression du même objet, du soleil, par exemple, son existence et sa lumière ne seront-elles pour votre sage qu'une apparence susceptible de quelque probabilité?

Et ce n'est pas seulement hors de nous que sont les objets de nos perceptions : nous nous apercevons nous-mêmes; et non-seulement notre corps et nos sens, mais les facultés de notre ame, nos sentiments, notre pensée, ce qui se passe en nous, enfin tous ces objets du sens intime que les Cyrénéens voulaient bien excepter du nombre des choses douteuses, ne sont-ils pour vous que probables? Voulez-vous que le sage en doute et n'y donne jamais aucun assentiment?

Cicéron fléchit sur l'article de l'existence personnelle. Il permet au sage de croire qu'il a un corps, des sens, une ame; mais il persiste à n'accorder à la pensée et au sentiment aucun signe de vérité; et, pour exemple des erreurs dont l'ame est susceptible, il allègue les songes, l'ivresse et la folie. Alors, dit-il, on a des affections toutes semblables à celles que l'on a dans la veille, et dans son bon sens. Et si Lucullus lui répond qu'il y a bien de la différence, *illud plurimum interesse*, entre la veille et le sommeil, entre l'homme à jeun et l'homme ivre : *Non eamdem esse vim, neque integritatem dormientium ac vigilantium nec mente nec sensu. Ne vinolenti quidem quæ faciunt eâdem approbatione faciunt quâ sobrii : dubitant, hæsitant, revocant se interdùm; iisque videntur imbecillius assentiri; cumque edormiverunt, illa visa quàm levia fuerint intelligunt.*

Qu'importe, réplique Cicéron. « Sans doute il « n'est personne, qui, en s'éveillant, ne s'aper-« çoive qu'il a dormi. Mais ce n'est pas ce dont « il s'agit. » *Tum cùm videntur, quomodò videantur, id quæritur.*

Il s'agit de savoir, lui aurais-je répondu, si ce que l'on pense à son réveil diffère, ou non, de ce qu'on a pensé, ou cru voir dans ses songes;

car, si le faux n'a que confusément et passagèrement l'apparence du vrai; s'il n'en conserve pas la ressemblance; si la vision s'évanouit et se dissipe en un moment; si la réflexion la détruit; si un simple retour sur soi-même en détrompe; il y a donc des signes certains pour discerner le vrai du faux, et l'illusion de la réalité.

Si, au contraire, il n'y a de l'une à l'autre aucune différence, qu'est-ce donc que la vraisemblance et que la probabilité sur laquelle vous prétendez que le sage doit se conduire? Et que deviennent non-seulement les sciences mathématiques, mais ce qui est bien plus sérieux, que devient la morale? Que devient la vertu?

Il semble ici que Cicéron abandonne son parti, pour se ranger du parti de Lucullus, tant les raisons qu'il lui prête sont fortes, et tant lui-même il montre de faiblesse en les éludant. « Si vous « ôtez à la morale la fermeté de ses principes, ob- « jecte Lucullus, où sera la vertu? » *Ubi igitur virtus, cujus omnis constantia et firmitas ex his rebus constat quibus assensa est et quas approbavit?* « Pour vous quelle sera la règle du bien, de « l'honnête et du juste, s'il n'y en a aucune pour « discerner le vrai? » *Nam si habemus* (regulam), *interesse oportet, ut inter rectum et pravum, sic inter verum et falsum... si nihil interest, nulla regula est.* « Supposons votre sage mis aux grandes « épreuves de l'adversité; où prendra-t-il sa force « et son courage et sa constance? Sur des pro-

« babilités incertaines, et sur de simples appa-
« rences de bonté dans ses sentiments, l'homme
« de bien sera-t-il résolu à endurer mille tortures,
« et à se laisser déchirer par des douleurs into-
« lérables, plutôt que de trahir son devoir et sa
« foi? Pourquoi se serait-il imposé des lois si
« rigoureuses, si, dans ce qui l'y attache, il n'a-
« vait rien vu de certain? » *Quare etiam ille vir
bonus qui statuit omnem cruciatum perferre, in-
tolerabili dolore lacerari, potiùs quàm aut officium prodat, aut fidem, cur has sibi leges tam
graves imposuerit, cùm quam ob rem ità opor-
teret, nihil haberet comprehensi, percepti, cogniti,
constituti?*

A cela, Cicéron n'avait point de réponse. Aussi
fait-il ici ce qu'il a dit ailleurs de l'endroit faible
d'une cause, qu'il faut l'abandonner pour se re-
tirer dans un poste où l'on puisse mieux se défendre. C'est donc enfin à la philosophie systé-
matique qu'il oppose celle du doute; et c'est là
que son éloquence peut se donner carrière, comme
il l'avoue ingénuement : *Cùm sit enim campus in
quo possit exultare oratio, cur eam in tantas an-
gustias, et in stoicorum dumeta compellimus?*

Je conviens que les hautes contemplations de
la philosophie ont l'avantage d'exercer et d'occuper l'entendement, d'étendre la pensée et de l'é-
lever au-dessus de nos petits intérêts humains,
et de procurer à l'esprit un plaisir très-sensible,
lorsque, dans ses recherches, il se rencontre quel-

que chose de vraisemblable : *Est enim animorum ingeniorumque quoddam quasi pabulum consideratio, contemplatioque naturæ. Erigimur, elevatiores fieri videmur; humana despicimus; cogitantesque supera atque cœlestia, hæc nostra et exigua et minima contemnimus. Indagatio ipsa rerum tum maximarum, tum etiam occultissimarum habet oblectationem. Si verò aliquid occurret quod verisimile videatur, humanissimá completur animus voluptate.*

Mais il s'élève contre ces esprits à systêmes, qui, ne doutant de rien, trouvent mauvais qu'on doute de ce qu'ils prétendent savoir ; et, après avoir opposé tous les anciens philosophes les uns aux autres, à-présent lequel dois-je suivre, demande-t-il? Aucun, si vous voulez, lui aurais-je répondu. Mais il ne s'agit point de prendre parti sur des opinions systématiques et de pure spéculation. Il s'agit de savoir si, dans ce qui est sensible et évident pour tout le monde, sur l'existence du soleil et de la lumière, sur la réalité et sur la différence du plaisir et de la douleur, il est de la sagessse de ne rien affirmer.

Sans doute, et je l'ai dit, sur une infinité de questions étrangères à l'homme et qui ne sont pour lui que des objets de curiosité, le sage suspendra son jugement; et, sans prendre parti dans des combats interminables d'opinions problématiques, il laissera flotter la sienne entre des probabilités. Mais, dans ce qui le touche, dans ce qui l'intéresse essentiellement, la timide espérance de connaître la vérité soutiendra le courage qu'il aura de la rechercher. L'excès contraire à la présomption ne serait pas moins dangereux. Le milieu, entre ces deux extrêmes, sera le doute méthodique; et l'attention à ne pas s'écarter du droit sentier de la raison.

Vous connaissez déja par quel enchaînement d'idées l'esprit humain procède dans ses raisonnements, et par quels milieux il arrive de ce qui lui est connu à ce qui lui est inconnu. C'est là, mes enfants, l'abrégé de cette partie de la logique qu'on appelle méthode.

Le premier objet de l'esprit humain, lorsqu'il cherche la vérité, est de s'en instruire lui-même. Le second objet qui l'anime est pour lui le plaisir de communiquer, de transmettre ce qu'il croit avoir inventé. Il est peut-être dans l'instinct social de l'homme d'adoucir la peine d'apprendre, par l'ambition d'enseigner. Quoi qu'il en soit, on distingue, dans la méthode, la recherche et l'enseignement.

En s'instruisant soi-même, on passe de la connaissance des individus à celle des espèces, et de la notion des espèces à l'idée d'un genre plus simple encore et plus étendu. Cette progression du particulier au général, du composé au simple, est ce qu'on appelle la méthode ascendante, ou la méthode analytique. C'est la marche de l'ignorance, et par conséquent la marche naturelle et universelle de l'esprit humain. Il n'y a dans la nature que des individus, que des modes, des accidents, des faits individuels. Ainsi nos premières idées et nos premières connaissances sont toutes particulières. Ce n'est qu'en les multipliant, en les assimilant, en les simplifiant, que l'esprit s'en fait des notions spécifiques ou génériques.

Toute science est donc le produit, le résultat de l'analyse. En géométrie, les axiômes; en logique, les règles; en physique, les lois du mouvement; les principes et les maximes en morale et en politique; en un mot, toutes les conceptions qui, dans leur étendue et leur simplicité, embrassent un système ou de faits, ou de choses, sont des inductions tirées des perceptions particulières de ces choses ou de ces faits.

Vous sentez, mes enfants, que ces résultats généraux, ces connaissances étendues, ne sont pas le produit des perceptions d'un seul homme, et encore moins de l'étude de chaque homme en particulier. L'inventeur de la botanique ne put observer, distinguer, assimiler, classer, qu'un très-petit nombre de plantes. Les sciences n'ont été que l'ouvrage des siècles, et l'héritage successif et tardif des générations; encore y en a-t-il très-peu d'assez complètes. *Ars longa, vita brevis, judicium difficile, experimentum periculosum*, disait Hippocrate, en parlant de la médecine. On peut le dire de toutes les sciences. Celle de la nature, seulement au physique, serait si vaste, qu'après de longs efforts pour en former un système, les sociétés savantes se sont enfin réduites à cette étude analytique qui, pas à pas encore, suit et observe la nature, et, comme disait Fontenelle, *la prend* quelquefois *sur le fait.*

Il n'en est pas moins vrai que, dans quelques parties, les produits de l'observation, les résultats de l'analyse, sont des principes indubitables. En astronomie, la règle de Keppler, la loi de la gravitation; en mécanique, les lois de l'équilibre, des solides et des fluides, celle des mouvements de masse; en physique, la réfraction, la réflexion de la lumière, sont des connaissances fondées sur des phénomènes constants, et sur des inductions qu'on peut croire infaillibles.

Le plus sûr, dira-t-on, serait de les tirer soi-même, et de vérifier analytiquement les faits dont ce sont le produit. C'est ce que chacun est bien libre de faire pour soi, et c'est par-là que les erreurs de la science ont été corrigées et peuvent l'être encore. Mais ce n'est pas ainsi qu'elle peut s'enseigner. Et comment celui qui l'enseigne ferait-il passer son disciple par toutes les épreuves par où elle a passé, et dont elle est le résultat? Il lui en donne quelques exemples, il lui témoigne la confiance qu'il a lui-même en ses principes; il lui répond de l'unanimité des faits qui les lui ont attestés; il lui enseigne les procédés qu'il a suivis lui-même en les vérifiant; il lui montre l'analogie qui les a fait réduire en règle générale, en axiôme, en maxime; et, si cette méthode d'enseignement ne satisfait pas le disciple, s'il ne la trouve pas assez claire, assez sûre, c'est à lui de la vérifier; car l'analyse est en effet l'épreuve où l'on peut mettre la synthèse; mais le travail en sera long; et, pour ne pas le rendre infini, on sera obligé d'admettre à tout moment des principes d'analogie qu'on n'aura point vérifiés. C'est donc une chimère que de vouloir soumettre l'enseignement à la méthode analytique. La vérification de toutes les idées élémentaires de la science est une peine qu'on ne peut prendre que pour soi : encore, la vie entière n'y peut-elle suffire.

La méthode d'enseignement est donc cette méthode synthétique ou descendante, qui est l'inverse de l'analyse, et par laquelle, en se plaçant au point de vue le plus haut, le plus étendu, on nous fait voir le genre se ramifiant en espèces, et les espèces se divisant en objets individuels.

Quant aux règles de la méthode, elles sont simples et en petit nombre.

Les objets de la question dans la recherche de la vérité sont, selon Descartes,

1° De trouver les causes par les effets.

2° Les effets par les causes.

3° Le tout par les parties.

4° Quand on a le tout, ou quelque partie, de trouver quelque autre partie que l'on ne connaît pas encore.

Notez que, sous le nom de parties, il faut comprendre ici tout ce qui est dans la chose, ses modes, ses accidents, ses propriétés, en un mot, tous ses attributs.

Le même nous donne pour règles dans cette recherche du vrai :

1° De passer toujours de ce qui est plus connu à ce qui l'est moins.

2° De ne recevoir jamais pour vrai que ce qui se présente si clairement à l'esprit, qu'on n'ait aucune occasion de le mettre en doute.

Cette règle, je vous l'ai dit, n'est rigoureusement applicable qu'aux sciences exactes. Dans les connaissances usuelles, et dans les choses de la vie, on peut tenir pour vrai ce qui porte avec soi une certitude morale. Dans les sciences même les plus exactes, pour qu'une proposition soit incontestable, il n'est pas nécessaire qu'elle soit évidente par elle-même. Il suffit que la contradictoire en soit évidemment fausse.

3° De diviser chacune des difficultés qu'on examine en autant de parcelles qu'il se peut et qu'il est requis pour les résoudre.

4° De conduire par ordre ses pensées en commençant par les objets les plus simples et les plus aisés à connaître, pour monter, peu-à-peu, comme par degrés, jusqu'à la connaissance des plus composés; comme de la notion générale et commune du cercle ou du triangle, à celle de ses propriétés; comme de la notion de l'état social à celle des gouvernements qui peuvent le modifier, et ensuite à celle des lois dont chacun d'eux est susceptible.

5° De faire par-tout des dénombrements si entiers, et des revues si générales qu'on se puisse assurer de ne rien omettre.

Ceci appartient essentiellement à la méthode analytique. Mais la méthode synthétique demande aussi des divisions complètes autant qu'il est possible; et, pour l'analyse elle-même, il est impossible que la revue et le dénombrement s'étende jusqu'à tous les individus. Dénombrer les triangles, c'est en dénombrer les espèces. La géométrie ne va point au-delà.

En parlant de cette science, Port-Royal retrace trois règles que les géomètres se sont prescrites :

1° De ne laisser aucune ambiguité dans les termes.

C'est une règle de grammaire, comme une règle de géométrie.

2° De n'établir les raisonnements que sur des principes clairs et évidents.

C'est là ce qui distingue les sciences exactes. Mais, dans la plupart des connaissances humaines, les principes reçus n'ont qu'une forte vraisemblance; et l'on peut les poser, dès qu'ils sont moralement vrais, et généralement admis.

3° De prouver démonstrativement toutes les conclusions qu'on avance.

Lorsque la conclusion est évidemment contenue dans les prémisses, elle n'a pas besoin de preuve. Si elle n'est pas nécessairement liée à son principe, si elle ne s'ensuit pas immédiatement, il faut en prouver le rapport par un milieu qui les unisse. C'est l'office du syllogisme, ou des enthymèmes enchaînés. Le précepte du géomètre est donc ici le même que celui du dialectitien.

Les corollaires que Port-Royal tire de ces trois règles, sont :

1° De ne laisser aucun des termes un peu obscurs ou équivoques sans les définir.

2° De n'employer dans les définitions que des termes parfaitement connus ou déja expliqués.

3° De ne demander en axiômes que des choses parfaitement évidentes.

Demander qu'on prenne pour *axiôme* ce que nous avançons n'appartient qu'aux mathématiques.

4° De prouver toutes les propositions un peu obscures, par des axiômes, ou par des propositions démontrées, ou par des définitions.

C'est singulièrement par la définition que ce qui est obscur s'éclaircit.

5° N'abuser jamais de l'équivoque des termes, et y substituer mentalement des définitions qui les restreignent et qui les expliquent.

C'est ce que fait tout homme de bon sens et de bonne foi avec soi-même, et avec les autres.

Après vous avoir mis sous les yeux, mes enfants, ce qui regarde l'une et l'autre méthode, soit pour le géomètre, soit pour le dialecticien, je dois vous avertir qu'il en est une beaucoup plus étendue pour les grandes compositions. Cette méthode d'où dépend l'ordre, l'ensemble, la régularité, la solidité de l'ouvrage du philosophe ou de l'orateur, consiste à bien concevoir son dessein et l'objet que l'on se propose, à se tracer un plan, où soient marqués les premiers linéaments de l'ouvrage que l'on médite, ses rapports, ses proportions, l'étendue qu'il doit avoir, son commencement, ses milieux, sa fin, l'ordonnance de ses parties, leur place, leur enchaînement; à disposer ensuite, et à distribuer, pour l'effet que l'on veut produire, ses points d'appui, ses leviers, ses mobiles; à mesurer ses forces, et à calculer ses moyens.

Je parle en mécanicien. Et en effet cette méthode est celle des arts mécaniques. Elle se montre en grand dans la construction des vaisseaux et de nos vastes édifices : tout y est prévu d'avance, médité, combiné, tracé dans la pensée de l'architecte. Tout doit l'être de même dans la pensée de l'écrivain, qui, des parties d'un sujet vaste veut former un tout régulier, à l'exemple de la nature, dont telle semble aussi avoir été la méthode admirable dans l'ouvrage qu'elle a formé. *Est enim admirabilis quædam continuatio seriesque rerum, ut alia ex aliâ nexa et omnes inter se aptæ colligatæque videantur.* (Cic. de Nat. Deor.)

C'est une chose intéressante à voir dans les

ouvrages de Cicéron, que le constant et parfait accord de sa théorie avec sa pratique. Il n'y a pas dans ses livres de dialectique, un précepte qui ne soit observé dans ses oraisons : elles seules m'auraient suffi pour vous en donner des exemples : le plan de celle qui est justement si célèbre, le plan de la *Milonienne* est tracé en dix lignes, dans son traité des *Partitions oratoires*. On a dit de Montaigne que c'était l'homme du monde qui savait le mieux ce qu'il disait, et le moins ce qu'il allait dire. Mais Cicéron savait également bien ce qu'il disait, et ce qu'il dirait, et comment il fallait le dire. C'est là le caractère de l'esprit de méthode.

C'est dans les savantes et profondes leçons que Cicéron en a données que non-seulement l'orateur, mais le politique, le moraliste, le métaphysicien, trouvera sa route tracée. C'est sur-tout dans ce dialogue entre son fils et lui, *des Partitions oratoires*, qu'en un quart d'heure de lecture, vous apprendrez, en théorie, tout ce que Cicéron lui-même savait dans l'art d'amener les esprits au but de la persuasion.

Mais je réserve le développement de cette belle théorie pour nos études sur l'éloquence, si le ciel me permet d'aller avec vous jusques-là.

Ce qui me presse davantage, c'est de vous laisser dans l'esprit des verités bien établies, sur ce qui vous touche le plus au monde, la connaissance de vous-mêmes, de vos rapports, de vos devoirs, de la nature de votre ame et de la dignité de sa destination, ainsi que de son origine; et singulièrement de l'être éternel, infini, auquel elle appartient et dont elle dépend. C'est dans ce cercle que je renfermerai mes prochaines leçons de métaphysique et de morale. Le temps qui m'échappe m'avertit tous les jours de me hâter moi-même. Il vous dit aussi, mes enfants, tout jeunes que vous êtes, de mettre à profit les moments de cette jeunesse fugitive. Car à tout âge il est vrai de dire : *Dùm loquimur, fugerit invida ætas.*

FIN DE LA LOGIQUE.

TABLE

LEÇON PREMIÈRE.

De la raison.............................Page 327
Qu'elle est perfectible dans l'homme, mais distribuée aux autres animaux dans la mesure de leurs besoins... 328
Opérations de l'esprit qui appartiennent à la raison.... 335
Y a-t-il pour l'homme des idées innées, un sens moral, une sorte de science infuse?...................... 336
Logique naturelle réduite en règles, ainsi que tous les autres arts.. 345

LEÇON DEUXIÈME.

Des sensations. — Leur origine. — L'instinct qui les fait rapporter aux sens et aux objets sensibles...... 347
Prodige du commerce de l'ame avec les corps, inexplicable même pour les matérialistes, à moins d'y reconnaître une suprême loi............................ 350

LEÇON TROISIÈME.

Des idées. — De ce qui les compose................ 369
En quoi leur vérité consiste....................... 370
Deux moyens de les circonscrire et de les éclaircir, la définition....................................... 373
Et la division.................................... 381
Objets des idées, la substance et le mode........... 384
Qu'il y en a de vagues, de confuses, d'obscures...... 388
Sources de nos erreurs dans ces perceptions......... 391

LEÇON QUATRIÈME.

Différence de la vérité de l'idée, et de la vérité du jugement.................................PAGE 397
Qu'est-ce qu'affirmer une idée d'une autre idée? — Rapport d'extension du sujet et de l'attribut.......... 398
Sens défini, sens indéfini. — Conversion des deux termes.. 400
Différence de *qualité* et de *quantité* entre les propositions.. 403
Autre espèce d'opposition dans la diversité des termes. 409
Question des futurs *contingents*..................... 413

LEÇON CINQUIÈME.

Des formes et des modes de la proposition.......... 417
Elle est simple, composée, ou complexe — Elle est modifiée par des idées accessoires................... 418
L'idée accessoire est explicative, ou définitive....... 421
Elle s'attache aux termes ou aux signes de l'assertion.. 424
Souvent c'est la phrase incidente qui exprime l'idée accessoire.. 427

LEÇON SIXIÈME.

Des conjonctions prépositives et des différentes manières dont elles modifient la proposition................ 434
De la sentence motivée, ou de l'enthymême oratoire.. 443

LEÇON SEPTIÈME.

Que le raisonnement accuse la faiblesse de l'entendement, et suppose le doute...................... 453
Idée générale du raisonnement en forme............ 454
Que cette forme dialectique serait importune, si elle était fréquemment employée. — Qu'elle n'en est pas

moins bonne et utile à connaître............Page 457
Du syllogisme simple. — Comment il se construit. —
   Des trois termes qui le composent, et des trois pro-
   positions où ces termes sont en rapport.......... 458
Règles du syllogisme. — Ses formes. — Ses figures. —
   Qu'un bon syllogisme est celui dont la conclusion ré-
   sulte nécessairement des prémisses.............. 460

LEÇON HUITIÈME.

Suite des règles du syllogisme................... 473

LEÇON NEUVIÈME.

De l'enthymême philosophique.................. 488
Que celle des prémisses qui est sous-entendue, n'est pas
   moins soumise à la preuve que celle qui est énoncée. 491
Comment on procède à la preuve de ce qui est contesté
   dans les prémisses............................ 492
Syllogisme complexe où les prémisses portent leurs
   preuves avec elles............................. 494
Syllogisme conjoint, où l'une des prémisses est condi-
   tionnelle, ou disjonctive, ou exclusive............ 496
Du dilemme, et en quoi il diffère du syllogisme dis-
   jonctif...................................... 503
Du syllogisme appelé *sorite*..................... 506
De l'épichérême................................ 510
De l'exemple................................... 511
De l'induction.................................. 512

LEÇON DIXIÈME.

Du sophisme................................... 515
Différents tours d'adresse des sophistes, les uns pris
   dans les mots, les autres dans les choses......... 516
Autres moyens d'en imposer..................... 534
Manége des sophistes dans l'éloquence............ 535

Sources des erreurs que nous causent les sophismes de l'amour-propre, des passions et de l'intérêt personnel.................................Page 536

LEÇON ONZIÈME.

Des moyens de la preuve dans le raisonnement. — Sources communes au dialecticien et à l'orateur.... 541

LEÇON DOUZIÈME.

Disposition où doit être l'esprit dans la recherche de la vérité................................... 557
Méthode à suivre dans cette recherche............. 570

FIN DE LA TABLE.

www.ingramcontent.com/pod-product-compliance
Lightning Source LLC
Chambersburg PA
CBHW070402230426
43665CB00012B/1210